한국일본학회 기획총서 6

한일 디지털 인문학의 최전선

한국일본학회 편

보고사
BOGOSA

머리말

　21세기 정보기술의 급속한 발전은 인문학 연구의 지형을 근본적으로 변화시키고 있다. 2000년대 초반 아날로그 자료의 디지털화와 교육 분야의 활용에서 출발했던 디지털 인문학(DH, Digital Humanities)은, 이제 빅데이터 분석, 데이터 마이닝, 오픈소스 소프트웨어 활용 등 다양한 방법론을 통해 인문학 연구의 새로운 가능성을 열어가고 있다. 초기에는 낯선 기술로 받아들여졌던 디지털 인문학이 정착과 발전의 단계로 접어들면서, 전통적인 인문학 연구와 과학기술의 융합, 그리고 학제 간 협력이라는 새로운 연구 패러다임을 제시한 것이다.

　그러나 이러한 디지털 인문학의 확산과 더불어 우리는 중요한 질문들과 마주하고 있다. 디지털 기술은 인문학 연구에 어떠한 변화를 가져오고 있는지, 방대한 데이터의 처리와 분석은 전통적인 텍스트 해석과 어떻게 조화를 이루는지, 나아가 이 연장선상에서 최근 급부상하고 있는 AIX(AI Transformation), 즉 인공지능으로 인한 변혁은 인류를 어디로 이끌지 등등이다. 미국과 중국이 DH 관련 양적 측면, 질적 측면에서 압도적 공세를 취하고 있는 현재, 세계적으로는 우위를 차지하고 있기는 하나 미중에 힘겹게 따라붙어야 하는 한국과 일본의 인문학 연구자들은 이러한 변화의 흐름 속에서 어떠한 성과를 만들어내고 있으며, 양국 간의 학술 교류는 어떠한 방향으로 나아가야 하는지 진지한 고민이 필요한 시기이다.

　이러한 문제의식 속에서 한국일본학회는 '디지털 인문학과 일본 연구'를 주제로 2025년 2월 한국과 일본의 전문 연구자들을 초청하여 국제학술대회를 개최했다. 데이터 처리 기술의 관점에서 본 인문학의 현재를 여러 학문 영역에서 진행되고 있는 디지털 인문학 연구의 현황을 점검하고, 향후의 발전 방향을 모색하고자 한 것이었다. 이 학술대회는 한일 양국의 디지털 인문학 연구가 단순한 기술적 혁신을 넘어 '공존, 공유, 공생'이라는 미래 지향적 가치를 실현하는 학술적 기반이 될 수 있음을 확인하는 자리가 되었다.

본 학회의 총서『한일 디지털 인문학의 최전선』은 상기 국제학술대회에서 보고된 성과에 더하여, 디지털 인문학 연구의 지평 위에서 한국일본학회 회원 연구자들이 도전하고 구축한 DH 분야의 과제들을 통해 인문학의 미래 가능성을 모색하고자 기획된 것이다. 인문학의 위기가 거론된 지는 오래되었으나, 그 한편에서 디지털 기술이 단순한 도구를 넘어 인간의 상상력을 확장하고 새로운 지식을 창출하는 핵심적인 매개체로 부상하면서 인문학의 중요성이 지속적으로 주창된 것도 사실이다. 본서는 역사, 문학, 언어, 정치, 사회, 교육 등 다양한 분야에서 이루어지고 있는 한일 디지털 인문학의 최전선을 생생하게 보여준다. 총 4부로 구성된 이 책은 디지털 시각화, 텍스트 마이닝, 빅데이터 분석, 그리고 미래의 방법론이라는 폭넓은 주제를 통해 인문학의 새로운 지형도를 그려내고 있다.

제1부 '디지털 시각화로 공간과 네트워크를 재현하다'는 지리정보시스템(GIS)과 네트워크 분석 기술을 활용하여 물리적 공간과 인물 간의 관계망을 시각적으로 복원한 연구들을 소개한다. 이들 연구는 텍스트 속에 잠들어 있던 역사적, 문학적 공간을 디지털 지도로 되살려내고, 복잡하게 얽힌 인물들의 관계를 명료한 네트워크로 구조화함으로써 직관적인 이해와 새로운 통찰을 제공한다. 리쓰메이칸대학의 야노 게이지 교수는 교토의 도시 공간을 가상 공간에 재현한 '버추얼 교토'

프로젝트를 소개한다. 이 프로젝트는 과거, 현재, 미래를 아우르는 4차원 GIS를 구축하여, 도시의 역사적 경관 변천을 입체적으로 조망할 수 있게 한 것이다. 단순한 3D 모델링을 넘어, 사진, 회화, 지도 등 다양한 문화 자원을 시공간 위에 통합함으로써 디지털 아카이브의 새로운 가능성을 제시한다. 이바라키그리스도교대학 정경진 교수는 18세기 오사카의 유학자 라이 슌스이(賴春水)의 교유록 『자이신키지(在津紀事)』를 분석 대상으로 삼아, 문인들 간의 복잡한 교유 관계를 데이터 모델링을 통해 구조화했다. 기존의 인명 데이터베이스가 포착하지 못했던 구체적인 '사건(Event)' 중심의 네트워크를 재현함으로써, 당시 지식인 사회의 역동적인 상호작용을 시각적으로 드러낸다. 가천대학교 전성규 교수는 1896년 도쿄에 체류했던 조선 유학생들의 거주지와 활동 공간을 지도 위에 매핑(mapping)하여 분석했다. 이 연구는 유학생들이 도쿄라는 이국의 도시 공간을 어떻게 정치적 활동의 거점으로 전유하고 네트워크를 형성해 나갔는지를 시각화하여, 근대 초기 유학생들의 정치 운동을 공간적 차원에서 재해석한다. 고려대학교 권민혁 강사와 이정화 연구교수는 나쓰메 소세키(夏目漱石), 다자이 오사무(太宰治), 시가 나오야(志賀直哉)와 같은 일본 근대의 유명한 작가들의 문학 자원이 어떻게 관광으로 이어지는지를 빅데이터와 디지털 지도로 시각화했다. 여행 리뷰 데이터를 분석하여 작가의 생애와 작품 배경지가 실제 관광객들의 이동 경로와 어떻게 중첩되는지를 밝힘으로써, 문학 텍스트가 콘텐츠 투어리즘으로 전환되는 과정을 실증적으로 규명한다.

  제2부 '텍스트 마이닝으로 문화의 경계를 분석하다'에서는 대규모 텍스트 데이터에 대한 계량적 분석을 통해 문화 현상의 통시적 변화와 담론의 심층 구조를 포착한 연구들을 담았다. 방대한 텍스트 속에 숨겨진 패턴과 맥락을 읽어내는 텍스트 마이닝 기법은 기존의 질적 연구

가 놓치기 쉬운 거시적인 흐름을 객관적인 데이터로 입증해 보인다. 고려대학교 이승은 교수는 1920년부터 2024년까지 약 100년간의 신문 기사 데이터를 텍스트 마이닝하여, 한국의 대표 고전 서사인 '춘향'이 시대에 따라 어떻게 호출되고 변주되었는지를 추적한다. 식민지 시기, 산업화 시기, 그리고 현대에 이르기까지 '춘향'이 단순한 문학 작품을 넘어 당대의 이데올로기와 문화적 욕망을 투영하는 유동적인 기호로 기능해 왔음을 방대한 데이터로 입증한다. 한밭대학교 신웅철 교수는 17세기 예수회 선교사들이 편찬한 『일포사전(日葡辞書)』의 포르투갈어 뜻풀이를, 단어의 의미와 관계를 수학적으로 다룰 수 있게 해주는 Word2Vec 등의 기법으로 분석한다. 이를 통해 당시 서양인들이 일본의 불교라는 낯선 타자의 개념을 자신들의 종교적 언어인 '영혼(alma)', '구원(salvação)' 등의 어휘로 번역하고 인지했던 방식을 재구성하여, 이문화 접변 당시의 지적 구조를 밝혀낸다. 상명대학교 장근수 교수는 약 40년에 걸친 한일 대조연구 관련 논문 제목을 텍스트 마이닝하여 해당 학문 분야의 연구 트렌드 변화를 객관적으로 파악한다. 초기 문법과 표현 중심의 연구에서 점차 담화, 커뮤니케이션, 사회언어학적 영역으로 확장되어 온 흐름을 데이터로 시각화하여, 학문 분야 자체의 역사를 거시적으로 조망하는 메타 연구의 전형을 보여준다. 고려대학교 남유민 강사는 일본 최대 웹소설 플랫폼 '소설가가 되자'의 메타데이터를 분석하여, 웹소설이 라이트노벨과 같은 종이책으로 출판되는 '서적화'의 메커니즘을 규명한다. 인기뿐만 아니라 '판타지'와 같은 특정 장르적 특성이 미디어 이행의 핵심 변수임을 밝혀, 디지털 콘텐츠 생태계 내부의 역학 관계를 실증적으로 분석한다.

제3부 '빅데이터로 동시대 사회와 정치를 읽다'는 정치 및 사회 분야의 빅데이터를 활용하여 한일 양국의 동시대적 현안을 심층적으로 진단한다. 여론조사, 국회회의록, 신문 기사 등 다양한 형태의 빅데이터

는 현대 사회의 복잡다단한 정치·외교적 현상의 이면을 읽어내는 유효한 도구로 활용된다. 고려대학교 유민영 연구위원은 EASS, 즉 동아시아 종합 사회조사 데이터를 바탕으로 한국과 일본의 정당과 유권자 간 연계 방식의 차이를 비교 분석한다. 분석 결과 한국은 이념·정책적 연계가 강하게 나타나는 반면, 일본(특히 자민당)은 지역 기반의 후견주의적 연계가 여전히 강력함을 실증하여, 양국 정치 문화의 구조적 차이를 데이터로 뒷받침한다. 국립목포대학교 허원영 연구교수는 1953년부터 2024년까지 약 70년간의 일본 국회회의록을 토픽 모델링으로 분석하여, 독도 및 대륙붕 문제에 대한 일본의 인식이 어떻게 변화해 왔는지를 추적한다. 특히 냉전 종식과 중국의 부상 이후 일본의 '기초적 신뢰 저하'와 '존재론적 안보' 불안이 해양 영토 문제 인식과 밀접하게 연동되어 있음을 밝혀낸다. 고려대학교 신재민 연구교수와 동국대학교 이영호 전문연구원은 1990년 이후 30여 년간의 『아사히신문(朝日新聞)』 기사를 분석하여 일본 사회 내 '다문화공생' 담론의 전개 과정을 고찰한다. 재일코리안을 중심으로 형성되었던 초기 담론이 뉴커머 외국인의 유입과 함께 어떻게 확장되고 변화했는지를 추적함으로써, 일본 사회의 타자 인식 지형도를 그려낸다. 경희대학교 이해미 강사는 2024년 12월 발생한 한국의 계엄령 선포 및 탄핵 사태에 대한 일본 3대 일간지(『아사히신문』『요미우리신문』『마이니치신문』)의 보도 태도를 분석한다. 각 매체의 정치적 성향에 따라 동일한 사건이 '민주주의의 위기' 혹은 '외교 전략의 수정' 등으로 다르게 프레임화되는 과정을 규명하여, 미디어가 국제 이슈를 자국의 정치적 맥락에서 재구성하는 방식을 드러낸다.

제4부 '디지털 인문학의 방법과 미래를 모색하다'는 디지털 인문학의 지속 가능한 발전을 위한 기반 기술과 인문학의 본질적 가치에 대한 성찰을 담고 있다. 데이터의 구축부터 새로운 분석 방법론의 제안,

그리고 AI 시대의 교육에 이르기까지 디지털 인문학이 나아가야 할 미래 방향을 다각도로 모색한다. 국제일본문화연구센터의 세키노 다쓰키 교수는 일본식 연호인 화력(和曆)과 같은 인문학 고유의 시간 정보를 컴퓨터가 처리할 수 있도록 하는 기반 데이터 구축의 중요성을 역설한다. 이러한 기반 데이터는 개별 연구를 넘어 다양한 인문학 데이터의 상호운용성을 확보하고 디지털 인문학의 범용적인 인프라를 구축하는 데 필수적인 작업임을 강조하고 있다. 성결대학교 이준서 교수는 다국어 온라인 구전 데이터를 비교 분석하는 '컬처마이닝(Culture Mining)'이라는 새로운 방법론을 제안한다. 빅데이터에서 문화권별 감성 코드와 가치관의 차이를 정량적으로 추출하는 이 기법은, 기존 정성적 비교문화 연구의 한계를 보완하고 데이터 시대의 새로운 문화 독해법을 제시한다. 고려대학교의 양성윤 연구교수는 일본 고전문학 연구에 디지털 기술을 적용할 때 마주하는 딜레마와 가능성을 성찰한다. 텍스트의 미묘한 문체나 감정선을 읽어내는 데 있어 디지털 분석이 가지는 현재의 한계를 직시하면서도, 『하이카이 루이센슈(俳諧類船集)』와 같은 연상어 사전의 데이터베이스화를 통해 전통적 깊이 읽기와 디지털 거시 분석이 상호 보완될 수 있는 지점을 모색한다. 극동대학교 겐코 히로아키 교수는 AI 시대의 교육이 기술 종속적이어서는 안 된다고 주장하며, '인간 중심 AI 교육'을 제안한다. 디지털 인문학에 또 다른 변곡점을 도래시킬 AI를 도구로 활용하되 인간 고유의 창의성을 키우는 '크리에이티브 러닝'을 통해, 미래 교육에서 인문학적 소양이 더욱 중요해질 것임을 역설한다.

 이처럼 이 책에 실린 열여섯 편의 글들은 디지털 기술이 인문학의 오랜 질문들에 대해 고정된 정답이라기보다 새로운 도전적 해답을 제시할 수 있음을 보여주는 동시에, 기술 자체가 던지는 새로운 인문학적 질문들과 우리를 다시 마주하게 만든다. 과거의 데이터를 디지털로 복원하고, 현재의 방대한 데이터를 분석하며, 미래의 지식 생태계를 구상하는 이 작업들은 모두 인간이란 무엇이며 어떤 상황에서 어떠한 양태를 보이는가 라는 인문학의 궁극적인 질문들로 수렴된다. 부디 이 책이 한일 양국의 디지털 인문학 연구 발전에 작은 보탬이 되고, 나아가 두 나라의 향후 학술 교류와 상호 이해를 증진하는 계기가 되기를 바라는 바이다.

 본 기획총서가 간행되기까지 많은 분들의 협력이 있었기에 이 자리를 빌려 감사의 뜻을 표하고자 한다. 우선 이 책의 원고를 구성할 수 있도록 국제학술대회에서 기획 테마로 발표를 하고 원고를 주신 선생님들, 이번 기획총서의 취지에 기꺼이 동참 의사를 밝히고 원고를 보내주신 한국일본학회 회원분들에게 가장 먼저 깊은 감사를 드린다. 원고 수합부터 책의 체제에 이르기까지 세심하게 지혜를 모아주신 한국일본학회 총서간행위원회 선생님들의 노고에도 진심으로 감사드린다. 또한 이 모든 과정을 든든하게 뒷받침해 주신 한국일본학회 이한정 회장님의 격려와 지원에 힘입은 바 컸다는 것은 말할 나위가 없을 것이다. 국제학술대회에서 기획 패널의 개최와 그 성과를 총서로 간행할 수 있도록 후원해 주신 도시바국제교류재단께도 깊이 사의를 표한다. 마지막으로 꼼꼼한 편집과 정성스러운 작업으로 이 책을 충실하고 완성도 높은 결과물로 만들어 주신 보고사에도 고개 숙여 고마움을 전한다.

2025년 11월
한국일본학회 총서간행위원장 엄인경

차례

머리말 … 3

제1부
디지털 시각화로 공간과 네트워크를 재현하다

일본문화자원 디지털 아카이브의 DX버추얼 교토에 의한 공간 인문의 전개 ········· 야노 게이지 / 19
1. 리쓰메이칸대학교 ARC의 디지털 인문학 거점 ·················· 19
2. 버추얼 교토 프로젝트 ·················· 22
3. 기온마쓰리(祇園祭) 디지털 박물관 ·················· 31
4. 디지털 인문학으로 탄생한 버추얼 교토 ·················· 34

데이터 모델링을 통해 본 18세기 일본 문인 네트워크 ········· 정경진 / 36
문인 교유록 『자이신키지(在津紀事)』를 중심으로
1. '문인 교유'와 데이터모델링의 필요성 ·················· 36
2. 선행 연구 모델 - JBDB ·················· 42
3. 『자이신키지』의 문인 교유 네트워크 데이터모델링 ·················· 53
4. 디지털 인문학을 통한 문인 연구의 새로운 가능성 ·················· 70

재일본 조선 유학생 정치운동 지도 ········· 전성규 / 73
1896년 대조선일본유학생친목회 발간 『친목회회보』를 중심으로
1. 공간 생산을 맵핑하기 ·················· 73

2. 연구 대상과 방법 ··· 81
3. 망명가의 기지로서 시바구(芝區)와 게이오의숙 ············· 86
4. 유학생의 도쿄 거주와 정치적 활동 ···························· 103
5. 유학생 정보 데이터 전환을 위한 이후의 과제들 ············ 115

디지털 시대의 문학관광 연구   권민혁·이정화 / 128
일본의 작가 추적형 문학관광의 빅데이터 분석과 디지털 지도 시각화를 중심으로

1. 콘텐츠 투어리즘, 문학이 길이 되는 시대 ·················· 128
2. 문학관광을 시각화하기: 연구의 설계와 방법 ··············· 132
3. 문학관광의 지형도: 데이터로 본 작가들의 발자취를 따라가는 여정 136
4. 문학관광의 가능성과 지속 가능한 미래 ······················ 151

제2부
텍스트 마이닝으로 문화의 경계를 분석하다

텍스트 마이닝을 활용한 춘향 서사 수용과 변주 연구   이승은 / 155
1. 춘향, 데이터로 다시 만나다 ··································· 155
2. 연구 대상 및 방법 ·· 157
3. 기사 발간 추이와 키워드 분석 ································· 163
4. FastText 기반 클러스터링을 통해 본 춘향 서사의 수용과 변주 167
5. 남은 문제 ··· 177

『일포사전』에 담긴 16~17세기 예수회의 불교 인식   신웅철 / 181
불교용어의 뜻풀이에 대한 텍스트 마이닝을 통해서

1. 사전, 400년 전의 시선을 담다 ································· 181

2. 『일포사전(日葡辞書)』 속의 불교용어 ·················· 182
  3. 이것은 불교용어다: 불교용어 표시형태 ·················· 184
  4. 데이터가 보여주는 불교용어 뜻풀이의 경향 ·················· 192
  5. 데이터로 읽은 타자 인식 ·················· 208

텍스트 마이닝을 활용한 한일 대조연구의 동향 분석 ···· 장근수 / 210

  1. 연구의 목적 ·················· 210
  2. 선행 연구 ·················· 211
  3. 연구의 대상 및 방법 ·················· 214
  4. 추출어 분석 및 공기 네트워크 ·················· 220
  5. 연구 결과 ·················· 230

일본 웹소설과 라이트노벨 ·················· 남유민 / 232
서적화가 드러낸 차이와 교차, 데이터로 본 이야기

  1. 일본 웹소설은 왜 종이책이 될까 ·················· 232
  2. 웹소설을 데이터로 읽는 법 ·················· 236
  3. 책이 되는 이야기의 조건 ·················· 239
  4. 종이와 웹의 경계에서 ·················· 251

제3부
빅데이터로 동시대 사회와 정치를 읽다

정당-유권자 네트워크 한일비교 ·················· 유민영 / 255
EASS 데이터를 중심으로

  1. 한국과 일본의 정당: 지역주의와 개인 후원회 ·················· 255
  2. 정당과 유권자 연계에 대한 이론과 가설 ·················· 259

3. 데이터와 분석 방법 ································· 263
4. 분석 결과 및 해석 ································· 267
5. 정당 시스템의 미래 ································· 275

일본 국회회의록으로 본 해양문제 인식, 1953~2024 ····· 허원영 / 277
존재론적 안보의 관점과 빅데이터 분석의 결합

1. 한일 해양 갈등을 총체적으로 본다는 것 ················· 277
2. 분석 대상: 왜 일본 국회회의록인가? ··················· 278
3. 한일 해양문제를 보는 새로운 시각: 존재론적 안보 ········· 287
4. 독도·대륙붕 문제에 대한 빅데이터 분석 ················· 295
5. 한계를 넘은 새로운 시도를 기대하며 ··················· 303

디지털 인문학적 방법론을 통해 고찰한 '다문화공생'과 재일코리안 ······················· 신재민·이영호 / 306
1990년 이후 『아사히신문』의 데이터베이스를 중심으로

1. 1990년대 일본사회와 다문화공생의 등장 ················· 306
2. 일본의 다문화공생 정책의 수립과 추진 ················· 310
3. 정량분석 방법론 및 전체기사 정량분석 ················· 314
4. 시기별 주요 기사 분석 ······························· 328
5. 다문화공생의 전개와 재일코리안 담론의 변화 ············· 349

일본 3대 신문은 한국의 계엄령과 탄핵 사태를 어떻게 봤는가 ······················· 이해미 / 351

1. 같은 사건, 다른 시선 ······························· 351
2. 세 신문이 본 한국의 2주 ··························· 356
3. 사실 너머의 선택 ································· 370

제4부
디지털 인문학의 방법과 미래를 모색하다

디지털 인문학에서의 기반 데이터 역할 ········· 세키노 다쓰키 / 375

1. 디지털 인문학의 역할 ··· 375
2. 일본식 연호에 관한 기반 데이터 구축 ·· 379
3. 달력 관련 기반 데이터의 제공 및 활용 ······································ 384
4. 기반 데이터와 인문학 ··· 393
5. 기반 데이터로 열어가는 디지털 인문학 연구의 미래 ···················· 399

컬처마이닝과 디지털 인문학 ······························· 이준서 / 400
데이터 시대의 문화 읽기

1. 디지털 인문학의 개념과 의의 ··· 400
2. 디지털 인문학과 컬처마이닝 ·· 403
3. 다국어 컬처마이닝 분석 ··· 406
4. 컬처마이닝의 전망과 과제 ··· 416

일본 고전학과 디지털 인문학 ···························· 양성윤 / 419
이야기의 전승·표현사(表現史) 연구의 시좌에서

1. 왜 지금, 디지털 인문학일까?: 고전학, 디지털과 만나다 ················ 419
2. 근세 문예 연구, 디지털 무대 위에 서다 ······································ 422
3. 옛사람들의 '연상 플레이'를 보이는 데이터로
   : 『하이카이 루이센슈(俳諧類船集)』에 숨은 의미연상망 ················ 428
4. 디지털로는 끝까지 안 보이는 것들
   : 문체·감정 분석에서 서사·담론까지 ·· 440
5. 전통과 디지털, 함께 길을 만들며 ·· 451

디지털 인문학적 시각에 기반한
인간 중심 AI 교육과 크리에이티브 러닝 ········· 겐코 히로아키 / 453
  1. 디지털 인문학 시대, 교육이 나아가야 할 방향 ···················· 453
  2. 소사이어티 5.0(Society 5.0) ·· 455
  3. 한국 일본어학·일본어교육학에 나타난 AI의 활용 ················ 457
  4. AI와 크리에이티브·러닝 연구회(AI-CL) ································ 463
  5. 생성AI를 활용한 회화 수업의 사례 ··· 468
  6. 인간 중심 AI 교육의 방향을 모색하며 ······································ 477

참고문헌 / 479
집필진 소개 / 502

제1부

디지털 시각화로
공간과 네트워크를 재현하다

일본문화자원 디지털 아카이브의 DX버추얼 교토에 의한 공간 인문의 전개

야노 게이지

1. 리쓰메이칸대학교 ARC의 디지털 인문학 거점

 디지털 인문학(디지털 휴머니티)은 정보통신기술(ICT)을 인문학에 적용하는 학제적 연구 분야이다. 과거에는 '인문과학 컴퓨팅'이라고도 했던 이 분야는 지난 40년간 급격한 발전을 이뤘다.[1] 초기에는 디지털 도구 개발이나 텍스트, 예술 작품 등의 자료 아카이빙 및 데이터베이스 구축이 중심이었지만, 컴퓨터의 성능 향상과 함께 디지털화된 문화자원의 활용법이나 인터넷 기술을 활용한 검색 방법이 발전했다.

 일본에서는 정보처리학회의 '인문과학과 컴퓨터연구회'가 1989년부터 활동하여 인문학과 컴퓨터의 학제적 연구를 추진해 왔다. 이 연구회는 '인문컴 심포지엄'과 '인문과학과 데이터베이스 심포지엄'을 매년 개최하고 있다(https://www.jinmoncom.jp/).

---

[1] Schreibman, S., Siemens, R. and Unsworth, J., *A New Companion to Digital Humanities*, Wiley-Blackwell, 2016.

리쓰메이칸대학교는 1998년에 아트 리서치 센터(ARC)를 설립(https://www.arc.ritsumei.ac.jp/)하여 문화 자산의 연구·분석·보존·발신을 목적으로 하는 활동을 전개해 왔다. 문과와 이과의 융합을 기반으로 다양한 분야의 연구자들이 협력하는 공동 연구를 추진하고 있다. 2000년대에 문부과학성의 21세기COE프로그램 '교토 아트·엔터테인먼트 창성(創成) 연구'(2002~2006년도)로 선정되어 전통적 인문학과 정보과학을 융합한 일본 문화 연구를 추진했다. 이 성과를 바탕으로 글로벌COE프로그램 '일본 문화 디지털 휴머니티즈 거점'(2007~2011년도)으로 발전하여 국제 협력 강화와 젊은 연구자 양성에 집중했다.

2014~2019년도에는 문부과학성 공동이용·공동연구거점 '일본 문화 자원 디지털 아카이브 연구 거점'으로 지정되어 디지털 자료의 축적·활용, 기술 고도화, 국내외 네트워크 강화에 주력했다. 2019년 10월에는 문부과학성 국제공동이용·공동연구거점 '일본 문화 자원 디지털 아카이브 국제공동연구 거점'(ARC-iJAC, 2019~2024년도)으로 채택되어 디지털 인문학 연구의 국제 거점을 목표로 하고 있다.

본 거점은 일본 문화 연구자들이 디지털 인문학을 활용한 응용 연구를 진행할 수 있는 환경을 제공하고 있다. ARC 리서치 스페이스를 활용하여 학술적 수준의 디지털 아카이브를 촉진, 이를 통해 ①인문학 연구의 디지털화, ②디지털 아카이브 활용을 통한 연구 효율성 향상, ③대규모 및 고도화된 연구 프로젝트의 실현을 목표로 하고 있다.

2024년 현재, 문학부, 정보이공학부, 영상학부 연구자 30명과 국내외 학외연구원 79명이 참여하는 약 100개의 연구 프로젝트가 진행 중에 있다(https://www.arc.ritsumei.ac.jp/j/ijac/theme2024.html#a_theme, https://www.arc.ritsumei.ac.jp/j/works/jadh.html). 많은 연구 프로젝트가 ARC의 기술 지원을 받아 독자적인 디지털 아카이브를 구축하여 그 성과를ARC 서버에서 공개했다. ARC가 구축한 데이터베이스는 공식 사이트(https://www.arc.ritsumei.ac.jp/j/database/)에서 확인할 수 있으며 국제 공동 연구의 진전과 함께 데이터베이스는 지속적으로 확대되는 중이다. 다수의 데이터베이스는 일본 최대 데이터베이스 플랫폼인 재팬서치(https://jpsearch.go.jp/)에 정보를 제공하고 있다.

ARC 포털 데이터베이스의 특징은 ARC가 소장한 문화 자원뿐만이 아니라 국내외 소장 기관과 협력하여 ARC의 스태프(ARC 내에 비영리법인 디지털 아카이브 연구소를 설립)가 기존 문화 자원 디지털화 기술을 활용하여 다른 기관이 소장한 문화 자원의 디지털화를 실시하고 있다는 점이다. 예를 들어 영국 대영박물관이나 미국 메트로폴리탄미술관의 일본 컬렉션 대부분은 ARC에 의해 디지털화되어 메타데이터가 추가되었다. 이러한 디지털화된 문화 자원은 문화 자원 포털 데이터베이스로서 ARC의 사이트를 통해 공개되어 있다. 예를 들어 ARC 우키요에·일본 회화 포털 데이터베이스(https://www.dh-jac.net/db/nishikie/search_portal.php)는 현재 국내외 10개 이상 기관이 소장한 우키요에 약 24만 점을 통합 검색할 수 있도록 일반인에게 공개되어 있다. 이미지 데이터와 메타데이터는 기본적으로 소장 기관이 공개한 자료와 연동되어 있으며 통합 검색이 가능하다.[2] 아울러 일반 공개는 되지 않지만 ARC의 인증을 받은 연구자는 비공개 자료를 포함한 약 50만 점 이상의 우키요에를 통합 검색할 수 있다. 이 시스템은 다른 고(古)사진이나 고지도 데이터베이스에도 적용되어 있다.

나아가 이러한 데이터베이스에 대해, 초서체를 포함하는 콘텐츠는 AI를 활용한 '초서체 해독 지원 시스템'이 제공된다. 또 고지도 등 지도 자료에 대해서는 현재 지도와의 비교대조가 가능한 웹 기반 지오레퍼

---

[2] 矢野桂司・赤間亮,「文化資源のデジタル化・公開手法の開発: 立命館アート・リサーチセンターの運用と公開」, 野口淳・村野正景 編, 『博物館DXと次世代考古学』, 雄山閣, 2024, pp.101~110.

런스 시스템인 일본판 Map Warper(https://mapwarper.h-gis.jp/)가 제공되고 있다.

2. 버추얼 교토 프로젝트

1) 버추얼 교토란

1980년대 후반, 지리학을 중심으로 지도를 다루는 학문 분야에 있어서, ICT의 급속한 발전으로 종이 지도에서 디지털 지도로의 전환을 동반한 지리정보시스템(GIS) 혁명이 일어났다.[3] 앞서 언급한 2002년부터 시작된 ARC의 21세기COE프로그램 '교토 아트·엔터테인먼트 창성 연구'는 교토의 풍부한 문화 자원을 활용하여, 전통적 인문학과 첨단 정보과학을 융합하여 새로운 아트·엔터테인먼트 창출 및 연구 기반 확립을 목표로 하고 있다. 그러한 활동의 일환으로 최첨단GIS와 가상현실(VR) 기술을 활용하여 시공간을 초월한 이동을 가능하게 하는, 역사적 도시 교토의 4D-GIS '버추얼 교토'를 구축했다. 이 버추얼 즉 가상 교토는 교토 특유의 고도로 정교한 예술과 문화의 표현을 세계에 공개하고 전달하기 위한 기반으로서, 교토와 관련된 디지털 아카이브화된 다양한 콘텐츠를 시간적으로 공간적으로 위치시킬 수 있다(그림 1). 교토의 경관 요소를 구성하는 교마치야(京町家), 근대 건축, 사찰 등의 건축물을 데이터화하고 그 위치를 2D-GIS 상에 정확히 특정한 후, 3D-GIS/VR을 통해 경관 요소의 3차원 모델링 및 시각화를 거쳤다. 그 결과, 복수의 시간 단면별 GIS 데이터 작성을 통해 최종적으로

---

[3] 矢野桂司, 「地理情報とデジタル·ヒューマニティーズ」, 川嶋將生·赤間亮·矢野桂司·八村広三郎·稲葉光行, 『日本文化デジタル·ヒューマニティーズの現在』, ナカニシヤ出版, 2009, pp.51~64, pp.155~166.

〈그림 1〉 버추얼 교토의 체계

4D-GIS로서의 '교토 가상 시공간'이 작성되었다. 이 성과는 3D 모델을 다루는 새로운 WebGIS 기술을 활용해 인터넷을 통해 공개되었다.

앞서 언급한 글로벌COE '일본 문화 디지털 휴머니티즈 거점'이 시작된 2007년 무렵부터 디지털 인문학이 세계적으로 시작되었는데, GIS는 디지털 인문학 발전 과정에 있어서 중요한 도구 중 하나로 자리 잡았다.

GIS 혁명 이후 인터넷과 모바일기기가 폭발적으로 확산되면서 Google Maps 등의 웹GIS가 활용되기 시작했고 디지털 지도가 더욱 일반화되었다. 공간적 위치에 관한 다양한 지리 공간 정보(지도, 지역 통계 등)가 오픈데이터로서 활용 가능해졌고 지리 공간 정보를 처리하는 GIS 소프트웨어(ArcGIS, QGIS 등)가 널리 보급되었다. 사회 전반에 걸쳐 GIS가 일반화되는 가운데 다양한 학문 분야에서 공간적 현상을

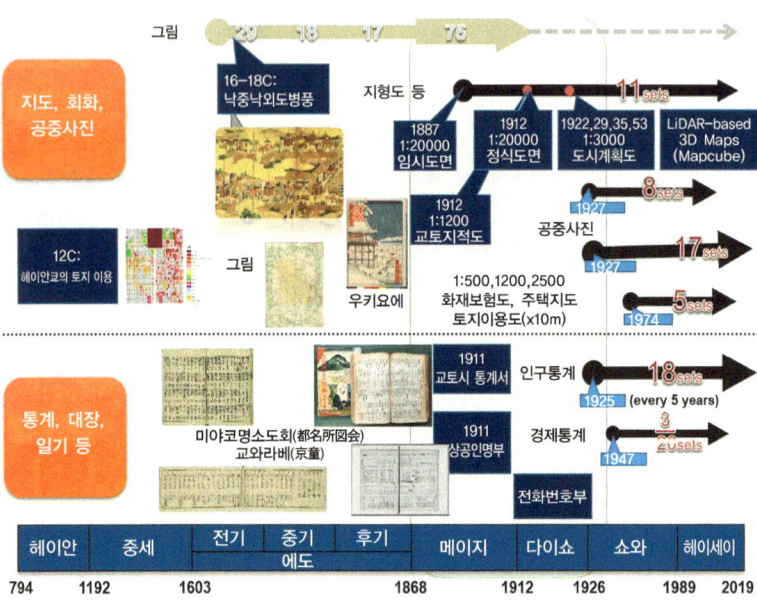

〈그림 2〉 버추얼 교토 프로젝트의 지리 공간 정보

표현하기 위한 시각화 도구로 GIS를 활용하기 시작했기 때문이다.

그 결과, 디지털 인문학의 발전 과정에서 인문학에 있어서의 공간적 패러다임의 전환이 진행되어 GeoHumanities, Spatial Humanities(공간인문학) 등의 분야가 형성되었다.[4] 그 배경에는 앞서 언급한 GIS 수법의 보급과 고지도, 고사진, 고필름, 고서적 등의 지리 공간 정보의 디지털화가 급속히 진행되었고 또 이에 호응하여 디지털 아카이브와 데이터베이스가 구축되었기 때문이다(그림 2).

---

4) Bodenhamer, D. J., Corrigan, J. and Harris, T. M., *The Spatial Humanities: GIS and the Future of Humanities Scholarship*, Indiana University Press, 2010; Bol, P., What do humanists want? What do humanists need? What might humanists get?, Dear, M., Ketchum, J. Luria, S. and Richardson, D. (eds.) *GeoHumanities: Art, History, Text at the Edge of Place*, Routledge, 2011.

이 글에서는 인문학의 공간적 패러다임 전환으로서의 공간인문학을 가능케 하는 GIS 기본 기술 두 가지의 활용 사례를, 리쓰메이칸대학교 아트·리서치 센터에서 2002년부터 진행 중인 역사 도시 교토의 과거, 현재, 미래의 경관 복원을 수행하는 버추얼 교토 프로젝트(矢野 외, 2007, 2011)를 통해 소개한다.[5]

2) 버추얼 교토의 지리 공간 정보

(1) 교토의 3차원 도시 모델과 근대의 버추얼 교토

교토는 794년 간무(桓武) 천황이 헤이안쿄(平安京)를 건설하고 1868년(메이지 원년) 메이지(明治) 천황이 도쿄로 수도를 옮기기까지 1,000년 이상 일본의 수도였다. 현재도 일본의 예술·문화의 중심지로 알려져 있다. 교토분지는 주변을 둘러싼 산과 가모가와(鴨川)와 가쓰라가와(桂川) 등의 강이 흐르는 풍부한 자연 환경과 더불어 역사적인 경관이 형성되어 왔다.

제2차 세계대전의 피해를 크게 입지 않았기 때문에 교토에는 전전(戰前)부터 있었던 사찰과 신사, 교마치야, 근대 건축물이 많이 남아 있다. 따라서 교토의 현재를 정밀하게 포착하는 3차원 도시 모델을 구축하면 필연적으로 과거의 건축물이 많이 포함된다. 2002년경에는 새로운 3차원 측정 기술이 개발되었다. 예를 들어 경비행기를 활용한 레이저 측정을 사용하여 DSM(디지털 지표 모델)을 획득하여 DEM(디지털 고도 모델)과의 차이를 통해 건물의 높이를 추정할 수 있다. 이를 기반으로 2차원 건물 형태를 높이에 맞게 세워서 교토시 지역 약 40만

---

5) 矢野桂司·中谷友樹·磯田弦編, 『バーチャル京都: 過去·現在·未来への旅』, ナカニシヤ出版, 2007, pp.1~161. 矢野桂司·中谷友樹·河角龍典·田中覚編, 『京都の歴史GIS』, ナカニシヤ出版, 2011, pp.1~338.

〈그림 3〉 버추얼 교토의 3차원 도시 모델

버추얼 교토
일본의 역사도시 교토의 가상 시공간을 자유자재로 돌아다닐 수 있는
4차원GIS 교토 버추얼 시공간을 구축한다.

채의 건물을 포함하는 3차원 도시 모델을 작성했다. 이 모델은 높이 정확도가 오차 15cm 이내이며 레이저점의 평균 간격은 1~2m였다. 그러나 건물의 3차원 형상이 주로 단순한 직육면체로 구성되어 있으며 삼각형 지붕의 형상화는 아직 어려웠고, 측면은 텍스처 없이 흰색으로 일관되게 표현되었다(그림 3). 참고로 현재의 측량 기술을 활용해 국토교통성은 2020년부터 일본 전국의 3D 도시 모델의 구축·활용·오픈데이터화를 추진하는 프로젝트인 PLATEAU 프로젝트를 추진하고 있다. 이 프로젝트는 삼각 지붕이나 건물의 텍스처 매핑이 적용된 3차원 도시 모델을 오픈데이터로 제공하고 있다(https://www.mlit.go.jp/plateau/).

(2) 근대의 버추얼 교토

버추얼 교토 프로젝트를 통해 현재의 3차원 도시 모델을 기반으로,

현존하는 교마치야와 근대 건축물을 특정했다. 그리고 현재에서 과거로 거슬러 올라가며 3차원 도시 모델을 구축한다. 이를 위해 사용된 지리 공간 정보는 근대 측량에 기반하여 메이지 중기부터 작성된 20,000분의 1 임시 도면, 1912년 다이쇼(大正) 원년 정식 도면 등의 구판(舊板) 지형도, 1922년 다이쇼 11년~전후(戰後)에 걸쳐 작성된 3,000분의 1 규모의 교토시 도시 계획 기본도, 그리고 더 큰 축척의 약 1,200분의 1 규모의 다이쇼 원년 교토 지적도나 전후의 교토시 상세도[6]이다. 이 종이 지도들은 스캔 후 지오리퍼런싱(georeferencing)을

〈그림 4〉 쇼와기 이후의 경관 변천

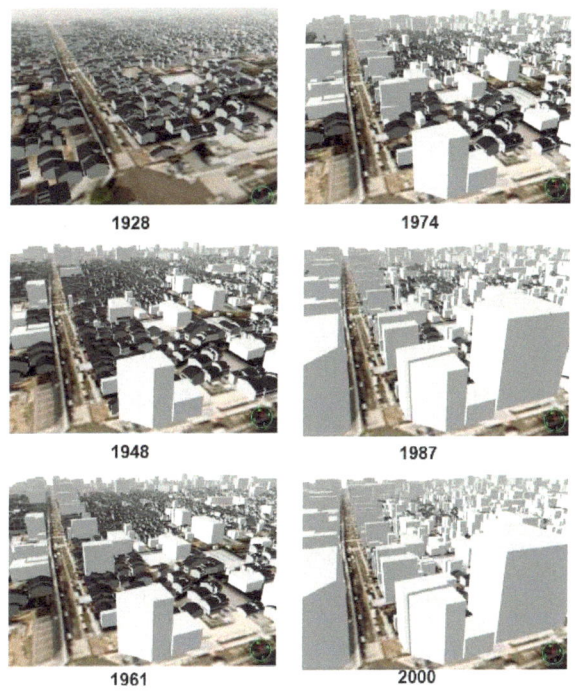

---
6) 河角直美·矢野桂司·山本峻平, 「二つの『京都市明細図』の概要とそのGISデータベースの構築: 京都府立総合資料館所蔵本と長谷川家住宅所蔵本」, 『地理学評論』 90(4), 日本地理学会, 2017, pp.390~400. DOI: https://doi.org/10.4157/grj.90.390

적용하고 GIS에 입력하여 '근대 교토 오버레이맵'으로 인터넷에 공개되어 있다(https://www.arc.ritsumei.ac.jp/archive 01/theater/html/ModernKyoto/). 다이쇼 원년 교토 지적도에는 약 6만 개의 지필(地筆)이 포함되어 있으며 이 지필의 지번 주소에 해당 토지의 용도, 소유자, 소유자 주소, 평당 가격, 토지 등급 등의 정보가 포함되어 있다. 이 모든 지필을 폴리곤(polygon)으로 GIS 데이터화했다. 마찬가지로 교토시 상세도에는 약 15만 개의 가옥 형상이 포함되어 있으며, 그 도시적 토지 이용(주택, 사업소, 공공시설, 사찰 등)과 건물 층수가 포함되어 있다. 이 가옥 형상과 속성 데이터도 GIS 데이터로 변환했다. 이 지리공간 정보는 과거 경관 복원을 위한 중요한 정보가 된다. 그러나 건물 하나하나를 특정하는 데 있어서는 1927년 쇼와(昭和) 2년에 처음 촬영된 과거의 항공사진을 활용했다(그림 4).

또한 전전부터 전후까지 교토를 중심으로 촬영된 곤도 유타카(近藤豊) 씨의 사진을 데이터베이스화한 곤도 유타카 사진자료(https://www.dh-jac.net/db1/photodb/search_kondo.php)와, 철도 마니아 등으로부터 기증받은 자료를 데이터베이스화한 교토시 시전(市電) 버스 사진데이터베이스(https://www.dh-jac.net/db1/photodb/search_shiden.php)는 과거 교토의 경관을 보여주는 매우 중요한 자료로써 활용되었다. 고사진 데이터베이스화의 경우 메타데이터로서 촬영 일자나 촬영 대상의 특정화가 중요하다. 유족이 교토부에 기증한 전전부터 쇼와기의 곤도 유타카 사진자료 약 8만 장의 음화에는, 각각 자신이 촬영한 연월일과 촬영 대상이 기록되어 있다. 그래서 촬영 대상의 위치 정보를 바탕으로 사진 데이터베이스를 GIS와 연동시킬 수 있었다.[7]

---

7) 村上晴澄・佐藤弘隆・矢野桂司・福島幸宏・土橋誠, 「近藤豊写真資料のデジタルアーカイブ構築と過去の景観: 写真資料のGIS化を通して」, 『立命館地理学』 26, 立命館地理学会, 2014, pp.35~46.

(3) 근세의 버추얼 교토

근세 교토의 경관 복원에 있어서 고지도나 그림지도는 중요한 정보이다. 에도시대(1603~1867) 지도의 기반으로는 막부의 도편수였던 나카이(中井) 가문에서 1642년에 작성한「간에이후만지전낙중회도(寬永後萬治前洛中絵図)」(교토대학교 도서관 소장, https://rmda.kulib.kyoto-u.ac.jp/item/r%20b00000143?page=0)를 사용했다. 이 그림지도는 도요토미 히데요시(豊臣秀吉)에 의해 건설된 교토 외부 흙성곽 안의 교토를 그린 것으로, 축척은 약 1/1,368이며 도로와 구역이 정확하게 기록되어 있다.[8]

버추얼 교토 프로젝트는 이 그림지도를 디지털화하여 지오레퍼런싱 처리하고 각 도로나 구역을 폴리곤화하여 벡터 변환을 수행, 당시

〈그림 5〉 에도 시대의 버추얼 교토

---
8) 塚本章宏・磯田弦,「「寬永後萬治前洛中絵図」の局所的歪みに関する考察」,『GIS-理論と応用』15(2), 地理情報システム学会, 2007, pp.111~121. DOI: https://doi.org/10.5638/thagis.15.111

의 토지 이용도를 작성했다. 또한 에도 시대 교토의 랜드마크인 니조 (二条)성의 경우, 1750년의 낙뢰와 1788년의 덴메이(天明) 대화재로 인한 소실 이전의 모습을 재현하기 위해 당시 설계도를 기반으로 3차원 모델을 구축하여 배치했다(그림 5).

나아가 에도 시대에 제작된 「낙중낙외도병풍(洛中洛外図屛風)」의 디지털 아카이브를 활용하여 당시의 건물 모델을 재현했다. 사진이 존재하지 않는 에도 시대의 경우는 「도백경(都百景)」 등의 우키요에 풍경화도 귀중한 시각 자료인데 이것의 디지털 아카이브를 기반으로 도시 경관의 복원을 시도했다.

(4) 헤이안쿄의 버추얼 교토

헤이안쿄는 794년 간무천황에 의해 건설된 수도로(794~1192), 동서 약 4.5km, 남북 약 5.2km의 직사각형을 이루며 바둑판 모양의 조방제 (条坊制)로 구획되어 있었다. 1정(町, 사방 약 120m)씩 정돈된 구획이나 도로의 대부분은 현재까지 남아 있다.

〈그림 6〉 버추얼 헤이안쿄

a) 전체   b) 대궐구역(大内裏)

발굴 조사나 문헌 자료 중에는 위치 정보를 포함한 것이 많은데 이러한 성과를 바탕으로 토지 이용의 세부 내용을 밝힐 수 있었다. 1994년 헤이안 천도 1,200주년 기념제 때 헤이안쿄의 1,000분의 1 축척의 디오라마가 제작되었다. 이 복원 모형을 기반으로 헤이안쿄의 3차원 도시 모델이 구축되었다(그림 6).

이 3차원 모델 제작에 있어서 헤이안쿄 시대의 지표면을 발굴 조사 데이터로부터 특정했으며, 많은 홍수를 겪은 가모가와 주변의 지형 변화를 고려하여 디지털 고도 모델을 작성했다. 이 모델을 통해 현재와 당시의 지표면에 최대 70m의 퇴적물이 확인되었다. 따라서 헤이안 시대 사람들이 바라본 교토분지를 둘러싼 산들의 경관은 현재와 아주 다를 것이라고 상정했다. 이 지표면 위에 천황이 거주하고 정무를 수행한 대궐구역과 귀족의 저택 등의 건물 모델을 배치하여 당시의 도시 경관을 재현했다.

더불어 VR과 AR을 활용하여 현재와 헤이안쿄의 건물의 비교가 가능한 어플리케이션 '버추얼 역사 교토 AR(バーチャル歷史京都AR)'을 개발했다.[9]

3. 기온마쓰리(祇園祭) 디지털 박물관

교토는 1,200년 이상의 역사를 지니고 있으며 앞서 언급한 것처럼 히가시야마(東山), 기타야마(北山), 니시야마(西山)의 산맥과 가모가와, 가쓰라가와 등의 자연 경관과 더불어, 사찰과 교마치야와 같은 유형 문화 자원을 보유하고 있다. 여기에 더해 신사 의식, 축제, 연중행사

---

9) Yano K., Imamura S., Kawahara D., Shimomura Y. and Furukawa O., Developing and Evaluating Virtual Heiankyō AR, Wakabayashi Y. and Morita T. (eds.) *Ubiquitous Mapping: Perspectives from Japan*, Springer, 2022, pp.39~64.

등 무형 문화유산도 계승되어 왔다.

버추얼 교토 프로젝트를 통해 헤이안 시대인 869년부터 이어진 기온마쓰리에 주목하여 그 축제 의식의 변천을 컴퓨터로 재현했다. 특히 7월에 열리는 야마호코(山鉾) 순행은 무로마치 시대(14세기)에 성립된 것으로 오닌(應仁)의 난(1467)과 에도 대화재(1657)로 인한 중단을 겪으면서도 부활을 거쳐 현대에 이르고 있다. 야마호코 순행은 '움직이는 미술관'이라고도 불리며 2009년에는 유네스코 세계무형문화유산으로 등록되었다.

본 프로젝트를 통해 전전의 야마호코 순행 고사진 및 필름을 바탕으로 과거와 현재의 경관 변천을 시각화했다. 예를 들어 과거에는 교마치야의 2층이나 지붕 위에서 순행을 관람하는 모습이 보였지만, 현재는 고층빌딩에 둘러싸인 환경으로 변모했음이 확인되었다.

〈그림 7〉 기온 축제 디지털 뮤지엄

또한 2009년부터 문부과학성의 디지털 박물관 연구 프로젝트의 일환으로 기온마쓰리와 관련된 문화재의 디지털화가 진행되었다. 특히 후네호코(船鉾)와의 공동 프로젝트에서는 장식품의 고해상도 디지털 이미지를 활용해 자수의 세세한 부분까지 시각화할 수 있는 시스템을 개발했다. 또한 후네호코가 행진할 때의 흔들림과 반주 음악을 디지털 측정하여, 무대에서 행진 모습을 가상 체험할 수 있는 시스템을 구축했다(그림 7).

최근에는 에도 말기의 화재 등으로 소실된 대(大)후네호코(2014년 복원)와 다카야마(鷹山, 2022년 복원)가 재건되었다. 이 야마호코들이 현대의 좁은 신마치(新町) 도로와 산조(三条) 도로를 순행할 수 있는지 검증하기 위해 버추얼 교토 상에서 시뮬레이션을 실시했다(그림 8).

〈그림 8〉 다카야마의 순행 시뮬레이션(산조신마치)

코로나19 때문에 기온마쓰리가 축소된 2020년과 2021년에는 프로젝트의 성과를 「기온마쓰리 디지털 뮤지엄 2020/2021」(https://www.arc.ritsumei.ac.jp/lib/vm/gionfestivalDM/)로 ARC 홈페이지에 공개했고 현재도 열람할 수 있다.

4. 디지털 인문학으로 탄생한 버추얼 교토

이 글에서는 버추얼 교토를 통해 역사적 도시 교토의 시공간을 다양한 스케일로 어떻게 시각화했는지를 설명했다. 시공간적 위치 정보를 가지는 지리 공간 정보는 오늘날의 2차원·3차원 지도상에서 통합하고 중첩하여 시각화할 수 있다.

버추얼 교토 프로젝트는 과거의 다양한 지리 공간 정보를 통합함으로써 현재는 볼 수 없는 역사적 경관을 복원했다. 다양한 인문학적 정보를 지리적 공간 축과 역사적 시간 축을 바탕으로 정리하여, 시공간적 통합과 중첩을 통한 시각화로 새로운 지식을 창출하는 것을 목표로 한다. 이러한 연구 활동은 디지털 인문학의 기반으로서의 역할을 맡는다. 이 글에서는 디지털 인문학적 문맥에서 공간적 시점을 도입하기 위한 방법론으로서, GIS를 활용한 공간 인문학 연구를 버추얼 교토의 사례를 통해 소개했다.

최근에는 고지도, 고사진, 고필름, 역사 자료 등 지리 공간 정보를 디지털화한 뒤 그것을 GIS으로 통합하여 시공간적으로 시각화함으로써, 새로운 종합적 지식이 창출될 것으로 기대되고 있다. 시각화의 방법으로 과거의 종이 고지도나 항공사진을 디지털화하고 지오레퍼런싱을 적용한 뒤 현재의 지도와 정확히 중첩시켜 과거와 현재의 상황을 비교할 수 있다. 또한 주소 정보가 포함된 과거 시설 목록 등의 역사 자료에 지오코딩을 적용하여 해당 지점을 지도 위에 시각화할 수 있다.

나아가 당시 상황을 보여주는 고사진이나 고필름, 또 문서에 포함된 텍스트 등의 디지털 데이터를 시공간 위에 배치하여 그 위치 정보를 활용하여 GIS 상에서 다양한 정보를 통합하고 공간적 관점에서 종합적으로 해석할 수 있다. 공간인문학은 다양한 지리 공간 정보의 데이터화 및 GIS화를 추진하며, 시공간 축을 활용하여 서로 다른 학문 분야의 융합을 촉진하여 새로운 종합적 지식을 탐구하기 위한 틀을 제공할 수 있다.

향후에는 AI기술을 비롯한 새로운 방법론이 기대되지만, 디지털 인문학의 연구와 교육을 더욱 발전시키기 위해서는 전통적인 인문학자와 데이터 과학자 간의 협력, 그리고 국제적인 협력이 필요하다.

번역: 이승준

이 글은 한국일본학회의 『일본학보』 제143호에 실린 논문 「日本文化資源デジタル・アーカイブのDX: バーチャル京都による空間人文学の展開」를 수정·보완하여 한국어로 옮긴 것이다.

데이터 모델링을 통해 본
18세기 일본 문인 네트워크

문인 교유록 『자이신키지(在津紀事)』를 중심으로

정경진

1. '문인 교유'와 데이터모델링의 필요성

　전근대 동아시아 문화의 주요 생산자이자 향유자였던 '문인'과 그 문화에는 필연적으로 '교유(交遊)'라는 특징이 드러난다. 이러한 경향은 근세 일본 사회에서도 활발하게 확인된다. 이 글은 개념적·논리적 데이터 모델 설계를 통해 문인 시사(詩社)를 중심으로 한 교유 네트워크를 분석하고, 향후 다른 문인 교유 관계망에도 적용 가능한 데이터 모델 설계의 가능성을 탐색하는 것을 목적으로 한다. 이를 위해 1764년경 오사카(大板)[1]에서 결성된 시사 곤톤샤(混沌社)를 중심으로 문인 교유 데이터 모델링(data modeling)을 수행하고 이를 기반으로 관계형 데이터베이스(Relational Database, RDB)[2]를 구축하고자 한다.[3] 특히

---
[1] 근세까지 오사카는 현재의 大阪이 아닌 大板로 표기했으므로 이 글에서도 大板로 표기하기로 한다.
[2] 관계형 데이터베이스는 1970년대 IBM의 에드거 F.커드가 제안한 모델에 기초해 개발되었으며 데이터를 행과 열로 표현한 테이블과 행과 열의 상관관계로 나타내고 데이

18세기 이후 일본에서는 에도(江戶), 오사카, 교토의 세 도시를 중심으로 유학자 오규 소라이(荻生徂徠, 1666~1728)의 문인(門人)들이 개설한 사숙(私塾)이 발전하였고 시사 또한 활발히 결성되었다. 그중에서도 곤톤샤는 맹주인 유학자 가타야마 홋카이(片山北海)를 중심으로 다양한 배경을 지닌 문인이 모인 시사로,[4] "이전의 시사들보다 살롱적인 성향과 교유성이 짙은 모임"으로 평가받을 만큼 그 특징이 두드러진다.

아집(雅集)을 비롯한 문인 모임에서 교유는 시회, 여행, 음주 등 다양한 형태로 이루어진다. 이러한 교유 행위는 두 사람 이상이 모여야 성립하므로, 교유 네트워크를 규명하는 것은 문인과 그 문화를 연구하는 데 있어 중요한 과제가 된다. 그러나 교유 네트워크 연구는 단순히 특정 인물이 생애사적으로 교유한 인물들을 나열하는 것을 넘어선다. 이러한 관점에서 이 글은 복잡한 연결망과 교유 관계를 단순히 '만났다'거나 '시를 지었다'고 규정하는 데 그치지 않고, 한 인물의 생애사

터베이스를 테이블(관계라고도 부름)의 집합으로 표현하는 것을 말한다. 각 테이블은 로우(Row)와 컬럼(Column)으로 구성되며 테이블의 각 로우에는 고유키(Primary key)가 존재한다. 이 고유키로 로우를 식별할 뿐 아니라 테이블 안의 로우는 키를 통하여 다른 테이블들과 로우로 연결이 가능하다. 관계형 데이터베이스는 ERD를 데이터베이스 관리 시스템에 매핑(Mapping)하는 '논리적 설계' 단계에서 작성하게 된다.(오용철, 『오용철의 데이터베이스 모델링』, 프리렉, 2010, pp.195~196.)

3) 곤톤샤를 문인 교유 데이터 모델링의 대상으로 삼은 이유는 두 가지다. 첫째, 라이 슌스이가 집필한 교유록 『자이신키지(在津紀事)』가 존재하기 때문이다. 이 교유록은 문인들의 관계를 파악하는 데 중요한 자료가 되지만, 데이터 모델링의 비교 대상으로 삼은 일본의 데이터베이스 JBDB에는 그 내용이 충분히 반영되어 있지 않다. 둘째, 근세 일본 문인 연구에서 곤톤샤가 갖는 위상 때문이다. 18세기 중엽 오사카를 대표하는 문인 시사인 곤톤샤와 그 동인들의 교유 관계를 데이터 모델링한다면, 기존과는 다른 방식으로 에도 지역 문인들과의 관계망을 비교 분석할 수 있다는 점도 중요한 이유다.

4) 揖斐高, 『江戸の文人サロン: 知識人と芸術家たち』, 吉川弘文館, 2009, p.30. 곤톤샤와 18세기 중엽 오사카의 문인 시사에 대해서는 鄭敬珍, 「18世紀、大坂における文人詩社の変遷 菅甘谷塾から蒹葭堂会、そして混沌社へ」, 『일본연구』 27, 고려대학교 글로벌일본연구원, 2017.2, pp.173~204를 참조.

속에서 구체적인 사건(Event)을 통해 교유 네트워크가 어떻게 형성되는지를 데이터베이스 관점에서 고찰하고자 한다. 이를 위해 유학자 라이 슌스이(賴春水, 1746~1816)가 집필한 곤톤샤의 교유록 『자이신키지(在津紀事)』(1877) 중 교유 관련 기록을 검토 대상으로 삼았다. 『자이신키지』는 곤톤샤 동인과 주변 문인에 대한 정보뿐 아니라, 저자인 슌스이를 중심으로 문인 간의 교유가 어떻게 이루어졌는지 상세히 서술한 중요한 자료다.[5]

이러한 데이터 모델링 기반의 연구 방법은 최근 주목받는 디지털 인문학적 접근 방식 중 하나이다. 이 연구 방법을 통해 교유 네트워크 내 인물 간 연결성과 매개성, 활동의 다양성과 변화 양상을 거시적으로 분석할 수 있다. 이는 기존의 문헌 및 인물 중심의 정성적 연구로는 포착하기 어려운 확장성을 바탕으로 유의미한 연구 성과를 도출할 수 있다는 점에서 기존 방식과 뚜렷한 차별점을 가진다. 이를 달리 표현하면 '가까이 읽기(close reading)'와 '멀리서 읽기(distant reading)' 방식[6]의 차이로 설명할 수 있다. 결론적으로, 이 글은 기존 연구 성과를 계승

---

[5] 라이 슌스이는 히로시마(広島) 아키(安芸) 출신으로 번(藩)의 유학자이자 이후 간세이(寛政) 개혁의 일환인 '이학의 금지령(異学の禁)'을 선도한 지식인이자 문인으로 19세부터 36세까지는 오사카에서 수학하고 활동한 이후 1783년부터 에도(江戸)로 파견되어 다양한 교유 관계를 맺었다. 『在津紀事』는 슌스이가 21세였던 1766년부터 36세이던 1781년 고향인 히로시마(広島) 번의 번유(藩儒)가 되어 오사카를 떠날 때까지의 16년간의 교유를 기록한 교유록이다. 특히 『在津紀事』는 1764년에 결성된 곤톤샤의 활동과 동인, 비동인 간의 교유 관계를 기록하고 있다는 점에서 중요한 의미를 갖는다. 슌스이는 이 외에도 자신의 스승과 벗에 대해 기록한 『시유시(師友志)』(1828)를 남기고 있다. 이 글에서의 『在津紀事』 인용 등은 多治比郁夫·中野三敏(校注), 『当代江戸百化物 在津紀事 仮名世説』(新日本古典文学大系 97), 岩波書店, 2000에 의한 것이다.

[6] '거시적' 관점에서의 논의라고 하면 프랑코 모레티(Franco Moretti)가 주창한 '멀리서 읽기'(distant reading)를 떠올리기 쉽지만, 진정한 의미에서 이를 가능하게 하기 위해서는 문헌의 철저한 정성적 분석 즉, '초근접 읽기' 혹은 '꼼꼼히 읽기'의 작업이 필요하다는 점을 간과해서는 안 될 것이다.

함과 동시에 문헌 속 정보를 데이터 모델링하여 향후 다양한 형태의 문인 교유 양상을 비교할 수 있는 토대를 마련함으로써 새로운 연구 방법론을 제시하고자 한다.

한편, 본 연구의 주요 방법인 데이터 모델링은 전체 구조를 한눈에 파악할 수 있는 설계도와 같은데, 이 글에서는 문인 네트워크 연구의 관점에서 다음 세 단계에 걸쳐 스키마(Schema, 구조)를 설계하고자 한다.[7] 첫째, 선행 모델인 JBDB(Japan Biographical Database, 일본인명데이터베이스)를 분석하고, 둘째, JBDB의 한계점을 보완하기 위해 개체-관계 다이어그램(ERD)을 활용한 문인 교유 데이터 모델을 설계한다. 마지막으로, 문헌 속 문인 간의 교유 기록을 바탕으로 관계형 데이터베이스의 구축 사례를 제시하여 향후 SQL에서 결과값을 도출할 수 있도록 한다.[8]

다음으로, 이 글의 주제와 관련한 선행 연구를 검토한다. 우선 한국 학계에서 라이 슌스이를 다룬 연구는 정경진(2023)이 유일하다.[9] 정경진(2023)은 슌스이와 교유한 스승과 제자, 친구 총 52명의 문인을 『시유시(師友志)』의 인물 정보로부터 객관적, 주관적 평가 정보로 분류하여 슌스이가 교유한 문인의 특징에 대해 고찰하였다. 이를 통해 슌스

---

[7] '데이터 모델링'은 데이터베이스 설계에서 첫 단계에 해당하며 데이터 모델링의 결과를 통해 필요한 데이터와 데이터의 속성, 데이터들 간의 관계 등을 알 수 있게 된다. 데이터베이스 시스템의 개발에서 상대적으로 많은 시간과 노력이 드는 것이 데이터 모델링 작업이라고 한다.(오용철(2010), 위의 책, p.39.)

[8] SQL(Structured Query Language)은 데이터베이스에 접근할 때 사용하는 언어로 크게는 테이블, 스키마 등을 정의, 변경, 제거하는 언어인 DDL(Data Definition Language)과 데이터베이스의 조작 언어인 DML(Data Manipulation Language)로 나뉜다. SQL의 주요 기능으로는 정의, 질의, 갱신, 뷰 정의, 보안과 권한관리, 무결성, 트랜잭션 제어 등이며 그 기능이 계속 확장되고 있다.(이병욱, 『데이터베이스 총론』, 그린, 2000, pp.136~138.

[9] 정경진, 「『師友志』로 보는 근세 일본 문인 라이 슌스이(賴春水)의 교유망」, 『일본연구』 39, 고려대학교 글로벌일본연구원, 2023.2, pp.147~176.

이는 생애 전반에 걸쳐 유학자뿐 아니라 의사와 승려, 화가, 상인, 서예가, 지리학자 등 다양한 생업에 종사한 문인과 교유했음을 확인할 수 있다.

또한, 1758년 오사카에서 결성된 겐카도카이(蒹葭堂会)와 곤톤샤에 주목하여 18세기 일본 문인 시사의 디지털 아카이브를 설계 및 구축한 연구로 정경진, 김바로(2022)가 있다.[10] 이 연구는 『자이신키지』를 바탕으로 주어-동사-목적어 구조의 RDF 데이터를 작성해 온톨로지를 설계하였다. 특히 시맨틱(Semantic) 네트워크의 시각화를 통해 문인 관계망을 입체적으로 보여준 점은 문인 교유 네트워크 연구의 새로운 시도로 평가된다.

한편, 인문학 분야에서의 데이터 모델링은 김지선·류인태(2022)에서도 논의된 바 있다.[11] 이 선행 연구는 기존 여항문학 데이터 모델을 확장하여 '여항문화'의 데이터베이스 구축을 위한 개념적 데이터 모델링을 제시하였다. 특히 인문학 연구에서의 데이터 모델링의 필요성을 강조하고 있는데, 데이터의 유효함을 전달하는 시각화 단계 이전에 '정교한 형식의 인문학 데이터 구축 및 공유'가 선행되어야 하며 데이터 편찬의 토대를 구축하기 위해서는 '데이터 모델링'에 대한 고민이 수반되어야 한다고 지적하였다.[12] 김지선·류인태(2022)는 한문학의 관점에서 개념적, 논리적 데이터 모델링을 진행하였으나 '개체-관계 모델'을 사용하지 않고 시맨틱(Semantic) 데이터 모델을 적용해 시각화 작업을 수행하였다는 점에서 이 글과는 다른 연구 방법을 취하고 있다.[13]

---

10) 정경진·김바로, 「18세기 일본 문인 시사의 디지털 아카이브 설계 및 구축 시론」, 『일본학보』 130, 한국일본학회, 2022.2, pp.65~93.
11) 김지선·류인태, 「여항문화 연구와 데이터 모델링」, 『한국한문학연구』 85, 한국한문학회, 2022.8, pp.79~118.
12) 김지선·류인태(2022), 위의 논문, p.85.
13) 이 외에도 이승은, 「고전문학 관련 디지털 인문학 연구의 현황과 미래」, 『고전과

다음으로 이 글이 선행 모델로 다루는 JBDB와 관련한 연구는 현재 한국에서는 전무한 실정이다. 일본에서도 다카하시 야스히로(高橋恭寛, 2022)와 Leo Born(ボルン礼於, 2017)의 연구 등이 공개되어 있으며 그 외에는 JBDB를 활용한 「18세기 후반 '유학자'의 종합적 연구: 라이 슌스이와 그 주변(18世紀後半における「儒者」の總合的硏究: 賴春水とその周辺)」 연구의 결과보고서[14]와 동영상 강연[15]이 있을 뿐이다. 우선 JBDB 의 데이터베이스 관리자인 Leo Born의 연구 Leo Born(ボルン礼於, 2017)에서는 JBDB의 구축 배경과 2017년 당시 구현된 여러 어애플리케이션의 소개, 그리고 다양한 시각화 도구의 사용 방법 등을 상세히 설명하고 있다.[16] 한편, 다카하시 야스히로(2022)는 실제로 JBDB의 데이터를 활용한 연구를 수행하였다. 그는 JBDB를 활용해 『대학(大學)』, 『중용(中庸)』 등을 핵심어로 설정하여, 슌스이가 언제, 누구와 어떤 경전을 읽었는지를 밝히고자 하였다.[17]

해석』 39, 고전문학한문학연구학회, 2023.4, pp.89~126을 비롯한 다수의 논문에서 디지털 모델링의 개념에 대해 소개, 언급하고 있지만 독창적인 새로운 방법론이 제시된 것은 아니었기에 이 글에서는 다루지 않기로 한다.

14) 본 연구는 2019년부터 2021년까지 메이지(明治)대학교 이공학부의 시미즈 노리오(清水則夫) 교수의 주도로 진행되었다.

15) JBDB의 연구 책임자인 Bettina Gramlich-Oka가 일본 국문학연구자료관(国文学研究資料館)이 주최한 제8회 '일본어의 역사적 전적 국제연구집회(日本語の歴史的典籍國際研究集会)에서 발표한 내용으로 「전근대 네트워크 분석: 일본인명데이터베이스 소개(前近代のネットワーク分析: 日本の人名データベースの紹介)」라는 제목으로 JBDB를 구체적으로 실행하며 설명한 영상이다. (https://www.youtube.com/watch?v=lmS4Gt4quO8)

16) ボルン礼於, 「上智大学「日本の人名データベース」の構築について」, 『第23回公開シンポジウム「人文科学とデータベース」発表論文集』, 2017, pp.51~58. 이 글에서는 JBDB가 근세 일본을 연구 대상으로 '사회의 구성 요소로서의 '집단'의 실체를 규명하기 위해 집단이력조사(Prosopography)와 네트워크 분석(Social Network Analysis) 방식을 채택'하고 있음을 밝히고 있다.

17) 高橋恭寛, 「頼春水による儒教テキスト講読に関する「JBDB」を用いた実態把握」, 『経営・情報研究 多摩大学研究紀要』 26, 多摩大学経営情報学部, 2022, pp.115~122.

이 글은 곤톤샤라는 근세 일본의 문인 시사를 대상으로 데이터 모델링을 시도하였지만 본 연구 방법과 성과를 활용한다면 향후 다양한 지역과 시기의 문인 교유 형태를 밝히는데 기여할 수 있을 것이다. 나아가 중국이나 조선과 달리 사대부나 과거제도가 존재하지 않았던 근세 일본의 지식인 사회에서의 문인의 존재 양상을 이해하는 데에도 도움이 될 것이다. 또한 일본 연구 분야에서 이러한 디지털 인문학(Digital Humanities)[18]의 관점을 도입한 선례가 많지 않으며, 더욱이 한국 학계에서는 JBDB를 활용한 사례가 없다는 점에서도 새로운 방법론과 방향성을 제시하는 데 기여할 것으로 기대한다.

2. 선행 연구 모델 - JBDB

지금부터는 사회 연결망의 선행 연구 모델로서 JBDB를 개관하고, 실제 JBDB에 구현된 슌스이의 교유 네트워크를 살펴보고자 한다. JBDB는 한마디로 정의하면 '일본의 역사 인물 정보를 축적한 데이터베이스 도구'[19]로 정의할 수 있으며, '일본 근세 인물의 교류 양태를

---

[18] 최근 디지털인문학에 대해 논한 연구 성과들이 꾸준히 배출되고 있지만, '디지털인문학'이란 무엇인가를 논하고자 할 때 우선 김현의 정의를 빼놓을 수 없다.(김현·김바로·임영상, 『디지털 입문학 입문』, HUEBOOKs, 2016.) 이 책에서 김현은 "디지털 인문학은 이론으로만 탐구하는 학문이 아니라 디지털적인 방법으로 디지털 세계에서 의미를 갖는 무엇인가를 해내는 실천적 노력"(p.6)이라고 하였고, "디지털 인문학은 정보통신기술의 도움을 받아 새로운 방식으로 수행하는 인문학 연구와 교육, 그리고 이와 관계된 창조적인 저작 활동을 일컫는 말"(p.17)이라고 정의했다.
[19] JBDB의 구축 목적은 다음과 같다. 첫째, 일본과 관련한 역사적 인물의 정보와 사건에 대한 접근점을 제공하고, 둘째, 응용 프로그램 내 시각화 도구를 활용하여 인물과 조직 간의 연결 및 정치·경제적 네트워크를 규명하며, 셋째, 각종 응용 프로그램의 기능을 내실화하여 폭넓은 연구 영역에서 활용될 수 있도록 하는 것이다. URL은 다음과 같다. https://jbdb.jp

네트워크 분석 방법을 통해 해명함으로써 전기(傳記)적 연구에서는 포착할 수 없었던 동시대 학자 교류 및 지(知)의 체계의 축적 양상을 밝히는 것'을 목표로 개발되었다.[20]

JBDB에도 선행 연구 모델이 존재하는데 바로 중국 역대 인물 및 지리 관련 자료들을 집적한 데이터베이스인 중국 전기자료 데이터베이스 프로젝트(China Biographical Database Project, 이하 CBDB)가 있다.[21] CBDB가 2023년 5월 현재 7세기부터 19세기까지 약 529,560명에 대한 정보를 제공하는 반면, JBDB의 경우, 현재도 입력이 진행 중이긴 하나 2017년 기준 2,200명의 인물 정보가 등록되어[22] 규모 면에서는 상당한 차이가 있는 것이 사실이다. 그럼에도 JBDB는 인물 정보뿐 아니라 네트워크 시각화(Visualization Suite)와 지리 정보(GIS Suite)까지 제공하고 있어 문인 네트워크 연구에서 주목해야 할 데이터베이스임은 분명하다. JBDB의 활용 가능성이 아직 제한적이긴 하지만, 다행히 JBDB에서 가장 충실하게 데이터베이스가 구축된 인물이 바로 라이 슌스이이다. 이 장에서는 JBDB의 핵심 기능인 데이터베이스와 시각화 도구를 활용하여 슌스이의 네트워크가 어떻게 구축되어 있는지를 살펴보기로 한다.[23]

---

20) ボルン礼於(2017), 앞의 논문, p.52.
21) CBDB는 하버드-옌칭 연구소(Harvard-Yenching Institute)에서 시스템을 지원하고 있는 중국의 역대 인물 및 지리 관련 자료들을 집적한 거대한 데이터베이스이다. 중국어로는 '중국 역대인물 전기자료고(中國歷代人物傳記資料庫)'라고 하며, 영어로는 중국 전기자료 데이터베이스 프로젝트(China Biographical Database Project)라고 한다. CBDB는 무료로 접근 가능한 관계형 데이터베이스로, 온라인과 오프라인 버전의 데이터는 일종의 전기 자료로서 통계, 소셜 네트워크, 공간 분석에 유용하며, 아래 이미지는 CBDB의 관적(貫籍)에 따라, 왕조별로 교차하는 19만 명의 공간 분포를 보여준다. (https://projects.iq.harvard.edu/cbdb)
22) ボルン礼於(2017), 앞의 논문, p.51.
23) 이 외에도 JBDB의 기능 중 지리 정보를 제공하는 GIS 툴이 있지만 이 글에서는 다루지 않기로 한다.

〈그림 1〉 JBDB 중 '頼春水'의 정보 화면

JBDB의 데이터베이스는 '인물', '이벤트', '출전', '프로젝트'를 중심으로 검색할 수 있도록 구성되어 있다. '인물' 정보는 〈그림 1〉과 같이 인물 항목은 '기본 정보', '경력', '친족 관계', '비친족 관계', '관련 이벤트'로 구성된다. '기본 정보'에는 이름[24], 성별, 생년과 몰년, 향년, 출신지, 인물이 등장하는 출전(出典)이 포함된다. '경력'은 인물의 신분과 직업을 나타내며 슌스이의 경우 '학자를 직업으로 하며 게라이·가신(家来·家臣)의 신분'으로 구분되어 있다.[25] 슌스이의 친족 관계로는 '조부, 숙부, 양부, 아버지, 형제, 아들, 배우자, 조카, 손자, 사위' 등 총 21명이 포함된다. 비친족 관계로는 '사제(門下·門人·弟子, 先

---

24) '이름 정보'에는 이름의 한자, 후리가나, 로마자 표기 외에도 諱, 通称, 号, 名称, 字, 名, 他, 官位, 法号, 諡, 称号, 職名 등의 이칭 정보가 포함된다.
25) JBDB에 나타난 '경력' 중 '신분'은 不明, 公家, 武家, 百姓, 町人, 宗教者, 他 등이 있으며 '직업'은 不明, 農民, 商人, 工人・職人, 学者, 芸人・芸者・遊女, 医者, 文学者, 芸術家, 師匠, 当道座, 教員으로 구분되어 있다. 상세한 정보는 JBDB 홈페이지의 서포트 매뉴얼을 참조.

生·師) 교유(交遊), 주인(主人), 게라이·가신(家来·家臣), 동료(仲間·同輩·同僚·同門)' 관계 등 54명의 이름이 확인된다.[26] 마지막으로 '관련 이벤트' 항목에는 슌스이가 어떤 인물들과 직접 만나 교유한 '회의·회합(會義·會合)'과 편지나 선물 등을 주고받은 '교환(交換)'을 포함한 총 24,448건의 기록이 수록되어 있다. 각 이벤트의 참가자, 발신자와 수신자, 구체적인 근거 텍스트와 출전(出典)을 확인할 수 있다.

 이를 통해 JBDB의 '인물' 정보는 ①인물의 기본 정보 ②다른 인물과의 관계성 ③이들 사이의 이벤트(사건)로 구성되어 있음을 알 수 있다. '인물' 정보 중 슌스이의 교유 네트워크를 분석하기 위해서는 '비친족 관계'와 '관련 이벤트' 정보에 주목할 필요가 있다. '비친족'이란 앞서 언급했듯이 스승이나 제자, 직업상의 상하 관계, 교유나 동료 관계 등을 의미한다. 한편 '관련 이벤트'는 슌스이를 포함한 두 명 이상의 인물이 참여한 모임이나, 슌스이가 수신자 혹은 발신자가 되는 편지, 선물을 주고받은 행위를 가리킨다.

〈그림 2〉 JBDB의 賴春水 '비친족 관계' 리스트

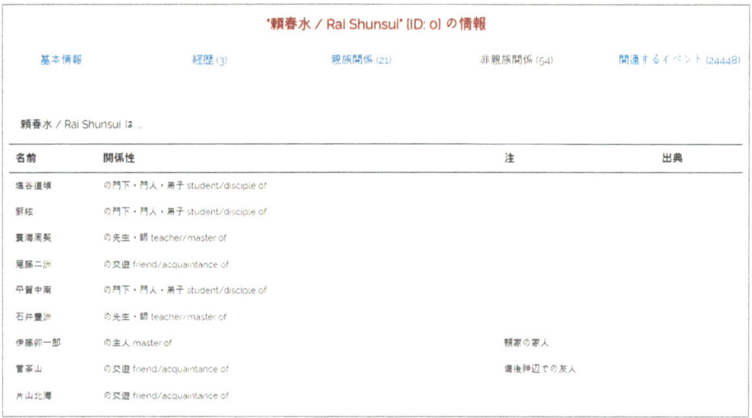

---

26) JBDB의 전체 친족, 비친족 관계의 상세 구분은 서포트 매뉴얼을 참조.

우선 슌스이의 '비친족 관계'를 살펴보면, 인물 정보에 포함된 비친족 목록은 〈그림 2〉에 제시되어 있다. 〈그림 2〉에 나타난 '관계성'은 슌스이를 기준으로 설정된다. 예를 들어, 처음에 등장하는 유학자 시오노야 도세키(塩谷道碩, 1703~1764)의 경우, '슌스이는 시오노야 도세키의 제자(の門下・門人・弟子 student/disciple of)이다'로 파악된다. 비친족 관계 정보를 통해 슌스이가 어떤 인물의 제자, 스승, 부하, 친구였는지를 손쉽게 확인할 수 있다는 장점은 있으나 JBDB에 등록된 모든 인물의 관계는 '주어-술어-목적어' 형태의 RDF 데이터로 구성되어 있다. 이는 곧 한 인물이 하나의 관계성(Relationship) 만으로 표현되기 때문에 교유 네트워크에서 중첩되거나 변화하는 관계성을 나타낼 수 없는 한계로 이어진다.

예를 들어, 유학자 가타야마 홋카이(片山北海)의 경우 슌스이가 19세에 오사카로 유학(遊學)한 이후의 스승이자 슌스이도 참여했던 문인 시사 곤톤샤의 맹주(盟主)이기도 하다. 그러나 JBDB에서는 이 관계가 '교유(の交遊 friend/acquaintance of)'로만 설정되어 있다. 한편 슌스이가 번(藩)의 명령으로 에도로 근무지를 옮긴 뒤, '이학의 금지(異学の禁)' 개혁을 함께 주도한 유학자 비토 지슈(尾藤二洲, 1747~1813)는 슌스이가 청년기 오사카 곤톤샤에서 활동 시절부터 교유한 인물이다. 그러나 JBDB는 슌스이와 비토 지슈가 교유한 사실은 보여주지만 오사카의 곤톤샤 활동이나 에도에서의 '이학의 금지' 개혁 등 이들의 '교유를 매개한' 사건(Event)은 파악할 수 없는 구조적 한계를 지닌다.[27]

---

27) 또 한 가지 생각해 볼 부분은 현재, JBDB에서 상하 관계를 제외한 모든 동등 관계에 대해 '~의 동료, 동배, 동문(の仲間・同輩・同僚・同門(group affiliation: member of guild; political party; religious group; cultural activity, i.e. poetry, calligraphy, painting, tea, etc.))'과 '~와 교유(친구)이다(の交遊 friend/acquaintance of)'로 설정해 주고 있다는 점이다. '~의 동료, 동배, 동문'에 부여한 JBDB의 설명에도 알 수 있듯이 '동료'는 단순히 그룹의 멤버라는 뜻 외에도 시짓기와 글쓰기, 그림, 차마시

이어서 '관련 이벤트' 정보를 살펴보고자 한다. 슌스이의 정보 페이지에는 총 24,448건의 이벤트가 등록되어 있음을 확인할 수 있다.[28] 특히, '이벤트'는 그 자체가 인물 간의 교유 관계를 입증할 뿐 아니라 교유의 다양성과 변화를 보여준다는 점에서 교유 네트워크 연구에서 핵심적으로 다루어야 할 주제이다.

24,448건의 이벤트를 단순한 선형적 방식으로 나열할 경우, 그 실체를 파악하기 어렵다. 이때 JBDB의 시각화 도구를 활용하면 교유 관계의 구조적 특징을 한눈에 확인할 수 있다. 다만, 슌스이의 전체 이벤트 결과값을 시각화하면 노드(node)수가 1,886개, 엣지(edge) 수가 5,736개로 표시된다. 이는 슌스이와 1,885명의 인물과 연결되어 있고 관련 이벤트가 5,736개 존재함을 의미한다. 또한, 전체 결과값을 시각화하더라도 점과 선으로만 과도하게 밀집되어 출력되기 때문에 현실적으로는 인물의 식별조차 쉽지 않아 분석 자료로 활용하기는 어려울 것이다.

이러한 관점에서 이 글에서는 '이벤트'를 중심으로 시각화하되 최초 검색 기준을 '출전'으로 설정하고 이 글의 부녁 대상인 『자이신키지』를 키워드로 하여 결과값을 확인하였다. 〈그림 3〉의 시각화 결과를 보면, 노드는 총 133개, 엣지 총 480개로 나타났다. 주의할 점은, 이 결과값이 『자이신키지』에 등장하는 인물이 표시된 시각화이긴 하지만, 그 관계성 즉 480개의 엣지의 근거 텍스트는 『자이신키지』가

기 등의 '문화 활동'을 함께 향유하는 관계성을 포함하고 있어 '교유' 관계와 중첩되는 부분이 존재한다.
28) 대면 활동인 '회의·회합'에는 '사회적 회합, 사귐'인 내화(来話)와 연회(供宴), 병문안(お見舞い), 인사(御礼·挨拶)가 있고, '전문적 회합, 사귐'에는 회업(会業), 상담(相談), 면담(面談), 강설(講説), 학담(学談) 등이 있으며 그 외 '사적 회의·회합'의 상담과 내담(来話)이 있다. 한편 비대면 활동인 '교환'의 종류로는 편지(書簡)와 증답(贈答)이 있다.

〈그림 3〉『자이신키지』를 기준으로 관계를 나타낸 시각화 결과

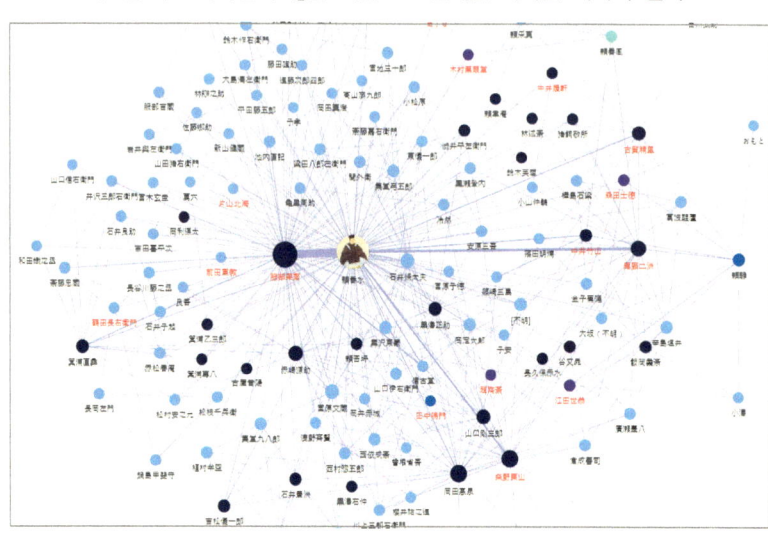

아닌 『슌스이일기(春水日記)』[29]에 기반하고 있다는 점이다. 이 역시 현 단계의 JBDB가 지닌 슌스이 교유 네트워크의 한계로 지적할 수 있다. 그러나 『슌스이일기』에 나타난 『자이신키지』 속 인물들의 교유망이 이 글이 『자이신키지』의 내용을 기준으로 분석한 결과와 어떻게 상이한지를 확인하기 위한 참고 차원에서 이를 언급해 둔다.

슌스이와 각 인물을 연결하는 선의 굵기, 즉 관계의 중요도를 나타내는 가중치(weight)를 기준으로 〈그림 4〉에 표시한 여섯 명의 인물과 슌스이 간의 관계를 분석하였다. 네트워크상의 선의 굵기는 슌스이와의 일대일 교유 빈도를 시각적으로 보여준다.

---

[29] 『春水日記』는 슌스이가 36세이던 1782년부터 1816년 세상을 떠나기 직전까지 약 35년 간 쓴 일기로, 번유로서의 업무 일지 외에도 여러 인물과의 교류와 왕래에 대해서도 기록하고 있다. JBDB에는 『春水日記』의 전문이 탑재된 상태는 아니며 현재도 입력이 진행되고 있다.(高橋恭寬(2022), 앞의 논문, p.116.)

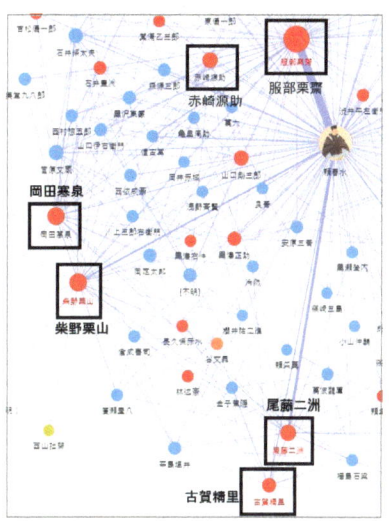

〈그림 4〉 그림 3의 일부 확대

〈그림 4〉에서 볼 수 있듯이 슌스이와 가장 굵은 선으로 연결된 인물은 유학자 핫토리 릿사이(服部栗齋, 1736~1800)이며 유학자 비토 지슈, 유학자 시바노 리쓰잔(柴野栗山, 1736~1807)이 그 뒤를 잇는다.

먼저, 핫토리 릿사이는 슌스이가 오사카를 떠나 히로시마 번의 유학자로 근무하던 중 1783년부터 1803년까지 에도에 부임했을 때 사사(師事)한 스승이다. 주목할 점은 슌스이와 교유 인물 중 릿사이가 가장 영향력 있는 인물로 나타난다는 사실이다. 〈그림 4〉에는 표시되지 않았지만 릿사이는 연결 중심성(degree centrality)[30]은 74로 가장 높게 나타났다. 이는 릿사이가 74명의 인물과 연결되어 마당발(hub) 역할을 했음을 의미한다. 또한, 매개 중심성(betweenness centrality)[31] 역

---

30) 연결 중심성은 네트워크에서 노드가 가지는 직접적인 영향력을 나타내는데 노드의 중요도를 가장 간단하게는 '노드가 가진 연결의 수'로 알 수 있다. (김우주, 『네트워크 중심성 이론』, 카오스북, 2017, pp.16~17.)

31) 매개 중심성은 어떤 노드를 통해 연결되는 다른 노드들의 수를 반영한다. (김우주

시 0.2499로 가장 높아 릿사이가 슌스이를 다른 인물과 연결하는 중개자, 혹은 연결자(Linker)로 기능했음을 보여준다. 뿐만 아니라, 그의 근접 중심성(closeness centrality)[32] 또한 0.6755로 가장 높게 나타나 슌스이의 교유 네트워크에서 핵심적 위치를 차지하는 '중심자(Center)'로서 정보 전달의 속도와 영향력 면에서 핵심적 위치를 점했음을 알 수 있다.

요약하자면, 1783년 에도(江戶) 부임 이후 핫토리 릿사이(服部栗齋)와의 교유를 통해 슌스이의 생애 전반에서 가장 활발하고 광범위한 교유 네트워크가 형성·확장되었다고 평가할 수 있다. 반면, 가중치 값이 두 번째로 높은 비토 지슈의 경우, 다른 중심성 수치에서 시바노 리쓰잔이나 오카다 간센, 아카자키 겐스케 보다 낮게 나타났지만 슌스이와의 연결 강도에서는 릿사이에 이어 두 번째로 높았다. 이는 릿사이와 달리 비토 지슈가 오사카 시절부터 가타야마 홋카이 문하에서 슌스이와 함께 수학하고 같은 시기에 시사 곤톤샤에서도 교유한 오래된 벗이었기 때문으로 보인다. 〈그림 4〉는 그들의 교유 관계가 오사카에서 시작되어 에도 거주 이후까지 지속되었음을 보여주는 결과라 할 수 있다.

한편, 시바노 리쓰잔은 유학자이자 막부의 하타모토(旗本)였던 오카다 간센(岡田寒泉, 1740~1816)과 동일한 중심성 수치(32)를 보였지만, 네트워크상의 가중치가 더 높게 나타나 슌스이와의 교유 관계가 더 빈번했던 것으로 해석된다. 시바노 리쓰잔과 고가 세이리, 오카다 간센, 비토 지슈를 흔히 '간세이의 삼학사(寛政の三博士)'[33]로 불리며 슌스

(2017), 위의 책, p.18.)
[32] 근접 중심성은 다른 노드들과 얼마나 가까이 있는가를 나타낸다. 어떤 노드가 네트워크의 다른 노드들과 거리가 짧을수록 접근성과 전달성이 좋다는 의미를 갖는다. (김우주(2017), 앞의 책, p.22.)

이와 함께 막부가 추진한 '이학의 금지령'을 주도하였다. 이는 이들의 교유 네트워크가 학문, 정치적 활동에도 큰 영향을 미쳤음을 시사한다.[34] 마지막으로, 사쓰마(薩摩) 번의 무사 출신 학자인 아카자키 겐스케(赤崎源助, 1739~1802)는 에도 쇼헤이코(昌平黌) 학문소에서 경학(經學)을 가르치며 슌스이와 교유하였다. 아카자키 겐스케로부터 연결된 링크를 확인하면, 슌스이 외에도 핫토리 릿사이를 비롯한 오카다 간

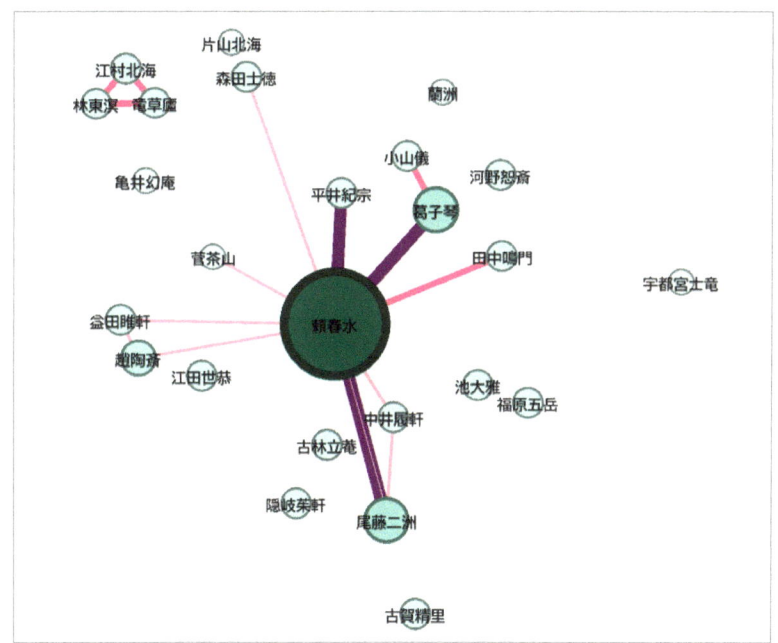

〈그림 5〉『자이신키지』의 내용을 기준으로 분석한 슌스이의 교유망

---

33) '간세이의 삼학사(寬政の三博士)'는 원래 비토 지슈, 시바노 리쓰잔, 오카다 간센을 일컫는 경우가 많다. 그러나 오카다 간센이 막부의 다이칸(代官)으로 전출된 이후, 유관(儒官)으로 등용된 고가 세이리를 삼학사로 보는 견해도 존재한다. 이들은 에도 후기 막부의 학문소인 쇼헤이코(昌平黌)의 유관으로 등용되어 주자학을 교육하고 학제 쇄신에 앞장섰다.
34) 이들에 대한 슌스이의 기록은 정경진, 앞의 논문(2023), pp.165~167.

센, 시바노 리쓰잔과도 이어져 있어 이들이 하나의 교유권을 형성하고 있었음을 알 수 있다.

그렇다면, 실질적으로 『자이신키지』의 내용을 기반으로 1766년부터 1780년경까지 슌스이가 오사카에서 곤톤샤를 중심으로 활동하던 슌스이의 교유 네트워크는 어떤 양상을 보였는지 살펴볼 필요가 있다. 이 글에서는 다음 장에서 제시할 데이터 모델 설계를 바탕으로 데이터베이스 중 교유 Event에 참여한 '인물-인물'의 관계 데이터를 RDF 방식으로 변환하여 Gephi를 통해 사회 연결망 분석(SNA)을 실시하였다.[35] 〈그림 5〉에 따르면, 가중치가 가장 높은 인물은 의사 가쓰시킨(葛子琴, 1739~1784)이며 그 다음으로 비토 지슈, 그리고 쓰루가(敦賀) 번의 번사(藩士)였던 히라이 기소(平井紀宗, 1735~1790) 순으로 나타났다.

이를 〈그림 4〉와 비교하면, 『슌스이일기』에서 나타난 슌스이의 교유 네트워크 중 『자이신키지』에 이름이 등장하는 인물은 비토 지슈와 고가 세이리임을 확인할 수 있다. 즉, 이 두 사람과 슌스이의 교유는 1766년 이후 곤톤샤를 매개로 시작되어 에도 부임 이후에도 지속된 관계로 평가된다. 좀 더 자세히 들여다보면 비토 지슈는 『슌스이일기』와 『자이신키지』 양쪽 모두에서 슌스이와 강한 연결성을 보인다. 반면, 고가 세이리는 〈그림 5〉에서는 곤톤샤의 다른 동인에 비해 연결선이 약한 것으로 나타나지만, 〈그림 4〉에서 슌스이의 주요 교유 인물로 부각된다. 이는 에도 진출 이후 '이학의 금지령'이라는 사회적 관계와

---

[35] 본 분석은 Gephi 0.10.1을 활용했으며(https://gephi.org/), Average Degree, Network Diameter, Modularity를 적용하였다. 그래프의 Layout은 ForceAtlas2를 사용했다. 본 분석에서 나타난 각 중심성의 수치는 OSF에 첨부한 자료를 참조하길 바란다. Gephi를 비롯한 본 연구의 모든 데이터와 연구 프로세스 및 결과물은 https://osf.io/wztav/ 혹은 https://doi.org/10.17605/OSF.IO/WZTAV에서 확인할 수 있다.

맞물려 두 사람의 교유가 더욱 빈번해진 결과로 해석할 수 있다.

이처럼 JBDB의 데이터베이스와 이 글의 분석 결과를 토대로『슌스이일기』와『자이신키지』에 나타난 슌스이의 교유 네트워크의 변화 양상을 개괄적으로 파악할 수 있다. 〈그림 5〉의 결과를 통해 에도에서의 교유망과는 다른 슌스이의 청년기 오사카에서의 교유 관계를 확인할 수 있었는데 다만 이 결과값들은 모두 '주어-동사-목적어'로 표현되는 트리플(Triple) 형식의 RDF 데이터이다. 물론, 이 방법을 통해서도 앞서 제시한 바와 같이 시각화나 SPARQL 질의를 통한 의미 추론이 가능하다. 그러나 이 글의 목적은 생애사 전체의 교유 관계를 포괄적으로 재현하는 데 있지 않다. 오히려 곤톤샤 활동과 같은 특정 사건(event)을 매개로 형성된 교유 네트워크를 재탐색하는 데 초점을 둔다. 따라서 다음 장에서는 관계형 데이터베이스(Relational Database, RDB)를 통해 이를 구현할 수 있는 데이터 모델링을 설계하고자 한다.

3.『자이신키지』의 문인 교유 네트워크 데이터모델링

앞 장에서는 JBDB를 활용해 슌스이의 '비친족 관계'를 중심으로 문인 교유 네트워크의 전체 구조를 검토하였다. 이 과정에서 현재 JBDB가 갖는 몇 가지 한계점을 발견할 수 있었다. 첫째, '비친족 관계'의 설정에 있어 한 인물이 하나의 관계 링크만 가질 수 있어 복수의 다양하고 가변적인 교류 양상을 표현하기 어려웠다. 또한, 각각의 교유가 슌스이의 생애사 중 어느 시점에서 맺어졌고 그 계기가 무엇인지를 정확히 반영하기 어려웠다. 물론, 역사 인물의 생애사라는 것이 정확한 시간 데이터를 확보하기 어려운 경우가 많기 때문에 시기 구분은 대체로 인물의 지리적, 직업적 이동을 기준으로 삼는 것이 적절하다.

아울러, 각 사건별 네트워크 설계 시에는, 예컨대 곤톤샤의 경우 슌스이가 활동하던 당시의 교유록인 『자이신키지』를, 에도 시기의 교유 관계에는 『슌스이일기』를 근거로 각각의 네트워크를 설계, 비교할 수 있다. 즉, 같은 데이터 모델을 다른 기록에 적용하여 그 결과를 비교함으로써 시기별 혹은 이벤트별로 슌스이의 교유 네트워크가 어떻게 형성되고 확대, 변천되었는지를 파악할 수 있다.

이처럼 데이터를 디지털로 전환하는 과정에서 필요한 것이 현실 속 대상을 디지털 데이터로 변환하는 데이터 모델링이다. 이는 『자이신키지』의 서술 내용을 구조화된 디지털 데이터로 변환하는 작업에 해당한다. 일반적으로 데이터 모델링은 '개념적 설계→논리적 설계→물리적 설계'의 3단계로 구성된다. 구체적으로, 데이터베이스에서 요구되는 사항, 즉 이 글의 경우 '『자이신키지』의 기록을 바탕으로 근세 일본 문인의 교유 네트워크를 어떻게 설계할 것인가'라는 문제를 해결하기 위한 조건을 추출하고 이를 구체적으로 개념화하고 표현하는 '개념적 설계'를 진행한다. 이후 개념적 설계 내용을 바탕으로 구체적으로 데이터베이스를 컴퓨터가 처리할 수 있는 논리적 구조로 변환하는 '논리적 설계'를 진행한다. 이어서 인텍스 정의와 역정규화 등을 포함한 '물리적 설계' 단계를 수행한다.[36] 본 장에서는 개체 관계 모델(ERM)[37]의 결과물인 '개체-관계 다이어그램(ERD)'을 이용해 '개념적 설계'와 '논리적 설계'를 수행한다. 아울러 이를 바탕으로 곤톤샤의 교유록인 『자이신키지』 속 교유 관련 기록을 발췌해 관계형 데이터베

---

36) '물리적 설계' 단계에서는 주어진 응용 프로그램에 대한 성능을 향상시키기 위해서 데이터베이스 파일의 저장 구조와 접근 경로를 결정하는 작업을 수행한다. 대표적인 예로 인텍스와 역정규화가 있다.(오용철(2010), 앞의 책, p.74.)

37) 개체 관계 모델(Entity Relationship Model)은 1976년 미국 MIT 대학의 Peter Chen에 의해 처음으로 제안되었으며 개념적 모델 구현 시 가장 일반적으로 사용되고 있는 도구이다. (임종태, 『데이터 베이스의 개념과 설계』, 경문사, 2004, p.26.)

<그림 6> 『자이신키지』 교유 네트워크의 '개념적 설계' ERD

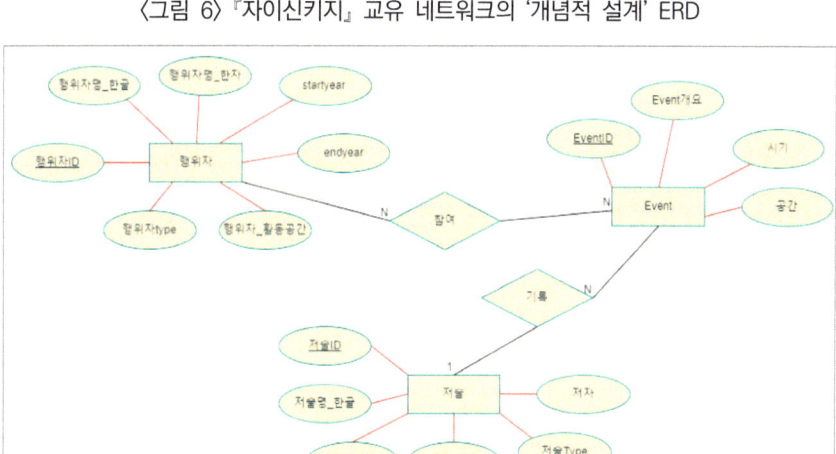

이스로 구축한다.

먼저, '개념적 설계'에 대해 살펴보자. 이 단계에서의 개념적 데이터 모델은 크게 사람, 사물, 추상 개념을 모두 포함한 개체(Entity)(직사각형)와 그 개체가 갖는 속성(Attribute)(타원형) 그리고 개체와 개체를 잇는 관계(Relationship)(마름모)로 구성된다.[38]

<그림 6>은 슌스이 교유 네트워크를 대상으로 한 개념적 설계를 ERD로 시각화한 것이다. 여기서 '행위자', 'Event', '저술'이 개체에 해당한다. '행위자'는 슌스이라는 인물이나 곤톤샤라는 시사가 해당하

---

[38] 이와 관련한 용어를 다시 정리하면 다음과 같다. 실세계에 존재하는 어떤 대상물을 개체(Entity)라고 하고, 모든 개체에는 이름, 나이, 주소 등 개체의 특징을 나타내거나 설명할 수 있는 속성(Attribute)이 존재한다. 속성값 중 해당 개체의 고유 식별자가 되는 값을 기본키(Primary Key)라고 하고 기본키가 다른 개체의 속성을 나타내주게 될 때는 외래키(Foreign Key)로 표시해 주게 된다. 한편 개체와 개체가 존재나 행위로서 서로에게 영향을 주고 있다는 것을 나타내는 것을 관계(Relationship)라고 하고, 관계상에서 참여자가 어떠한 비율로 나타나는 지를 카디널러티(Cadinality)로 표시해 준다. 이와 관련한 자세한 설명은 임종태(2004), 앞의 책, pp.28~39를 참조.

며, 그에 연결된 '행위자 이름', '생년', '몰년' 등은 행위자라는 개체에 속한 속성이 된다. 마찬가지로 'Event' 개체에는 '시회', '음주' 등의 구체적 행위 유형이 입력되며, 그 속성으로는 구체적인 Event의 내용을 나타내는 '개요'와 '시기', '공간' 등이 포함된다. '행위자' 개체와 'Event' 개체는 '참여'라는 관계로 연결되는데 예를 들어 '슌스이가 오사카의 시회에 참여했다'는 내용을 이러한 ERD 데이터로 표현할 수 있을 것이다. 또 다른 개체인 저술 역시 '저술명', '출판년도', '저술 Type', '저자' 등의 속성을 가지며 'Event' 개체와는 '기록'이라는 관계로 연결된다. 예를 들어, 〈그림 6〉의 ERD에는 '슌스이가 오사카의 시회에 참여했다'와 '오사카의 시회에 대한 근거 자료는 『자이신키지』에 기록되어 있다'는 두 데이터가 함께 입력될 수 있다. 물론, 이 외에도 개념적 설계 구조에 맞는 다양한 행위자, 이벤트, 저술 등의 데이터가 추가로 입력될 수 있다.

한편 〈그림 6〉에서 각 개체의 속성 중 밑줄로 표시된 '행위자ID', 'EventID', '저술ID'와 같이 밑줄로 표현된 값들이 있다. 이 값은 개체의 개별 값인 개체 인스턴스(Entity Instance)를 식별해 주는 '기본키(Primary Key)'이다. 이는 각 개체를 식별하는 고유 식별자에 해당한다. 이후 실제 데이터에서 확인하겠지만 각 개체의 기본키는 1, 2, 3과 같은 숫자로 구성될 수 있다. 또한, 위 〈그림 6〉에서 관계 표시 부분에 1, N 등이 들어간 것을 확인할 수 있다. 이는 한 개체가 연결된 다른 개체와 가질 수 있는 관계나 참여자의 수를 나타내며 이를 카디널리티(Cardinality, 관계 차수)라 부른다.[39] 가령, '행위자'와 'Event' 사이에는 양쪽 모두 N(다수)이라는 카디널리티가 존재한다. 이는 '하나의 행위

---

39) 관계 차수, 카디널러티(Cadinality)의 종류로는 '일대일(1:1)', '일대다(1:n)', '다대일(n:1)', '다대다(n:m)' 관계가 있다.

자는 여러 Event에 참여할 수 있다'는 것과 '하나의 Event는 여러 행위자가 참여할 수 있다'는 것을 의미하며 이를 'N:M(다대다) 관계'라 정의한다. 마찬가지로, 'Event'와 '저술' 사이에는 1:N(일대다)의 카디널리티가 성립하는데 즉, '각 Event는 하나의 저술에 기록된다'는 것과 '각 저술에는 여러 Event가 기록된다'[40)]를 나타낸다. 이러한 '개념적 설계'를 통해 '인물 A와 인물 B는 교유 관계이다'와 같은 단순한 관계 설정을 넘어, '여러 인물이 복수의 이벤트에 참여하며 그 근거는 저술에 기록되었다'를 기본 전제로 하여 이벤트에 참여한 인물 간의 교유 관계를 바탕으로 인물의 관계와 그 변화를 추론할 수 있을 것이다.

〈그림 6〉의 ERD는 핵심적 요소를 중심으로 수행된 개념적 설계의 결과물이다. 여기에 개체와 속성, 관계를 추가로 결합함으로써 개념적 설계의 ERD를 더욱 확장하고 세분화할 수 있다.

〈그림 7〉『자이신키지』의 교유 네트워크의 '관계형 스키마'[41)]

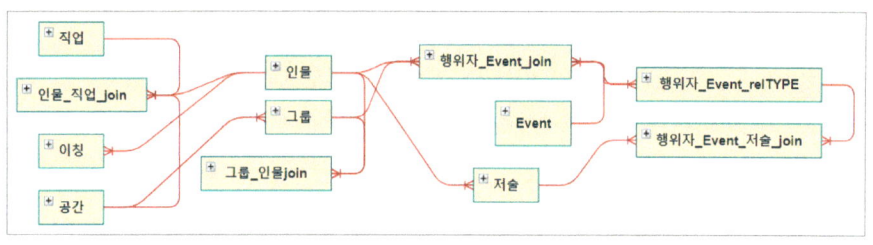

---

40) 물론 각 Event는 하나의 저술이 아닌 여러 저술에 기록된다는 관계 차수를 설정해 줄 수도 있지만, 이 글의 설계는 『在津紀事』라는 하나의 저술에 한정 지어 『在津紀事』가 내포한 시대적 의미에 집중하고자 하였다.
41) 일반적으로 '논리적 설계'에서의 관계 표시는 개념적 설계에서 사용한 피터 첸 표기법이 아닌 '정보 공학 표기법(Information Engineering Notation, 일명 IE표기법)'을 사용한다. 정보 공학 표기법은 1981년에 클리프 핀켈쉬타임과 제임스 마틴에 의해 개발되었으며 'M(다)'의 관계를 까마귀발 모양과 같은 형태의 관계 기호로 표현하기 때문에 Crow's Foot Model이라고도 한다.

이제 앞서 제시한 개념적 설계를 바탕으로 '논리적 설계'를 진행하고자 한다. 〈그림 7〉은 앞선 제시한 개념적 설계 ERD를 『자이신키지』의 교유 네트워크에 매핑(Mapping)하여 관계형 데이터 모델을 위한 '관계형 스키마'로 구체화한 결과이다.[42] 논리적 데이터 모델은 기본적으로 개체 타입을 테이블[43] 형식으로 변환하고 개념적 설계에서 마름모로 표시되었던 관계 타입을 카디널리티에 맞춰 릴레이션으로 연결한다. 우선, 개념적 설계에서는 '행위자', 'Event', '저술'의 개체가 존재했으나, 〈그림 7〉에서 볼 수 있듯이 논리적 설계에서는 행위자를 '인물'과 '그룹'으로 분리했으며, '직업', '이칭', '공간', '행위자_Event_relTYPE' 등의 테이블을 추가하였다.

또한 '행위자_Event_join'과 같이 '행위자'와 'Event' 테이블이 결합된 '조인 테이블(join table)'이 추가로 설계하였다. 조인 테이블은 앞서 〈그림 6〉의 '행위자'와 'Event'의 예처럼, 각 테이블의 관계가 '다대다(N:M)'일 경우 기존의 두 테이블의 속성을 통합하여 새로운 중간 테이블을 만들고, 이를 각각 '일대다(1:N)' 관계로 분할하여 관리하는 설계 방식이다. 이러한 작업이 필요한 이유는 관계형 데이터베이스를 구축할 때 데이터의 중복을 최소화하여 구조화하는 '정규화(Normalization)'[44]가 반드시 선행되어야 하기 때문이다. 〈그림 7〉에서 보듯이 본 설계에서는 총 4개의 조인 테이블이 있으며, 테이블명을 통해 각각

---

42) '논리적 설계'는 '개념적 설계'에서 작성한 ERD를 관계형(Relation) 스키마로 변환해 주는 과정을 의미하기도 하는데 이러한 스키마는 데이터베이스에 저장되는 데이터의 구조와 유형, 이들 간의 존재하는 관계, 관계의 제약 조건 등을 포함한다. (임종태 (2004), 앞의 책, p.10.)
43) 관계형 데이터베이스의 테이블은 관계, 릴레이션이라고도 하는데 이 글에서는 연결의 관계와 구분해 주기 위해 '테이블'이라 부르기로 한다.
44) 데이터베이스 설계에서는 '불필요한 중복 저장'을 줄여야 하는데 중복과 분해를 극복할 수 있는 정규형(normal form)을 만들기 위해 데이터베이스 테이블들을 효과적으로 조직화하는 것을 정규화라고 한다. (이병욱(2000), 앞의 책, p.170.)

어떠한 테이블이 결합된 것인지 파악할 수 있도록 구성하였다.

각 테이블 간의 복잡한 관계를 포함해 세부 구조는 다시 설명하겠지만, 이 글의 '논리적 설계'가 구현하고자 하는 핵심은 다음과 같다. '첫째, 다양한 직업과 이칭 정보를 가진 인물이 있고, 인물이 소속된 그룹이 존재한다. 둘째, 『자이신키지』에 기록된 여러 타입의 교유 Event가 기록되어 있으며, 그 구체적 양상은 저술에 근거한다. 이 글의 조인 테이블 설계 역시 Event를 매개로 한 인물 간의 교유 네트워크를 구조적으로 표현하고, 나아가 이벤트 유형 간의 상호 연결성을 보여주는 것을 목표로 한다.

〈그림 8〉『자이신키지』 교유 네트워크의 논리적 데이터 모델

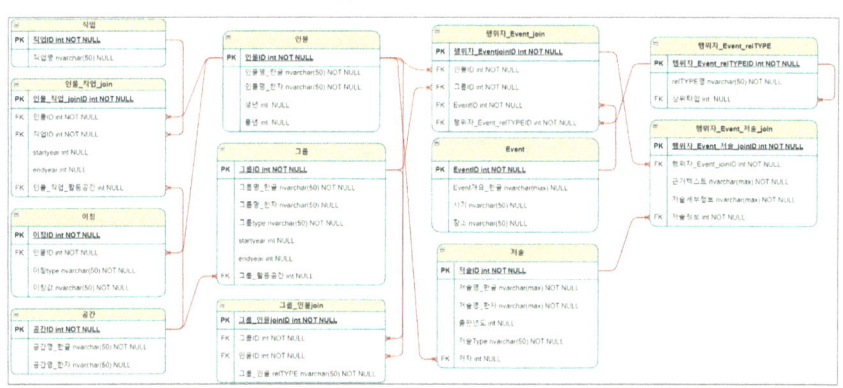

본격적으로 각 테이블에 부여된 세부 속성과 각 테이블의 관계가 표시된 전체 ERD 구조를 확인하고 이를 바탕으로 구축한 실제 관계형 데이터베이스를 검토하고자 한다. 각각의 테이블을 살펴보기 전에 먼저 〈그림 8〉의 각 테이블에 표시된 'PK'와 'FK'에 대해 언급하고자 한다. 앞서 〈그림 6〉의 '개념적 설계' ERD에서 'ID'라 표시된 각 개체의 고유 식별자인 '기본키'의 존재를 확인했다. '논리적 설계' 단계에서는 기본키를 PK(Primary Key)로 명시하며 〈그림 8〉에서와 같이 모든

관계는 PK에서 시작됨을 확인할 수 있다. 고유 식별자인 PK는 1, 2, 3과 같이 반드시 그 값이 존재해야 하므로 'NOT NULL' 즉, Null 값을 허용하지 않으며 중복값을 사용할 수도 없는 특징을 갖는다.[45]

반면, FK는 '외래키(Foreign Key)'를 의미한다. FK는 다른 테이블의 속성 값으로 표현되어 PK 값의 연결성을 나타내기 위해 사용되는 키이다.[46] 이러한 PK와 FK를 통한 관계 설정은 실제 데이터를 탑재할 관계형 데이터베이스의 스키마를 작성하고, 나아가 데이터베이스 관리 시스템(DBMS)[47]에서 SQL문 등을 사용해 데이터를 질의(Query)하기 위해 반드시 필요한 작업이다.[48]

〈표 1〉〈인물 테이블〉의 관계형 데이터베이스 샘플[49]

인물ID	인물명_한글	인물명_한자	생년	몰년
1	기무라 겐카도	木村蒹葭堂	1736	1802
2	가쓰 시킨	葛子琴	1739	1783
3	라이 슌스이	頼春水	1746	1816
4	가타야마 홋카이	片山北海	1723	1790
5	조 도사이	趙陶斎	1713	1786

---

45) Null이란 아직 결정되지 않았거나 모르는 값을 의미한다. 또는 해당되는 값이 존재하지 않는 값도 Null로 표시해 줄 수 있다. 그런 의미에서 공백이나 0과는 다르다.(김연희, 『데이터베이스 개론』, 한빛미디어, 2019, p.103.)
46) ERD에서의 '관계'는 개체 혹은 테이블 들이 맺고 있는 '의미 있는' 연관성을 가르키며 관계는 개체 집합 사이의 대응 관계를 뜻하는 매핑(mapping)을 의미한다. (김연희 (2019), 앞의 책, p.107.)
47) DBMS 중에서도 관계형 데이터베이스를 관리하는 소프트웨어는 관계형 데이터베이스 관리 시스템(RDBMS: Relational Database Management System)이라 한다. 대표적인 RDBMS로 SQL Server, Oracle, MySQL, PostgreSQL 등이 있다.
48) 이러한 PK와 FK의 사용은 RDB의 '무결성 제약조건'과도 연결되는 지점이다. 이와 관련해서는 임종태(2004), 앞의 책, pp.61~68을 참조.
49) 본 연구가 수행한 '논리적 설계'의 전체 데이터셋을 비롯한 관련 데이터는 각주 35번에서 제시하였듯이 https://osf.io/wztav/ 혹은 https://doi.org/10.17605/OSF.IO/WZTAV에서 확인할 있다.

〈그림 8〉의 ERD와 〈표 1〉의 실제 데이터베이스를 비교하며 인물 테이블부터 확인해 보자. 인물 테이블의 기본키(PK)는 '인물ID'이다. 실제 '인물ID'는 〈표 1〉와 같이 1, 2, 3 등으로 부여되며, 라이 슌스이의 경우 인물ID가 3으로 할당되었다. 인물 테이블의 주요 속성으로는 인물명의 한글과 한자, 생년, 몰년이 있다. '직업'과 '이칭'도 인물의 속성이라고 생각할 수 있지만, 이들을 별도의 인물 테이블의 속성으로 포함하지 않고 별도의 테이블로 분리하여 설계하였다. 그 이유는 한 인물이 여러 개의 직업과 이칭을 가질 수 있기 때문이다. 앞서 언급했듯이 이러한 '다대다(N:M)'의 관계는 데이터 모델 설계에서 '일대다(1:N)'의 관계로 변환해 주어야 한다. 본 설계에서는 이를 구현하기 위해 '직업'과 '이칭' 테이블을 각각 독립된 테이블로 설계하고, '이칭'과 '인물' 테이블 간에는 PK인 '인물ID'를 '이칭' 테이블의 외래키(FK)로 가져오는 방식으로 연결해 주었다. 또한 '인물'과 '직업'은 '인물_직업_join 테이블'을 만들어 관계를 설정하였다.

〈표 2〉〈이칭 테이블〉의 관계형 데이터베이스 샘플

이칭ID	인물ID	이칭type	이칭값
19	3	자	千秋
20	3	호	春水
21	3	이름	青圭
22	3	호	霄崖
23	3	통칭	弥太郎
24	3	자	伯栗
25	3	별호	拙巣
26	3	별호	和亭

〈표 2〉는 〈이칭 테이블〉의 데이터베이스 중 슌스이의 데이터를 보여준다. 이 표에서 이칭 테이블의 고유 식별자인 '이칭ID' 역시 1, 2,

3 등의 숫자로 설정되어 있음을 확인할 수 있다. 이때, '이칭ID'와 '인물ID'에 할당된 1, 2, 3과 같은 값은 서로 독립적으로 식별된다.

앞서 확인한 바와 같이, 슌스이의 '인물ID'가 3이다. 이칭 정보의 경우 〈표 2〉에서와 같이 '이칭ID' 19부터 26의 슌스이의 이칭 정보에 해당하며 자, 호, 이름, 통칭 등을 '이칭type'으로, 千秋, 春水, 青圭 등 실제 이칭들은 이칭값으로 입력되었다. 논리적 설계 ERD에서는 〈그림 8〉과 같이 인물 테이블의 기본키(PK)인 '인물ID'를 이칭 테이블의 외래키(FK)로 가져와 '한 인물은 여러 개의 이칭을 가질 수 있다'는 관계를 구현하였다.

〈그림 9〉〈인물_직업_join테이블〉의 관계형 데이터베이스 샘플과 구성 예시

〈직업 테이블〉		〈인물 테이블〉					〈공간 테이블〉		
직업ID	직업명	인물ID	인물명_한글	인물명_한자	생년	몰년	공간ID	공간명_한글	공간명_한자
1	商人	1	기무라겐카도	木村蒹葭堂	1736	1802	1	오사카	大阪
2	儒者	2	가쓰시킨	葛子琴	1739	1783	2	에도	江戸
3	医者	3	라이슌스이	頼春水	1746	1816	3	오노미치	尾道
4	町人	4	가타야마 홋카이	片山北海	1723	1790	4	교토	京都
7	書家	5	조 도사이	趙陶斎	1713	1786	5	히로시마	広島
8	僧侶						6	사카이	堺
9	画家						7	오오쓰	大津
10	悠年寄						8	오우미	近江
11	藩士						9	사가	佐賀
12	武士						10	아키	安芸
13	漢詩人								
14	篆刻家								
15	藩儒								
16	勤番								
17	学主								
18	備官								

〈인물_직업join테이블〉

인물_직업joinID	인물ID	직업ID	startyear	endyear	인물_직업_활동공간
7	3	2	1764	1781	1
8	3	2	1803	1816	10
9	3	15	1781	1803	10
10	3	16	1783	1803	2
11	3	18	1800	1803	2

다음으로, '인물'과 '직업'을 연결하는 조인 테이블인 〈인물_직업 join 테이블〉에 대해 알아보자. 앞서 언급했듯이 조인 테이블은 복잡한 릴레이션을 정규화하여 중복을 방지하는 기능을 한다. '인물'과 '직업'의 경우 '각 인물은 여러 개의 직업을 가질 수 있고, 한 직업은 여러 인물과 관련된다'는 점에서 '다대다(N:N)'의 관계를 이룬다. 본 설계의

〈직업 테이블〉에는 총 24개의 직업명을 입력되었으며, 각각의 직업명은 '직업ID'로 식별된다. 〈그림 9〉에서 볼 수 있듯이, '인물ID' 3인 슌스이는 〈인물_직업join 테이블〉에서 7부터 11까지 총 5개의 '인물_직업_joinID'를 갖는다. 이 테이블의 데이터를 통해 '슌스이가 유학자로서 오사카와 에도에서 활동하였고, 번유(藩儒)로는 히로시마의 아키에서 봉직했으며, 번의 명령으로 에도 근무(勤番)를 수행하며 유관(儒官)으로서의 직책을 병행했다'는 사실을 연도별 데이터로 확인할 수 있다. 본 연구는 인물의 공간 정보가 직업의 이동에 따라 변화한다는 점에 주목하여 〈공간 테이블〉의 기본키(PK)를 〈인물_직업_join 테이블〉의 외래키(FK)로 참조시켜 '인물_직업_활동공간' 테이블을 설계하였다. 〈공간 테이블〉의 PK인 '공간ID'는 시사와 문하 등의 데이터가 담겨 있는 〈그룹 테이블〉에서도 '그룹_활동공간'의 FK로 연결시켜 공간 변화를 시계열적으로 데이터화하였다.

　이 외에도 이 글에서는 예시로 제시하지 않았지만 조인 테이블 방식으로 '인물'과 '그룹' 테이블이 결합된 〈그룹_인물join 테이블〉을 생성하여 시사나 문하에 각 인물이 어떠한 관계로 속해있는지를 확인할 수 있도록 하였다. 가령 '그룹_인물joinID:3/ 그룹ID:1(곤톤샤)/ 인물ID:3(슌스이)/ group_인물 relTYPE: 동인'은 '슌스이는 시사 곤톤샤의 동인이다'를 의미한다. 한편, 개념적 설계에서와 마찬가지로 '인물'과 '그룹'을 통합하여 '행위자'라는 테이블로 표현하는 방법도 고려할 수 있다. 그러나 본 연구에서는 인물-그룹 간의 관계 타입, 즉 동인, 주최자, 스승, 제자 등의 관계를 명시적으로 설정함으로써 교유 관계의 다양성을 표현하였다. 또한 향후 연구에서의 확장성 등을 고려하여 인물과 그룹을 분리한 후 이들을 조인하는 방식을 채택하였다.

〈표 3〉〈Event 테이블〉의 관계형 데이터베이스 샘플

Event ID	Event_개요_한글	시기	장소
24	라이 슌스이가 비토 지슈와 후시미(伏見)의 모모야마(桃山)에 놀러갔을 때 오키 슈켄이 이 소식을 듣고 합류하여 함께 여행함		
25	라이 슌스이와 에다 나가야스, 모리타 시토쿠가 온천 여행을 갔다가 나가야스가 먼저 돌아가고 슌스이와 시토쿠가 교토의 경승지를 둘러봄		효고현 기노사키초(城崎町)의 온천/교토 미야즈시(宮津市)
26	라이 슌스이 모리타 시토쿠가 보유한 배를 타고 달구경		
27	라이 슌스이, 다나카 메이몬, 가쓰 시킨이 뱃놀이를 함		오사카 이타치보리(立売堀)
39	히라이 기소, 라이슌스이, 가쓰 시킨, 고야마 다다시와 함께 열흘 넘게 함께 보내며 시를 짓고 술을 마시며 교유(시짓기)		
40	히라이 기소, 라이슌스이, 가쓰 시킨, 고야마 다다시와 함께 열흘 넘게 함께 보내며 시를 짓고 술을 마시며 교유(음주)		

지금부터는 본 연구에서 가장 중요한 'Event'의 설계 구조를 분석하고자 한다. 우선, 〈Event 테이블〉의 속성 중 'Event개요_한글'이 있는데 이는 『자이신키지』에서 교유로 판단되는 내용을 요약하여 입력한 필드이다. 이 속성을 통해 교유에 참가한 행위자뿐만 아니라 교유의 구체적 유형까지도 데이터로 추출할 수 있다. 예를 들어, 〈표 3〉의 'EventID' 24에는 라이 슌스이, 비토 지슈, 오키 슈켄이라는 세 명의 인물 정보와 '여행'이라는 교유 타입이 내포되어 있다.

주목할 점은 하나의 'Event개요' 안에 여러 교유 타입이 포함될 수 있다는 것이다. 가령 'EventID' 39와 40의 경우, 같은 Event 개요를 가지지만 별개의 'EventID'를 부여하였다. 이는 하나의 문장에서 '시짓기'와 '음주'라는 두 가지 교유 타입이 추출될 수 있기 때문인데, 이러한 기준으로 『자이신키지』를 분석한 결과, 총 43건의 이벤트 정보를 확인할 수 있었다. 〈Event 테이블〉은 구체적인 Event를 표현한다는 점에서 의의가 있다. 그러나 그보다 중요한 점은 이 테이블이 여러

다른 테이블과 연결되어 교유 이벤트와 인물 간의 복잡한 네트워크를 구현한다는 사실이다. 이러한 점에서 데이터 모델 설계에서는 가장 중심적인 역할을 한다고 볼 수 있다.

앞서 〈그림 6〉의 개념적 설계에서 '행위자'와 'Event'의 관계가 '각 행위자는 여러 Event에 참여할 수 있고', '한 Event는 여러 명의 행위자가 참여한다'는 '다대다(N:N)'의 관계였음을 확인하였다. 논리적 설계에서도 이를 반영하여 〈Event 테이블〉과 〈행위자 테이블〉(인물, 그룹)을 조인하여 〈행위자_Event_join 테이블〉을 생성하였다. 특기할 것은 〈행위자_Event_join 테이블〉이 〈표 4〉의 Event 데이터베이스 중 추출한 교유 타입을 정리한 〈행위자_Event_relTYPE 테이블〉의 속성을 FK로 참조하도록 설계되었다는 점이다. 이제 실제 데이터베이스를 보면서 설계 내용을 파악해 보도록 하자.

〈그림 10〉 '행위자_Event_join'의 관계형 데이터베이스 샘플

〈Event 테이블〉

EventID	Event_개요_한글	시기	장소
25	라이 슌스이와 에다 나가야스, 모리타 시토쿠가 온천 여행을 갔다가 나가야스가 먼저 돌아가고 슌스이와 시토쿠가 교토의 경승지를 둘러봄		효고현 기노사키초(城崎町)의 온천/교토 미야즈시(宮津市)
26	라이 슌스이 모리타 시토쿠가 보유한 배를 타고 달구경		

〈행위자_Event_join 테이블〉

행위자_Event_joinID	인물ID	groupID	EventID	행위자_Event_relTYPEID
62	3		25	21
63	6		25	21
64	28		25	21
65	3		26	32
66	6		26	32

〈행위자_Event_relTYPE 테이블〉

행위자_Event_relTYPEID	relTYPE명	상위타입
1	사회적 관계	
2	문인교유 관계	
3	학문관계	
21	여행	2
31	뱃놀이	2
32	달구경	2
33	오어(晤語)	2
34	토론	2

〈인물 테이블〉

인물ID	인물명_한글	인물명_한자	생년	몰년
3	라이슌스이	賴春水	1746	1816
6	모리타 시토쿠	森田士徳	1738	1782
28	에다 나가야스	江田世恭		1795

〈행위자_Event_join 테이블〉은 논리적 설계에서 '인물ID/ 그룹ID/

EventID/ 행위자_Event_relTYPEID' 모두를 외래키(FK)의 속성만으로 구성했기 때문에 〈그림 10〉과 같이 데이터베이스에서도 숫자로만 데이터가 입력된다. 〈그림 10〉을 분석하면 '행위자_Event_joinID' 62부터 64는 '인물ID' 3과 6, 28인 라이 슌스이, 모리타 시토쿠, 에다 나가야스가 동일한 'EventID' 25에 참여했음을 나타낸다. 또한 '인물ID' 3과 6의 라이 슌스이와 모리타 시토쿠는 동일한 'EventID' 25와 26 모두에 참가했음을 알 수 있다. 즉, 본 설계에서는 같은 'EventID' 를 통해 다수 행위자 간 교유 관계를 구조적으로 표현할 수 있다.

여기서 중요한 것은 〈Event 테이블〉에서는 각각의 'EventID'가 하나씩 존재하지만 〈행위자_Event_join 테이블〉에서는 Event에 참여한 인원수만큼 'EventID'가 반복된다. 결과적으로 '행위자_Event_joinID'는 참여 행위자의 수에 비례하여 증가한다. 일반적으로 '교유'라고 하면 인물 간의 방향성을 떠올리기 쉽다. 그러나 편지나 선물 교환처럼 발신자-수신자 관계(fromto)가 명확한 경우와 달리, '시짓기'·'여행'·'음주' 등 다수의 행위자가 공동으로 참여하는 교유에서는 주체(subject)와 객체(object)의 방향성을 설정하기 어렵다. 따라서 위와 같은 방식이 다수의 인물이 다수의 Event에 참여하고 교유했음을 표현하는데 더 유의미하다고 판단하였다.

한편, 〈그림 12〉의 〈행위자_Event_join 테이블〉의 속성 중 '행위자_Event_relTYPEID'에 주목할 필요가 있다. 이는 앞서 언급한 〈행위자_Event_relTYPE 테이블〉의 값을 FK로 가져온 것으로 'Event개요'의 내용 중 교유 타입을 추출해 'relation TYPE'으로 지정한다. 가령, '행위자_Event_joinID' 65와 66은 라이 슌스이와 모리타 시토쿠가 26번의 이벤트에 참여했음을 나타내는데 이때 연결된 '행위자_Event_relTYPEID'는 32번으로 교유 타입이 '달구경'임을 나타낸다. 〈행위자_Event_relTYPE 테이블〉을 설정함으로써 하나의 Event 포함된 복수의 교유 양상을 데이터로 구조화할 수 있다. 이러한 체계적 분류는 데이터베이스가 확장될수록 교유 행위의 유형별 빈도·패턴 분석을 가능하게 한다. 본 설계에서는 『자이신키지』를 기준으로 총 34개의 '행위자_Event_relTYPE'을 정의하였다. 출현 빈도로 보면 '음주(飮酒)'가 가장 높은 비중을 차지하였으며, '여행(旅)'·'시짓기(作詩)'·'토론(討論)'·'초대(招待)' 등의 유형도 빈번히 등장하였다. 흥미로운 점은, 각각의 행위가 독립적으로 나타날 때도 있지만, 복수의 교유 유형이 동시에 발생하는 경우가 적지 않다는 것이다. 특히 '여행'과 '음주'가 동시에 일어난 교유가 상당히 많았는데 그 외에도 '초대'와 '여행', '음주'가 연결되거나 '여행'과 '토론', '여행'과 '시짓기' 등도 함께 등장하는 예도 다수 확인할 수 있었다. 이 외에도 유고(遺稿)와 비(碑), 글씨(書) 등의 '의뢰'나 '병고침', '오어(晤語)' 같은 다양한 교유 유형 역시 파악되었다는 점에서 의미 있는 결과라 할 수 있다.

주목할 것은 〈행위자_Event_join 테이블〉의 '상위타입' 속성이다. 〈그림 10〉에서 보듯 '상위타입'은 자신의 테이블 값을 참조하는 '셀프 조인(Self Join)' 구조로 설계되어 있다. 본 설계에서는 '사회적 관계/ 문인 교유 관계/ 학문 관계'와 여러 교유 유형의 위계(Hierarchy) 관계를 설정하였다. 이 글의 데이터베이스에서는 곤톤샤에서의 교유가 중심을 이루므로, 상위타입이 '문인 교유 관계(2)'로 분류되는 경우가 가장 많았다. 그러나 '시짓기'의 경우처럼 문맥에 따라 사회적 관계나 문하에서의 교유로 재분류될 가능성도 있다. 특히 향후 SQL 질의를 통해 교유 타입으로 연결된 문인의 네트워크를 확인할 수 있다는 점에서, 이러한 relTYPE과 위계 설정은 저작에 기록된 교유의 실제를 이해할 수 있는 중요한 요소라고 볼 수 있다.

〈그림 11〉 '행위자_Event_저술_join'의 관계형 데이터베이스 샘플

다음으로 〈그림 11〉을 통해 본 설계의 마지막 부분인 〈행위자_Event_저술_join 테이블〉을 고찰하고자 한다. 본 테이블은 앞선 〈그림 10〉의 〈행위자_Event_join 테이블〉의 근거를 제공하는 〈저술 테이블〉을 조인한 것으로, 실제 문헌 자료의 텍스트를 데이터로 저장하고, 교유 행위의 판단 근거를 명시적으로 제시하기 위해 생성된 테이블이다. 앞서 언급했듯이 'Event'와 '행위자_Event_relTYPE' 개체의 설계에는 필자의 '판단'이 개입된다. 어떤 서술을 Event로 볼 것인가, 또 그것을 어떠한 교유 유형(relTYPE)으로 정의할 것인가는 전적으로 분석자의 결정에 달려 있다. 달리 말하면, 판단에는 반드시 판단의 '근거'가 존재한다는 것이다. 판단과 근거의 관계를 나타내 주는 것이 바로 〈행위자_Event_저술_join 테이블〉이다. 본 테이블은 '행위자_Event_joinID'와 '저술ID'를 FK로 가지며 '근거_텍스트'와 '저술세부정보'를 내부 속성으로 갖는다. 〈저술 테이블〉의 속성 역시 〈그림 11〉에서 파악할 수 있는데 속성 중 '저자'는 〈인물 테이블〉의 '인물ID'와 FK로 연결되어 있으며 가령 『자이신키지』의 저자는 인물ID 3인 라이 슌스

이임을 나타낸다.

이를 토대로 〈그림 11〉을 보면 '행위자_Event_저술_joinID' 62부터 66까지는 〈그림 10〉의 '행위자_Event_joinID' 62부터 66까지의 근거 텍스트를 제공하는 기본키(PK)임을 알 수 있다. '행위자_Event_저술_joinID' 역시 행위자의 숫자만큼 증가하므로, 실제로는 '행위자_Event_joinID'와 동일한 개수가 존재한다고 봐도 무방하다. 가령 '행위자_Event_저술_joinID' 62는 '행위자_Event_joinID' 62 즉, '행위자_Event_relTYPE'이 '여행'이며, 구체적으로는 '라이 슌스이와 에다 나가야스, 모리타 시토쿠가 온천 여행을 갔다가 나가야스가 먼저 돌아가고 슌스이와 시토쿠가 교토의 경승지를 둘러봄'의 내용을 나타낸다. 그 근거 텍스트는 "士徳城崎温泉に浴す。余槙夫と追ひ往く。槙夫先に帰る。余士徳と天橋の諸勝を歴観す。"이고 이는 이 글이 참고한 『자이신키지』 상권 148에서 확인할 수 있다는 것을 보여준다.

이러한 판단과 정제의 과정을 통해 문헌 속 텍스트가 데이터베이스로 축적이 될 것이며, 본 설계를 바탕으로 SQL을 이용한 다층적인 질의가 가능해진다. 가령, '슌스이와 음주로 교유한 문인을 추출하라'를 비롯하여 '슌스이와 교유한 모리타 시토쿠와 연결된 문인을 모두 출력하라', '토론이라는 교유 타입 혹은 상위타입이 사회적 교류에 해당하는 모든 교유 타입을 출력하라'와 같은 질의는 기존의 정성적 분석 방법에서는 방대한 시간을 요하거나, 데이터의 양이 많을 경우 실질적으로 수행이 어려웠던 작업이다. 그러나 본 데이터 모델을 통해 이러한 질의를 효율적으로 수행함으로써 문인 교유의 연결성과 확장성을 확인하고 유의미한 결과값을 도출할 수 있게 되는 것이다. 향후 데이터 모델 설계를 JBDB가 근거로 삼은 『슌스이일기』의 텍스트에 적용하여 데이터베이스를 구축한 후 『자이신키지』의 결과와 비교하는 SQL 질의를 수행할 예정이다. 이를 통해 시기별·장소별 교유 양상의 차이를 정량적으로 분석하고 문인 네트워크의 구조적 변화를 더욱 정밀하게 규명할 수 있을 것이다.

4. 디지털 인문학을 통한 문인 연구의 새로운 가능성

이 글에서는 JBDB에 구현된 슌스이의 교유망의 실제를 탐색하고, 현시점에서의 JBDB의 한계점을 보완하는 형태로 ERD를 활용해 『자이신키지』를 근거로 한 문인 교유 네트워크의 데이터 모델링을 진행하였다. 이는 문인 연구에 있어서 가령 '문인 A가 문인 B와 만나 시를 지었다'와 같은 개별 교유의 단면을 제시하는 데 그치지 않고, 문인 관계가 시기나 사건에 따라 어떻게 변동하고 확장되는가를 동태적으로 보여주려는 것이다. 향후 교유록을 비롯해 일기, 기행록 등 다양한 장르의 기록물로 데이터를 추가로 축적한다면, 교유의 발생과 발전, 그 과정에서의 매개 인물, 시대별 교유의 형태와 문인의 사회적 속성(직업·신분 등)을 통합적으로 파악할 수 있을 것이다.

한편, 데이터 모델링의 측면에서 '인물'과 '그룹'의 행위자로 시작된 이 글의 설계는 최종적으로는 '행위자_Event_저술_join'의 단계에서 마무리되었는데 사실 이러한 설계 과정은 결코 단순하지 않다. 왜냐하면 『자이신키지』의 방대한 텍스트에서 '교유'의 단위를 선별하고 이를 개체와 속성, 관계로 분류하여 논리적 스키마로 재구성하는 과정은 높은 수준의 디지털 리터러시와 문헌학적 이해를 동시에 요구하기 때문이다. 물론, 이 글의 데이터 모델 설계가 반드시 '정답'이라고는 할 수 없다. 이는 연구자의 문제의식과 관점이 어디에 있느냐에 따라 다양한 형태의 데이터베이스가 구축될 수 있기 때문이다. 그러나 분명한 것은 이러한 설계 과정을 거치며 기존의 연구 방식에서 사용한 문헌 텍스트는 실제 DBMS가 처리할 수 있는 데이터베이스로 전환될 수 있으며 이를 기반으로 한 관계형 데이터베이스의 구축은 곧 SQL 질의를 가능하게 한다는 점이다. 이 질의를 통해 인물 대 인물, 아집 대 아집, 인물 대 아집의 네트워크가 어떻게 연결되어 있는지, 그 매개는 무엇인지를 밝혀낼 수 있을 뿐만 아니라, 이를 다시 RDF 형식으로 변환하여 시맨틱 네트워크로 시각화한다면 시기별, 지역별, 국가별 문인 교유의 비교 연구에도 중요한 자료적 기반이 될 것이다.

　이는 이 글의 시도를 포함한 디지털 인문학적 연구가 기존의 정성적 분석과는 다른 관점에서 새로운 문인 네트워크 연구의 가능성을 제시할 수 있다는 점을 의미한다. 동시에, 넓은 의미에서 일본 연구를 포함한 인문학의 영역에서 디지털 인문학적 방식의 연구를 진행하는 것이 어떤 의미를 갖는가라는 문제의식과도 맞닿아 있는 부분이라 할 수 있다. 궁극적으로는 본 연구가 제안한 데이터 기반의 분석 방식은 기존 문헌 중심 연구로는 파악하기 어려웠던 거시적 관점에서의 자료 해석 가능성을 열어주는 시도라 할 수 있다. 앞으로 문인 관련 기록물의 디지털화가 꾸준히 진행되어 일정 이상의 데이터가 축적된다면 인공지능(AI)을 활용한 분석도 고려해 볼 수 있을 것이다. 다만, 디지털 인문학적 접근은 데이터를 어떻게 분석할 것이냐 보다 분석 결과를 어떻게 해석할 것이냐가 더 중요한 의미를 갖는다. 그런 점에서 이 글이 제시한 데이터모델링은 단순한 분석 결과를 산출하기 위한 기술적 틀이 아니라, 연구자의 해석을 구조화하기 위한 일종의 '해석적 설계'라 할 수 있다. 즉, 설계 과정 자체가 곧 연구자의 해석 행위의 일부이자 인문학적 사유의 확장 과정이다.

　이 글은 다양한 가능성을 제시하는 시론적인 성격이 강하지만 향후 근세 일본의 지역별 문인 활동과 교유 관계 형성의 다양성 제고, 나아가 '동아시아 문인 연구'의 측면에서도 논의해 볼 수 있을 것이다. 무엇보다 본 연구의 방법론이 일본문학 연구에서 정성적 분석과 디지털 인문학적 분석을 연결하는 매개로서, 향후 다양한 분야의 연구가 진행되는 데 마중물이 되기를 기대한다.

이 글은 고려대학교 글로벌일본연구원의 『일본연구』 제41호에 실린 논문 「18세기 일본 문인 교유 네트워크의 데이터 모델링 시론: 라이 슌스이(頼春水)의 『자이신키지(在津紀事)』를 중심으로」를 수정·보완한 것이다.

재일본 조선 유학생 정치운동 지도

1896년 대조선일본유학생친목회 발간 『친목회회보』를 중심으로

전성규

1. 공간 생산을 맵핑하기

 1974년 3월 6일 자 『동아일보』에는 유진오(兪鎭午)가 그의 아버지 유치형(兪致衡)의 일본유학시절을 소개하는 글이 실렸다. 어느 날 우연히 아버지의 일기를 보게 된 그는 아버지가 일본 유학을 가게 된 일련의 상황들에 대한 서술을 흥미롭게 읽고 사료적 가치를 띤다고 판단해 일반에 공개하였다. 유진오는 이 글에 「19세기의 동경유학」이란 제목을 붙였고 크게 '1. 우선 유학생 선발전후의 사정', '2. 숭례문(남대문) 밖에서의 일'로 내용을 나눠 소개하고 있다.

> 아버지가 일본유학을 떠나신 것은 을미년(乙未年, 1895) 갑오경장의 이듬해였다. 그때 나이 십구세.
>
> 우선 유학생 선발 전후의 사정
> "聖上 甲午(1894) 겨울 十一月에 내가 우연히 서울에 들어왔더니 日本으로 東遊한다는 말이 있는데 친구 중에 혹시 나에게 가볼 것을 권하

는 사람이 있고 나 역시 유람의 뜻으로 한번 가보고자 하여 外務에 말해 놓고 시골(廣州)로 내려와 이야기를 전한즉 집안이 크게 놀라고 동네안이 모두 처음 듣는 말이라하여 모두 불가하다 하기에 그 가한지 부한지를 알기 어려워서 미적미적 결정을 못하고 내버려두었다.

乙未 봄 二월에 다시 이 말이 있었는데 이에 다시 배움을 널리할 마음이 일어나서 곧 京師에 들어 세상이 변한 것을 보고 사람의 말돌아가는 것을 들으니 유람의 일이 없어서는 안되겠는지라 그래서 곧 정부에 單子를 걸었더니 內務대신 朴泳孝에게 가보는 것이 좋겠다 하므로 內務대신에게 가보았는데 또 들리기를 여러사람을 정부에서 모아 看品을 해서 뽑는다하나 정한날을 알수 없어 머무르며 기다릴 수 없으므로 믿음직한 곳에 부탁해놓고 집으로 돌아와 통지있기를 기다렸다."

待望의 간품은 三월 十六일 內務에서 있었는데 아버지의 일기는 그 상황을 이렇게 말하고 있다.

"그리하여 內務로 갔더니 大臣이하 여러 官員이 모두 모여있고 학도 수백인이 모여 府中에 가득하였다. 조금 있더니 日本 나라 의사가 와서 本府州縣局에 앉아 각각 한사람씩 불러들여 몸의 기품과 질병을 본다 하였다. 마침 날씨가 이미 저물었으므로 모두 시험하지 못할 것을 생각하여 대신이 각 衛門을 불러 학도들을 차례로 계단 아래 세우게 하고 한사람씩 불러보고 보내면서 오늘은 이미 다 시험할 수 없으니 내일 다시 오라 하였다.

三月十七일

이른 아침 여러 學員들이 모두 아문에 모인즉 그날 밤으로 대신이 쓸 사람과 못 쓸 사람을 모두 고르겠다고 하였다.

의사가 보는 것도 어제와 같아서 甲乙丙의 표를 만들어주어 衛生局으로 가서 그 성명을 쓰게 하고 글을 짓고 책을 읽게하여 점수로써 그 재주와 문필을 시험하고 나서 또 보내면서 내일 다시와서 出榜을 보라 하였다.

여러 學員이 아문에 모이니 學員 二百여인 중에 氣品의 청탁과 氣骨의 준수를 가려 쓸만한 사람 一百二十三인을 고르고 나머지는 모두 후일을 기하여 돌아가게 하였다."[1]

유치형은 1894년 서울에 와서 세상이 크게 바뀌고 있는 것을 목도하고 일본 유학이란 것을 염두에 두기 시작한다. 그 다음해의 서울 상경으로 유학을 확신하고 집안의 반대와 우려를 무릅쓴다. 일기를 보면 당시에는 '유학'이란 말도 잘 쓰지 않았던 듯하다. 유치형은 '유람'이라는 기존의 단어를 사용하고 있지만 여기에는 단순한 구경 이상의 "배움을 널리하"고자 하는 뜻이 포함되어 있다.

1895년 3월(음력)에 있었던 간품에는 학도 수백인이 몰려들었다. 일본인 의사가 실시하는 전염병, 기저질환 등에 대한 검역이 먼저 이루어지고 시험이라고는 하지만 학도의 가문, 집안 배경에 대한 조사가 영향력이 보다 큰 선발과정을 거쳐 113인이 선발되었다.[2]

선발된 인물들은 3월 26일(양력 4월 20일) 일본으로 출발하였다. 유치형의 경우 전별을 위해 집안 어른들이 전부 상경하였고 아버지는 차마 아들이 떠나는 것을 보기 어려워 전날 광주로 내려가 버리고 만다. 유치형은 남대문에서 가족들과 어려운 이별을 하고 인천으로 가 다음 날 일본으로 향하는 배에 몸을 실었다.

대한제국 정부가 선발한 학생들은 3월 27일(양력 4월 21일) 일본 기선 아로오호(亞樓丸)를 타고 인천항을 출발, 일본으로 향했다. 이들은 인천항을 출발해 아로호를 타고 시모노세키항에 도착하여 산요철도

---

1) 「19세기의 동경유학」(편편야화 5), 『동아일보』, 1974.3.6.
2) 당시 「지지신보(時事新報)」에는 도쿄에 도착한 관비유학생을 보도하면서 유학생의 신분을 보도하면서 "사족(士族) 이상의 자제(子弟)들로 귀족(貴族) 혹은 호족(豪族)의 자제도 적지 않다"고 쓰고 있다. 『時事新聞』, 1895.5.2.

(山陽鐵道)에 몸을 싣고 고베, 오사카, 교토를 거쳐 4월 7일(양력 5월 1일) 도쿄에 도착했다. 서울에서 출발한지 열흘만이었다. 신바시역에는 조선학생들, 게이오의숙의 일본학생들, 日本駐箚辦理公使署理와 서기 등이 나와 이들을 환영해 주었다. 이후 이들은 게이오의숙(慶應義塾)으로 향한다. 도착하자마자 후쿠자와 유키치(福澤諭吉)를 만나 연설을 듣고 의숙 근처에 마련된 조선인 유학생 기숙사로 가 첫날을 마무리하였다.[3]

유치형의 이동은 1895년 파견된 백여 명의 관비유학생들의 행적을 대변하기도 한다. 근대 유학사에서 일본으로 한꺼번에 백 명이 넘는 대인원이 이동한 경우는 매우 드문 일이었으며 그 많은 인원이 게이오의숙에서 유학 생활을 함께 시작한 것도 주목할 만하다. 이후 정치적 격변 속에서 유학생 파견이 대폭 축소되기 때문에 1895년의 집단적

〈그림 1〉 1896년 유치형의 일본 도착까지의 여정

---

[3] 「친목회일기」, 『친목회회보』 1, 1896.2.15.

〈그림 2〉 일본에서의 이동경로

이동성이 더욱 두드러져 보인다. 일여 년 뒤 이들은 원하는 공부를 더 하기 위해 주변의 교육기관, 행정기관 등으로 흩어졌다. 대부분은 도쿄에 있는 학교에 진학하였지만 일부는 요코하마나 시즈오카현과 같이 더 멀리 나가 공부를 했다.

　이 글은 유치형과 함께 파견된 백여 명 유학생들의 행적에 대한 지도 시각화를 목적으로 한다. 일본에서 이들은 매우 분주했다. 대부분의 유학생들이 개혁파였고 출신 성분이 미미했기 때문에 신분제 아래서 억압된 정치욕을 가지고 있었던 만큼 일본을 자신의 출세를 위한 기반을 만들 수 있는 장소로 인식하였다. 그래서 이들은 공부도 하면서 사람을 만나 개혁을 모의하고 조선에 돌아가 이를 실현하고자 하는 움직임을 활발히 벌였다.

　그동안 한국문학연구에서 토포스에 대한 분석은 특정 작가를 중심으로, 특정 시기의 공간성을 중심으로 이루어졌다.[4] 공간과 장소의 성격은 시간이 지나면서 여러 요인들에 의해 끊임없이 변화한다. 1896

년의 유학생 파견은 일본이라는 장소가 새로운 관계를 통해 장소성을 재생산하도록 하였다. 시바구의 게이오의숙을 중심으로 조선인 유학생 집단 거주지가 형성되었으며 조선인이 대거 들어와 일본인과 섞여 사는 계기를 마련하였다는 점에서 그러하다. 특정 국가의 유학생들이 대거 들어오면 원주민이 살던 공간은 유학생들을 상대로 생활기반을 제공하며 성격을 변화해 간다. 하숙에서 쫓겨나거나 조선인들이 몰려 사는 거주구역이 생기거나 하는 지리적이고 장소적인 경계선 또한 새로운 관계성 속에서 형성된다. 이러한 관계성은 일정정도 집단성을 기반으로 하여 생성되고 집단적, 민족적, 종적인 힘 간의 긴장성을 만들어낸다. 1896년의 관비유학생 파견은 공간과 장소의 시각에서 이질적인 민족적 집단이 일본의 중심부인 도쿄에 자리 잡게 한 사건적 계기로 평가할 수 있다.

또한 1896년의 시기가 조선의 정치적 상황이 상당한 복잡한 때라는 점을 염두에 둔다면 일본유학을 결심한 조선인들이 조선 밖에서 무엇을 하려고 했는가에 주목할 필요가 있다. 개혁과 쿠데타에 대한 모의가 끊이지 않았던 격변기 속에서 일본이란 장소에 투사한 유학생들의 욕망들을 적극적으로 읽어볼 필요가 있는 것이다. 이때 유학한 많은 이들이 러일전쟁 이후 통감부 정치기 주요 관직을 차지하게 됨을 볼 때, 이들의 권력추종적 성격이 보다 규명될 필요가 있다.

토포스에 대한 연구는 공간과 장소를 텍스트 생산의 기본 조건으로 인식하며 바라봄으로써 배경이나 후경으로 작용해 왔던 것을 입체화

---

4) 이은숙, 「문학작품 속의 도시경관」, 『사회과학연구』 5, 상명대사회과학연구소, 1993; 황호덕, 「경성지리지, 이중언어의 장소론: 채만식의 「종로의 주민과 식민도시의 (언어) 감각」, 『대동문화연구』 51, 성균관대학교 대동문화연구원, 2005; 정인숙, 「국문학 분야 도시 연구의 동향과 전망」, 『도시인문학연구』 3, 2011; 정주아, 『서북문학과 로컬리티』, 소명, 2014 등.

시켰다. 또한 방법론적으로 주로 장소와 공간이 주체와 맺는 의식적·무의식적 관계를 담론화하는 방식으로 이루어졌다. 물론 공간에 대한 관찰은 공간적 확정이 없어도 충분히 가치를 띨 수 있지만, 지도화 작업을 통한 공간적 확정은 공간적 관계들을 가시적이고 종합적으로 확인가능하게 한다. 더구나 한국문학의 장소에 대한 연구에서 시각적 자료의 생산이 풍부하게 이뤄졌다고 보기에는 어려운 측면이 있으므로 공간적 지표 정보를 데이터로 생산하여 그간 추상적이거나 국소적으로 이미지화되어 오던 장소에 대한 상(象)을 구체화하는 데에 기여할 수 있다고 본다.

그간 『친목회회보』는 최초의 유학생 잡지라는 성격 때문에 주목 받았다. 크게는 대조선일본유학생친목회와 그것의 기관지 『친목회회보』를 중심으로 안팎의 구체적인 사료에 기반하여 종합적이고 방대한 연구 성과를 담고 있는 차배근의 『개화기 일본 유학생들의 언론출판활동연구: 1884~1898』를 필두로 하여[5] 재일본조선인유학생의 출판문화운동 연구사라는 큰 틀 안에서 주로 다뤄져 왔다고 볼 수 있다.[6] 조선인의 일본 유학은 1906년 이후 본격화되는 양상을 보이고 일본 유학생 역사에 대한 연구 역시 1910년대를 전후로 한 연구에서부터 착수하는 경향성을 보인다.[7] 공간적으로 관련 연구들은 도쿄라는 장

---

5) 차배근, 『개화기 일본 유학생들의 언론출판활동연구: 1884~1898』, 서울대학교출판부, 2000. 본 연구의 기초 지식과 정보 구축에 있어 주된 참조 대상이 되었음을 밝혀둔다.
6) 김영민, 『1910년대 일본 유학생 잡지 연구』, 소명출판, 2019.
7) 1906년부터 1910년까지 유학생 연구는 사회과학에 대한 지식이나 정치사상 형성과정에 초점이 맞춰왔다면 1910년 이후의 연구에서는 문학 분야의 연구가 주를 이룬다는 것도 하나의 특징으로 지적할 수 있다. 김효전, 『근대 한국의 국가사상』, 철학과현실사, 2000; 이태훈, 「인물조사를 통해 본 한국 초기 '사회과학' 수용주체의 구성과 성격」, 『한국문화연구』 22, 이화여자대학교 한국문화연구원, 2012; 우미영, 「同度의 욕망과 東京이라는 장소(Topos): 1905~1920년대 초반 동경 유학생의 기록을 중심으

소에 밀착되어 있다. 도쿄는 식민지를 전후로 한 시공간 속에서 지식의 요람이자 문화 체험의 주된 장이었기 때문에 지정학적 중요성이 매우 높다.[8] 특히 『친목회회보』에서 확인되는 개혁파 망명자, 이들을 추종한 유학생들의 존재는 1890년대 도쿄가 조선인들에게 쿠데타를 모의할 수 있는 후방처럼 인식되었다는 점에서 1906년 이후 식민지화 과정에서 인식되는 도쿄와는 차이가 있다. 『친목회회보』는 조선인의 일본 유학의 중요한 특징 중 하나인 동경 중심성[9]의 시초를 확인할 수 있는 자료이다. 하지만 동경 중심성 또한 시간이 흐름에 따라 다변화하는 양상을 띤다. 이 양상은 『친목회회보』뿐 아니라 1906년 이후 본격화한 유학생 잡지 발간의 역사를 시야에 넣을 때 확인가능하다. 또한 방법론적으로 인문지리학에 기반한 지도화 작업을 수행할 때 시각적으로 확인할 수 있다.

   그간 재일본 조선인 유학생 연구는 현황정리에 기반한 통계분석과 그들이 생산한 잡지의 담론 분석, 인적 네트워크와 이를 기반으로 한 사회문화적 실천에 관해 다방면으로 수행되어왔다. 이 글에서는 이러한 연구 성과들이 기술적 재현의 한계로 가시화하지 못했던 장소에

로」, 『정신문화연구』 30, 한국학중앙연구원, 2007; 이경수, 「1910~20년대 재일본조선유학생 친목회지에 나타난 신여성 담론:『학지광』과『여자계』를 중심으로」, 『한국학연구』 31, 고려대 한국학연구소, 2009.

8) 우미영, 앞의 글, p.90. 우미영은 유학생 연구가 주로 역사학계를 중심으로 이루어지는 경향성에서 나아가 유학생의 의식과 내면세계 형성의 측면에서 주목하였다. 그렇기에 실제 도쿄 체험뿐만 아니라 도쿄에 대한 상상에 이르기까지 포괄하며 주체가 신체적으로 감각적으로 체험하는 장소 인식으로서 토포스로서의 도쿄에 주목한다.

9) 정종현과 미즈노 나오키(水野直樹)는 유학생 연구에 있어『학지광』의 편중성을 지적하며『학지광』은 지역적 맥락에서 보면 '동경학우회'의 기관지라고 말한다. 경도제대 혹은 '경도학우회'의 맥락을 함께 검토할 때 전체 일본 유학생 사회의 복합적 성격이 해명될 수 있다고 본다. 정종현, 미즈노 나오키(水野直樹), 「일본제국대학의 조선유학생 연구(1): 경도제국대학 조선유학생의 현황, 사회경제적 출신 배경, 졸업 후 경력을 중심으로」, 『대동문화연구』 80, 성균관대학교대동문화연구원, 2012, p.448.

대한 시각적 자료를 생산함으로써 기초 데이터 활용 방법을 제안하고 이를 기반으로 공간 정보를 분석하고자 한다.[10] 구체적으로 지도시각화 기술을 활용하여 도쿄를 중심으로 한 유학생의 공간 생산 과정을 시각적으로 재현하고자 한다. 공간 생산이란 표현을 쓰는 이유는 이 시기 유학생들이 도쿄라는 장소를 적극적으로 자기실현의 거점으로 삼았기 때문이다.

이 시기 일본은 개혁파 망명자들이 유학생을 만나고 유학생들이 이들을 도우며 거사를 모의하던 곳이었다. 또한 이들을 처단하기 위해 조선 정부가 보낸 자객이 암암리에 돌아다니는 곳이었다. 망명자, 유학생은 이곳을 정치적 거점으로 전유했으며 일본 경찰은 이들의 동향을 감시하기 위해 매우 분주히 움직였다. 장소를 적극적으로 자기화하는 움직임을 보인다는 점에서 이들은 매우 생산적이었으며 장소적 측면에서 이를 보다 자세히 규명할 때 움직임이 생동감 있게 다가올 수 있을 것이다.

2. 연구 대상과 방법

잡지를 기반으로 일본 유학생의 지리정보를 생산한다고 할 때 대상이 될 수 있는 텍스트 목록은 다음과 같다. 본 연구자는 1896년부터

---

10) 네트워크에 대해서도 인적 네트워크, 담론 네트워크 등의 용어들이 활발히 사용되어 왔지만 이것을 선형적인 재현으로 시각화하는 것으로 나아가는 데에는 한계가 있었다. 하지만 현재 네트워크 시각화 기술이 인문학 연구에 도입됨에 따라 시각적 자료 생산 또한 풍부해지고 있다. 일본유학생사회 흐름을 네트워크 기술을 통해 시각적으로 구현한 대표적인 연구로는 전성규, 「근대 지식인 단체 네트워크(2): 『동인학보』, 『태극학보』, 『공수학보』, 『낙동친목회학보』, 『대한학회월보』, 『대한흥학보』, 『학계보』, 『학지광』 등 재일조선인유학생 단체 회보(1906~1919)를 중심으로」, 『한국근대문학연구』 23, 한국근대문학회, 2022가 있다.

1910년대 초반까지 발간된 유학생 잡지 정보를 데이터로 생산하는 것에 목적을 두고 있으며 이후 『학지광』에서부터 1920년대 일본에서 조선인이 간행한 잡지 전체를 대상으로 넓혀가고자 한다. 『여자계』, 『기독청년』, 『현대』, 『학조』 외에도 잡지의 광고란 등에서 제공하고 있는 당대 간행된 잡지 정보를 발굴하여 일본에서의 출판문화운동에 관한 인문지리정보를 생산하고자 한다. 이 글은 그 첫 작업으로 『친목회회보』에 초점을 둔다. 따라서 이 장에서는 『친목회회보』를 중심으로 데이터 생산 과정과 데이터 처리 과정을 설명하고자 한다.

잡지명	발행기관	호수정보	발간기간	비고
친목회회보 (親睦會會報)	대조선일본유학생친목회	제1호~제6호	1895.11.30. ~ 1898.4.9.	차배근, 『개화기일본유학생들의 언론출판활동연구(1)』 부록으로 실린 『친목회회보』 1~6호 영인자료, 현담문고 이미지 자료 활용
태극학보 (太極學報)	태극학회	제1호~제26호	1906.8.24. ~ 1909.11.24.	아세아문화사, 1978 영인본 자료 활용
공수학보 (共修學報)	공수학회	제1호~제5호 (제2권 제1호)	1907.1.31. ~ 1908.3.20.	아단문고 미공개 자료 총서 2012: 해외유학생 발행 잡지 자료(소명출판) 활용
대한유학생회학보 (大韓留學生會學報)	대한유학생회	제1호~제3호	1907.3.2. ~ 1907.5.26.	아세아문화사, 1978 영인본 자료 활용
동인학보 (同寅學報)	동인학회	제1호	1907.6.30.	아단문고 미공개 자료 총서 2012: 해외유학생 발행 잡지 자료(소명출판) 활용
낙동친목회학보 (洛東親睦會學報)	낙동친목회	제1호~제4호	1907.10.28. ~ 1908.1.30.	아단문고 미공개 자료 총서 2012: 해외유학생 발행 잡지 자료(소명출판) 활용
대한학회월보 (大韓學會月報)	대한학회	제1호~제9호	1908.2.25. ~ 1908.11.25.	아세아문화사, 1978 영인본 자료 활용
대한흥학보 (大韓興學報)	대한흥학회	제1호~제13호	1909.3.20. ~ 1910.5.20.	아세아문화사, 1978 영인본 자료 활용
학계보 (學界報)	재동경조선유학생친목회	창간호	1912.3.28.	아단문고 미공개 자료 총서 2012: 해외유학생 발행 잡지 자료(소명출판) 활용

잡지마다 제공하는 정보의 종류와 양이 다양하지만 판권장을 통해 인쇄인·편집인·발행인의 주소지 정보와 인쇄소·발행소의 주소지 정보를 확인할 수 있다. 『친목회회보』는 여기서 더 나아가 게이오의숙 보통과 졸업생 명단, 통상회원 명단, 특별회원 명단을 제공하고 있는데 주소지 정보와 재학 중인 학교 정보를 부기해 놓는 사례가 많다. (아래 〈그림 3,4〉 참조)

〈그림 3〉 예시) 『친목회회보』 제6호 판권장

發行
發行者 大日本東京橋區北槇町十七番地松山方 元應常
編輯者 大日本東京麴町區五番町十八番地三芳野館 金鎔濟
發行所 大日本東京神田區今川小路二丁目二番地松本家內 親睦會權設事務所
印刷者 大日本東京京橋區西紺屋町二十六七番地 山本鉄次郎
印刷所 大日本東京京橋區西紺屋町二十六七番地 株式會社 秀英舍

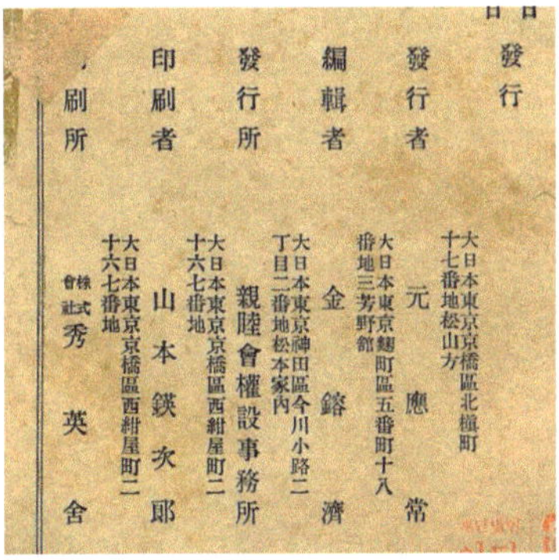

〈그림 4〉 예시) 『친목회회보』 제4호 「신입통상회원」란 주소 및 학교 정보 제시

○新入通常會員
卞國璘 本年七月入東京下谷區練塀町田代病院習醫學科留本病院寄宿舍
金相淳 本年五月入東京神田區明治法律學校習法律學留本學校寄宿舍
姜容九 本年五月入東京牛込區原町成城學校習陸軍々務留本學校寄宿舍
趙宅顯 仝留仝
方泳桂 仝留仝
朴宗桓 本年五月入東京神田區衛生病院習醫學留本病院寄宿舍
李漢相 本年七月入東京橋區三十間町衛生病院習醫學留本病院寄宿舍
李浩璋 本年十二月移留東京牛込區鷹巷町二十七番地西川初方現究法律學
尹根奭 仝留仝
河允祕 仝留仝
宋聚五 留東京芝區三田小山町三番地川崎方

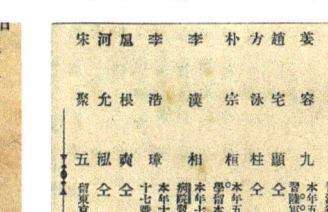

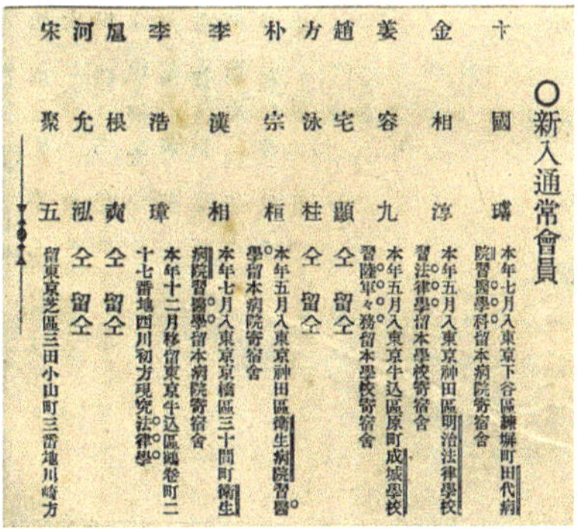

〈그림 5〉 지도시각화를 위한 데이터베이스 구축, 위경도 좌표값 설정

주소	주소정보	부록	위도	경도
친목회 회보(1895년 발행) 인쇄소 秀英舍	大日本東京橋區西紺屋町二十六七番地		35.67256	139.7636
친목회 회보인쇄인 山本鉄次郎 주소	大日本東京橋區西紺屋町二十六七番地		35.67256	139.7636
慶應義塾	大日本東京芝區三田町二丁目	부록	35.64867	139.7435
친목회 회보 편집인 金鎔濟 주소	大日本東京芝區三田町四丁目二十六番地 慶應義塾外宿舍		35.64778	139.7434
친목회 회보 발행인 崔相敦 주소	大日本東京芝區三田町四丁目二十六番地 慶應義塾外宿舍		35.64778	139.7434
친목회 회보 편집인 金鎔濟 주소	大日本東京神田區錦町三丁目		35.69329	139.7621
친목회회보 발행인 元應常 주소	大日本東京神田區錦町三丁目		35.69329	139.7621
친목회회보 편집겸 발행인 金鎔濟 주소	大日本東京牛込區吉久井町二十番地		35.70356	139.722
친목회회보 발행인 元應常 주소	大日本東京橋區北槇町十七番地松山方		35.68527	139.772
친목회회보 친목회회보 편집인 金鎔濟 주소	大日本東京麴町區五番町十八番地三芳野館		35.68594	139.7429
兪承兼	神田區今川小路二丁目二番地 松本方		35.69549	139.7545
申佑善	神田區今川小路二丁目二番地 松本方		35.69549	139.7545
	本年二月入 東京新田區猿樂町 航海學校			

〈그림 6〉 예시) 1907년 제작된 간다구(神田區) 상세 지도에서
유승겸(兪承兼)의 주소지 정보 확인

〈그림 7〉 구글맵을 통해 1907년 위치와 같은 곳의 위경도 값 추출

〈그림 8〉 위경도 값을 기반으로 Folium을 활용해 지도 마킹

〈그림 9〉 시각화 자료 생산

〈그림 5〉와 같이 각 잡지의 주소 정보를 총목록화한 데이터베이스를 구축한 다음 잡지 발간 당시와 근접한 시기에 간행된 일본 도쿄의 상세 지도를 구해 위치 정보를 확인하였다. 본 연구자는 우선적으로 1890년대부터 1910년대 초반까지 잡지 자료를 대상으로 지도 시각화 자료 구축할 예정이므로 1907년에 제작된 도쿄 전도(全圖)와 주요 구(區)의 상세 지도를 확보해 주소지의 정확한 위치를 확인하였다. 해당 자료는 국제일본문화연구소(國際日本文化硏究所)를 통해 초고화질 이미지 파일로 제공받을 수 있었다. 도쿄의 경우 일본 유학생들이 주로

거주한 간다구(神田區), 고지마치구(麴町區), 우시고메구(牛込區), 아카사카구(赤坂區), 혼고구(本鄕區), 시바구(芝區), 교바시구(京橋區), 고이시카와구(小石川區), 니혼바시구(日本橋區) 등은 도시 구획이 현재까지도 크게 변동이 없어 1907년 지도상의 위치를 현재 지도에서 구현하는 데에 큰 무리가 없다. 지도 시각화는 구글 Colab에서 지원하는 지도시각화 라이브러리 Folium을 활용하였다. Folium은 위경도 값을 지도상에 마킹해주는 시각화 툴이다. 위경도 정보값을 얻기 위해 1907년 지도상의 위치를 현재 지도에서 확인하고 구글맵스를 통해 해당 지점의 위경도 값을 얻는 방법을 활용하였다.

3. 망명가의 기지로서 시바구(芝區)와 게이오의숙

유학생이 일본에서 발간한 최초의 잡지는 『친목회회보』이다. 『친목회회보』는 '대조선인일본유학생친목회'의 기관지로 1896년 2월 25일 창간되었고 1898년 4월 9일까지 총 6호가 간행되었다. 『친목회회보』의 창간은 국내에서 발간된 최초의 회보인 『대조선독립협회회보』보다 약 9개월 정도 앞서 있다. '대조선인일본 유학생친목회'는 1895년 4월 도일한 1백 여 명의 관비유학생들이 5월 12일 선도(先渡)한 유학생들과 함께 결성한 단체로 일본 유학생들의 첫 공식적 단체이기도 하다.

갑오개혁 이후 입각할 수 있었던 박영효는 내무대신(內務大臣)으로 개혁을 주도하면서 유학생 파견을 홍범 14조에 넣어 갑오개혁 정부의 시정방침으로 삼았다. 1895년 1월 고종이 발표한 교육조서에서는 여러 흥학(興學) 정책이 담겨 있었는데 여기에 관공립 및 사립학교의 설립, 유학생들의 해외 파견을 적극 추진하는 내용이 포함되어 있었다. 1895년 3월 정부는 정책에 따라 유학생을 선발하여 일본에 파견한다.

이들의 학비와 잡비는 모두 관비로 충당하였으며 이를 게이오의숙의 사두(社頭) 후쿠자와 유키치(福澤諭吉)에게 맡겨 지급하도록 하였다. 유학생들은 1895년 4월 7일(양력 5월 1일) 도쿄에 도착해 4월 12일 입학식을 갖고 4월 18일(양력 5월 12일) 친목회를 결성한다. 윤치오(尹致旿), 어윤적(魚允迪), 박희병(朴羲秉) 등이 결성을 주도하였으며 유학생들의 상도상보(相導相輔)와 새로운 학문의 수학에 그 목적을 두었다.[11]

  1895년의 관비유학생 파견은 일본 측의 요구에 의해 이뤄진 것이기도 하지만, 박영효의 구상이 적극 투영된 것이기도 했다. 윤치호는 1893년 10월 31일 일기에서 당시 도쿄에 망명해 있던 박영효를 만난 사실을 기록하면서 "박영효는 앞으로 한국 젊은이들 약 100명을 데려와 의학, 상업, 군사기술들을 배우게 하겠다는 그의 계획을 말하였다"고 썼다. 관비유학생으로 선발되어 일본에 파견된 김형섭(金亨燮)은 당시 개화당이 진취적인 생각을 갖고 조속히 종래의 배외보수(排外保守)의 폐를 타파하기 위하여 일본에 유학생을 보낸 것이라고 회고하였고, 어담(魚潭)은 유학생의 선발로부터 게이오의숙에 위탁하기까지 일체의 일은 박영효가 주도하여 처리했다고 술회하였다.[12] 박영효는 이미 1893년 유학생들을 위해 일본에 친린의숙(親隣義塾)이라는 기숙사를 세워 30명의 조선인을 데리고 공부시키기도 했다.[13] 친린의숙이 설립되었을 때 창립 위원회 발기회는 간다구 이치바시도리(神田區 一橋通)에 위치한 대일본교육회(大日本敎育會)에서 열렸다. 개혁안이 보수세력에 의해 지속적으로 막히고 정치적 위기가 거듭하는 상황 속에서 박영효는 뜻이 맞는 사람을 모으고 이들을 교육시켜 정부기관에 포진

---

11) 차배근, 앞의 책, pp.64~80.
12) 박찬승, 「1890년대 후반 관비유학생의 도일유학」, 『한일공동연구총서』 2, 고려대학교 아세아문제연구원, 2000, p.78.
13) 박찬승, 앞의 글, pp.77~78.

하게끔하는 일의 중요성을 알고 있었다. 그렇기 때문에 1895년에 일본에 온 100여 명의 유학생은 박영효와 같은 일본에 있던 정치적 망명자에게 매우 중요한 자산으로 인식되었으며 이들과 적극적인 교류 이상의 것을 도모하고자 하였다.

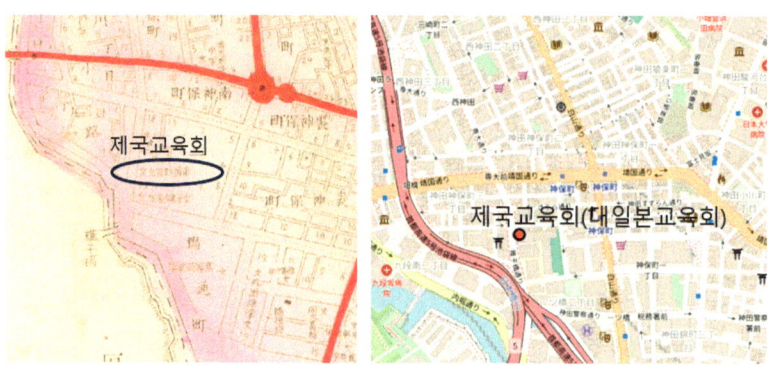

〈그림 10〉 대일본교육회의 위치

유학생 파견 계약이 후쿠자와 유키치와 학부대신 이완용(李完用) 사이에 이루어졌기 때문에 유학생은 게이오의숙으로 집중되었다. 그렇기에 『친목회회보』에는 후쿠자와 유키치의 영향력이 많이 묻어난다. 『친목회회보』는 주식회사 슈에이샤(秀英舍)에서 인쇄되었는데 재일유학생이 슈에이샤와 같은 대기업에서 출판물을 인쇄할 수 있었던 것 또한 후쿠자와 유키치와 슈에이샤의 사장 사쿠마 테이이치(佐久馬貞一)의 친분 때문이었다. 슈에이샤는 1876년 설립한 인쇄회사로서 현재의 대일본인쇄주식회사의 전신이다.[14] 슈에이샤는 1895년 4월 고준샤(交詢社)에서 발행한 유길준의 『서유견문』을 인쇄한 곳이기도 하다.[15]

---

14) 오노 야스테루(小野容照), 「1910년대 전반 재일유학생의 민족운동: 재동경조선유학생친목회를 중심으로」, 『숭실사학』 27, 숭실사학회, 2011, p.237.

15) 차배근, 앞의 책, p.241.

적어도 1895년 4월 시점에 한글 활자를 가지고 있었던 것이 확인되기 때문에 이로부터 몇 개월 후 창간된『친목회회보』를 인쇄할 수 있는 여건을 갖춘 거의 유일한 곳이기도 했다.[16]

슈에이샤는 도쿄 교바시구 니시칸야초 26번지(東京京橋區西紺屋町26番地)에 위치해 있었다. 반면 게이오의숙은 시바구 산다초 니초메(芝區三町目二丁目)에 위치해 가까운 거리는 아니었다.

『친목회회보』에서부터『대한흥학보』에 이르기까지 유학생 잡지 발간에 관여한 일본인이 운영하는 인쇄소는 크게 세 곳이 언급된다. 수영사(秀英舍), 명문사(明文舍), 교문관인쇄소(敎文館印刷所)가 이에 해당

〈그림 11〉 슈에이샤와 게이오의숙 위치

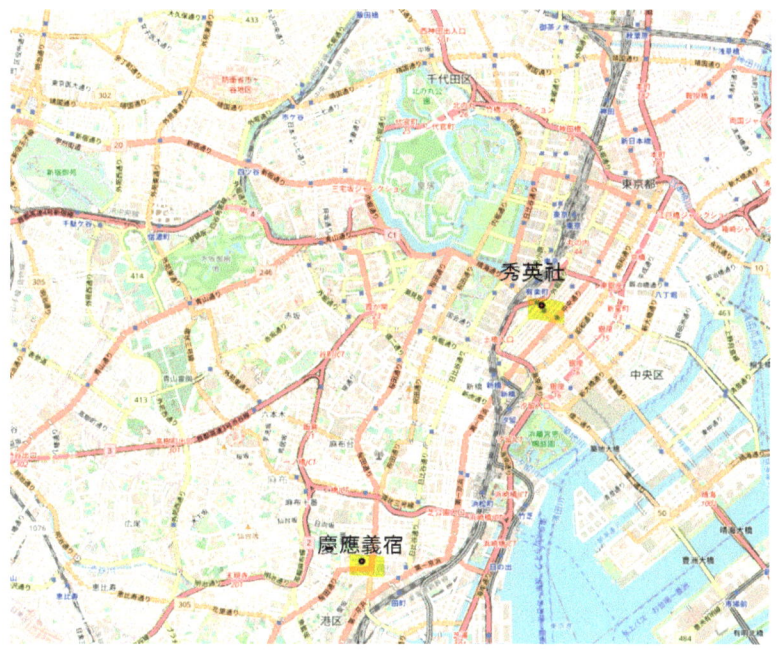

---
16) 창간호의 판권장 간기에는 1895년 11월 30일 인쇄, 1896년 2월 15일 발행으로 되어 있다.『서유견문』 발간으로부터 약 7개월 후인 시점이다.

한다. 명문사나 교문관인쇄소의 경우 1906년부터 1910년대 발간된 여러 잡지들의 인쇄를 맡지만, 슈에이샤는 『친목회회보』를 끝으로 이후 조선인이 발간하는 잡지 인쇄에 관여하지 않았다.

친목회는 회의 운영과 회보 발간에 있어 재정의 상당 부분을 기부금에서 충당하였다. 일본인이 내는 기부금은 가장 중요한 재원이었다. 기부금을 낸 일본인들이나 서적 기증자들은 당대 일본의 정치지형에서 일정한 지위와 영향력을 행사하던 인물로서 친목회와 『회보』 발간에 직간접적으로 관여하였다.[17] 친목회회원들 또한 일본 유학의 기틀을 마련하기 위해서는 일본의 정재계 인사들, 사회 고위층과의 관계가 필요했다.[18] 이 관계를 이용해 유학생들은 일본의 주요 기관에서 수학할 수 있는 기회를 얻기도 했다. 후술하겠지만 유학생들은 게이오의숙을 거쳐 육해군 사관학교에 들어가거나 육군참모본부에 속한 측량부에서도 공부할 수 있었다. 지케이의원(慈惠醫院)과 같은 대형 병원에서 실습할 수 있는 기회를 얻을 수 있었던 것 또한 고위층과의 관계에 기반한 것이었다. 유학생이 단번에 사법성, 육군성, 지방의 주요 행정 기관과 같이 통치의 핵심적인 기관에서 수련할 수 있는 기회를 갖는 것은 쉽지 않은 것인데 당시 유학생들은 정부기관과 대형 민간 기관에서 공부할 기회를 비교적 어렵지 않게 가질 수 있었다. 정부 파견 유학생이란 특성과 일본 쪽에서 이들을 바라보는 이해관계, 박영효 등 개혁파 망명자들이 일본에서 형성한 네트워크가 작동하여 유학생들은 주요 행정 기관에서 수학할 수 있는 기회를 얻었다. 이와 관련하여

---

17) 김인택, 「『친목회회보』(親睦會會報)」의 재독(1):《친목회》의 존재조건을 중심으로」, 『사이間SAI』 5, 국제한국문학문화학회, 2008, pp.51~75.
18) 통상찬성원과 특별찬성원에서는 조선인과 일본인이 함께 확인되며 일본인의 경우 직업도 부기한다. 일본인 찬성원의 직업으로 의사, 의학사, 자유당간사, 대장성주계국장(代藏省主計局長), 문학사 등이 확인된다.

유학생이 교육받은 다양한 기관과 귀국 후의 이력에 대해서는 뒤에서 서술하고자 한다.

1895년 봄부터 이듬해 1월까지 조선 정부가 게이오의숙(慶應義塾)에 파견했던 관비유학생들 약 1백 30여 명 중 상당수가 게이오의숙에서 제공하는 기숙사에서 머물렀다. 졸업생 명단 및 통상회원동정·특별회원동정란 정보로 정리한 회원수는 약 200명 정도가 되는데 그중 게이오의숙 기숙사로 주소지 정보를 제공한 사람은 김용제(金鎔濟), 최상돈(崔相敦), 장헌식(張憲植), 신우선(申佑善), 지승준(池承浚), 유승겸(兪承兼), 최만순(崔萬淳) 등이 확인된다. 게이오의숙은 시바구 산다초(芝區三田町)에 위치해 있었고 외숙사(外宿舍)는 4정목 24번지와 26번지(芝區三田町四丁目二十四番地, 二十六番地)에 있었다. 외숙사에 살고 있는 학생들이 많았기 때문에 이곳이 친목회의 가사무소(假事務所)의 역할을 하였다. 관련하여 『친목회회보』 제1호에 실린 「친목회일기」를 보면 다음과 같이 기록되어 있다.

> "十八日己未下午一時借慶應義塾俱樂部始開親睦會凡我邦人留學東京者皆來會投票選評議員十二仁票點如左 申海永 百十點 尹致旿 百八點 魚允迪 百三點 … 定事務所于本公使館內從便宜權定假事務所于慶應義塾外宿舍先是留學員尹致旿魚允迪朴羲秉李秉武及公使館書記生韓永源諸氏聞本政府派遣學員之來議立親睦會矣至是衆議一同遂創設焉"[19]

게이오의숙 구락부를 빌려 친목회 회의를 처음 열었을 때 평의원을 선출하고 사무소를 정하는 것을 논의하였다. 정사무소는 공사관 내에 두기로 했지만 편의상 가사무소는 게이오의숙 외숙사로 정해졌다.

---

19) 「친목회일기」, 『친목회회보』 1, 1896.2.15.

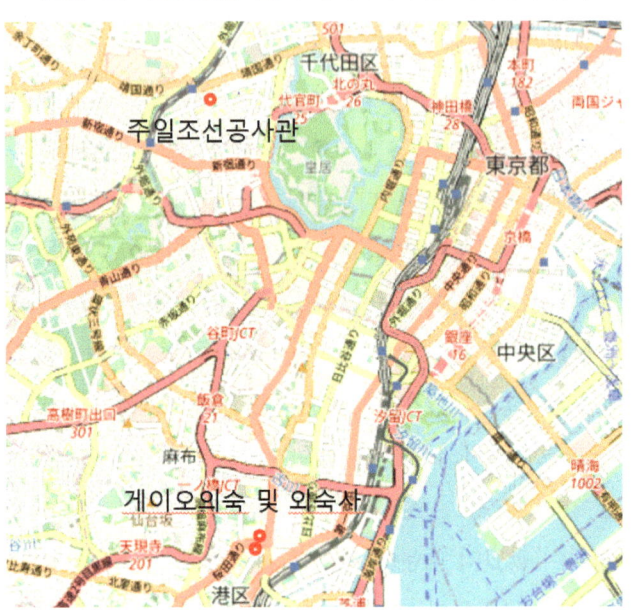

〈그림 12〉 주일조선공사관과 게이오의숙 및 외숙사의 위치

〈그림 12〉는 정사무소(正事務所)였던 주일조선공사관과 가사무소로 사용된 게이오의숙 외숙사의 위치를 확인할 수 있는 지도이다.

주일조선공사관은 고지마치구 나카로쿠반초 49번지(日本東京麴町區中六番町四十九番地)에 위치해 있었다. 시바구에 위치해 있던 게이오의숙 외숙사에서 조선공사관까지는 지도에서 보듯이 상당한 거리를 이동해야 했다. 당시 유학생들이 게이오의숙에서 대부분 공부를 하고 있었고 친목회를 중심으로 결집하였기 때문에 게이오의숙 근처를 사무소로 사용하는 것이 여러모로 용이했을 것이다. 조선공사관과 교류가 적었던 데에는 물리적 거리가 중요한 원인이 되었지만 기본적으로 유학생의 다수가 개혁 지향적인 인사들이었고, 망명자들과 적극적으로 교류하고자 하였기 때문에 조선 정부를 대리하는 공사관과 관계가 원만하기 어려웠다.

〈그림 13〉 유학생이 머물렀던 여관 정보

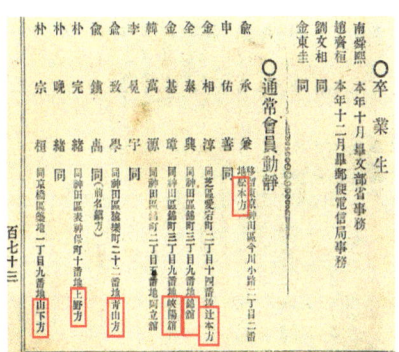

〈그림 14〉 게이오의숙과 외숙사 및 주변 유학생 거주지

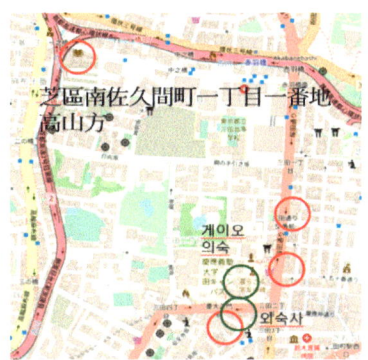

　〈그림 13〉과 〈그림 14〉는 게이오의숙 주변 유학생 거주지를 확인할 수 있는 자료이다. 〈그림 14〉에서 초록색으로 표시된 두 개의 원이 각각 게이오의숙과 외숙사의 위치이고 그 주변으로 있는 빨간색 원이 유학생 거주지 위치이다. 게이오의숙은 조선 정부로부터 관비유학생들에 대한 교육과 지도감독, 숙식을 위탁받았기 때문에 대다수 학생을 기숙사에 수용하였지만, 일부는 외부에 따로 주거지를 얻어 생활했던 것으로 보인다. 빨간색 원은 주로 여관이나 여인숙이 있었던 곳으로 보인다. 이곳에서 이호장(李浩璋), 호근석(扈根奭), 송취오(宋聚五) 등이 짐을 풀고 유학생활을 해나갔다. 〈그림 13〉에서처럼 기숙사가 아닌 경우 특정 숙박시설 이름이 많이 중복되어 등장하는데 이렇듯 보통 여관 하나에서 여러 사람이 숙박을 해결하는 경우도 많았다. 또 여러 번 여관을 바꾸는 경우도 빈번하게 확인된다. 특히 시바구는 일본에 도착한 망명자들이 스며들던 곳이었다. 〈그림 14〉에 표시한 미나미사쿠마초 1정목 1번지는 권봉수(權鳳洙), 최만순(崔萬淳) 등이 묵은 숙소였다. 이 주위에 여러 여인숙이 있던 것으로 보인다. 1897년 5월에 쓰인 요시찰 기록에 따르면 조선인 망명자 김이호(金彛鎬)가 시바구

미나미사쿠마초 2정목 1번지에 묵고 있으며 이 자는 을미사변 이후 구금되었다가 일본으로 도피한 것이었다.[20] 시바구는 급변하는 정세에 부랴부랴 조선을 떠난 자들이 의탁하는 곳이었고 한숨 돌리고 다시 움직임을 시작하는 곳이기도 했다. 시바구가 망명자들의 집결지가 된 까닭은 후술하겠지만 이곳이 의화군(義和君)이 머물던 곳이었기 때문이다. 의화군은 개혁파 망명자들이 개혁에 성공할 경우 추대하고자 했던 인물로 당시 일본에 망명하여 여러 방면으로 정치적 모색을 하고 있었다. 의화군은 시바구와 아자부구에서 주로 거주하였으며 친목회 회원들과도 가까이 지냈음이 확인된다.

주소 정보는 당시 유학생들이 공부한 주요 학교에 대한 정보도 다양하게 담고 있다. 유학생들은 게이오의숙에서 보통과정을 이수한 후 세이조 학교(成城學校), 항해학교, 육군참모본부, 동경전문학교, 동경법학원, 동경상업학교, 메이지대학(明治大學), 지케이의원(慈惠醫院), 위생병원, 경시청, 철도사무국, 우편전신국 등에서 공부하였다.

제2호에 실린 「친목회 일기」를 살펴보면 1896년 1월 7일 외부(外部)에서 관비유학생들 중 사관생도 10여 명을 뽑아 사관학교에 입교시키라는 공문이 왔고 이후 1월 10일 최병태(崔炳台), 장명근(張明根)이 세이조 학교에 지원한다.[21] 군사학교에서 공부할 목적이 있던 유학생들은 주로 세이조 학교와 항해학교에 입학하거나 육군측량부에서 견습을 하였다. 세이조 학교는 우시고메구의 하라마치초(牛込區 原町)에 위치해 있었고 항해학교는 간다구 사루가쿠초(新田區 猿楽町)에 위치해 있었다. 육군측량부는 고지마치구 소토사쿠라다초(麴町區 外櫻田町)에 위치해 있었다. 세이조 학교에서 육군군무(陸軍軍務)를 수학한 것으로

---

20) 警視總監 山田爲喧→小寸 外務大臣, 乙秘第557號, 「金轟鎬·金聲鶴의 渡日後 動靜 報告」, 1897년 5월 10일, 『要視察韓國人擧動』 1, 국사편찬위원회, 2001, pp.73~74.
21) 대조선인일본 유학생친목회, 『친목회회보』 2, 1896.6.10.

확인되는 사람은 김홍진(金鴻鎭), 김형섭(金亨燮), 김성은(金成殷), 윤치성(尹致晠), 장호익(張浩翼), 권호선(權浩善), 임재덕(林在德), 김치흥(金致興), 김관현(金寬鉉), 한봉의(韓鳳義), 김희선(金羲善), 노경보(盧景輔), 김홍남(金鴻南), 권승록(權承祿), 김규복(金奎福), 어담(魚潭), 김봉석(金鳳錫), 김교선(金敎先), 정해영(鄭海英), 강용구(姜容九), 조택현(趙宅顯), 방영주(方泳柱) 등이다. 항해학교에서는 항해기관술을 주로 배웠다. 세이조 학교에서 수학한 이들은 모두가 본교 기숙사에서 머물렀지만, 항해학교 학생들은 혼고구나 간다구에 거주하면서 통학한 것으로 보인다. 〈그림 15〉는 세이조 학교와 항해학교, 육군참모본부의 위치를 표시한 자료이다. 위에서 언급한 김형섭, 권호선, 김규복, 어담, 윤치성, 김홍남 등은 1904년 일심회사건의 핵심인물들이다. 일심회사건은

〈그림 15〉 慶應義塾, 成城學校, 航海學校, 陸軍參謀本部 위치

유길준과 유학생 중 육사출신자가 주가 되어 쿠데타를 모의하다가 발각되어 관련자들 대다수가 처형된 사건이다.[22] 조선 정부의 유학생에 대한 방관, 방치, 잠재적 내란자로 보는 시선, 망명자들과의 커넥션을 통해 이들은 궐기하였고 탄압받는다. 일심회사건은 1890년대 말부터 1904년 사이의 정치적 격동이 많은 희생자를 낳았고 역사의 엔트로피를 증가시킨 대표적인 사건이다.

파란색 원이 학교의 위치이고, 빨간색 점들은 거주지 정보를 제공하고 있는 친목회회원들이 살았던 장소이다. 학교 위치 정보가 더 들어오게 될 경우 유학생들의 거주지가 주로 학교와 가까운 곳이었음이 구체적으로 확인가능하다. 게이오의숙을 떠나 유학생들은 북쪽으로, 보다 도쿄의 심장부 안으로 가깝게 들어가고 있었다.

항해학교에서 수학한 자는 우태정(禹泰鼎), 박완서(朴完緖), 강용갑(姜龍甲), 신순성(愼順晟) 등이다. 이들은 혼고구의 川副方, 간다구의 松本方과 같은 여관에 머물면서 항해학교에서 공부했다. 육군참모본부로 표시된 지역은 육군성과 사법성, 외무성과 대신들의 거주지가 밀집해 있는 곳으로 통치의 중심부이다. 육군참모본부에서 측량학을 수학한 것으로 확인되는 사람은 이주환(李周煥)인데 그는 육지측량부 수기소(修技所)에 입학하여 지형과(地形科)를 졸업한 후 1900년 귀국하여 무관학교 번역관보로 일한다.[23]

또한 지케이의원(慈惠醫院)이나 위생병원으로 가서 의학을 공부하거나 동경우편전신국에서 실무교육을 받은 자도 있었으며, 철도회사, 양잠학교, 경시청 등에서 견습을 받은 학생들도 다수 있었다.

---

[22] 이기동, 『비극의 군인들: 근대한일관계사의 祕錄』, 일조각, 2020, pp.67~68.
[23] 국사편찬위원회, 『대한제국관원이력서』, 국사편찬위원회, 1972, pp.694·838.

〈그림 16〉 각 학교의 위치

〈그림 16〉은 유학생들이 공부한 다양한 교육기관의 위치를 표시한 지도이다. 대개는 도쿄에 집중되어 있었지만 남서쪽으로 시즈오카, 나고야, 교토, 요코하마, 쿠마모토까지 넓게 퍼져나가 공부하는 학생들도 있었다.(구체적인 이름과 교육기관은 다음 장에서 확인할 수 있다.)

당대 최고 의료기관이라고 할 수 있는 지케이의원(慈惠醫院)에서 의학을 공부한 자들은 변국선(卞國璿), 박종환(朴宗桓), 이한상(李漢相), 정석환(鄭錫煥), 남순희(南舜熙) 등이었다. 대한제국 직원록에 따르면 변국선은 1899년 농상공부 판임관으로 일했으며 이후 농림학교 교수(1906)가 된다.[24] 박종환은 1909년에 궁내부 전의(典醫)가 된다.[25] 남

---

24) 『대한제국관원이력서』, 국사편찬위원회, 1972, p.615.

순희는 귀국 후 의학교 교관으로 일한다.[26] 지케이의원은 시바구 아타고초(東京芝區愛宕町)에 위치해 있었고 게이오의숙과도 거리가 가까웠다.

동경철도국 또한 아타고초에 위치해 있었다. 최상돈(崔相敦), 김명집(金明集) 등이 동경철도국에서 철도사무에 관한 공부를 하였다. 대한제국관원이력서에 따르면 최상돈은 체신성(遞信省) 등 철도와 우편 등 통신을 담당하는 각처에서 실지 조사를 하고 귀국 후 철도원 기수로 임명되어 주임을 맡는다. 러일전쟁 당시에 군용철도종사원으로 일하였고 이후 농상공부 철도 및 광무(鑛務) 국장을 맡는다.[27] 김명집 또한 철도원 기수로 일하였는데 당시 관보에 의하면 1905년 5월에 일본으로부터 6등급 훈장 서보장(勳六等瑞寶章)을 받기도 했다.[28]

경시청은 고지마치구 야에스마치(麴町區八重洲町)에 위치해 있었다. 전태흥(全泰興)이 이곳에서 경찰법률을 공부하였다. 그는 1906년 평안남도관찰부 경무서 총순에 임명된다.[29] 위생병원은 간다구에 위치해 있었다. 박종환(朴宗桓)은 지케이의원과 위생병원 두 곳에서 공부한 것으로 확인된다. 『개벽』 48호에 실린 「경성의 인물백태」라는 기사에서 경성에서 손꼽히는 의사로 그의 이름이 거론되고 있기도 하다.[30] 동경상업학교에서 수학한 이들은 김대희(金大熙), 한진용(韓震用) 등이다. 동경상업학교는 간다구 니시키마치(東京神田區錦町)에 위치해 있

---

25) 한국사데이터베이스 대한제국 직원록 자료. https://db.history.go.kr/id/jw_1908_0006_0290
26) 「서임·사령」, 『관보』 1540, 1900.4.5.
27) 『대한제국관원이력서』, p.875.
28) 「서임·사령」, 『관보』 1571, 1900.5.11.;「日本國 勳二等旭日章 등 佩用準許, 起復行公 被命, 身故」, 『관보』 3152, 1905.5.30.
29) 「서임·사령」, 『관보』 3547, 1906.9.1.
30) 「경성의 인물백태」, 『개벽』 48, 1924.6.1.

었다. 이후 김대희는 1905년 농상공학교교관으로 임명되며, 한진용은 1905년 이후 돈녕사(敦寧司) 주사로 일한다.

동경법학원은 동경상업학교와 매우 가깝게 위치해 있다. 동경법학원에서 수학한 이들은 정재순(鄭在淳), 유창희(劉昌熙) 등이다. 정재순은 1906년 한성재판소주사로 일을 하였고 이후 함흥군수에 오른다.[31] 유창희는 1900년 광흥학교(光興學校)에서 법률과에서 교사로 일을 한다.[32] 유창희는 일본이 작성한『要視察韓國人擧動』에서 자주 보이는 이름이기도 하다. 1899년 귀국했다가 1900년부터 이용묵(李容默), 최중건(崔中建), 손의문(孫儀文) 등과 일본을 자주 왕래하고, 1904년 러일전쟁 시에는 망명한인으로 일본 정부로부터 보호를 받으며 일본파 내각을 구성하는 혁명을 준비하고 있는 자로서 거론된다.[33]

메이지 법률학교는 간다구에 위치해 있었고 김상순(金相淳)이 이곳에서 수학하였다. 김상순은 귀국하여 육군유년학교 교관을 거쳐 황해도 경무관, 통감부 경시를 역임한다. 쥰텐모토메고샤(順天求合社)의 공업예비과에서 수학한 이는 김정우(金鼎禹)와 최만순(崔萬淳) 등이었다. 김정우는 귀국 후 군부기수(軍部技手)로 일하였고 이후 평식원(平式院)의 기사로 일한다. 평식원은 1902년 설치되었고 국내에서 통용되는 도량형기의 제조와 검정에 관한 일체의 사무를 담당하던 곳이었다. 1904년 러일전쟁 당시에는 제조소장육군포병참령(製造所長陸軍砲兵參領)으로 일한다.[34]

---

31) 「서임·사령」,『관보』 3644, 1906.12.24.;「서임·사령」,『관보』 3696, 1907.2.22.
32) 「법률교사」,『황성신문』, 1900.2.14.
33) 「留學生 劉昌熙·張燾·李冕宇의 歸國 報告」,『要視察韓國人擧動』 2, 국사편찬위원회, 2001, p.70;「李容默·劉昌熙·崔中建·孫儀文의 大阪 往來 報告」,『要視察韓國人擧動』 2, p.106.
34) 「서임·사령」,『관보』 1964, 1901.8.13.;「서임·사령」,『관보』 2334, 1902.10.18.,「서임·사령」,『관보』 2976, 1904.11.5.

전수학교는 간다구 이마가와코지(東京神田區今川小路)에 위치해 있었다. 서연악(徐延岳), 신우선(申佑善), 유승겸(兪承兼) 등이 이곳에서 재정학을 공부했다. 서연악은 1910년 토지조사국의 촉탁직원으로 일했다.³⁵⁾ 신우선은 1904년 법관양성소교관을 거쳐 1906년 육군유년학교교관으로 일했으며 이후 탁지부(度支部) 참서관으로 일했다.³⁶⁾ 유승겸 또한 1906년부터 탁지부 주사로 일했으며 농상공학교 교관, 탁지부 수도국 기사, 탁지부 서기관 등을 두루 거쳤다.³⁷⁾

도쿄전문학교(와세다대학)에서 수학한 이들은 신해영(申海永), 김용제(金鎔濟), 어용선(魚瑢善) 등이다. 신해영과 어용선, 김용제 등은 친목회 평의원으로 활동하며 실질적으로 회를 이끈 인물들이다. 신해영은 귀국 후 11월에 고종이 만민공동회에 대한 약속을 이행하는 뜻으로 중추원 관제를 시행하기 위해 의관 선정을 지명할 때 독립협회 추천으로 중추원 의관으로 임명되었다. 앞서 유창희가 근무한 광흥학교에서도 교사로 재직하였고, 1904년 12월 탁지부 참서관으로 일한 바 있다. 그는 특히 교육활동에 관심이 많았는데 1904년 학부 편집국장으로 일하면서 관립 한성법어학교장, 관립 한성사범학교장 등을 겸임했고, 이용익의 부탁으로 보성전문학교를 비롯 소학교, 중학교 등의 설립과 보성관, 보성사 등 인쇄소 건립을 주도하였다. 1905년 4월 보성전문학교의 개교를 시작으로 보성소학교, 보성중학교를 설립, 학교 교장을 맡아 초기 학제 및 교과 운영 등을 체계화한다. 1907년 3월 윤치호의 후임으로 일본유학생 감독으로 선임되었고 1909년 8월에 도쿄에서 작

---

35) 「서임·사령」, 『관보』 4636, 1910.3.26.
36) 「서임·사령」, 『관보』 2884, 1904.7.21.; 「서임·사령」, 『관보』 3352, 1906.1.17.; 「서임·사령」, 『관보』 3526, 1906.8.8.
37) 「서임·사령」, 『관보』 3416, 1906.4.2.; 「서임·사령」, 『관보』 3489, 1906.6.26.; 「서임·사령」, 『관보』 3826, 1907.7.24.

고하였다.³⁸⁾ 김용제는 어용선, 신해영 등과 함께 1898년 설립된 광흥학교에서 교사로 일한다. 광흥학교는 조선후기 관료였던 박예병(朴禮秉)이 설립한 사립학교였다. 교주(校主)로 박예병이, 교장에 이건호(李建鎬), 교사에 신해영, 어용선, 김용제, 권봉수, 남순희 등이 이름을 올렸다. 일어와 산술, 만국역사, 지리와 법률, 경제학, 행정학, 강연과 글짓는 법 등이 교과과목으로 편성되었고 교사로 일본 유학 후 귀국한 인재들을 적극 고빙하였다.³⁹⁾ 김용제는 광흥학교뿐만 아니라 1904년 초 통신국 전화과에서도 일한 바 있고 철도원 회계과에서도 근무하였다. 이후 궁내부 참서관으로 일했고 1904년 11월 일본으로부터 5등급 훈장 욱일장(旭日章)을 받았다.⁴⁰⁾ 어용선은 1898년 외국어학교 교관과 중추원 의관을 겸임하였다. 1906년 농상공학교 교관과 학부시학관(學部視學官)으로도 일하였다. 1907년 관립한성일어학교 교관으로서 학생들을 가르쳤고 이후 내각 서기관으로 일하였다.⁴¹⁾

앞서 거론한 친목회회원 대부분은 1904년 유학생에 대한 등용령이 시행된 이후 관직에 진출한다. 그들의 이름은 대개 1904년 이후에 작성된 대한제국 직원록과 총독부 직원록, 관보 등에서 확인할 수 있다. 개화파의 몇 차례 개혁운동이 보수세력에 의해 벽에 부딪히면서 흩어지고 조선 바깥에서 다시 세력을 모의하는 것을 반복하였지만 이들은 "국가의 동량"이 되지 못하고 식민권력의 수행자로서 관직을

---

38) 박학래, 「申海永 編述의 『倫理學敎科書』에 대한 재검토: 도덕교육 학계의 관련 논의에 유의하여」, 『도덕윤리과교육』 72, 한국도덕윤리과교육학회, 2021, pp.197~198.
39) 「私立光興學校를 新門外鑰洞前畿營執事廳으로 移設하는데 課程은」, 『황성신문』, 1898.11.3.
40) 「서임·사령」, 『관보』 2750, 1904.2.16.;「서임·사령」, 『관보』 2768, 1904.3.8.;「서임·사령」, 『관보』 2973, 1904.11.2.
41) 「서임·사령」, 『관보』 1120, 1898.12.1.;「서임·사령」, 『관보』 1131, 1898.12.14.;「서임·사령」, 『관보』 3470, 1906.6.4.;「서임·사령」, 『관보』 3804, 1907.6.28.

갖게 된다.

　주지하다시피 1895년 관비유학생 중에는 중인층과 상인층의 자제가 상당수 포함되어 있었다. 박찬승의 연구를 통해 이 시기 파견된 유학생의 출신 성분을 들여다보면 개화파 고위 관료들의 자제 혹은 친척들이 다수를 이뤘으나 한성 출신 중 중부와 서부에 거주했던 자들 즉 중인층과 상인층의 자제로 추정되는 인물들도 다수 포함되어 있었다는 것이 확인된다. 또한 양반층의 적자(장남, 차남 비중이 약 반반 정도) 비중도 높았으나 서자의 비중도 적지 않았다. 적장자뿐 아니라 차남이나 삼남, 그리고 서자층의 비율이 높은 짜임새였다.[42] 갑오개혁에 가담한 인물들 상당수가 1895년의 관비유학생으로 유학길에 올랐는데, 여기서 갑오개혁에 약세의 양반 가문 출신이나 함경도 등 변방의 토반(土班) 출신이 가담했고 무과등과자(武科登科者), 중인(역관), 양반의 서자들 즉 조선의 지배층 내의 주변인이 다수 포함되어 활약하였다는 사실이 주지될 필요가 있다.[43] 개혁을 통해 양반의 서자가 내각의 대신 · 협판에 오르는 일과 같이 지배 질서의 전복을 경험한 이들은 이것이 다시 원점으로 돌아갔을 때 개혁운동을 일종의 권력투쟁으로 사념할 수 있었다. 게다가 1895년 7월 반역 혐의를 받아 박영효가 다시 일본으로 망명하였고 이후 을미사변과 아관파천이 연이어 발생하자 조선정부는 일본에 파견한 유학생을 잠재적 내란자로 간주하게 된다. 유학생 집단은 위기감을 느끼는 동시에 응집력을 키워 나가는 방식으로 대응하였다. 귀국 명령이 떨어졌지만 다수의 유학생들은 귀국하지 않고 상급학교로 흩어져 공부를 이어나갔다.

---

[42] 박찬승, 앞의 글, pp.89~91.
[43] 유영익, 『갑오경장연구』, 일조각, 1990, pp.189~192.

4. 유학생의 도쿄 거주와 정치적 활동

〈표 6〉에서는 친목회 회원들이 수학한 교육기관들을 목록화하였다. 유학생들은 도쿄에 가장 많이 거주하였지만 요코하마, 교토, 시즈오카, 사이타마 등으로 흩어져 공부하였다. 1895년에 1,2차로 유학한 156명의 학생 가운데 1896년 7월과 12월에 게이오의숙을 졸업한 이는 72명이었고 이 가운데 61명이 상급학교로 진학하였다. 1898년 이후 본국에서 오는 학자금이 끊겼지만 게이오의숙은 잔류를 희망하는 유학생을 그대로 지도·감독하였고 학비는 일본 외무성에서 지원하였다.

〈표 8〉 지역별 회원명단과 수학한 학교

지역	거주자 회원명(수)	교육 기관
橋區	元應常, 愼順晟, 加藤武二郎, 滿田弘重(의사), 趙齊桓, 金東圭(7명)	趙齊桓-東京郵便電信局 金東圭-東京郵便電信局
芝區	金鎔濟, 崔相敦, 金相淳, 權鳳洙, 崔鳳洙, 崔淳, 姜友善, 金相閏, 李憲珪, 卞國璿, 朴宗桓, 李漢相, 金明集, 金允求, 李浩璋, 扈根奭, 鄭雲復, 朴正均, 尹錫準, 李敏高, 陸鐘冕, 今井實三郎(의사), 鄭錫煥, 南舜熙, 崔相敦, 金明集, 張憲植, 申佑善, 池承浚, 兪承兼, 宋聚五, 崔萬淳 (32명)	權鳳洙-司法省 卞國璿-慈惠醫院 李憲珪-警察廳 朴宗桓-慈惠醫院 李漢相-慈惠醫院 金明集-鹽業講習所 鄭錫煥-慈惠醫院 南舜熙-慈惠醫院 崔相敦-東京鐵道局 金明集-東京鐵道局 張憲植-慶應義塾 申佑善-慶應義塾 池承浚-慶應義塾 宋聚五-慶應義塾 崔萬淳-慶應義塾
神田	金鎔濟, 元應常, 兪承兼, 申佑善, 愼順晟, 全泰興, 池承浚, 金基璋, 韓萬源, 李冕宇, 兪致學, 兪鎭高, 朴完緖, 朴晩緖, 金東完, 劉文相, 朴正銑, 玄楯, 徐延岳, 鄭瑪鎔, 嚴柱鳳, 申海永, 魚瑢善, 金鎔濟, 金基璋, 南舜熙, 元應常, 金大熙, 韓震用, 金鼎禹, 崔萬淳, 徐延岳, 申佑善, 兪承	愼順晟-航海學校 韓萬源-航海學校 卞可璉-航海學校 池承浚-專修學校 申海永-東京專門學校 魚瑢善-東京專門學校

	兼, 崔相敦, 康永祐, 洪仁杓, 劉昌熙, 張奎煥, 李冕宇, 崔永植, 兪致九, 鈴木萬次郎(의사), 鄭在淳, 劉昌熙, 張奎煥, 兪致學, 崔永植, 康永祐, 韓萬源, 卞河璉, 李周煥, 金相淳, 朴宗桓(54명)	金鎔濟-東京專門學校 南舜熙-文部省 元應常-東京法學院 金大熙-東京商業學校 韓震用-東京商業學校 金鼎禹-順天求合社 崔萬淳-順天求合社 李周煥-順天求合社 徐延岳-專修學校 申佑善-專修學校 兪承兼-專修學校 崔相敦-蠶業講習所 鄭在淳-東京法學院習 劉昌熙-東京法學院習 金相淳-明治法律學校 朴宗桓-衛生病院
麴町區	金鎔濟, 安昌善, 劉昌熙, 吳世昌, 張憲植, 李周煥, 張承斗, 坂谷芳郎(문학사), 全泰興, 張承斗, 李建源, 嚴達煥(12명)	張憲植-司法省 李周煥-陸軍參謀本部 全泰興-警視廳
淺草區	崔永植, 朴正銑, 玄楯, 李建源, 安衡中, 朴正銑, 玄楯(7명)	安衡中-工業學校
麻布區	金益南, 李漢相, 嚴達煥, 田中賢道(자유당간사), 土屋藤馬(5명)	
京橋區	朴宗桓, 趙慶勛, 岡本武次, 岡本武次(의학사), 全泰興, 李漢相(6명)	全泰興-警視廳 李漢相-衛生病院
牛込區	金鎔濟, 安明善, 金大熙, 金明集, 鄭錫煥, 廉學雨, 韓鳳儀, 南舜熙, 兪致九, 金敎興, 鄭海英, 張承斗, 卞河璉, 金東圭, 李敏高, 尹錫準, 金鴻鎭, 金亨燮, 金成殷, 尹致晠, 徐延岳, 淺田恭悅(의사), 申海永, 金鎔濟, 魚瑢善, 權鳳洙, 金基璋, 張浩翼, 權浩善, 林在德, 金敎興, 金寬鉉, 韓鳳義, 金羲善, 盧景輔, 金鴻南, 權承祿, 金奎福, 魚潭, 金鳳錫, 金敎先, 鄭海英, 姜容九, 趙宅顯, 方泳柱, 李浩璋, 扈根爽, 河允泓, 金尙烈(49명)	金鴻鎭-成城學校 金亨燮-成城學校 金成殷-成城學校 尹致晠-成城學校 張浩翼-成城學校 權浩善-成城學校 林在德-成城學校 金敎興-成城學校 金寬鉉-成城學校 韓鳳義-成城學校 金羲善-成城學校 盧景輔-成城學校 金鴻南-成城學校 權承祿-成城學校 金奎福-成城學校 魚潭-成城學校 金鳳錫-成城學校

		金敎先-成城學校
		鄭海英-成城學校
		鄭海英-成城學校
		姜容九-成城學校
		趙宅顯-成城學校
		方泳柱 -成城學校
		金尙烈-成城學校
		徐延岳-專修學校
		安明善-早稻田傳門學校
		申海永-東京專門學校
		金鎔濟-東京專門學校
		魚瑢善-東京專門學校
		權鳳洙-東京專門學校
荏原郡	吳聖模, 安慶善(2명)	吳聖模-帝國農科大學
		安慶善-帝國農科大學
豊多摩郡	鄭錫煥, 李寅植, 朴源聖(3명)	鄭錫煥-帝國農科大學
赤坂區	朴源聖, 朴源根, 李寅植(3명)	朴源聖-靑山學院
		朴源根-靑山學院
		李寅植-靑山學院
本鄕區	禹泰鼎, 朴完緖, 姜龍甲, 韓萬源(4명)	禹泰鼎-航海學校
		朴完緖-航海學校
		姜龍甲-航海學校
下谷區	笹川三男三(의학사), 卞國璿(2명)	卞國璿-田代病院
王子西西原	廉學雨, 宋聚五, 崔相敦, 金明集, 金允求(5명)	廉學雨-鹽業講習所
		宋聚五-鹽業講習所
		崔相敦-鹽業講習所
		金明集-鹽業講習所
		金允求-鹽業講習所
熊本市	愼順晟(1명)	
埼玉縣	李建源(1명)	
橫濱市	張憲植, 李昌稙, 李珪承, 尹世鏽, 李敬承(5명)	李敬承-靜岡縣廳
		李昌稙-福音館
京都	安泳中(1명)	

도쿄 안에서 조선인 학생들이 밀집해 있던 지역은 간다구, 우시고 메구, 시바구, 고지마치구 등이다. 특히 시바구는 1890년대 유학생 사회의 성격을 살피는 데 있어 매우 중요한 장소이다. 시바구는 조선에서 망명한 왕족, 정재계 인사들이 집중적으로 체류한 곳이었다.

〈그림 17〉 의화군 거주지, 숙소와 유학생 거주지 맵핑

1896년 1월 의화군은 시바구 오야마초(小山町)의 한 여관에 머물고 있었다. 의화군은 고종의 둘째 아들로 박영효와 거사를 모의해 왕위에 오르고자 한 인물이다. 당시의 친목회 일기에는 1월 1일에 동경에 있는 모든 학생이 의화군이 머문 여관에 가서 신년 인사를 올렸다는 기록이 있다.[44]

을미사변이 일어난 직후에 유학생 전부가 의화군과 만남을 가졌다는 것은 주목할 만하다. 이 시기 박영효는 미국에서 서재필을 만나고 있었는데 을미사변 소식이 전해지자 측근 이규완(李圭完)을 일본으로 급파한다. 1895년 11월 25일 일본에 도착한 이규완은 후쿠자와 유키치를 필두로 의화군과 이준용을 여러 차례 방문한다.[45] 박영효 또한 1896년 4월에 일본으로 급히 돌아와 시바구 산다(三田)에 있는 후쿠자와

---

44) 「친목회일기」, 『친목회회보』 2, 1896.6.16.
45) 문일웅, 「재일본 망명자 세력의 정변 모의 연구, 1895~1900」, 성균관대학교 사학과 석사학위논문, 2010, p.30.

유키치의 집에서 묵으며 지인들을 만나고 동서로 분주하게 움직였다. 시바구 산다는 게이오의숙과 외숙사가 있던 곳이기도 하고 유학생들이 대거 거주하던 곳이었다. 위의 그림에서 알 수 있듯 당시 의화군의 근거지 역시 시바구 다무라초(田村町)로 이동해 있었다. 빨간색 점으로 표시된 유학생 거주지들이 이궁저(李宮邸)를 둘러싸고 있는 것처럼

〈그림 18〉 1897년 의화군의 아자부구 근거지 맵핑

그려지는 점이 흥미롭다. 둘러싼 점들은 권봉수(權鳳洙), 정석환(鄭錫煥), 이한상(李漢相), 남순희(南舜熙) 등의 주소지이다. 이렇듯 시바구는 개혁세력의 정치운동에 있어 매우 중요한 거점지였다. 이곳은 박영효가 고베, 오사카, 요코하마, 미국을 분주하게 오가며 정치적 구상을 하면서 도쿄에 만든 기지이기도 했다. 이 기지는 시간이 지나면서 시바구와 인접한 아자부구(麻布區) 일대로 확대된다.

아자부구에 찍힌 의화군의 근거지는 조선정부에서 의화군에게 미국유학을 권고하였을 때 도쿄의 망명자들이 유학을 만류하면서 마련한 곳이었다.[46] 1897년 3월 12일 가나가와현(神奈川) 지사가 오쿠마 시게노부에게 보낸 요시찰 보고서에 따르면 이곳은 아자부구 야마모토

---

46) 의화군은 1896년 미국유학을 명받았고 도미하기 위해 요코하마로 거처를 옮겼다. 이에 망명자들은 동요하고 박영효 역시 도쿄로 거처를 옮겨 망명자들과 함께 유학을 적극 만류한다. 문일웅, 앞의 글, p.46; 神奈川縣知事 中野健明→外務大臣 伯爵 大隈重信, 秘甲第69號, 「義和宮의 東京 移轉豫定 通報」, 1897년 3월 12일, 『要視察韓國人擧動』 1, 국사편찬위원회, 2001, p.67.

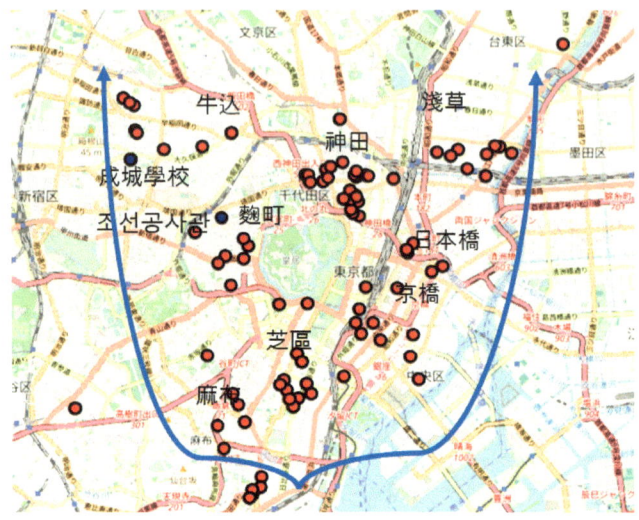

〈그림 19〉 게이오 의숙 졸업 이후 친목회 회원들의 이동

마치(麻布區 山元町 五十九番地)에 위치하였다. 도쿄의 망명자들은 고종과 황태자를 폐위하고 의화군을 옹립하고자 했으므로 의화군이 미국으로 갈 경우 쿠데타의 명분이 사라지게 되었다. 이를 염려하여 망명자들은 의화군의 도미를 격렬하게 반대하였지만 결국 미국 유학은 결정된다.

시간이 지남에 따라 친목회 회원들의 정치운동은 시바구와 아자부구뿐만 아니라 도쿄의 주요 도심으로 확대되었다. 고지마치구(麴町)에는 조선공사관이 위치해 있었다. 을미사변과 아관파천 이후 조선 정부는 유학생들에게 자금을 대는 것이 박영효·유길준 등 망명한 개화파들의 세력을 키워주는 결과를 낳는다고 판단하여 지원을 중단하였다. 갑작스럽게 학비가 끊긴 유학생들은 이렇다 할 방도를 찾지 못하고 거의 방치되다시피한다. 실제로 유학생들은 머물고 있는 숙소의 숙박비, 식비를 감당하지 못하여 공사관에 몰려와 학자금에 대한 계속 지원을 요청하기도 하였다.

유학 비용의 일방적인 중단과 그로 인한 생활고는 유학생 사회에 큰 동요를 낳았고 정부에 대한 반감을 키웠다. 앞서 언급했듯 대표적으로 세이조학교에 진학한 학생들 조택현(趙宅顯), 장호익(張浩翼), 권호선(權浩善) 등은 1899년 10월 '혁명일심회'를 구성하여 고종과 황태자를 폐위하고 의친왕 이강(의화군)을 황제로 세우며 망명 중인 국사범들로 정부를 조직하자는 모의를 꾀한다. 이를 주시한 주일 공사는 가담자들을 본국으로 송환시켰지만, 조택현, 장호익 등은 일본에 남아 유길준과 접촉하여 귀국 이후 구체적인 쿠데타 계획을 짰다. 그러나 귀국한지 얼마되지 않아 체포되고 계획이 발각되어 실패하게 된다. 도쿄부 에바라군 농과대학에 유학 중이던 오성모(吳聖模)는 박영효를 만나 개혁자금을 요청받고 귀국하여 운동하다가 체포된다.[47] 조택현, 장호익, 권호선, 오성모 등은 모두 친목회 회원으로 이름을 올리고

〈그림 20〉 1897년 간다구 친목회 사무소·회원 주소 맵핑

---

47) 박찬승, 앞의 글, p.114.

있는 자들이며 조택현, 장호익은 우시고메구에 위치한 세이조 학교의 주소로 거주지를 표시하고 있고 오성모는 제국농과대학(帝國農科大學) 학생으로 에바라군의 제국농과대학(荏原郡 上目黑村驅場 帝國農科大學)으로 주소지 정보를 제공하고 있다. 재판이 진행되는 동안 권호선은 감옥에서 콜레라에 감염되어 숨겼고, 장호익은 참수형을 선고받았다.

간다구에는 메이지법률학교를 비롯, 동경법학원, 동경상업학교, 쥰텐모토메고샤(順天求合社) 등 여러 학교들이 몰려 있었다. 많은 학생들이 간다구에 거주했기 때문에 친목회 또한 1897년에 사무소를 이곳으로 이전한다.

초기 친목회의 가사무소는 게이오의숙 외숙사에 두었지만, 제4호(1897.3.24.)부터는 발행소명을 '친목회건설사무소'로 표기하고 그 주소를 간다구 니시키초(神田區 錦町 二丁目)에 둔다. 제5호(1897.9.26.)에서 한번 더 이동하여 5,6호 발행은 이마가와코지초(今川小路)에서 이루어진다. 판권장에 나와있는 친목회건설사무소의 정확한 주소는 神田區 今川小路 二丁目 二番地 松本家內인데 이 주소지는 유승겸(兪承兼), 신우선(申佑善), 신순성(愼順晠), 지승준(池承浚) 주소와 일치한다. 1897년 2월에 열린 위원회 기록에서는 회장 신해영 등 임원진이 사무불체(事務不逮)하는 경우가 있어 자리를 내놓고 임시 임원직으로 회원들이 돌아가며 임원을 맡아 운영해 나가는 체제로 전환된다. 1897년 3월 위원회는 간사에 최영식(崔永植), 회계에 신우선, 서적간첩에 지승준을 선정한다. 유승겸 또한 6월 위원회에서 간첩직을 맡는다.[48] 『친목회회보』 제5호(1897.9.26.)부터 발행인으로 이름을 올리고 있는 원응상(元應常)과 『친목회회보』 편찬원으로 활동한 조제환(趙齋桓), 교열원 유창희(劉昌熙) 모두 간다구에 거주하였다. 1897년 3월 경부터는 간다

---

48) 「친목회일기」, 『친목회회보』 5, 1897.9.26.

구에서 공부하던 학생들을 중심으로 친목회 운영과『친목회회보』발간이 이루어짐을 알 수 있다.

　간다구에 유학생들이 많이 살았기 때문에 여기에는 이들을 포섭하려는 망명자들과 상황을 주시하는 일본 경찰들이 활보하고 있었다. 망명자들은 도쿄 주요 도심에 거처를 마련하고 주변에서 공부하고 있는 조선인 유학생을 포섭하고자 했다. 조희연의 조카 조택현은 견습사관으로 유학 중에 있었고, 이준용은 오사카 상업학교에서 유학중이던 정운복을 자신의 통역으로 고용했다. 1903년 유길준의 내란음모사건으로 체포된 그의 동생 유성준도 1898년 메이지법률학교에서 법학을 전공하고 있었다. 유학생들의 지지와 참여를 얻기 위해 망명자들은 유학생들을 적극적으로 고용하고 가까이 두고자 하였다.[49]『요시찰한

〈그림 21〉 간다구 망명자의 거주지

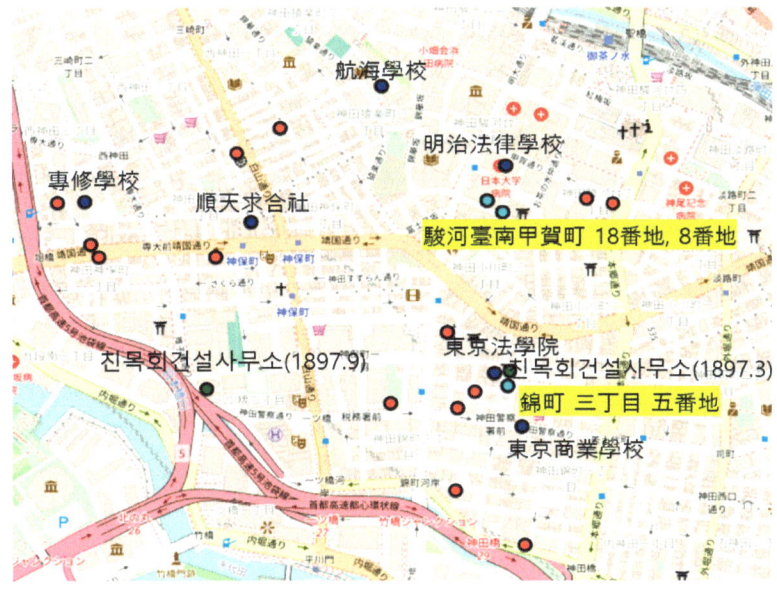

---
49) 문일웅, 앞의 글, p.23.

국인거동』 1897년 7월 31일 보고에는 당시 고베에 머물고 있던 박영효를 만나기 위해 일본에 온 한석봉(韓錫琫)이 자신의 형 한석로(韓錫璐)의 집에서 묵고 있다는 내용이 기록되어 있다. 한석로의 집 주소는 간다구 니시키마치(錦町) 삼정목 오번지(神田區 錦町 三丁目 五番地)로 기록되어 있는데[50] 이 주소는 여러 친목회회원들의 거주지로 종종 등장한다. 회원이면서 동경법학원에서 공부했던 정재순(鄭在淳), 유창희(劉昌熙) 등이 이곳에서 생활했다.

간다구 스루가다이미나미코가초 팔번지에 위치한 금촌방(神田區 駿河臺南甲賀町 八番地 今村方)은 경찰이 매우 주시하는 장소였다. 친목회 회원 중 강영우(康永祐) 홍인표(洪仁杓) 등이 이곳에 묵었는데 여기를 주소로 하는 유용영(兪龍營)이라는 자가 박영효와 함께 일하고 있던 신해영(申海永)과 지속적으로 서신을 주고받았기 때문이었다.(1898년 10월의 기록)[51] 1898년 11월 요시찰보고에서는 박만서(朴晩緖)가 박영효에게 서신을 보냈다는 기록이 있는데 박만서는 친목회회원이자 동경법학원에서 수학하고 있던 자로 역시 금촌방에서 머물렀다.[52]

1898년 12월 만민공동회에 대한 정부의 탄압 이후 관련자들이 일본으로 망명하는 사례가 많아지면서 도쿄의 주요 도시는 더욱 정치색을 띠기 시작한다. 1899년 7월에 간다구 금촌방에 투숙하고 있던 현제창(玄濟昶)과 최정덕(崔廷德)은 조선 정부가 만민공동회 회원을 계속해서

---

50) 京都府知事 男爵 山田信道→外務大臣 伯爵 大隈重信, 乙秘第768號, 「韓人動靜 韓錫琫·宋憲斌·白學魯·金德章 등의 動靜」, 1897년 7월 31일, 『要視察韓國人擧動』1, 국사편찬위원회, 2001, pp.145~146.
51) 山口縣知事 秋山怒卿→外務大臣 伯爵 大隈重信, 泌第六ノ306號, 「朴泳孝·安駉壽·黃鐵·禹範善 등의 動靜 報告」, 1898년 10월 11일, 『要視察韓國人擧動』1, 국사편찬위원회, 2001, p.266.
52) 福岡縣知事 曾我部道夫→外務大臣 伯爵 大隈重信, 高秘第854號, 「韓人ノ動靜申報 朴泳孝의 動靜」, 1898년 11월 28일, 『要視察韓國人擧動』1, 국사편찬위원회, 2001, pp.300~301.

체포하면서 신변이 위험해지자 서울을 탈출하여 일본으로 도피한 자들이었다.[53]

이렇듯 간다구에 망명자와 그들이 돕는 유학생들이 많아지자 조선 정부에서 이들을 암살하고자 보낸 자객들도 뒤섞이기 시작했다. 1899년 1월의 요시찰 기록에서는 간다구 스루가다이미나미코가초 십팔번지(神田區 駿河臺南甲賀町 十八番地)에 조선인 김한은(金翰殷)이라는 자가 머물고 있는데 법률학을 공부하기 위해 유학을 왔다고 말하고 다니지만 학교에 입학한 적이 없고 매일 유학생을 방문하거나 공사관을 드나드는 등 이상스러운 움직임이 보이며 화려한 옷을 입는 것을 볼 때 돈이 많다고 추정되며 무례한 행동을 서슴지 않아 국가적인 사절이나 암살자일 가능성이 있어 주의가 필요하다고 쓰고 있다.[54]

망명자들의 커넥션은 간다구뿐만 아니라 도쿄 주요 도심 전체에 걸쳐 있었다. 어윤중은 니혼바시(日本橋區)에 거주하였고,[55] 안경수는 교바시구(京橋區)에 거주하였다.[56] 박영효는 거주지를 자주 바꿨지만 1899년 7월 시점에는 아카사카구(赤坂區)에 거주하고 있었다.[57] 이들은 도쿄뿐 아니라 외곽의 도심 주요 곳곳에 퍼져 있었고 직접 만나 교류하기도 했지만 서신 교환을 통해 정보를 주고받기도 했다. 아래는

---

53) 警視總監 大浦兼武→青木 外務大臣, 甲秘第143號, 「玄濟昶·崔廷德의 動靜 報告」, 1899년 7월 14일, 『要視察韓國人擧動』1, 국사편찬위원회, 2001, pp.490~491.
54) 乙秘第136號, 「韓人金翰殷ノ擧動」, 1899년 1월 23일, 『要視察韓國人擧動』1, 국사편찬위원회, 2001, pp.354~355.
55) 福岡縣知事 曾我部道夫→外務大臣 伯爵 大隈重信, 高秘第854號, 「韓人ノ動靜申報 朴泳孝의 動靜」, 1898년 11월 28일, 『要視察韓國人擧動』1, 국사편찬위원회, 2001, pp.300~301.
56) 警視總監 大浦兼武→外務大臣 青木周藏, 乙秘第725號, 「韓人ノ動靜 安駉壽의 動靜」, 1898년 12월 5일, 『要視察韓國人擧動』1, 국사편찬위원회, 2001, pp.327~328.
57) 福岡縣知事 深野一三→外務大臣 青木周藏, 高秘第856號, 「韓人ニ關スル件 金明遠·金化正·金允洪·李善汝 등의 動靜」, 1899년 7월 10일, 『要視察韓國人擧動』1, 국사편찬위원회, 2001, pp.486~487.

1899년 6월과 7월 사이 각지에 흩어진 정보망들이 박영효와 그 일파에게 우편, 전신, 위체 등을 보낸 기록이다.

月日	受信者	發信者 住所	發信者
明治三十二年(1899年)			
郵 便			
六月十五日	バクヤングヒヨ (朴泳孝カ)	長崎大浦活水女學校	スリヤナヤ
六月十六日	山崎永春 (朴泳孝)	東京神田小川町四十一辰巳館	伊東影雄
同日	同人	東京築地	原
同日	同人	東京四谷須賀町二四	回東生
六月二十日	秋田一郎 (金春日或ハ金進秀)	釜山本町大澤商店內	金子直人
同日	淺田良一 (李圭完)	山口縣阿武郡萩町大字川島村	中村ウメ
同日	山崎永春 (朴泳孝)		漢城新報社
同日	同人	元山津方二區二七石井旅館	浦川竹枝郎
同日	金翰殷	木浦ヨリ	
同日	金紋允		金正紋晋
同日	山崎永春	韓國日本領事館	齊藤彥四郎
同日	同人	大阪東區平錦町二丁目	笠田文作方 安河盛長
同日	同人	東京淺草區田町一丁目	鈴本善次郞方 山本積
同日	同人	同牛込區早稻田專門學校內	鄭寅松
同日	朴泳孝	福岡日々新聞社	山口恒太郎
同日	山崎永春	京城小安洞	恒屋盛服
同日	同人	釜山本町津波支店	高石正秀
六月二十三日	同人	鎭南浦日本領事館內	佐藤産次郎
同日	秋田一郎 (金春日或ハ金進秀) 釜山西町二丁目印東方	中原雄三郞 (鄭蘭敎)	
同日	山崎永春	靑森市大字米町二丁目 津幡宗三郞方	大村智三郞 (趙羲潤)
同日	同人	同處方	佐藤七郎 (李斗璜)
同日	同人		韓城新報社ヨリ
同日	同人	東京神田錦町妓陽館	姜承謂
六月二十四日	堅粕 金進秀	韓國	志村化次郎
同日	淺田良一方 李漢奎	東京赤坂新坂町二六	樺山權四郎
七月一日	同 土野誠吉	東京赤坂陽川町	吉田一郎

七月四日	秋田一郎 (金春日 或ハ 金進秀)	釜山西町二丁目	中原雄三 (鄭蘭敎)
同日	金翰殷	韓國木浦	金原親
同日	同人	韓國木浦	金正紋
七月五日	淺田良一 (李圭完)	東京赤坂	山崎永春 (朴泳孝)
同日	上野誠吉 (崔敬鵬)	釜山本町	許振玉
電 信			
六月十六日	山崎永春		釜山ヨリ
六月二十日	山本元次郎	釜山港	金炅鎭
同日	山崎永春	釜山電司留客	朴憲
同日	同人	京城	恒屋盛服
郵 信			
六月七日	山崎永春	京城小安洞	恒屋盛服
電 信(暗號)			
六月十七日	山崎永春	釜山西町二丁目印東方	ツチタシヨヘ

야마자키 에이하루(山崎永春)는 박영효의 일본식 이름이다. 이규완 등 일본에 머물렀던 망명자들 대부분이 일본식 이름이나 가명을 쓰면서 활동하였다. 박영효와 그 일파는 6월 중순부터 7월 초까지 보름 정도되는 짧은 시간에도 조선을 비롯하여 일본 각지에 흩어진 동지들과 다양한 통신매체를 사용하여 활발히 교통하고 있었다. 지도 맵핑과 같은 물리적 이동뿐만 아니라 서신의 왕래를 통한 네트워크도 구현할 필요가 있는 대목이며 네트워크 기술이 이를 가능하게 한다. 관련해서는 후속작업으로 이어가고자 한다.

5. 유학생 정보 데이터 전환을 위한 이후의 과제들

본 연구는 대조선일본유학생친목회가 간행한 기관지 『친목회회보』를 대상으로 1896년부터 1898년까지 재일본 유학생들의 장소 이동을 지도시각화 기술을 통해 맵핑하여 분석하는 데에 목적을 두었다.

대조선일본유학생친목회는 1895년 조선 정부가 일본에 파견한 백삼십여 명의 관비유학생이 중심이 된 단체로, 일본 유학생들이 세운 첫 공식 단체이다. 『친목회회보』는 그간 재일본조선인유학생의 출판문화운동 연구사라는 큰 틀 안에서 꾸준히 언급되어 왔지만 그 중요성은 크게 조명되지 않았다. 하지만 지리정보 구축과 공간 분석에 있어 『친목회회보』에서 제공하는 주소 정보는 게이오의숙에서부터 이후 유학생들이 주로 수학한 도쿄의 여러 대학과 교육 기관에 대한 상세 지리 정보를 포함하고 있어 그 중요성이 매우 높다고 판단된다. 단순히 정보량이 많다는 것을 넘어서 박영효를 비롯한 망명자 네트워크와 유학생의 연합적 움직임을 확인하는 데에도 유용한 자료가 된다.

맵핑을 통해 도쿄 안에서 유학생들이 밀집해 있던 지역은 간다구(神田區), 우시고메구(牛込區), 시바구(芝區), 고지마치구(麴町區) 등이었음이 확인된다. 1895년 상황에서 시바구는 매우 중요한 장소였다. 박영효는 일본에서 망명생활을 하면서 많은 수의 유학생들이 일본으로 건너오길 희망하였다. 몇 해 전부터 친린의숙을 만들고 갑오개혁 과정에서도 유학생 파견을 조항에 삽입하는 등 힘을 기울였다. 그렇기 때문에 1895년 100여 명의 관비유학생 파견은 그에게 매우 뜻깊은 일이었다. 유학생들이 시바구에 있었고, 망명자 그룹이 추대하고자 했던 의화군 또한 시바군에 은거하고 있었다. 시바구는 도쿄에 세워진 망명자의 기지였고 이들은 유학생과 그 뜻을 같이 하기를 원했다.

이 시기 유학생은 단순히 외국의 교육기관에서 특정 학문을 수학하는 자가 아니었다. 정치가이면서 모사가, 활동가이기도 했다. 유학생 중 상당수가 중인과 상인층, 서자출신의 인물들이었으며, 개혁지향적 성격을 강하게 띠었다. 그렇기에 정부와 보수파는 이들에 대한 의심을 거둘 수 없었다. 유학생 파견 직후 일어난 을미사변과 아관파천으로 유학생은 일본을 등에 업고 조선을 바꾸고자 하는 잠재적 내란자로 간주되거나 유학 자체가 일본의 침략을 적극적으로 동조하는 행위로서 반민족적 성격을 띠어 갔다. 본국에서 오는 유학 자금이 끊기고 도움이나 보호를 받지 못하게 되면서 이들은 일본에 방치되다시피 한다. 귀환자들은 숨죽여 잠행하였지만 잘못하면 반역자로 처형되었다. 귀국 명령이 내려진 뒤에도 이를 따르는 자들은 매우 적었다. 정부가 보여준 태도는 유학생들의 반감을 키웠고 정치적 운동을 촉발하는데 불을 지폈다.

1897년경부터 보통과를 마친 유학생들은 게이오의숙을 떠나 상급 기관으로 옮겨간다. 이에 유학생 이동은 시바구에서부터 도쿄의 주요 도심으로 올라오면서 영역을 확장해가는 모습을 보인다. 세이조학교에서 수학했던 예비 육사생도들은 '혁명 일심회'를 만들어 쿠데타를 모의하였고, 도쿄 상업학교와 메이지 법률학교 등에서 수학했던 자들은 망명가 세력과 적극적으로 교류하였다. 박영효, 어윤중, 안경수 등은 도쿄 주요 도심으로 흩어져 유학생을 만나고 이들과 거사를 모의하며 세력을 확장시켜 나갔다. 이 시기 도쿄는 망명자와 유학생, 이들을 처단하기 위해 조선에서 보낸 자객, 이 상황을 감시하는 일본 경찰이 활발히 움직이고 있는 곳이었다.

친목회회원의 주소지에는 망명세력의 은신처, 통신처, 거점지들이 숨어있다. 『요시찰기록』에서 자주 등장하는 특정 주소지가 있으며 해당 주소지는 친목회회원의 거주지로 주로 사용된 곳이거나 그 주변인 사례가 많다. 의화군의 은신처를 친목회회원의 숙소들이 둘러싸고 있는 모습이 맵핑을 통해 확인된다거나 정부가 보낸 자객으로 의심되는 자가 회원의 숙소 바로 근처에 머물고 있는 상황 등이 시각적으로 그려진다. 지도라는 평면에 뿌려지는 점이지만 맥락을 파악할 경우 점들이 그려내는 긴박함이 느껴진다. 하지만 도쿄라는 장소를 자신의 정치무대로 적극적으로 전유해간 활동성이 맵핑의 방법으로 모두 그려질 수는 없다. 무엇보다 이들이 가명을 사용하며 적극 사용한 통신 네트워크망이 존재하였으며 관련 정보들이 다층적으로 데이터로 생산되고 시각화될 때 보다 생동감있는 결과물 생산될 것이다. 향후 연구자는 서신 교환을 네트워크로 시각화하고자 하며, 1906년 이후 본격화되어 식민지 시기 꾸준히 이어지는 민간 유학생의 움직임을 맵핑해 나가고자 한다.

자료로 쓰인 주소 자료는 [부록]으로 첨부합니다.

이 글은 연세대학교 국학연구원의 『동방학지』 제205호에 실린 논문 「지도 시각화 기술 기반 재일본 조선 유학생 사회 타임라인(1): 대조선일본유학생친목회 발간 『친목회회보』 (1896)를 중심으로」를 수정·보완한 것이다.

[부록] 『친목회회보』에 실린 유학생 거주지 및 학교주소

이름	주소정보	출처
친목회회보 인쇄소 秀英舍	大日本東京橋區西紺屋町二十六七番地	판권장
친목회회보인쇄인 山本鎕次郎	大日本東京橋區西紺屋町二十六七番地	판권장
친목회회보 편집인 金鎔濟	大日本東京芝區三田町四丁目二十六番地慶應義塾外宿舍	판권장
친목회회보 발행인 崔相敦	大日本東京芝區三田町四丁目二十六番地慶應義塾外宿舍	판권장
친목회회보 편집인 金鎔濟	大日本東京神田區錦町三丁目	판권장
친목회회보 발행인 元應常	大日本東京神田區錦町三丁目	판권장
친목회회보 편집겸 발행인 金鎔濟	大日本東京牛込區吉久井町二十番地	판권장
친목회회보 발행인 元應常	大日本東京橋區北槇町十七番地松山方	판권장
친목회회보 편집인 金鎔濟	大日本東京麴町區五番町十八番地三芳野館	판권장
친목회회보 발행인 元應常	大日本東京 京橋區北槇町十七番地松山方	판권장
친목회건설사무소	大日本東京神田區錦町二丁目五番地	판권장
친목회건설사무소	大日本東京神田區今川小路二丁目二番地松本家內	판권장
慶應義塾	大日本東京芝區三田町二丁目	1907년 동경 상세 지도 및 친목회회보 학생 학교 주소 정보 활용
早稻田傳門學校	東京牛込區下戶塚町	1907년 동경 상세 지도 및 친목회회보 학생 학교 주소 정보 활용
陸軍參謀本部	東京麴町區外櫻田町	1907년 동경 상세 지도 및 친목회회보 학생 학교 주소 정보 활용
司法省	東京麴町區西日比谷町	1907년 동경 상세 지도 및 친목회회보 학생 학교 주소 정보 활용
東京法學院	東京神田區 錦町	1907년 동경 상세 지도 및 친목회회보 학생 학교 주소 정보 활용
航海學校	東京新田區猿樂町	1907년 동경 상세 지도 및 친목회회보 학생 학교 주소 정보 활용
東京商業學校	東京神田區錦町	1907년 동경 상세 지도 및 친목회회보 학생 학교 주소 정보 활용
順天求合社	東京神田區 仲猿樂町	1907년 동경 상세 지도 및 친목회회보 학생 학교 주소 정보 활용

成城學校	東京牛込區原町	1907년 동경 상세 지도 및 친목회회보 학생 학교 주소 정보 활용
警視廳	東京麴町區八重洲町	1907년 동경 상세 지도 및 친목회회보 학생 학교 주소 정보 활용
專修學校	東京神田區今川小路	1907년 동경 상세 지도 및 친목회회보 학생 학교 주소 정보 활용
工業學校	東京淺草區御藏前片町	1907년 동경 상세 지도 및 친목회회보 학생 학교 주소 정보 활용
慈惠醫院	東京芝區愛宕町	1907년 동경 상세 지도 및 친목회회보 학생 학교 주소 정보 활용
東京郵便電信局	東京日本橋區本材木町	1907년 동경 상세 지도 및 친목회회보 학생 학교 주소 정보 활용
東京鐵道局習鐵道事務	東京鐵道局習鐵道事務留	1907년 동경 상세 지도 및 친목회회보 학생 학교 주소 정보 활용
田代病院	東京下谷區練塀町	1907년 동경 상세 지도 및 친목회회보 학생 학교 주소 정보 활용
明治法律學校	東京神田區南甲賀町	1907년 동경 상세 지도 및 친목회회보 학생 학교 주소 정보 활용
衛生病院	東京神田區和泉町	1907년 동경 상세 지도 및 친목회회보 학생 학교 주소 정보 활용
李寅植	東京赤坂區靑山學校	친목회회보 제2호
崔萬淳	東京芝區三田町四丁目二十四番地慶應義塾外宿舍	친목회회보 제2호
金尙烈	東京牛込區成城學校	친목회회보 제2호
李埈鎔	東京築地南小田原町	친목회회보 제2호
朴鏞和	東京築地南小田原町	친목회회보 제2호
金應元	東京築地南小田原町	친목회회보 제2호
土屋藤馬	麻布區永坂町五十九番地	친목회회보 제2호
申海永	東京牛込區早稻田町東京專門學校習 政治經濟學留 牛込區 喜久井町 二十番地 加藤支店	친목회회보 제4호
金鎔濟	東京牛込區早稻田町東京專門學校習 政治經濟學留 牛込區 喜久井町 二十番地 加藤支店	친목회회보 제4호
魚瑢善	東京牛込區早稻田町東京專門學校習 政治經濟學留	친목회회보 제4호
權鳳洙	東京牛込區早稻田町東京專門學校習 政治經濟學留 牛込區 喜久井町 二十番地 加藤支店	친목회회보 제4호
金基璋	東京牛込區鶴卷町二十七番地 西川初方	친목회회보 제4호
李寅植	東京赤坂區仲町二十一番地 樺山方	친목회회보 제4호
鄭在淳	東京神田區錦町 東京法學院習 法律學留 神田區錦町 三丁目 五番地 萬國樓	친목회회보 제4호

劉昌熙	東京神田區錦町 東京法學院習 法律學留 神田區錦町 三丁目 五番地 萬國樓	친목회회보 제4호
張奎煥	神田區表神保町十番地日下部方成方	친목회회보 제4호
兪致學	神田區錦町 二丁目五番地 阿立館	친목회회보 제4호
李冕宇	神田區錦町 二丁目五番地 阿立館	친목회회보 제4호
張浩翼	東京牛込區原町 成城學校習 陸軍軍務留 本校寄宿舍	친목회회보 제4호
權浩善	東京牛込區原町 成城學校習 陸軍軍務留 本校寄宿舍	친목회회보 제4호
林在德	東京牛込區原町 成城學校習 陸軍軍務留 本校寄宿舍	친목회회보 제4호
金敎興	東京牛込區原町 成城學校習 陸軍軍務留 本校寄宿舍	친목회회보 제4호
金寬鉉	東京牛込區原町 成城學校習 陸軍軍務留 本校寄宿舍	친목회회보 제4호
韓鳳義	東京牛込區原町 成城學校習 陸軍軍務留 本校寄宿舍	친목회회보 제4호
金羲善	東京牛込區原町 成城學校習 陸軍軍務留 本校寄宿舍	친목회회보 제4호
盧景輔	東京牛込區原町 成城學校習 陸軍軍務留 本校寄宿舍	친목회회보 제4호
金鴻南	東京牛込區原町 成城學校習 陸軍軍務留 本校寄宿舍	친목회회보 제4호
權承祿	東京牛込區原町 成城學校習 陸軍軍務留 本校寄宿舍	친목회회보 제4호
金奎福	東京牛込區原町 成城學校習 陸軍軍務留 本校寄宿舍	친목회회보 제4호
魚潭	東京牛込區原町 成城學校習 陸軍軍務留 本校寄宿舍	친목회회보 제4호
金鳳錫	東京牛込區原町 成城學校習 陸軍軍務留 本校寄宿舍	친목회회보 제4호
金敎先	東京牛込區原町 成城學校習 陸軍軍務留 本校寄宿舍	친목회회보 제4호
鄭海英	東京牛込區原町 成城學校習 陸軍軍務留 本校寄宿舍	친목회회보 제4호
尹世鏞	靜岡縣廳習 地方行政留 靜岡市 追手町 八十五番地	친목회회보 제4호
李敬承	靜岡縣廳習 地方行政留 靜岡市 追手町 八十五番地	친목회회보 제4호
全泰興	東京麴町區八重洲町 警視廳習 警察法律留 京橋區北槇町十日番地 大澤幸方	친목회회보 제4호

鄭錫煥	芝區愛宕町東京慈惠醫院醫學校習 醫學留 芝區愛宕町二丁目十番地 桑田方	친목회회보 제4호
南舜熙	芝區愛宕町東京慈惠醫院醫學校習 醫學留 芝區愛宕町二丁目十番地 桑田方	친목회회보 제4호
張承斗	土木製造學留 麴町區有楽町三十二番地 渡邊方	친목회회보 제4호
安衡中	東京淺草區御藏前片町工業學校習 染織工學留 淺草區 茅町二丁目 二十五番地 常陸屋	친목회회보 제4호
朴正銑	淺草區福富町 二十八番地 大村方	친목회회보 제4호
崔永植	神田區須田町十九番地 相模屋	친목회회보 제4호
康永祐	神田區和泉町一番地泉屋	친목회회보 제4호
玄櫃	習應用化學留 淺草區茅町二丁目 二十五番地 常陸屋	친목회회보 제4호
洪仁杓	神田區和泉町一番地泉屋	친목회회보 제4호
趙齊桓	東京日本橋區本材木町 東京郵便電信局習 電郵事務留 日本橋區北鞘町 二番地 池田玉吉方	친목회회보 제4호
金東圭	東京日本橋區本材木町 東京郵便電信局習 電郵事務留 日本橋區北鞘町 二番地 池田玉吉方	친목회회보 제4호
崔相敦	東京鐵道局習鐵道事務留 芝區愛宕町下町 四丁目一番地 近藤澤野方	친목회회보 제4호
金明集	東京鐵道局習鐵道事務留 芝區愛宕町下町 四丁目一番地 近藤澤野方	친목회회보 제4호
韓萬源	東京神田區猿楽町航海學校習 航海機關術留 神田區猿楽町二十二番地 市野方	친목회회보 제4호
卞河璡	東京神田區猿楽町航海學校習 航海機關術留 神田區猿楽町二十二番地 市野方	친목회회보 제4호
李周煥	東京神田區仲猿楽町順天求合社習 測量學留 神田區 南神保町 十四番地 杉野方	친목회회보 제4호
張憲植	東京芝區三田四國町 慶應義塾 外宿舍	친목회회보 제4호
申佑善	東京芝區三田四國町 慶應義塾 外宿舍	친목회회보 제4호
池承浚	東京芝區三田四國町 慶應義塾 外宿舍	친목회회보 제4호
兪承兼	東京芝區三田四國町 慶應義塾 外宿舍	친목회회보 제4호
愼順晟	熊本市草葉町五番地中山方	친목회회보 제4호
安泳中	京都市 麩屋町 三條上 鶴家	친목회회보 제4호
卞國璿	東京下谷區練塀町 田代病院習 醫學科留 本病院 寄宿舍	친목회회보 제4호
金相淳	東京神田區明治法律學校習 法律學留 本學校寄宿舍	친목회회보 제4호
姜容九	東京牛込區原町成城學校習 陸軍軍務留 本學校 寄宿舍	친목회회보 제4호

趙宅顯	東京牛込區原町成城學校習 陸軍軍務留 本學校 寄宿舍	친목회회보 제4호
方泳柱	東京牛込區原町成城學校習 陸軍軍務留 本學校 寄宿舍	친목회회보 제4호
朴宗桓	東京神田區衛生病院習 醫學留 本病院寄宿舍	친목회회보 제4호
李漢相	東京京橋區三十間町 衛生病院習 醫學留 本病院寄宿舍	친목회회보 제4호
李浩璋	東京牛込區鶴卷町二十七番地 西川初方現究 法律學	친목회회보 제4호
扈根爽	東京牛込區鶴卷町二十七番地 西川初方現究 法律學	친목회회보 제4호
河允泓	東京牛込區鶴卷町二十七番地 西川初方現究 法律學	친목회회보 제4호
宋聚五	東京芝區三田小山町三番地川崎方	친목회회보 제4호
李建源	東京麴町區山元町三丁目四番地上野方	친목회회보 제4호
嚴達煥	東京麴町區山元町三丁目四番地上野方	친목회회보 제4호
申海永	本年三月東京專門學校校外生就 大藏省究實際財政整理法留 東京神田區錦町三丁目二十一番地 井上方	친목회회보 제5호
魚瑢善	本年三月東京專門學校校外生就 大藏省究實際財政整理法留 東京神田區錦町三丁目二十一番地 井上方	친목회회보 제5호
金鎔濟	本年三月東京專門學校校外生就 內務省究實際行政法留 東京神田區錦町三丁目九番地峽陽館	친목회회보 제5호
金基璋	同 留 東京神田區錦町三丁目五番地 山下方	친목회회보 제5호
南舜熙	本年三月就文部省習實際敎育法留 東京神田區錦町三丁目五番地 山下方	친목회회보 제5호
權鳳洙	司法省習實際司法行政留東京芝區新櫻田町 十九番地 杉山方	친목회회보 제5호
張憲植	司法省習實際司法行政留東京麴町區山元町 一丁目四番地 角野方	친목회회보 제5호
李周煥	本年三月入陸軍參謀本部習測量學留東京麴 町區麴町二丁目六番地 黑川內方	친목회회보 제5호
李憲珪	本年四月就警察廳習行政警察留東京芝區新 櫻田町十九番友松館	친목회회보 제5호
吳聖模	本年二月就東京府下荏原郡農科大學校 習農務學留 荏原郡世田谷村元下北澤粟島 前二百三十五番地 伊東方	친목회회보 제5호
安慶善	本年二月就東京府下荏原郡農科大學校 習農務學留 荏原郡世田谷村元下北澤粟島 前二百三十五番地 伊東方	친목회회보 제5호

鄭錫煥	同習獸醫學留豊多摩郡澁谷村元中澁谷七百十番地 天野方	친목회회보 제5호
元應常	本年二月入 東京神田區 錦町 東京法學院習法律學留 神田區駿河臺南甲賀町十八番地 神代方	친목회회보 제5호
俞鎭方	留 新田區駿河臺南甲賀町十八番地 荻原方	친목회회보 제5호
朴晩緖	留 新田區表神保町十番地鳥屋	친목회회보 제5호
禹泰鼎	本年二月入 東京新田區猿樂町 航海學校習 航海機關術留 本郷區元町二丁目六十六番地 川副方	친목회회보 제5호
朴完緒	本年二月入 東京新田區猿樂町 航海學校習 航海機關術留 本郷區元町二丁目六十六番地 川副方	친목회회보 제5호
姜龍甲	本年二月入 東京新田區猿樂町 航海學校習 航海機關術留 本郷區元町二丁目六十六番地 川副方	친목회회보 제5호
金大熙	本年二月入 東京神田區錦町 東京商業學校習 商業學 留同	친목회회보 제5호
韓震用	本年二月入 東京神田區錦町 東京商業學校習 商業學 留同 神田區 錦町 三丁目 十五番地 國弘方	친목회회보 제5호
金鼎禹	本年二月入 東京神田區 仲猿樂町 順天求合社習 工業豫備科留 神田區 南神保町 十四番地 杉野方	친목회회보 제5호
崔萬淳	本年二月入 東京神田區 仲猿樂町 順天求合社習 工業豫備科留 神田區 南神保町 十四番地 杉野方	친목회회보 제5호
金鴻鎭	本年三月入東京牛込區原町成城學校習 陸軍軍務留 本校寄宿舍	친목회회보 제5호
金亨爕	本年三月入東京牛込區原町成城學校習 陸軍軍務留 本校寄宿舍	친목회회보 제5호
金成殷	本年三月入東京牛込區原町成城學校習 陸軍軍務留 本校寄宿舍	친목회회보 제5호
尹致晠	本年三月入東京牛込區原町成城學校習 陸軍軍務留 本校寄宿舍	친목회회보 제5호
徐延岳	本年二月入東京神田區今川小路 專修學校習 財政學留 牛込區市谷山伏町 二十番地 紫方	친목회회보 제5호
申佑善	本年二月入東京神田區今川小路 專修學校習 財政學留 神田區 今川小路 三丁目 九番地 森尾方	친목회회보 제5호
俞承兼	本年二月入東京神田區今川小路 專修學校習 財政學留 神田區 今川小路 三丁目 九番地 森尾方	친목회회보 제5호
卞國璿	本年三月入 東京芝區愛宕町 東京慈惠醫院醫學校習 醫學留 芝區西久保巴町 五番地 八角方	친목회회보 제5호

朴宗桓	本年三月入 東京芝區愛宕町 東京慈惠醫院醫學校習 醫學留 芝區西久保巴町 五番地 八角方	친목회회보 제5호
李漢相	本年三月入 東京芝區愛宕町 東京慈惠醫院醫學校習 醫學留 芝區愛宕町三丁目一番地伊藤方	친목회회보 제5호
廉學雨	本年四月入 王子西ケ原 三百五十番地 蠶業講習所 習 養蠶留本所 내	친목회회보 제5호
宋聚五	本年四月入 王子西ケ原 三百五十番地 蠶業講習所 習 養蠶留本所 내	친목회회보 제5호
崔相敦	本年四月入 王子西ケ原 三百五十番地 蠶業講習所 習 神田區錦町三丁目九番地齋藤方	친목회회보 제5호
金明集	本年四月入 王子西ケ原 三百五十番地 蠶業講習所 習 芝區新櫻田町十九番地杉山方	친목회회보 제5호
李珪承	靜岡縣市江尻二十七番地 鈴木方	친목회회보 제5호
尹世鏞	靜岡縣市江尻二十七番地 鈴木方	친목회회보 제5호
康永祐	東京神田區駿河臺南甲賀町八番地今村方	친목회회보 제5호
洪仁杓	東京神田區駿河臺南甲賀町八番地今村方	친목회회보 제5호
劉昌熙	神田區南神保町十四番地 杉野方	친목회회보 제5호
張奎煥	神田區錦町三丁目九番地錦館	친목회회보 제5호
韓萬源	本鄕區元町二丁目六十六番地 川副方	친목회회보 제5호
李冕宇	東京神田區駿河臺南甲賀町十八番地神代方	친목회회보 제5호
張承斗	麹町區有楽町二丁目二番地小泉方	친목회회보 제5호
崔永植	神田區淡路町二丁目三番地長岡方	친목회회보 제5호
朴正銑	淺草區猿屋町十六番地尾張屋	친목회회보 제5호
玄橊	淺草區猿屋町十六番地尾張屋	친목회회보 제5호
李寅植	豊多摩郡西大久保村三〇九番地執行方	친목회회보 제5호
李浩璋	芝區三田四國町五番地 小岩井直養	친목회회보 제5호
扈根奭	芝區三田四國町五番地 二番地一號水谷良	친목회회보 제5호
安泳中	京都新槇木町 竹屋町上 上野方	친목회회보 제5호
鄭雲復	東京芝區愛宕町 二丁目五番地十七號 李寓邸	친목회회보 제5호
嚴達煥	麻布區市 兵衛町 二丁目 八十九番地 上野方	친목회회보 제5호
李建源	淺草區橋場町 九十四番地 立野方	친목회회보 제5호
朴正均	芝區愛宕町三丁目 一番地	친목회회보 제5호
朴源聖	豊多摩郡靑山學院寄宿舍 內	친목회회보 제5호
尹錫準	芝區新櫻田町十九番地 杉山方	친목회회보 제5호
李敏高	芝區新櫻田町十九番地 杉山方	친목회회보 제5호
陸鐘冕	芝區西久巴町七十九番地 柳澤方	친목회회보 제5호

俞致九	神田區 錦町 二丁目 五番地 阿立館	친목회회보 제5호
淺田恭悅	牛込區橫寺町五十三番地	친목회회보 제5호
鈴木萬次郎	神田區 神保町 八番地	친목회회보 제5호
今井實三郎	芝區三田慶應義塾 내	친목회회보 제5호
滿田弘重	橋區 靑物町 三十一番地	친목회회보 제5호
岡本武次	京橋區 弓町 二十四番地	친목회회보 제5호
田中賢道	麻布區我善坊町 三十五番地	친목회회보 제5호
坂谷芳郞	麴町區平河町六丁目二十一番地	친목회회보 제5호
俞承兼	神田區今川小路二丁目二番地 松本方	친목회회보 제6호
申佑善	神田區今川小路二丁目二番地 松本方	친목회회보 제6호
愼順諴	本年二月入 東京新田區猿樂町 航海學校習 航海機關術留 神田區今川小路二丁目二番地 松本方	친목회회보 제6호
金相淳	芝區愛宕町二丁目十四番地 辻本方	친목회회보 제6호
全泰興	神田區錦町三丁目九番地 錦館	친목회회보 제6호
池承浚	本年二月入東京神田區今川小路 專修學校習 財政學留 神田區 錦町 三丁目 九番地 錦館	친목회회보 제6호
金基璋	神田區錦町三丁目九番地峽陽館	친목회회보 제6호
韓萬源	神田區錦町二丁目五番地阿立館	친목회회보 제6호
李冕宇	神田區錦町二丁目五番地阿立館	친목회회보 제6호
俞致學	神田區猿樂町二十二番地靑山方	친목회회보 제6호
俞鎭高	神田區猿樂町二十二番地靑山方	친목회회보 제6호
朴完緒	神田區表神保町十番地上野方	친목회회보 제6호
朴晩緒	神田區表神保町十番地上野方	친목회회보 제6호
朴宗桓	京橋區築地一丁目九番地山下方	친목회회보 제6호
崔永植	淺草區御藏前南元町九番地柳屋	친목회회보 제6호
權鳳洙	芝區南佐久間町一丁目一番地高山方	친목회회보 제6호
崔鳳洙	芝區南佐久間町一丁目一番地高山方	친목회회보 제6호
崔萬淳	芝區南佐久間町一丁目一番地高山方	친목회회보 제6호
金東完	神田區錦町三丁目二十一番地靜秀館	친목회회보 제6호
劉文相	神田區錦町三丁目二十一番地靜秀館	친목회회보 제6호
愼順晟	橋區北鞘町二番地池田方	친목회회보 제6호
金益南	麻布區飯倉町三丁目二十三番地村上方	친목회회보 제6호
李漢相	麻布區飯倉町三丁目二十三番地村上方	친목회회보 제6호
吳聖模	荏原郡上目黑村驅場帝國農科大學	친목회회보 제6호
安昌善	麴町區麴町二丁目七番地 小林方	친목회회보 제6호
金鎔濟	麴町區五番町十六番地 河上方	친목회회보 제6호

安明善	牛込區早稻田傳門學校 寄宿舍 內	친목회회보 제6호
朴正銑	神田區淡路町二丁目四番地 澤田方	친목회회보 제6호
玄櫑	神田區淡路町二丁目四番地 澤田方	친목회회보 제6호
徐延岳	神田區仲猿樂町二十一番地 今城方	친목회회보 제6호
劉昌熙	麴町區下六番町三十一番地	친목회회보 제6호
朴源聖	澁谷靑山南町靑山學院	친목회회보 제6호
朴源根	澁谷靑山南町靑山學院	친목회회보 제6호
金大熙	牛込區肴町二十番地 野崎方	친목회회보 제6호
金明集	牛込區肴町二十番地 野崎方	친목회회보 제6호
鄭錫煥	牛込區肴町二十番地 野崎方	친목회회보 제6호
廉學雨	牛込區肴町二十番地 野崎方	친목회회보 제6호
韓鳳儀	牛込區肴町二十番地 野崎方	친목회회보 제6호
南舜熙	牛込區肴町二十番地 野崎方	친목회회보 제6호
兪致九	牛込區肴町二十番地 野崎方	친목회회보 제6호
金敎興	牛込區肴町二十番地 野崎方	친목회회보 제6호
鄭海英	牛込區肴町二十番地 野崎方	친목회회보 제6호
張承斗	牛込區肴町二十番地 野崎方	친목회회보 제6호
卞河璉	牛込區肴町二十番地 野崎方	친목회회보 제6호
金東圭	牛込區肴町二十番地 野崎方	친목회회보 제6호
李敏高	牛込區肴町二十番地 野崎方	친목회회보 제6호
尹錫準	牛込區肴町二十番地 野崎方	친목회회보 제6호
安泳中	京都大宮通 娣小路上 小川方	친목회회보 제6호
嚴達煥	名古屋本町二丁目八番地 深谷方	친목회회보 제6호
李建源	埼玉縣北足立郡浦和町百六十番地 建野方	친목회회보 제6호
李昌稙	本年十一月入會習活版事務留橫濱市不老町二丁目福音館	친목회회보 제6호
鄭瑀鎔	就學海軍豫備學校留神田區錦町三丁目二十一番 井上方	친목회회보 제6호
姜友善	見習警察事務先就學警察署敎習所留 芝區三田四國町二番地一號 刀水方	친목회회보 제6호
嚴柱鳳	見習事務所同前留 神田區錦町三丁目二一番地 井上家	친목회회보 제6호
金相閏	芝區愛宕町二丁目十四番地 辻本方	친목회회보 제6호
趙慶勛	東京京橋區新富町二番地 小林方	친목회회보 제6호
吳世昌	麴町區下六番町三十一番地	친목회회보 제6호
加藤武二郞	東京日本橋區兜町	친목회회보 제6호

디지털 시대의 문학관광 연구

일본의 작가 추적형 문학관광의
빅데이터 분석과 디지털 지도 시각화를 중심으로

권민혁·이정화

1. 콘텐츠 투어리즘, 문학이 길이 되는 시대

　오늘날 문학 콘텐츠는 단순히 문학 감상을 위한 텍스트에 머무르지 않고, 새로운 문화를 창출하는 기반자료로서 다양한 영역에서 활용되고 있다. 특히 2010년대 이후 일본 사회 전역에 새로운 붐을 일으킨 '문호 스트레이독스(文豪ストレイドッグス)'는 근대 일본의 문호들을 주인공으로 등장시켜 현대 요코하마를 배경으로 이능력(초능력)을 활용하는 액션 서사를 펼치는 애니메이션으로, 2013년부터 2025년 현재까지 연재가 이어져 오고 있으며 애니메이션화와 소설화 등 세계관을 확장해왔다. 또한 2016년 11월 발매된 웹게임 '문호와 알케미스트(文豪とアルケミスト)'는 근대 작가들을 캐릭터로 등장시키고, 주인공은 그들과 함께 악의 세력에 의해 오염된 이야기를 정화해 나간다는 독창적인 스토리를 제시하면서 유저들로부터 많은 호응을 이끌어내고 있다.
　이처럼 실존 작가와 작품이 새로운 창작의 토대로 활용되는 현상은 만화·게임 등 2차 창작물에 그치지 않고, 캐릭터에 상응하는 실제 작

가의 문학관과의 협업 이벤트로 이어지며 관광 자원화되고 있다. 실제로 나카하라주야기념관(中原中也記念館)에서는 2017년 10월 4일부터 2018년 1월 21일까지 '만화 속의 주야(コミックのなかの中也)'라는 제목으로 '문호와 알케미스트'와 콜라보 전시를 개최하였으며, 그 결과 18세 이하 방문객 수는 전년도 대비 약 8배, 전체 방문객 수는 약 3배가 증가하는 등 문학 콘텐츠에 대한 관심이 실제 관광으로 이어지는[1] 성과를 거두었다. 그리고 이러한 현상은 문학연구 영역에서 '콘텐츠 투어리즘(Contents tourism)'에 대한 관심을 촉발시켰다.

그렇다면 '콘텐츠 투어리즘'이란 무엇인가. 2004년 일본에서 성립한 '콘텐츠 창립, 보호 및 활용 촉진에 관한 법률(コンテンツの創造、保護及び活用の促進に関する法律)'에서는 콘텐츠를 "영화, 음악, 연극, 문예, 사진, 만화, 애니메이션, 컴퓨터 게임 외 문자, 도형, 색채, 음성, 동작 또는 영상을 비롯한 이들을 조합한 것. 또는 이들과 관련된 정보를 전자계산기를 이용해 제공하기 위한 프로그램(전자계산기에 대한 지령이며, 하나의 결과를 얻을 수 있게 조합된 것을 말함)이며, 인간 창조적 활동에 의해 만들어진 것 중에서 교양 또는 오락의 범위 안에 속한 것"이라고 정의하고 있다. 이어 오카모토 겐(岡本健)은 콘텐츠 투어리즘을 "이러한 콘텐츠를 동기로 발생하는 관광 또는 그 행위 및 콘텐츠를 활용하여 만들어지는 관광 또는 지역 진흥"으로 규정하였다.[2] 또한 기쿠치 다쓰오(菊地達夫)는 콘텐츠 투어리즘을 "콘텐츠 작품의 무대를 성지로 삼고, 다양한 관광자원을 창출하면서 지역 주민과 작품 감상자

---

1) Yeonwoo LEE, Eunji HEO, SeongYoon YANG, 「A Study on the Transformation of Literary Museums Accompanying the "Bungo" Boom: Through the Construction of the "Bungo" Database and Digital Mapping」, 『Border Crossings』 19(1), Global Institute for Japanese Studies, Korea University, 2024, p.161.
2) 岡本健, 『コンテンツツーリズム研究: 情報社会の観光行動と地域振興』, 福村出版, 2015, pp.10~13.

의 교류를 통해 새로운 지역의 매력을 발신·재발견하는 의욕적 관광 활동"[3]이라고 정의한 바 있다.

콘텐츠 투어리즘의 이러한 의미를 짚어볼 때, 문학을 소재로 하는 콘텐츠 투어리즘에서는 근대 작가와 그들의 작품이 중요한 자원으로 활용되고 있으며, 이러한 현상은 전 세계적으로도 관찰된다. 먼저, 독일에서는 1980년대 초 작가의 집을 소개한 안내서를 시작으로 1990년대에는 작가의 작품 활동의 흔적을 따라가는 작가여행서, 강을 따라가는 문학길 안내서 및 작가의 산책 루트를 따라가는 작가둘레길 안내서 등이 출간되었으며 2000년대에는 문학관광 관련 사이트가 개설되었다. 이러한 흐름 속에서 대중성과 산업성을 인정받아 '문학관광(Literaturtourismus)' 또는 '문학적 관광(Literarischer Tourismus)'이라는 용어가 생겨났으며 독일인의 여가활동 중 하나로 사랑받게 되었다.[4] 영국에서도 소설가 제인 오스틴(Jane Austen)의 소설을 비롯해 이를 바탕으로 만들어진 영화의 배경지와 그의 생가에 자리한 '제인 오스틴 하우스 박물관(Jane Austen's House Museum) 등지에 방문하는 문학관광이 이루어지고 있다.[5] 또한, 영국 스트랫포드 어폰 에이븐(Stratford-Upon-Avon)에서는 셰익스피어의 생가를 중심으로, 그리고 한국에서는 이효석 선생의 고향 강원도 평창의 생가터 주변에 생가를 재현하고 그곳을 이효석문화예술촌으로 조성하여 문학관광을 활성화하고 있다.[6]

---

[3] 菊地達夫, 「文学者・作品ゆかりの地を巡る観光コースの開発: 函館市を事例として」, 『北翔大学北方圏学術情報センター年報』 8, 北翔大学北方圏学術情報センター, 2016, p.130.
[4] 김경란, 「독일의 문학공간조성에 따른 문학여행의 유형」, 『독일어문학』 25(1), 한국독일어문학회, 2017, p.30.
[5] 山村高淑, フィリップ・シートン, 『コンテンツツーリズム メディアを横断するコンテンツと越境するファンダム』, 北海道大学出版会, 2021, pp.31~54.

한편 일본에서도 도쿄를 중심으로 문학 관련 장소정보를 제공하는 '도쿄 구레나이단(東京紅團)'[7]과 같은 인터넷 홈페이지가 운영되고 있다. 이 홈페이지는 90년대 후반에 개설되어 현재까지 근현대 작가 70여 명의 생애와 작품 배경지를 작가별·테마별로 소개할 뿐 아니라, 일반 대중이 쉽게 접근할 수 있도록 '메이지 유신', '전전(戰前)', '전후(戰後)' 등 테마별로도 장소를 소개하고 있다. 이 홈페이지에서 방대한 자료를 토대로 관광정보를 제공하고 있다는 점은 일본에서 문학자와 그들의 삶이 '작가 추적형 문학관광'이라는 형태로 콘텐츠화되어 보다 적극적으로 소비되고 있음을 보여준다. 그리고 기존 선행 연구들도 연구들 역시 일본 문화 콘텐츠의 관광자원화를 논의하며 문학이라는 지속 가능한 문화 자원이 관광으로 활용되는 가능성을 제기하고 있다.

엄인경은 이와 같은 흐름 속에서 콘텐츠 투어리즘을 단순한 관광 연구 차원을 넘어, 문화 콘텐츠와 사회적 이동성이 긴밀하게 결합하여 지역과 사회 변화를 촉발하는 복합적 현상으로 규정하면서, 향후 연구가 관광학을 넘어 문화연구 전반으로 확장되어야 함을 강조하였다.[8] 이와 더불어 본 연구가 다루고 있는 작가 추적형 문학관광은 문학이라는 지속 가능한 문화 콘텐츠가 관광자원으로서 지역사회와 문화산업을 재구성하는 과정을 보여주는 구체적 사례라 할 수 있다.

이 글에서는 작품과 작가의 생애를 토대로 한 문학적 콘텐츠가 오늘날 어떤 방식으로 관광과 만나는지를 살펴본다. 이를 위해 근대 일본

---

6) 이효석문화예술촌 메밀꽃 필 무렵, 평창문화관광, https://tour.pc.go.kr/Home/H20000/H20100/H20103/html (검색일: 2025.8.27.)

7) 東京紅団, http://www.tokyo-kurenaidan.com/index.html (검색일: 2025.9.13.)

8) Inkyung Um, 「A Comparative Study on Mutual Contents Tourism between Korea and Japan: Using Text Mining Analysis」, 『Border Crossings: The Journal of Japanese-Language Literature Studies』 17(1), Global Institute for Japanese Studies, Korea University, 2023, pp.103~126.

을 대표하는 세 명의 작가를 중심으로 실제 여행 리뷰 데이터를 분석하였다. 그리고 이 분석결과를 바탕으로 작가의 발자취를 따라가는 문학관광의 특징과 유형을 파악하고, 문학이라는 문화 콘텐츠가 관광이라는 형식을 통해 사회에 미치는 영향력을 살펴보고자 한다.

2. 문학관광을 시각화하기: 연구의 설계와 방법

1) 연구 대상 및 데이터 수집

이 장에서는 '나쓰메 소세키(夏目漱石)', '다자이 오사무(太宰治)', '시가 나오야(志賀直哉)' 세 인물을 중심으로 이루어진 작가의 발자취를 따라가는 여행이 실제로 어떻게 이루어졌는지 데이터를 살펴본다. 이 세 명의 작가를 선정한 이유는, 그들의 작품이 일본 내에서는 전집으로 출판될 만큼 '정전(canon)'으로 평가되고, 국내에서도 여러 출판사에서 활발히 번역·출판되고 있기 때문이다. 이러한 점에서 세 작가는 대중성과 영향력 면에서 모두 중요한 위치를 차지한다.

아래 글에서는 일본 전역에서 이루어지는 여행 리뷰 데이터에 기반한 디지털 지도 시각화 작업을 실시한다. 이를 통해 작가, 시기에 따른 문학관광의 패턴을 파악하고 작가 추적형 문학관광이 제공하는 사회 발전과 환경적 지속 가능성에 대하여 체계적으로 고찰한다. 이를 위해 일본의 여행 정보와 더불어 관광객의 리뷰를 한눈에 모아볼 수 있는 사이트 'jalan(じゃらん)'과 '4travel'의 국내(일본) 여행 리뷰(口コミ) 게시판에서, 키워드 '漱石', '太宰', '志賀'를 각각 검색해 도출된 게시글을 우선 수집하였다. 총 수집량은 나쓰메 소세키 8,446건, 다자이 오사무 2,209건, 시가 나오야 2,146건 총 12,801건이었으나, 작가와 관련된 여행 리뷰를 선별하기 위해 본문에서 '漱石', '太宰', '志賀', '作

家', '文豪'를 언급한 문서를 골라내었다. 따라서 이 글에서 사용하는 여행 리뷰 데이터는 나쓰메 소세키 1,616건, 다자이 오사무 1,102건, 시가 나오야 453건 합계 3,171건으로 한정하였다.

2) 데이터 전처리

이 글에서는 수집된 리뷰 데이터 중에서 시설명, 시설분류, 여행시기, 본문, 검색키워드를 활용하였다. 시설명의 경우 jalan과 4travel이라는 두 개의 서로 다른 사이트라는 특성상 같은 시설을 두고 지칭하는 명칭이 다른 경우가 발생하였는데, 예를 들면 아오모리현 가나기 지역에는 기념품 가게 '가나기관광물산관 산직 메로스(金木観光物産館「産直メロス」)'가 있다. 해당 시설은 2024년 4월 이전까지 '가나기관광물산관 마디니(金木観光物産館 マディニー)'라는 명칭으로 운영되었기 때문에 동일한 장소를 가리키지만 시설명이 다르게 수집되었다. 이처럼 같은 시설을 가리키지만 이름이 다른 경우에는 하나의 명칭으로 통일하는 전처리 작업을 진행하였다. 시설분류의 경우에도 두 사이트 사이에 표기 차이가 있었으므로 공원·정원(公園·庭園), 건축물(名所(建造物)), 랜드마크(名所(名物)), 묘지(名所(墓)), 동상(名所(像)), 생가(名所(生家)), 사적지(名所(跡)), 문학비(文学碑), 문학관(博物館(文学)), 기타 박물관(博物館(その他)), 절·신사(寺·神社), 숙박시설(宿), 일상시설(日常施設), 자연경관(自然景観), 거리풍경(町並み), 축제·이벤트(祭り·イベント), 교통시설(乗り物), 온천(温泉), 관광안내소(観光案内所), 역(駅), 캠핑장(キャンプ場), 음식점(グルメ), 쇼핑몰(ショッピングモール), 스포츠 관람(スポーツ観戦), 테마파크(テーマパーク) 총 25개로 재분류를 진행하였다. 여행 시기의 경우에는 데이터 수집 시점이 2024년 12월임을 감안하여 2024년 11월까지의 리뷰로 한정하였다. 한편, 한 해 2건 이하의 리뷰

를 가지는 연도[9]는 제외하였다. 따라서 2007년부터 2024년까지의 데이터를 연도별로 정리하였으며, 본문 데이터의 경우에는 Python 코드를 작성하여 본문 텍스트 속에서 '漱石(소세키)', '太宰(다자이)', '志賀(시가)', '作家(작가)', '文豪(문호)'를 언급한 3,171건의 리뷰를 선별해 활용하였다.

한편, 디지털지도에 시설명의 위치를 표시하기 위해서는 반드시 각 시설에 대한 위도, 경도 데이터가 필요하다. 따라서 위경도 데이터를 확보하기 위해 Google Maps에서 API를 발급 받은 뒤, Python을 통해 위경도 데이터를 수집하였다. 일부 명칭이 일치하지 않아 위경도 데이터가 수집되지 않은 시설명의 경우에는 여행 리뷰 본문의 주소 정보와 Google Maps의 url을 통해 개별적으로 위경도 데이터를 확보하였다. 이와 같은 전처리 과정은 작가 추적형 문학관광의 패턴을 보다 정밀하게 분석할 수 있는 데이터 베이스를 구축하고, 연구의 정밀도를 향상시키는데 기여하였다.

3) 분석 방법

작가 추적형 문학관광의 패턴을 분석하기 위해서는 연구 대상 간의 지리적 분포와 상호 관계성을 파악해야 한다. 이를 위해 지도 시각화와 막대그래프를 적용하였다. 먼저, 제3장 분석 결과의 '제1절 작가별 생애 기반 지도와 리뷰 기반 관광시설 위치 지도 분석'에서는 정제한 리뷰 데이터와 위경도 데이터를 활용하여 디지털지도를 그리고 작가 추적형 문학관광의 특징을 분석하기 위해 오픈 그래프 시각화 플랫폼 Gephi 0.10[10]의 GeoLayout 플러그인을 활용하였다. GeoLayout이란

---

9) 1984, 1992, 1999, 2002, 2005, 2006 1건씩. 2003, 2003 2건씩 총 10건.

위도와 경도 같은 지오코딩된 속성과 표준 투영을 기반으로 그래프를 표시하는 시각화 플러그인이다.[11] 데이터를 시각화하기 위해서는 기본적인 자료 구성이 필요하다. 이 글에서는 작가 관련 여행 정보를 정리한 엑셀 파일을 바탕으로, 각 장소의 고유식별자, 위도·경도, 시설 분류, 방문 시기 등을 항목별로 정리하였다. 이렇게 정리된 데이터를 시각화 프로그램인 Gephi에 불러와, 'GeoLayout' 플러그인을 통해 지도 위에 작가들의 발자취를 그려 보았다. 이 과정을 통해 노드는 실제 지리적 좌표에 따라 화면에 시각적으로 배치되었다. 노드의 크기는 데이터의 가중치 값(Weight)에 따라 조정되어 각 대상의 상대적 중요도를 강조하였다. 노드의 색은 경우에 따라서 작가 분류, 시설분류 또는 클러스터[12] 값을 기반으로 조정하였다. 이와 같이 GeoLayout을 통해 그린 시각화 자료를 실제 지도 위에 표시하기 위해 kmz파일로 추출한 뒤, '구글 어스(Google Earth)'에 업로드하여 사진 자료를 완성하였다.

다음 장에서 본격적으로 살펴볼 내용 가운데, '제2절 작가별 관광지 유형(시설분류) 분석'에서는 먼저 Python 코드를 활용해 시설분류를 중심으로 빈도수를 도출하여 표로 나타냈다. 이후 Gephi 0.10을 활용하여 노드와 엣지를 작성하였는데, 나쓰메 소세키, 다자이 오사무, 시가 나오야를 가리키는 작가 노드와 각각의 시설분류를 가리키는 노드를 만들었다. 작가 노드의 크기는 식별하기 적합한 크기로 임의 설정하였으며, 시설분류를 가리키는 노드는 전체 문서 3,171건 중 각각

---

10) Gephi 0.10. https://gephi.org/ (검색일: 2025.9.5.)
11) Gephi Plugins. https://gephi.org/plugins/#/plugin/geolayout-plugin (검색일: 2025.9.5.)
12) 본 연구에서는 노드 간 유클리드 거리(Euclidean distance)를 계산하여 가까운 정도에 따라 클러스터를 구성하였다. 이를 위해 Python의 pandas와 numpy를 활용하여 동일 클러스터 내의 모든 노드 쌍 간 거리를 계산하였다.

이 차지하는 빈도수만큼을 크기로 설정하였다. 엣지의 경우에는 3,171건의 문서를 나쓰메 소세키 1,616건, 다자이 오사무 1,102건, 시가 나오야 453건으로 분류한 뒤, 개별 시설분류에 대한 빈도수를 각각 계산하여 적용하였다. 엣지가 두꺼울수록, 푸른색보다 붉은색에 가까울수록 빈도수가 높다는 것을 가리킨다.

다음 장의 '제3절 시기별 분석'에서는 리뷰 데이터의 연도별 분포를 시각화하기 위해 Python의 pandas와 matplotlib를 활용하여 막대그래프를 작성하였다. 먼저, 엑셀 파일에서 데이터를 불러온 후, 여행시기 열을 기준으로 연도별 리뷰 수를 집계하였다. 집계된 데이터를 x축에 연도, y축에 리뷰 수(number of review)로 설정하여 막대그래프를 생성하였다. 각 막대 상단에 해당 연도의 리뷰 수를 표시하여 데이터의 직관적인 해석을 가능하게 하였다.

따라서 다음 장 본론에서는 데이터 수집, 전처리 및 분석 과정을 통해 일본 내에서 이루어지는 작가 추적형 문학관광이 이루어지는 작가, 시기별 패턴을 규명하고 기초 자료를 구축하고자 한다. 이를 바탕으로 문학관광이 제시하는 환경 속 지속 가능성과 윤리적 특성을 학문적으로 분석 및 체계화하고, 지역사회의 관광 전략 수립과 문학 콘텐츠 활용의 새로운 가능성 제시를 목표로 한다.

3. 문학관광의 지형도: 데이터로 본 작가들의 발자취를 따라가는 여정

1) 작가별 생애 기반 지도와 리뷰 기반 관광시설 위치 지도 분석

이번 장에서는 작가들이 삶을 통해 흔적을 남겼던 연고지와 관광객들의 리뷰를 기반으로 만든 관광시설 위치 지도를 비교하여 작가별로 나타나는 관광 형태의 특징을 분석해보고자 한다. 〈그림 1〉부터 〈그림 3〉까지는 각각 두 장의 지도가 병기되어 있는데, 좌측이 실제 연표를 토대로 작성한 작가별 생애 기반 지도이며, 우측이 여행 리뷰의 위치 정보를 기반으로 작성한 관광 지도이다. 지도에 대해 설명하면, 먼저 나쓰메 소세키, 다자이 오사무, 시가 나오야 순으로 각 작가의 생애를 정리한 연보를 참고로 하여 얻은 지리정보와, 'jalan'과 '4travel'에서 수집한 리뷰 데이터 속 개별 여행 목적지(시설명)의 위경도 정보를 구글 맵스를 통해 API를 요청한 다음, Python으로 위경도 정보 얻어 노드를 표시하였다. 생애 기반 지도의 노드 크기는 위치를 보다 쉽게 확인하기 위해 크기를 키운 것이며, 관광 지도의 노드 크기는 여행 리뷰의 문서수에 비례한다.

〈그림 1〉 나쓰메 소세키 생애 기반 지도(좌)와 관광시설 위치 지도(우)

먼저 〈그림 1〉은 나쓰메 소세키의 생애 기반 지도와 관광시설 위치 지도로, 두 지도에 나타난 노드의 지리적 분포를 비교하면 상호 유사성이 두드러진다는 점을 확인할 수 있다. 가장 눈에 띄는 것은 작품의 배경으로 등장하는 지역의 관광이 매우 활발하게 나타나고 있는 점인데, 특히 소설 「도련님(坊っちゃん)」의 무대가 되는 마쓰야마 부근을

주목해 볼만하다. 이곳에서는 나쓰메 소세키의 문학 콘텐츠가 도고온천(道後温泉)과 그 일대의 향토 관광 자원과 융합되어 관광객의 방문이 집중되는 현상이 두드러지게 나타난다. 작품 속에서는 주인공이 다니던 온천이 '스미다(住田)'라는 이름으로 등장하지만, 작품 속 묘사를 통해 도고온천임을 짐작할 수 있다. 또한, 「도련님」의 주인공은 온천 주변의 경단 가게에 들어가 경단을 먹었는데, 도고온천 바로 앞 상점에서도 「도련님」 속 경단을 만들어 판매하고 있다.

그리고 주인공이 하숙집에서 온천까지 타고 다녔던 '봇짱 전차'를 운행하는[13] 등, 마쓰야마 지역의 적극적인 '나쓰메 소세키 마케팅 전략'은 나쓰메 소세키 추적형 문학관광에 영향을 주었을 것으로 생각된다. 다시 말해, 나쓰메 소세키를 중심으로 한 문학관광이 여러 지역 가운데 가장 활발하게 이루어지고 있음을 확인할 수 있었다.

한편 소설「산시로(三四郎)」에서는 주인공이 도쿄로 상경하기 전에 머물던 고향이 구마모토로 묘사되며, 「풀베개(草枕)」에서도 구마모토 근교의 온천마을이 배경으로 등장한다. 두 편의 소설에서 구마모토가 등장하고 있어 관광객의 흥미를 유발했을 것으로 생각되며, 마쓰야마와 함께 작품의 무대를 찾는 관광객들의 발길이 많이 닿고 있다. 그 밖에도 도쿄 신주쿠에 위치한 나쓰메 소세키 산방기념관(夏目漱石山房記念館)은 소세키의 옛 집터에 건립되어 그의 생애와 작품 세계를 체험할 수 있는 전시 공간으로 많은 방문객을 끌어들이고 있다.

다만 나쓰메 소세키의 생애와 관련된 모든 장소가 관광지화된 것은 아니다. 오히려 그의 생애와 관련이 없는 곳에서도 일정 부분 관광이 이루어지고 있다는 점은 특기할 만한 요소이다. 리뷰 본문을 살펴본

---

13) 권혁건, 「한국과 일본의 문학을 테마로 한 관광산업화 현상 비교 연구: 부산과 마쓰야마를 중심으로」, 『일본연구』 15, 고려대학교 글로벌일본연구원, 2011, pp.5~9.

결과 홋카이도의 와타나베준이치문학관(渡辺淳一文学館)에서는 '나쓰메 소세키의 세계(「夏目漱石の世界」)'라는 이름으로 낭독회가 진행되는 등, 단발적인 행사에 참여한 글이 발견되었다. 다만 낭독회와 같은 단발적인 행사는 지속적인 관광객을 유치하기에는 어려움이 있다는 점에서 관광 지도에서 전체 관광 가운데 차지하는 비율이 크지 않은 것으로 나타났다. 그러나 작가의 삶과 큰 연고가 없는 다수의 지역에서도 소규모 행사가 광범위하게 이루어지고 있다는 점은 나쓰메 소세키의 문학 콘텐츠가 관광자원으로써 충분한 잠재력을 지니고 있다는 사실을 반증한다고 해석해볼 수 있다.

〈그림 2〉 다자이 오사무 생애 기반 지도(좌)와 관광시설 위치 지도(우)

다음으로 〈그림 2〉는 다자이 오사무의 연고지와 관광지역을 시각화한 것이다. 우측의 다자이 오사무 추적형 관광 지도에서는 홋카이도부터 혼슈 남단에 이르기까지 넓은 지역에 걸쳐 관광이 이루어지고 있음을 노드를 통해 확인할 수 있었다. 다만 관광 지도의 노드 크기를 참고하였을 때 다자이 오사무 추적형 관광은 아오모리현과 도쿄 지역에 가장 많은 관광객이 집중되는 것으로 관찰된다. 아오모리현의 경우 다자이 오사무의 생가이자 문학관인 사양관(斜陽館)이 위치하고 있어

이러한 현상이 발생하는 것으로 파악되는데, 사양관 주변으로는 「추억(思ひ出)」, 「사양(斜陽)」 등 작품의 배경이 된 운쇼지(雲祥寺)와 같은 시설이 집중되어 있어 관광의 편의성 또한 갖추어져 있다. 또 사양관에서는 이들 시설을 연계하여 '다자이 오사무 연고지 가나기 문학산책(太宰治ゆかりの地かなぎ文学散歩)' 프로그램을 기획·운영하고 있어[14] 다자이 추적형 문학관광의 핵심 지역이 될 수 있었다고 유추해볼 수 있다.

한편 작품의 집필활동 및 삶의 흔적이 남아있는 도쿄 미타카시(三鷹市)를 중심으로도 관광객의 방문이 집중되는 현상을 발견할 수 있다. 공익 재단 법인 '미타카시 스포츠와 문화재단(三鷹市スポーツと文化財団)'에서는 다자이 오사무의 묘가 있는 젠린지(禅林寺)를 포함하여 다자이와 연고가 있는 장소 19곳을 사진과 일러스트로 소개하는 '미타카 다자이오사무지도(三鷹太宰治マップ)'를 온라인을 통해 판매하고 있다. 특히 문학 산책의 필수품으로 소개하고 있다는 사실은, 미타카시가 다자이 오사무를 지역의 주된 관광자원으로 활용하고 있음을 시사한다.[15] 또한 아오모리와 도쿄 사이에 위치한 니가타(新潟) 고등학교에서 강의를 한 적이 있다는 점에서, 이곳도 관광객이 주목하는 장소로 포착된다. 이 밖에도 다자이 오사무가 스승 이부세 마스지(井伏鱒二)의 초대로 머물렀던 야마나시현의 미사카토게(御坂峠)의 덴가차야(天下茶屋) 부근에도 관광객이 많이 방문한 것을 알 수 있다. 미타카시를 비롯하여 이 지역 역시 타 지역의 관광지에 비해 많은 관광이 이루어졌음이 확인된다. 특히 야마나시 현 고후시 관광과(甲府市観光課)에서 운영하

---

14) 권민혁, 「지역 관광자원으로의 문학관 조사 연구: 다자이 오사무 기념관 사양관(斜陽館)의 관광프로그램 소개와 아오모리현 지역관광과의 연계를 중심으로」, 『日本文化學報』 93, 한국일본문화학회, 2022, pp.177~182.

15) 三鷹市スポーツと文化財団 「三鷹 太宰治マップ【英語版】」 https://mitaka-sportsandculture.or.jp/zaidan/store/docs/od001e/ (검색일: 2025.9.11.)

는 홈페이지에는 다자이 오사무와 관련된 지역을 방문할 수 있는 관광 코스가 직접 안내되어 있다. 코스는 야마나시현립문학관(山梨県立文学館)을 시작으로 다자이 오사무가 신혼생활을 했던 하숙 집 부근에 위치한 세이운지(淸運寺) 사원, 산책길에 들렀다고 알려진 미사키 신사(御崎神社), 다자이 오사무와 그의 처가 살았던 집터에 다자이 오사무의 비(新居跡(太宰治碑)) 등 여러 지역을 함께 묶어 위치와 주소, 전화번호까지 공개하고 있는데, 이것은 수도권 지역으로부터 접근성의 용이하다는 점과 더불어 지역사회의 노력의 일환으로 관광객이 증가하는 추세에 있음을 유추해볼 수 있다.16)

〈그림 3〉 시가 나오야 생애 기반 지도(좌)와 관광시설 위치 지도(우)

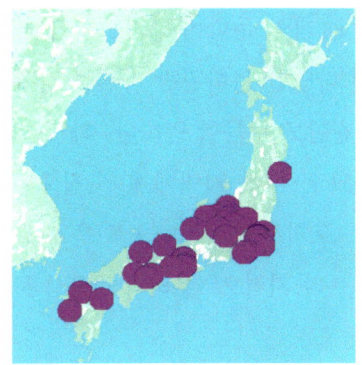 

마지막으로 〈그림 3〉은 시가 나오야의 연고지와 관광지 정보를 시각화한 것이다. 시가 나오야는 생애 동안 규슈와 시코쿠 지역, 기노사키 등 자연경관이 뛰어난 지역을 두루 돌아다니며 작품을 집필했으며, 그 과정에서 자신이 머무른 곳을 배경으로 많은 소설을 남겼다는 점에

---

16) 甲府市「太宰治ゆかりの地をめぐる」https://www.city.kofu.yamanashi.jp/welcome/course/11.html (검색일: 2025.9.11.)

서 위와 같은 관광 지도의 모습이 나타나고 있는 것으로 추측된다. 예를 들어 「기노사키에서(城の崎にて)」는 효고현 기노사키 온천에서 요양하던 시기에 집필한 사실주의적 소설이며, 「암야행로(暗夜行路)」는 도쿄와 교토 등 그가 거주했던 지역들의 분위기가 작품에 담겨있다. 그 밖에도 「화해(和解)」, 「꼬마 점원의 신(小僧の神様)」 등의 작품에서는 도쿄가 주로 등장하는데 관광 지도를 살펴보면 이러한 작품 속 배경이 되는 지역에 대한 관심이 높은 것으로 나타난다.

다만 관광 지도에서 분홍색 노드로 표시된 곳이 교토·나라 지역, 갈색으로 표시된 지역이 효고현 기노사키 온천 지역으로, 노드의 크기에 따르면 기노사키 온천 지역보다 교토·나라 지역에서 훨씬 더 많은 관광이 이루어지고 있음을 확인할 수 있다. 기노사키 온천 지역은 기노사키문예관(城崎文芸館)을 비롯해 24개의 문학비, 「기노사키에서」의 뽕나무 등 시가 나오야와 관련된 다양한 문학관광 자원을 갖추고 있으며, 온천이라는 향토 자원과의 결합도 주목할 만하다. 하지만 관광 지도에서 확인되듯 실제 관광은 교토·나라 지역에 훨씬 집중되어 있다. 이는 신오사카역에서 JR고우노토리선(JRこうのとり線)을 이용해야 하며 약 2시간 30분이 소요되는 등, 타 지역으로부터의 접근성 문제와도 관련이 있는 것으로 보인다.

이상으로 본 절에서는 작가들이 삶을 통해 흔적을 남겼던 연고지들을 지도에 표기한 생애 기반 지도와, 관광객들의 리뷰를 기반으로 만든 관광시설 위치 지도를 비교하여 작가별 특징을 살펴보았다. 세 작가 모두에서 나타나는 공통된 특징으로는 먼저 생애 기반 지도와 관광시설 위치 지도의 노드 분포가 작가 별로 상당히 유사한 패턴을 나타낸다는 점을 들 수 있다. 다시 말해, 관광객들은 작가의 아우라를 느낄 수 있는 문학관, 생가, 터, 집필지 등의 시설을 매력적으로 느끼고 있으며, 대다수가 작가의 생애 연고지에 위치한 해당 시설들은 작가 추적형 문학관광의 핵심 관광시설이라고 말할 수 있다. 기타 전시와 같은 단발적 행사의 경우에는 행사 종료와 함께 관광객의 발걸음도 끊긴다는 특징을 보였으며, 마쓰야마의 도고온천의 경우에는 온천과 같은 지역의 향토 관광 자원이 문학 콘텐츠와 융합되었을 때 매력적인 관광지로써 관광객들에게 어필될 수 있다는 가능성을 제시하였다. 마지막으로 대도시와 소도시를 비교하였을 때에는 대도시가, 접근성이 좋을수록 다수의 관광객을 유치하는 모습을 나타낸다는 사실이 확인되었다.

2) 작가별 관광지 유형(시설분류) 분석

다음으로 작가별 문학관광 패턴의 특징과 공통점을 시설분류와 빈도수에 따라 정리한 표와 시각화 자료를 통해 분석하고자 한다.

〈표 1〉 작가별 시설분류(Category)에 따른 빈도수

나쓰메 소세키		다자이 오사무		시가 나오야	
시설분류	빈도수	시설분류	빈도수	시설분류	빈도수
문학관	228	문학관	328	생가	135
건축물	223	건축물	104	문학관	82
절·신사	147	음식점	74	자연경관	56
온천	147	절·신사	70	절·신사	37
공원·정원	137	거리풍경	46	사적지	36
사적지	124	사적지	45	거리풍경	30
문학비	116	공원·정원	44	음식점	25
음식점	99	기타 박물관	44	공원·정원	21
묘지	77	쇼핑몰	37	숙박시설	15
거리풍경	71	숙박시설	36	건축물	13
교통시설	47	자연경관	36	문학비	5
테마파크	44	묘지	35	온천	4
숙박시설	43	관광안내소	34	쇼핑몰	2
생가	41	문학비	29	기타 박물관	2

기타 박물관	28	생가	27	묘지	1
자연경관	18	교통시설	24	관광안내소	1
역	18	역	18	역	1
쇼핑몰	10	사적지	10		
관광안내소	8	일상시설	10		
랜드마크	7	온천	9		
축제·이벤트	3	캠핑장	3		
캠핑장	1	축제·이벤트	2		
스포츠 관람	1				
동상	1				
일상시설	1				

〈그림 4〉 시설분류에 따른 네트워크 시각화 자료

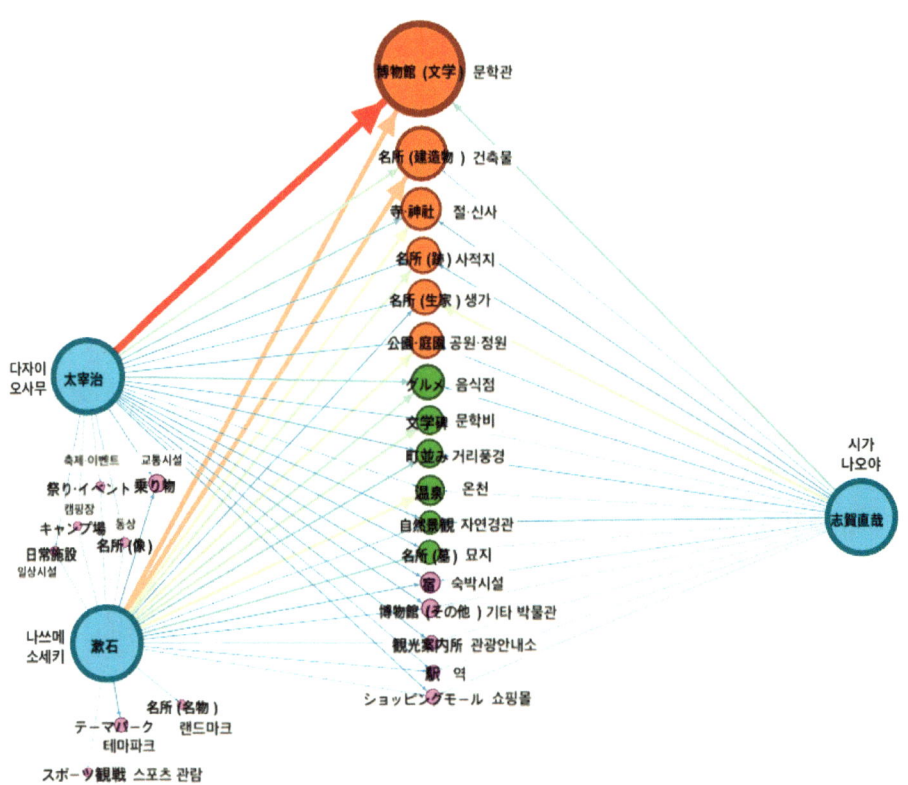

위의 〈표 1〉은 여행 리뷰에서 언급된 여행의 목적지를 종류에 따라 분류한 시설분류별로 등장 빈도를 정리한 것이다. 〈그림 4〉는 〈표 1〉의 데이터를 Gephi를 통해 시각화한 자료이다. 〈그림 4〉를 살펴보는 것을 통해 세 작가의 문학관광 사이에서 나타나는 공통점 및 차이점, 그리고 작가별 특징을 보다 분명하게 분석할 수 있다. 작가의 이름은 주변부 하늘색 노드로 표시하였으며, 가운데에 세로로 나열되어 있는 노드는 시설분류를 가리킨다. 시설분류 노드의 크기는 모든 작가의 여행 리뷰에서 언급된 시설분류의 총량에 기반하여 설정하였으며, 각 작가 이름과 시설분류 노드를 연결하는 엣지의 굵기와 색은 작가별 시설분류 노드에 상응하는 빈도수를 나타낸다. 화살표가 두꺼울수록, 푸른색에서 붉은색에 가까워질수록 고빈도를 뜻한다.

먼저 작가별 공통점을 살핀 뒤 작가별 특징을 살펴보고자 한다. 상위에 위치하는 시설분류를 서술하면 먼저 '문학관'을 예로 들 수 있다. 나쓰메 소세키, 다자이 오사무, 시가 나오야는 각각 228, 328, 82의 빈도수를 가진다. 즉 모든 작가 그룹에서 '문학관'은 1,1,2위 모두 상위에 위치하며 문학적 지식을 습득할 수 있는 문학관이 가장 인기 있는 관광 스팟 중 하나라는 사실이 확인되었는데, 이는 문학관은 작가의 작품 세계를 재현하거나 생애를 기념하는 공간으로 작가의 아우라와 작품 세계를 구체적으로 체험할 수 있는 매개체 역할을 수행하기 때문일 것으로 해석된다. 다음으로는 '절·신사'이다. 나쓰메 소세키, 다자이 오사무, 시가 나오야 각각 147, 70, 37의 빈도수를 가지며 이는 일본 전통 문화와 문학적 유산이 긴밀히 연결되어 있음을 보여준다. 제1절에서 살펴본 바와 같이 다자이의 작품「추억」에 등장하는 운쇼지처럼 작품의 배경으로 절과 신사가 등장하는 경우가 있다. 이는 문학관 주변의 향토 관광 자원으로써 절과 신사를 방문하는 경우와 문학 작품의 무대로써 방문하는 경우 모두를 고려해볼 수 있을 것으로 생각해볼 수 있다.

다음으로 작가별 특징을 분석하고자 한다. 먼저 나쓰메 소세키 추적형 관광에서는 문학관이 가장 중심적인 위치에 놓여있기는 하지만 '건축물'과 '절·신사', '온천', '공원·정원', '사적지' 등 관광객들은 다른 장소들도 비교적 균등하게 체험하고 방문하여 다채로운 체험을 하고 있다는 점이다. 제1절에서 살펴본 바와 같이 온천 등 특정 지역의 향토관광 자원에 작품의 배경 또는 작품 내에서 언급된 장소라는 문학적 해석을 부여하는 방식이 영향을 주었을 것으로 유추해 볼 수 있다. 다음으로 다자이 오사무의 경우에는, 그의 생가에 위치한 다자이 오사무 기념관 '사양관'이 전체 관광 가운데 큰 비중을 차지하며 중추적인 역할을 한다는 점이다. 1순위인 '문학관'과 2순위인 '건축물' 사이에는 큰 격차가 발생하고 있으며 관광객들은 실제 그가 살았던 생가이자 기념관인 사양관에 방문하는 것에 큰 목적을 두고 관광을 하고 있는 것으로 보인다. 뿐만 아니라 다자이 오사무와 관련한 관광지에 캠핑장이나 축제, 이벤트, 일반적인 관광 스팟이 포함되어 있다는 사실은 그의 생애를 바탕으로 하는 관광 콘텐츠가 대중적이고 접근성이 높으며 지역의 관광자원과 조화롭게 융합되어 있다고 해석할 여지가 있다. 마지막으로 시가 나오야의 경우를 살펴보면 다른 두 작가에 비해 관광의 중심이 되는 것이 '생가'이며, 그 외의 장소가 차지하는 비율은 현저하게 낮은 수치를 나타낸다는 사실을 확인할 수 있다. 나쓰메 소세키와 다자이 오사무의 경우처럼 '축제·이벤트' 혹은 '일상시설'과 같은 시설분류는 찾아보기 어려운 가운데 '자연경관'의 비율이 두드러지게 높다는 점에서 시가 나오야의 풍부했던 여행 활동이 오늘날 시가 나오야 추적형 문학관광에 영향을 미치고 있음을 유추해볼 수 있다.

3) 시기별 분석

본 절에서는 일본 문학관광 리뷰 데이터를 분석하여 작가 추적형 문학관광의 시기적 특징과 패턴을 살펴본다. 리뷰 데이터는 Period 1(2007~2013), Period 2(2014~2018), Period 3(2019~2024) 세 시기로 구분되며 각 Period별 리뷰 수 변화와 주요 패턴을 Python 막대그래프를 통해 분석하였다.

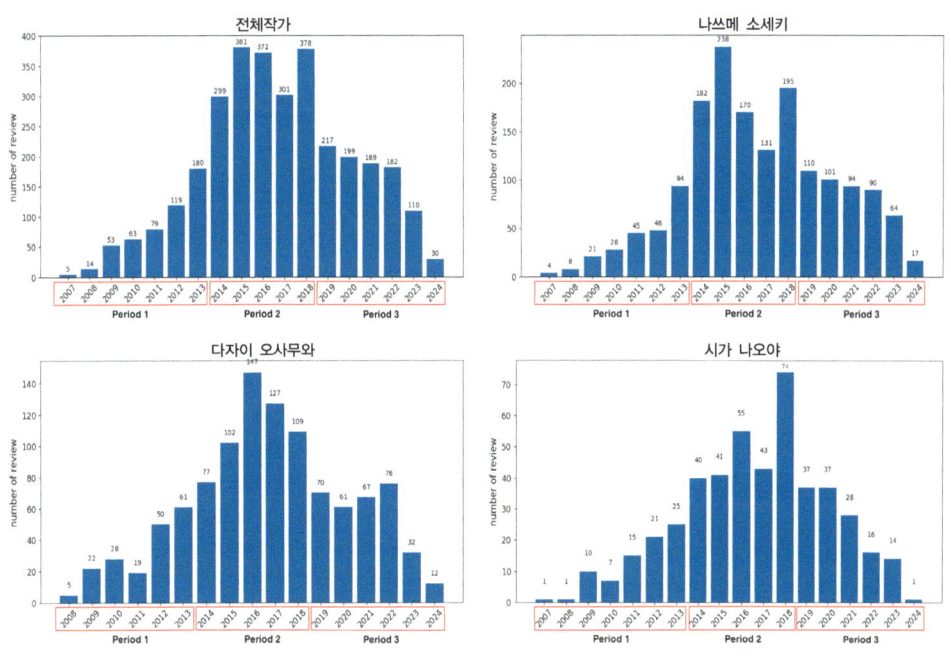

〈그림 5〉 시기별 리뷰 수. 작가 전체와 나쓰메 소세키(윗줄), 다자이 오사무와 시가 나오야(아랫줄)

먼저 작가 전체 그래프를 살펴보면 다음과 같다. Period 1의 경우 총 513건의 리뷰 수를 가지며 2007년부터 점진적으로 상승하는 경향이 보인다. Period 2에서는 1,731건에 달하며 이는 Period 1에 비해 약 3.4배 증가한 수치이다. 나쓰메 소세키, 다자이 오사무, 시가 나오야 모두 리뷰 수가 고르게 증가하였다. 그러나 Period 3에서는 총 927건으로, 이전 시기에 비해 절반 가까이 감소하는 경향을 보였다. 물론 Period 3기간에는 코로나19 팬데믹의 영향이 있었으나, 코로나19가 전세계적으로 유행하기 전인 2019년부터 리뷰 수가 감소하기 시작했다는 점은 코로나19 팬데믹 이전부터 문학관광의 인기가 하락했음을 시사한다.

여기서 주목할 만한 점은 나쓰메 소세키는 2015년, 다자이 오사무의 경우 2016년에 문학관광이 가장 많이 이루어졌다는 사실이다. 위의 그래프에서 윗줄 오른쪽 그래프는 나쓰메 소세키 관련 문학관광이 이루어진 시기별 리뷰 수를 나타낸 것으로, 2015년에 가장 높은 238건의 리뷰가 확인되었다. 위 그래프의 아랫줄 왼쪽 그래프는 다자이 오사무 관련 문학관광이 이루어진 시기별 리뷰 수를 나타낸 것으로 2016년에 147건의 리뷰가 확인된다. 시가 나오야의 경우 이 두 작가에 비해 다소 늦은 2018년에 가장 많은 관광이 이루어졌다. 이러한 차이가 나타나는 데에는 몇 가지 요인을 생각해볼 수 있는데, 먼저 나쓰메 소세키의 경우 2015년이 그의 사망 100주년을 맞아 일본 전국에서 추모 열기가 일어났다.[17] 또한 2016년은 나쓰메 소세키의 탄생 150주년이었다는 점에서 이 시기 나쓰메 소세키를 중심으로 한 문학관광이 늘어나면서 다른 작가들의 문학관광에 영향을 미쳤을 것으로 판단된다.

뿐만 아니라 2012년 12월부터 『영 에이스(Young Ace)』에서 연재를 시작한 만화 '문호 스트레이독스'는 2013년부터 점차 인기를 얻어 2016년에는 애니메이션으로 방영되기도 했으며[18] 출판사인 카도카와

---

17) 「夏目漱石没後100年 ゆかりの地で記念行事、解説本や講演録も 命日は12月9日」https://www.sankei.com/article/20160822-B5T26OAM2RLEPNPQ35RKYHH5NQ/ (검색일: 2025.9.13.)

에 의하면 2019년에는 만화의 판매 부수가 시리즈 누적 750만부를 돌파한 것으로 알려졌다.[19] 이러한 만화, 애니메이션의 인기와 더불어 '문호와 알케미스트'라는 웹 게임이 DMM GAMES사에서 2016년 11월 1일에 출시되어 많은 인기를 끌었고, 이 게임의 내용을 기반으로 한 애니메이션이 다시 제작[20]되는 등 문호의 삶과 생애를 기반으로 한 문화 콘텐츠의 가능성이 대두되면서 문학관광도 활성화된 것으로 해석해볼 수 있다. 그렇다면 각 시기별 인기 시설물 순위는 어떻게 변화했을까.

〈표 2〉 시기별 각 작가들의 문학관광 인기 시설물 분석

시기	나쓰메 소세키			다자이 오사무			시가 나오야		
Period 1 (2007~2013)	건축물	54	전체시설 16개	문학관	53	전체시설 18개	생가	25	전체시설 12개
	온천	41		건축물	28		문학관	18	
	문학관	23		음식점	17		자연경관	8	
Period 2 (2014~2018)	문학관	142	전체시설 22개	문학관	200	전체시설 21개	생가	76	전체시설 14개
	건축물	135		건축물	55		문학관	48	
	절·신사	93		절·신사	37		자연경관	32	
Period 3 (2019~2024)	문학관	63	전체시설 26개	문학관	75	전체시설 22개	생가	33	전체시설 17개
	문학비	53		음식점	23		절·신사	18	
	사적지	38		사적지	23		문학관/자연경관	16	

위의 〈표 2〉은 시기별로 각 작가의 관광지 가운데 인기 있는 시설물

---

18) 2016년 4월 7일부터 6월 23일까지 시즌 1이 방영되었으며 가장 최근에는 시즌 5가 2023년 7월 12일부터 9월 20일까지 방영된 바 있다.
19) 「シリーズ累計750万部！TVアニメも好評放送中の『文豪ストレイドッグス』の大型広告が都内3カ所で期間限定掲出！」https://prtimes.jp/main/html/rd/p/000005824.000007006.html (검색일: 2025.9.13.)
20) 애니메이션은 '문호와 알케미스트~심판의 톱니바퀴(文豪とアルケミスト~審判ノ歯車~)'라는 제목으로 제작되어 2020년 4월부터 총 13화까지 방영되었다.

순위를 표시한 것이다. 이를 통해 나쓰메 소세키, 다자이 오사무, 시가 나오야 각각의 관광지 유형이 어떻게 변화했는지 직접적으로 비교할 수 있다. 먼저 〈표 2〉의 시기별 문학관광 인기시설물을 보면, Period 1(2007~2013)에서 3(2019~2024)으로 넘어가면서 관광 리뷰 수가 급증하였고, 이에 따라 나쓰메 소세키, 다자이 오사무, 시가 나오야 세 작가 모두 관광 시설 수가 증가하는 경향을 보였다. 특히 나쓰메 소세키의 경우 전체 시설 수가 16에서 26개로, 다자이 오사무는 18개에서 22개로, 시가 나오야는 12개에서 17개로 늘어났다. 특히 나쓰메 소세키의 경우 Period 1에서 3으로 가면서 다양한 장소가 인기 관광지로 부상하였으며 이는 일본 전역에서 문학관광 콘텐츠로 나쓰메 소세키가 보편적으로 활용되고 있음을 보여준다. 반면 다자이 오사무의 경우 Period 1에서 3까지 모든 시기에 걸쳐 '문학관'이 압도적인 비율로 인기를 끌고 있으며 그의 문학관광이 특정 유형의 시설에 집중되고 있다는 점이 확연하게 드러난다. 반면 시가 나오야의 경우 Period 1과 2 사이에서는 관광 빈도수가 늘어났을 뿐 시설 유형은 큰 변화가 없었으나 Period 3에 이르러 '절·신사'의 관광 빈도가 처음으로 '문학관'과 '자연경관'을 웃돌았다.

이와 같이, Period 1에서 3에 이르는 시기별 리뷰 데이터와 인기 시설물 순위 분석을 통해 일본 문학관광의 변화 양상을 확인하였다. 나쓰메 소세키는 다양한 장소에서 보편적인 문학관광 콘텐츠로 활용되는 반면, 다자이 오사무는 문학관이 특화된 관광 형태를 보여주었다. 한편, 시가 나오야는 작가의 아우라를 느낄 수 있는 생가를 비롯하여 절·신사와 연계되며 새로운 관광 형태로 자리 잡는 경향을 나타냈다. 이는 문학관광이 작가, 시기에 따라 다른 특징을 가지고 개발될 수 있다는 가능성과, 문학관광이 기존 관광시설에 문학적인 의미를 부여하여 지역의 문화 콘텐츠 개발에 영향을 미칠 수 있다는 가능성을 시사한다.

4. 문학관광의 가능성과 지속 가능한 미래

본 연구는 일본에서 이루어지는 문학관광의 새로운 연구 영역을 개척하기 위해, 근대 일본문학의 대표적 작가인 나쓰메 소세키, 다자이 오사무, 시가 나오야를 중심으로 작가 추적형 문학관광의 특징과 유형을 분석하였다. 이를 위해 Jalan과 4travel의 여행 리뷰 데이터를 활용하여 문학관광의 주요 요소를 종합적으로 검토하였다.

그 결과, 작가 추적형 문학관광은 다음과 같은 네 가지 주요 특징을 보였다. 첫째, 문학관은 작가의 작품 세계와 생애를 체험할 수 있는 핵심 관광지로 기능하며, 단순한 전시 공간을 넘어 작가의 아우라와 문학적 사상을 직접 경험할 수 있는 교육적 관광지로 자리 잡고 있다. 둘째, 작품의 배경지나 시설은 문학 콘텐츠와 지역 관광 자원의 융합을 통해 높은 관광 가치를 제공하며 지역경제 활성화와 지역 정체성 홍보에 기여한다. 셋째, 작가의 연고지와 작품 배경지는 자연스럽게 주요 관광지로 연결되며, 관광객에게 문학적·역사적 맥락을 전달하는 강력한 매개체로 작용한다. 넷째, 문학관광은 특정 작가의 탄생 또는 사망 기념 행사나 문학 관련 콘텐츠의 흥행 시기와 밀접하게 연관되어 있다.

이러한 분석은 문학관광이 단순한 관광을 넘어 지역사회와 환경 보존을 실현할 수 있는 지속 가능한 관광 모델로 발전할 가능성을 시사한다. 특히 문학관광은 새로 인프라를 구축해야 하는 대규모 관광 개발과 달리, 기존의 문화유산을 활용함으로써 자원 절약과 비용 절감을 동시에 달성할 수 있다는 점에서 그 의의가 크다. 나아가 작가 추적형 문학관광이 제공하는 사회 발전과 환경적 지속 가능성이라는 윤리적 특성을 학문적으로 분석하고 체계화하는 연구는, 학문적 기여뿐 아니라 지역사회와 문화 콘텐츠 활용의 새로운 가능성을 열어줄 것이다.

다만 본 연구는 텍스트 마이닝 기법을 활용하여 리뷰 본문에서 관광객의 구체적 동기와 경험을 분석하지 못했다는 한계를 지닌다. 따라서 향후 연구에서는 여행 리뷰 데이터에 대한 정량적·정성적 분석을 통해 관광객의 방문 동기와 만족도를 심층적으로 탐구함으로써, 문학관광이 지역사회와 관광산업에 미치는 영향을 보다 구체적으로 파악할 필요가 있다. 이를 통해 문학관광의 학문적 기반을 확립하고, 문화 콘텐츠와 지역 관광을 결합한 지속 가능한 관광 모델의 실현 가능성을 한층 더 제고할 수 있을 것으로 기대된다.

이 글은 Shanghai Normal University의 『Forum for World Literature Studies』 Vol.17 No.1에 실린 논문 「A Study of Literary Tourism in the Digital Age: Big Data Analysis and Digital Map Visualization of Author-Themed Literary Tourism in Japan」를 수정·보완한 것이다.

제2부

텍스트 마이닝으로
문화의 경계를 분석하다

텍스트 마이닝을 활용한
춘향 서사 수용과 변주 연구

이승은

1. 춘향, 데이터로 다시 만나다

전북 남원시가 친일 논란 끝에 새로운 '춘향 영정'을 제작했지만, 남원시의회는 물론 지역 시민 단체까지 나서 새로 만든 춘향 영정을 교체하라고 요구하고 있다. 남원시는 기존 춘향 영정을 친일 작가 김은호(1892~1979) 화백이 그렸다는 이유로 3년 전 새 영정을 제작하기로 결정했다. 하지만 최근 새 영정이 나오자 지역에선 "도저히 10대라고 보기 어려운 춘향이 그려졌다"며 반발하고 있는 것이다.[1]

2023년, 새로 그려진 '춘향 영정'이 논란의 중심에 섰다. "몽룡이도 못 알아볼 춘향"이라거나 "새 영정은 춘향의 덕성이나 기품을 제대로 표현하지 못했다"는 비판이 쏟아졌고, 남원 지역사회는 영정 교체를 요구하며 갈등을 빚었다. 소설 속 허구적 인물에 불과한 춘향을 둘러싼 이 같은 논란은, 한국 사회에서 춘향이 단순한 문학적 캐릭터를

---
[1] 「18세기 16~18세 여성 맞나… 새 춘향 영정 또 논란」, 『조선일보』 2023.6.30.

넘어선 존재로 수용되어왔음을 보여준다.

춘향은 한국 고전 서사 주인공 가운데 가장 널리 알려진 인물로, 판소리 〈춘향가〉와 고전소설 〈춘향전〉을 기원으로 하여 오랜 시간 동안 한국의 문화적 상상력의 중심에 자리해 왔다. 1754년 유진한(柳振漢)이 지은 칠언시 형태의 「가사춘향가 이백구(歌詞春香歌二百句)」가 판소리로 향유되었던 춘향 서사의 존재를 전해주고 있으며, 수백여 종에 이르는 〈춘향전〉 이본은 조선 후기 춘향 서사의 인기를 방증한다. 근대 이후에도 그 인기는 계속되었다. 춘향 서사는 1923년 무성영화 〈춘향전〉을 시작으로 여러 차례 영화화되었고 이밖에도 소설, 드라마, 뮤지컬, 웹툰 등 다양한 매체를 통해 끊임없이 재생산되었으며 최근에는 생성형 인공지능을 활용한 챗봇 AI 춘향 캐릭터의 프로토타입 구축이 시도되기도 하였다.[2]

이러한 춘향 서사의 전변에 대해서는 상당한 연구가 축적되었다. 이들 연구는 대체로 판소리 〈춘향가〉, 고전소설 〈춘향전〉과 같은 전근대 춘향 서사를 원형으로 전제하고 이를 기반으로 이후 시대에 춘향 서사가 어떻게 변형되었는지, 그 양상과 의미를 분석하는 데 집중해 왔다.[3] 특히 춘향 인물의 성격 변주, 사회적 위상의 변화, 서사 구조의 재편 등 다양한 측면에서 원형 서사와 비교하고, 이를 통해 문화적, 이데올로기적 함의를 읽어내려는 시도가 이루어졌다. 그러나 이러한 연구들은 대부분 제한된 시공간적 범위 내에서 특정 텍스트나 장르에 대한 해석에 국한되어 있어 춘향 서사가 지난 100여 년 동안 한국 사회

---

[2] 김대범·박경우, 「'AI-춘향 캐릭터' 프로토타입 구축을 위한 시론」, 『연민학지』 42, 연민학회, 2024.

[3] 〈춘향전〉, 〈춘향가〉 등 이른바 범 춘향 서사의 근현대적 전변 양상에 대해서는 여기서 일일이 거론할 수 없을 정도로 방대한 연구 성과가 축적되었다. 이후 논의를 전개해가는 과정에서 주요 연구 성과를 언급하도록 하겠다.

의 담론장에서 어떻게 다뤄져 왔는지에 대한 거시적·통시적 접근은 상대적으로 부족했다.

본 연구는 이러한 선행 연구의 공백을 메꾸고자, 1920년부터 2024년까지 약 100여 년간의 신문 기사 데이터를 기반으로 '춘향'이 한국 사회에서 어떻게 문화적으로 재현되고 담론화되었는지를 디지털 인문학의 방법론을 활용하여 분석하는 데 목적을 둔다. 신문은 특정 시대의 공적 담론이 집약되는 매체로서, 정치적·사회적 현실을 반영하는 동시에 대중의 인식과 감수성을 구성하는 중요한 문화 텍스트이다. 특히 『조선일보』와 『동아일보』는 1920년대부터 오늘날까지 지속적으로 발간되고 있는 대표적인 일간지로, 본 연구는 이 두 신문에서 '춘향'이 언급된 기사를 대상으로 하여, 시간의 흐름에 따라 춘향 서사가 어떠한 맥락에서 어떤 방식으로 등장했는지를 정량적으로 추적하고자 한다. 다만 이 연구는 완성된 결론을 제시하기보다 추적의 과정에서 맞닥뜨린 난점을 공유하면서, 문화적 의미망의 구성이라는 관점에서 한국 고전문학의 메타 분석 가능성을 타진하는 시론에 가깝다는 점 또한 미리 밝혀두고자 한다.

2. 연구 대상 및 방법

이 글에서 다루는 연구 대상은 1920년부터 2024년까지 『조선일보』와 『동아일보』에 수록된 기사 가운데 한국 고전서사의 주인공 '춘향'을 언급한 것이다. 『조선일보』는 1920년 3월 6일, 『동아일보』는 같은 해 4월 1일 창간하였으며, 현재까지 한국의 대표적 중앙일간지로 그 위상을 유지하고 있다. 따라서 이들 신문에 나타난 '춘향' 관련 기사들은 20세기 초부터 21세기 초에 이르는 한국 사회의 문화적 상상력, 고전에 대한 대중적 담론, 가치 인식의 변화를 추적할 수 있는 중요한 자료가 된다. 또한 1920년대는 근대적 매체로서 신문이 본격적으로 제도화된 시기로, 언론이 대중의 문화 지형 형성에 실질적 영향을 미치기 시작한 시점이라는 점에서도 중요한 의미를 지닌다. 이는 춘향 서사가 문학적 유산으로서만이 아니라, 대중매체와 결합하여 문화적으로 재구성되어 온 역사성과도 맞닿아 있기 때문이다.

두 신문 모두 자체적으로 기사 검색이 가능한 아카이브를 운영하고 있으며, 이를 통해 기사 본문을 수집할 수 있다. 『조선일보』는 '조선뉴스라이브러리 100' 사이트[4]에서 창간호부터 1999년까지의 기사 검색을 제공하고, 『동아일보』는 '동아디지털아카이브' 사이트[5]에서 창간호부터 현재까지의 기사 검색을 제공하고 있다. 『조선일보』의 2000년대 이후 기사는 DB조선[6]과 한국언론진흥재단에서 운영 중인 '빅카인즈' 사이트[7]를 통해 일부 확인할 수 있다.

이 글에서는 이상의 뉴스 아카이브를 통해 '춘향'을 본문으로 포함한 기사를 수집하고, 수집된 기사를 전처리하여 분석 대상 데이터를 확정하였다. 먼저 수집의 과정에서 누락된 데이터가 있는 경우 원자료를 확인하여 보충하였다.

---

4) https://newslibrary.chosun.com
5) https://www.donga.com/archive/newslibrary
6) 조선일보사는 '조선뉴스라이브러리'와 별도로 'DB조선' 사이트(https://archive.chosun.com/)를 운영하고 있으며 PDF 파일을 유료로 제공하고 있다. 본 연구에서 자료 확보의 문제로 조선일보사의 2001년부터 2017년까지의 기사를 발행 건수만 확인하고 의미론적으로 분석하지 못하였는데, 이는 후속 연구를 통해 보완하도록 하겠다.
7) https://www.bigkinds.or.kr/

〈그림 1〉 창극 〈춘향전〉 광고 기사 사례(『조선일보』 1937.7.13.)

한편 위의 사례를 보면, "창극 춘향전 전편"이라는 제목 외에도 임방울, 정정렬, 이화중선 등 여러 명창의 이름과 함께 다양한 정보들이 수록되어 있음을 확인할 수 있다. 그러나 이 광고 기사는 아카이브 상에서 제목은 검색되나 내용은 입력되지 않은 상태이다. 이러한 경우 지면 확인 절차를 거쳐 내용을 보강하였다. 이밖에 본 연구에서 수행한 데이터 전처리의 주요 과정은 다음과 같다.

① 부적합한 데이터 판별 및 제거: '춘향'이 실제 인물의 이름이나 상호로 사용되거나, 춘향대제(春享大祭)와 같이 쓰인 경우, 이는 고전 서사 속 인물 '춘향'과 무관하므로 분석 대상에서 제외

② 한자-한글 통일: 두 신문 모두 특정 시점까지 국한문을 혼용해서 사용하였으므로, 한자어를 한글로 변환하는 과정이 필요. 특히 '심청(深靑)'의 '심(沈)', '장화홍련전(薔花紅蓮傳)'의 '장(薔)' 등 하나의 한자가 두 가지 이상으로 발음되는 경우, 변환의 과정에서 오류가 생기지 않도록 주의

③ 동일 단어 통일: '리도령/이도령', '렬녀/열녀'와 같이 두음 법칙 사용 등과 관련하여 철자가 달라지는 경우, 동일한 형태로 통일 작업 수행

④ 불용어 목록 추가: 조사, 접속사, 의존명사 등 자주 등장하지만 의미분석에 불필요한 단어는 불용어 리스트를 만들어 분석에서 제외될 수 있도록 함

　⑤ 사용자 사전 추가: 인명, 지명, 기관명, 작품명 등 고유명사와 개념어, 복합명사를 중심으로 사용자 사전을 구축하여 형태소 분석의 정확성 제고

　⑥ 문장부호, 특수기호 등 제거: 문장부호나 특수기호는 본 연구의 텍스트 분석 과정에서 의미 분석에 불필요한 요소로 간주되므로 제거

　이상의 전처리 과정에서 자동화하기 어려운 문제를 여럿 포착할 수 있었다. 특히 근대 신문 기사의 경우, 현대 한국어와 표기체계의 차이가 있어 현재의 형태소 분석기로는 온전하게 분석이 이루어지지 않는 경우가 빈번하게 발생했다.[8] 또 고유명사의 경우 표기 원칙이 일관되지 않은 사례가 다수 확인되었다. 예를 들어 명창 박록주는 춘향 관련 기사에 자주 등장하는데, 그 표기는 '박록주', '박녹주', '녹주', '록주' 등으로 다양하다. 이는 한 명의 인물임에도 불구하고 각기 다른 키워드로 인식하게 되어 왜곡이 발생하거나 의미학습의 분산이 일어나는 등의 문제를 야기하므로 적절한 방식으로 고유명사의 정규화 작업을 수행할 필요가 있다. 특히 반복적으로 등장하는 인물이나 지명, 기관명 등에 대해서는 표기 변이를 사전에 수집하고 이를 표준 형태로 통일하는 전처리 단계를 설정해야 하며, 경우에 따라 문맥 기반의 정제 규칙이나 사용자 사전의 구축이 병행되어야 한다. 이러한 정규화 작업

---

8) 이러한 문제를 해결하기 위한 방법으로 국한문혼용체 텍스트를 효과적으로 분석할 수 있는 서브워드 토크나이저가 제안되기도 하였다. 김병준, 「근대 국한문혼용체 자료 서브워드 기반 형태소 분석기의 설계와 적용」, 『디지털인문학』 1(2), 한국디지털인문학협의회, 2024, pp.68~76(https://doi.org/10.23287/KJDH.2024.1.2.5) 본 연구에서는 이를 적용하지 못하였지만, 추후 이를 활용해 보다 정밀한 분석을 수행해보고자 한다.

은 단순한 형태의 통일을 넘어 동일한 개체가 다양한 방식으로 호출되는 언어적 변이의 문제를 제어함으로써, 전체 분석의 정밀도와 일관성을 확보하는 데 필수적인 과정이다.

이상의 과정을 거쳐 확보한 신문 기사 데이터는 약 8,000건으로, 본격적인 의미 분석에 앞서 전체 데이터에 대한 탐색적 데이터 분석(EDA)을 수행하였다. 우선 각 기사에 포함된 날짜 정보를 기반으로 연도별 기사 수를 집계하였다. 이를 통해 '춘향'에 대한 언급의 주기성이나 강도를 파악할 수 있으며, 춘향 서사에 대한 시대적 관심도의 변화를 직관적으로 파악할 수 있다. 이어서 전체 기사 중에서 높은 빈도로 등장하는 단어들을 추출하였다.

탐색적 분석을 통해 시기별 언급 빈도, 주요 키워드 분포 등의 기초적 특성을 확인하였다면, 다음 단계로는 '춘향'이라는 단어가 위치한 의미적 공간의 변화를 계량적으로 모델링하는 작업이 필요하다. 주지하듯이 '춘향'이라는 단어는 인물을 지칭하는 데에만 사용되지 않는다. 일차적으로 '춘향'은 〈춘향전〉, 〈춘향가〉 등 작품의 제목에 포함되며, 이를 원천 서사로 삼는 각종 변주-연극, 영화, 드라마, 지역 축제 등-의 중심 기표로 기능한다. 즉 신문 기사 속에서 '춘향'이라는 단어 하나로 작품, 인물, 정서, 가치 등을 아우르는 상징적 호출이 이루어질 수 있으며, 춘향은 특정 인물 그 자체를 넘어서 '춘향 서사' 전체를 환유적으로 지시하는 대표 기표로 작동하고 있는 것이다. 그렇기에 '춘향'이라는 단어의 맥락 분석을 통해 그 단어가 위치한 의미 공간이 곧 춘향 서사의 사회적·문화적 수용 공간으로 간주될 수 있다는 전제가 성립할 수 있다.

이러한 관점에서, '춘향'이라는 단어가 다양한 시대적 맥락 속에서 어떤 주변어들과 함께 등장하는지를 분석하는 것은 곧 춘향 서사가 근현대 시기에 수용되고 변주되면서 만들어내는 의미망을 드러내는 작업이 된다. 이를 위해 본 연구는 FastText 기반의 임베딩 기법을 활용하였다. 기존에 널리 활용되던 임베딩 기법인 Word2Vec은 단어를 고차원 공간상의 벡터로 표현하여, 문맥상의 공기(co-occurrence) 패턴을 기반으로 단어 간 의미 유사도를 학습하는 대표적인 신경망 기반 자연어처리 기법이다.[9] 이 모델은 단어가 등장하는 주변 문맥 정보를 바탕으로 각 단어의 의미적 특성을 수치적으로 반영하며, 단어들 간의 관계를 벡터 연산을 통해 분석할 수 있도록 한다. 이는 전통적인 통계 기반의 벡터 공간 모델(bag-of-words)과 달리, 단어의 맥락을 반영한 분산 의미(distributional semantics)에 기반한 모델이다. 디지털 인문학 연구에서 Word2Vec은 문학 텍스트, 신문 기사, 고전 서사 등 다양한 인문학적 자료에 내재된 의미 구조를 탐색하는 데 활용될 수 있으며, 특히 동일한 단어가 시기와 담론에 따라 다층적으로 사용될 때 그 의미 공간의 변화를 추적하는 데에 유리하다.[10]

FastText 역시 기본적으로 Word2Vec과 유사한 분산 의미 기반 임베딩 기법이라 할 수 있다. 다만 서브워드(subword, n-gram) 단위로도 임베딩을 학습한다는 점에서 Word2Vec과 차별된다.[11] 이 방식은 어휘 희소성이 큰 한국어 환경에서 특히 유리하며, 신조어나 복합어, 어형 변화에 대한 일반화 능력이 Word2Vec보다 뛰어나다는 평가를

---

9) Mikolov, T., Chen, K., Corrado, G., & Dean, J, Efficient estimation of word representations in vector space, arXiv preprint, 2013, arXiv: 1301.3781(https://arxiv.org/abs/1301.3781)
10) 이러한 방법론을 적용한 사례로 1900년대 초반부터 한국전쟁 이전까지의 신소설로부터 해방기에 이르는 소설 텍스트를 대상으로 "우리"의 쓰임을 분석한 연구가 있어 이 글의 착안에 큰 시사점을 주었다. 서재현 외, 「멀리서 읽는 "우리": Word2Vec, N-gram을 이용한 근대 소설 텍스트 분석」, 『대동문화연구』 115, 대동문화연구원, 2021.
11) Piotr Bojanowski, Edouard Grave, Armand Joulin, Tomas Mikolov, Enriching Word Vectors with Subword Information, 2017, arXiv:1607.04606.

받고 있다. 이에 본 연구에서는 FastText를 활용하여 '춘향'의 유사어 벡터 군집을 추출하여 의미 공간의 분포를 분석하고, 각 기사를 구성하는 명사들의 벡터 평균을 통해 문서 임베딩을 구성한 뒤, 시기별 기사들을 KMeans 클러스터링하고 PCA 기반으로 시각화하였다. 이를 통해 문서 단위에서 '춘향'이 소환된 맥락군의 구성 방식과 변화를 함께 추적하고자 하였다.

장기간에 걸쳐 발간된 신문 기사 속에서 춘향은 폭정에 항거하거나 사랑을 위해 희생하는 인물, 전통문화의 상징, 지역적 표상 등 다양한 의미망 속에 놓이는 양상을 보인다. FastText 기반의 분석은 단어 수준과 문서 수준에서의 의미 변화를 모두 포착할 수 있으며, 시기별로 춘향 서사의 수용과 변주 양상을 계량적으로 조망할 수 있는 효과적인 방법론이라 할 수 있다.

3. 기사 발간 추이와 키워드 분석

본 장에서는 탐색적 데이터 분석(EDA)을 통해 전체 말뭉치의 구조적 특성과 서사적 활용 양상을 개괄적으로 조망하고자 한다. 디지털 인문학의 방법론에 있어 탐색적 분석은 전체 자료의 분포와 특징을 파악하고, 이후의 정량적 모델링의 방향성을 정초하는 핵심 단계이다. 특히 '춘향'은 시대에 따라 다양한 문화적 기표로 호출되어 왔기에, 먼저 기사 수의 시계열 변화와 키워드를 살펴보는 과정은 본 연구의 핵심 질문인 '춘향'이라는 기표가 사회적 맥락 속에서 어떻게 의미화되어 왔는가, 에 대한 해답을 구성하는 기초적인 토대를 제공한다.

먼저 연도별 기사 빈도 분석을 통해 춘향이 언급된 기사의 발행 추이를 살펴본 결과는 다음과 같다.

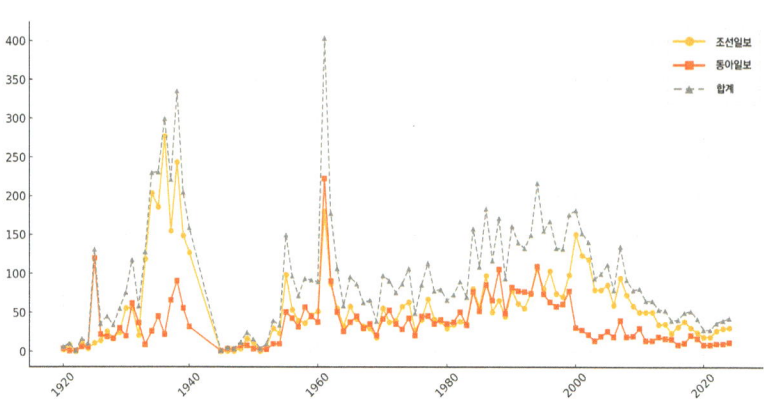

〈그림 2〉 시기별 춘향 관련 기사 발행 추이

 '춘향'이 언급된 기사의 발간 추이는 특정 시대의 문화적, 기술적 변화와 밀접하게 맞물려 있다. 가장 이른 시기인 1922년에 첫 번째 기사가 보이며, 이후 1930년대 중반부터 급격한 증가를 보인다. 대체로 『조선일보』와 『동아일보』가 유사한 흐름을 보이며 기사 수가 함께 증감하는 양상을 보이는데, 이는 '춘향'이 특정한 이데올로기나 정치적 입장에 국한되지 않고 당대 한국 사회 전반에 걸쳐 폭넓게 공유된 문화적 자산이었음을 시사한다.

 특히 1930년대에는 경성방송국의 개국(1927) 이후 라디오 방송 프로그램의 안내 기사에 〈춘향가〉 관련 정보가 반복적으로 실리며 기사 수가 급증한다. 라디오 방송 초기에는 음악이 방송의 중심이 되었는데, 여러 음악 프로그램 중에서도 '조선음률'이 청취자들에게 가장 인기가 있었다. 방송국의 입장에서는 제작에 별도의 준비가 필요하지 않았을 뿐더러 당시 유성기 음반 산업의 발전과 밀접한 관련을 맺으면서 전통음악의 여러 장르―궁중 아악에서부터 지방의 민요와 잡가까지―가 라디오 음악 방송의 레퍼토리가 되었던 것이다.[12] 이는 전통예술의 현대적 미디어화의 초기 사례로 볼 수 있다. 〈춘향가〉 또한 이들 중 하나로 라디오 방송에 단골 출연하게 되었고, 그 흔적을 안내 기사에서 찾아볼 수 있다.

1940년 이후 두 신문 모두 일제의 전시체제에 따라 폐간되었고, 그 시기 기사 빈도가 낮은 까닭도 거기에 있다. 『동아일보』는 1940년 8월 11일 폐간당한지 5년 4개월만인 1945년 12월 1일 자로, 『조선일보』는 그보다 조금 앞선 1945년 11월 23일 자로 복간호를 발행하였다. 이후 1950~60년대에는 한국 영화 산업의 중흥기와 맞물려 춘향 서사를 활용한 작품들이 집중적으로 제작되면서[13] 관련 기사 수가 다시 크게 증가한다. 1955년 〈춘향전〉은 이규환 감독이 전쟁 중에 시나리오를 썼고 1955년 1월에 개봉하여 서울 관객 18만 명이라는 흥행 신기록을 수립했다. 이는 "훌륭한 것, 볼만한 것만 만들어내면 국산영화계도 함부로 대한민국 사람들로부터 괄시를 받지 않으리라"[14]는 기대와 흥분을 낳았다. 1961년에는 두 편의 영화가 일주일 간격으로 개봉하기도 했다. 홍성기 감독의 〈춘향전〉과 신상옥 감독의 〈성춘향〉은 춘향이라는 전통 서사의 재탄생에 대한 기본적인 기대감에 더하여 감독과 주연 여배우가 부부 커플이었다는 점 등 주변적인 요소로 인해 영화계를 뜨겁게 달구었다. 신상옥 감독의 〈성춘향〉은 서울에서만 74일간 39만 명을 동원하는 흥행 신기록을 세웠고 일본으로도 배급되는 등 큰 화제를 낳았으며, 이러한 분위기는 기사의 발행 빈도에 고스란히 반영되었다.

2000년대 이후에는 전반적인 기사 수가 감소하는 추세를 보인다.

---

12) 이상의 상황에 대해서는 서재길, 「1930년대 후반 라디오 예술과 전통의 문제」, 『한중인문학연구』 23, 한중인문학회, 2008 참조.
13) 1960년대 개봉한 '춘향' 영화는 1960년 이경춘 감독의 〈탈선 춘향전〉, 1961년 홍성기 감독의 〈춘향전〉, 신상옥 감독의 〈성춘향〉, 1963년 이동훈 감독의 〈한양에 온 성춘향〉, 1968년 김수용 감독의 〈춘향〉으로 이 시기에만 무려 5편이 제작되었다.
14) 『한국일보』, 1955.12.22.

이는 문화의 보도 경로가 신문 외에 디지털 플랫폼과 소셜 미디어로 확산, 이동하는 현상과 관련되어 있는 것으로 보인다. 인터넷과 모바일 환경의 급속한 확산은 정보 소비 방식에 근본적인 변화를 가져왔으며, 이에 따라 문화적인 콘텐츠 역시 레거시 미디어라 할 수 있는 신문 지면보다는 포털 뉴스, 블로그, 개인 SNS, 유튜브 채널 등을 통해 확산되고 소비되는 경향이 강해졌다. 춘향 서사 또한 이러한 변화의 흐름 속에서 신문 기사보다는 다양한 디지털 매체를 통해 재해석되고 재현되었으며, 이는 '춘향'이라는 문화적 기표가 더 이상 중앙일간지라는 공적 매체를 중심으로만 소환되거나 담론장을 형성하지 않는다는 것을 의미하는 것일 수 있다.

다음으로 '춘향'을 언급한 신문 기사에서 가장 자주 언급된 키워드는 무엇인지 살펴보았다.

〈표 1〉 전체 기사 키워드 빈도 분석 결과(상위 20개 키워드)

순위	키워드	빈도	순위	키워드	빈도
1	오후	8008	11	판소리	4602
2	영화	7768	12	서울	4362
3	공연	6991	13	조선	4198
4	한국	6936	14	문화	4236
5	춘향전	6751	15	예술	3809
6	춘향	6560	16	음악	3749
7	작곡	6272	17	무대	3452
8	사람	5609	18	문학	3369
9	작품	5098	19	소리	3274
10	극장	4721	20	연극	3032

'판소리', '문학'과 같은 키워드는 〈춘향가〉, 〈춘향전〉이 한국문학의 영역에서 중요한 작품으로 손꼽히면서 지속적으로 향유되었던 정황을 보여준다. '영화', '공연', '연극' 등은 춘향 서사의 미디어 전이와 확장

의 양상을 보여주는 키워드이다. '조선', '한국', '문화' 등의 키워드는 춘향 서사가 한국의 전통문화, 민족문화의 맥락에서 이해되어 왔음을 확인할 수 있게 한다. 흥미로운 것은 '춘향전'은 '춘향'보다 더 높은 빈도로 나타나는 반면, '춘향가'는 그 빈도가 상대적으로 낮아 상위 20개 키워드에서 찾아보기 어렵다는 점이다. 이는 인물보다 텍스트 혹은 콘텐츠 단위로서의 서사에 대한 관심이 더 크게 작용한 결과가 아닌지 의문을 가지게 하며, 동시에 춘향 서사가 주로 소설 〈춘향전〉을 매개로 하여 유통되어 왔음을 보여준다. 이를 통해 본래 구비문학적 기원을 지닌 춘향 서사가 이후의 문화적 전승과 수용 과정에서는 문헌화된 서사 중심으로 소비되어 온 것이 아닌가 추정해볼 수 있다.

4. FastText 기반 클러스터링을 통해 본 춘향 서사의 수용과 변주

춘향 서사의 수용과 변주를 시기별로 구체화하기 위해 본 연구는 FastText 기반 임베딩 기법을 활용하고, 이를 바탕으로 KMeans 클러스터링을 수행하였다. KMeans 클러스터링은 주어진 데이터 포인트들을 사전에 정한 수(k)의 군집으로 나누는 비지도 학습 알고리즘이다. 각 데이터는 가장 가까운 중심(centroid)에 할당되며, 중심은 반복적으로 조정되어 전체 군집 내 거리의 제곱합을 최소화하도록 최적화된다. 이 과정을 통해 데이터 내 군집 구조를 효과적으로 식별할 수 있다.

다음은 1920년부터 2024년까지 전체 기사에 대하여 KMeans 알고리즘을 적용하여 클러스터링한 결과와 각 클러스터의 주요 키워드를 제시한 것이다.

〈그림 3〉 전체 시기 기사 클러스터링 결과 및 클러스터별 키워드

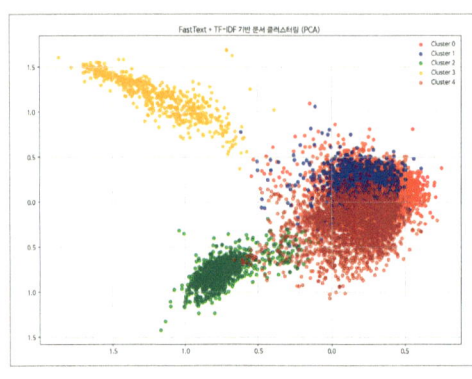

클러스터0: 영화, 한국, 춘향전, 작품, 사람, 문학, 조선, 문화, 문제
클러스터1: 춘향, 사람, 몽룡, 남원, 생각, 춘향전, 사랑, 월매, 기생
클러스터2: 작곡, 오후, 강연, 강좌, 뉴스, 라디오, 독창, 타령, 창극
클러스터3: 단성사, 중앙, 영화, 명동, 국도, 아카데미, 성춘향, 수도, 춘향전, 연우
클러스터4: 공연, 오후, 판소리, 극장, 국악, 서울, 무대, 한국, 예술

분석 결과 총 5개의 클러스터가 도출되었다. 클러스터링 결과를 2차원 공간에 시각화하였으며, 각 클러스터는 비교적 명확하게 분리된 분포를 나타냈다. 이는 기사들이 내포하는 의미적, 주제적 유사성에 따라 효과적으로 군집화되었음을 보여주며, 춘향 서사를 둘러싼 담론이 주제별로 일정한 구분 가능성을 지니고 있음을 시사한다.

클러스터 0은 춘향 서사를 조선과 한국의 문화적 전통으로 인식하면서도, 영화와 같은 키워드를 포함하여 현대적 미디어를 경유한 형태로 재구성하는 흐름을 반영한다. 클러스터 1은 '몽룡', '남원', '월매', '기생' 등 춘향 서사의 인물과 배경이 주요 키워드로 등장한다. 클러스터 4는 '판소리', '공연', '극장', '국악', '무대' 등의 키워드로 보아 춘향 서사의 판소리 무대화와 관련된 기사 군집으로 추정할 수 있다. 이들과 별개로 좌측 상단과 하단에 분포하고 있는 클러스터는 상대적으로 독립적인 주제 영역을 지니고 있다고 볼 수 있다. 좌측 상단에 보이는 클러스터 3은 '단성사', '중앙', '명동', '국도', '아카데미', '성춘향', '수도' 등의 키워드로 구성되어 이들이 영화라는 새로운 미디어와 연관된 기사 군집임을 암시한다. 중앙, 국도, 아카데미는 모두 20세기 초중반 개관한 유명 극장의 이름이기 때문이다. 이들 클러스터는 주로 춘향

서사를 바탕으로 창작된 영화 상영 소식을 알리는 기사를 중심으로 형성된 것으로 보이며, 춘향 서사의 상업적 대중문화화의 흐름을 잘 보여준다. 좌측 하단의 클러스터 2는 라디오 방송이나 음악 프로그램을 중심으로 춘향 서사가 파생되거나 소구된 양상을 보여준다. '오후'는 방송 시간과 관련된 키워드이며, '타령', '독창'은 전통음악의 장르와 관련된 키워드라고 할 수 있다.

이처럼 춘향 서사가 문학, 전통 공연, 대중매체 등 다양한 문화적 맥락 속으로 수용되었던 정황을 클러스터의 분포를 통해 거시적으로 파악할 수 있었다. 그렇다면 이러한 다양성은 시대에 따라 어떤 차이가 있는가? 만약 시대별로 춘향 서사의 수용과 변주를 둘러싼 담론에 차이가 있다면 그러한 차이가 발생하는 지점은 언제인가? 아래 그래프는 각 시기별 평균 문서 벡터 간의 코사인 유사도를 바탕으로, 춘향 서사의 수용과 관련된 담론의 시대적 변화를 시각화한 것이다.

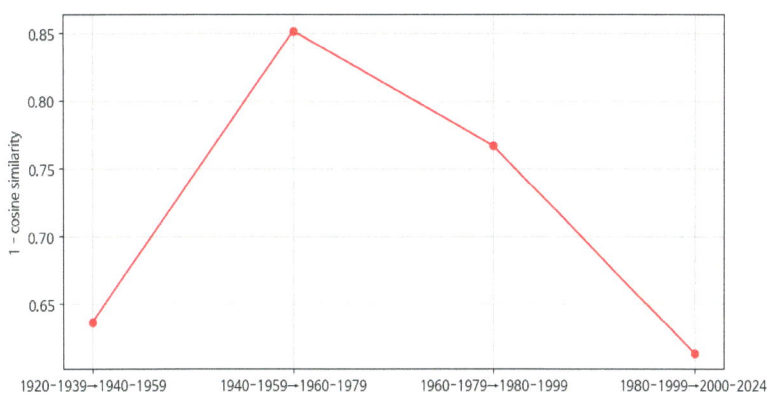

〈그림 4〉 춘향 관련 기사의 시기별 의미 변화 추이

각 시기별 문서들의 키워드 리스트를 기반으로 FastText 임베딩을 수행한 후, 문서 벡터를 평균 내어 대표 벡터를 산출하였다. 이어서 인접한 시기 간 대표 벡터들의 코사인 유사도를 계산하고, 이를 1에서 감산하여 시기 간 의미 변화 정도를 정량화하였다.

그 결과, 1940~1959년에서 1960~1979년으로의 전환 구간에서 가장 큰 의미 변화가 나타났으며, 1980~1999년에서 2000~2024년 구간은 변화 폭이 상대적으로 작았다.[15] 이를 통해 '춘향' 관련 담론의 의미 공간이 특정 시기를 중심으로 급격하게 이동했음을 확인할 수 있다. 이제 이러한 의미 공간이 각 시대별로 어떻게 형성되고 변모해왔는지를 20년 단위로 분할하여 구체적으로 살펴보고자 한다.[16]

1) 서사 향유 방식의 변화와 개작

1920년대부터 1939년까지의 기사 클러스터는 두 가지 큰 흐름을 보여준다. '문학', '소설', '조선', '춘향전'과 같은 키워드는 당시 춘향 서사가 근대적 문화 형성의 맥락의 한 축에서 주로 '문학적' 대상으로서 다루어졌음을 보여준다. 동시에 '라디오', '작곡', '타령', '독창' 등의 키워드도 군집을 이루는 것을 확인할 수 있는데, 이는 라디오와 같은 당대 신매체를 통해 춘향 서사가 '소리'를 통해 확산되었음을 알려준다.

---

[15] 코사인 유사도 값은 클수록 두 벡터 간의 의미적 유사성이 높다는 것을 의미하지만, 본 연구에서는 오히려 시기 간 의미 공간의 "변화 정도", 즉 차이를 측정하는 데 초점을 두었다. 따라서 1 - cosine similarity 값을 활용함으로써, 시기 간 의미 공간의 거리를 수치화하였다.

[16] 본 연구에서는 임의로 20년 단위로 나누어 기사를 분석하였으나, 시기 구분에 대해서는 좀 더 고민해볼 필요가 있다. '춘향'이 시대마다의 요구에 의해 각기 다른 형상으로 소환된다면, 해방이나 전쟁과 같은 한국 현대사의 굵직한 사건들이 춘향의 형상화에 영향을 미쳤을 가능성이 있기 때문이다. 최근 '심청'을 대상으로 유사한 분석을 시도한 발표에서는 1945년 해방과 1988년 올림픽을 분기점으로 보기도 하였다. 최연수·김의진·정채연, 「신문 데이터로 보는 '심청'」, 2025 디지털 인문학 겨울학교 해커톤 결과 발표 요지.

〈그림 5〉 1920~1939년 기사 클러스터링 결과 및 클러스터별 키워드

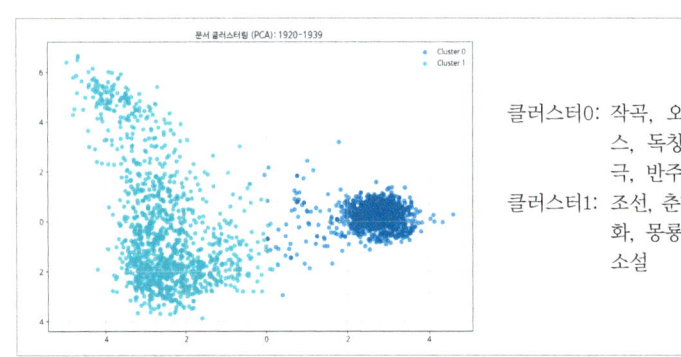

클러스터0: 작곡, 오후, 강연, 강좌, 뉴스, 독창, 라디오, 타령, 창극, 반주
클러스터1: 조선, 춘향, 사람, 춘향전, 영화, 몽룡, 문학, 생각, 작품, 소설

 이 두 군집은 전근대 시기 춘향 서사에 대한 주목과 함께 그것이 문학과 음악 양면에서 새로운 방식으로 향유되기 시작했던 정황을 뒷받침해준다. 1920년대 초반 기사에서는 춘향을 둘러싼 이중적인 시선이 자주 감지된다. 대중들이 즐기는 흥미로운 오락거리로 인기를 끌었지만, 동시에 구시대의 유물로 치부하여 배제하려는 움직임이 함께 엿보이는 것이다.[17] 이어지는 1930년대에는 고전 속에서 전통을 재발견하려는 시도가 문화계 제 분야에서 이어진다. 당대 민족주의 세력은

---

17) 다음과 같은 기사가 이러한 이중적인 시선을 잘 보여준다. "청중측(聽衆側)에서 『이 장소가 청년회관이오 또한 현재아동(現在兒童)를 가르치는 신성(神聖)한 강당일 뿐 아니라 겸하야 오날 청중의 대부분이 어린 남녀학생(男女學生)인 즉 그와 가튼 음란(淫亂)한 가곡은 중지하라는 요구에 의하야 그 가곡은 필경 중지되고 다음에 또한 춘향가 이도령의 리별가가 상연하게 되자 청중의 대부분은 그만두는 것이 조켓다 하며 일부는 하는 것이 조켓다 하야 서로 힐난이 시작되는 중 주최석(主催席) 측에서 돌연히 『듯기 실은 청중은 다 가거라』 또는 청년회에서는 『아모것을 하야도 조타』는 말이 떠러지자 일반 청중은 물론이오 청중 가온대 청년회원들은 크게 분개하야 주최자측에 쇄도(殺到)하야 청중를 무시하는 언사와 또한 『예술를 민중화』한다는 미명 아래에서 아모리 익업는 구시대의 춘향가니 소상팔경이니 하는 가곡으로써 민중을 우롱하고 또한 디방에 다대한 해독을 미치게 하는 자행(恣行)를 일반 청중압헤 사죄(謝罪)하라고 육박하고 (후략)" 「수라장화(修羅場化)한 음악회(音樂會)」, 『조선일보』 1925.6.18.

저항적 민족주의 대신 문화적인 면에서 조선적인 것과 그 정체성을 강조하는 경향을 보였다.[18] 이때 가장 먼저 채택되어 활발하게 재구성된 것이 바로 춘향 서사이다. 1920년대 후반 국민문학론에서 춘향 서사가 호출되기 시작한 이후 이광수의 〈일설춘향전〉 등 소설, 유치진, 장혁주의 희곡 등 춘향 서사의 개작과 문학 작품으로의 수용이 이를 입증한다.[19] 뿐만 아니라 고소설 〈춘향전〉을 계승해야 할 문학적 전통의 모범으로 설정하려는 시도 또한 이 시점에 일어났다. 물론 이 시기 대중에게 고소설은 상당한 인기를 끌었고 〈춘향전〉 또한 마찬가지였으나, 김태준이 『동아일보』에 연재한 "춘향전의 현대적 재해석"은 그러한 대중적 인기와는 별개로 지배계급에 대한 반항과 풍자를 담당한 "시대의 거울"이자 "문학적 보전(寶典)"으로 〈춘향전〉을 자리매김했던 것이다.[20]

전통 판소리로의 향유 방식 또한 변화를 맞이했다. 라디오 방송의 송출과 함께 판소리 〈춘향가〉는 방송의 주요 레퍼토리가 되었다. 소리 자체가 달라진 것은 아니나 현장성이 강했던 청중 공간에서 라디오라는 매체를 통한 청취 환경으로 이행하게 된 것이다. 이는 춘향 서사의 유통 경로와 수용 양상이 한층 다양화되기 시작했음을 시사한다.

---

[18] 천정환, 『근대의 책읽기』, 푸른역사, 2003, p.301.
[19] 이와 관련한 연구로는 다음을 참조. 유승환, 「이광수의 춘향과 조선 국민문학의 기획」, 『민족문학사연구』 56, 민족문학사학회·민족문학사연구소, 2014; 이지영, 「이광수의 〈일설춘향전〉에 대한 재고」, 『한국현대문학연구』 49, 한국현대문학회, 2016; 성명현, 「연출자 박승희(1901~64)'의 극단 토월회(土月會: 1923~31) 시절 중 합자회사 체제 시기」, 『순천향인문과학논총』 38(4), 순천향대 인문학연구소, 2019; 이민영, 「식민사회의 '춘향전'과 전유되는 전통」, 『현대소설연구』 81, 한국현대소설학회, 2021; 최은정, 「1930년대 후반 근대극 〈춘향전〉의 인물 형상 연구」, 『어문논집』 94, 민족어문학회, 2022.
[20] 이와 관련해서는 이상숙, 「춘향전을 중심으로 한 전통 논의의 양상」, 『국어국문학』 120, 국어국문학회, 1997, p.355.

뿐만 아니라 창극으로의 전환도 활발하게 이루어졌다. 1934년 조선성악연구회가 만들어졌고, 이 단체에 의해 1936년부터 〈춘향전〉, 〈흥부전〉, 〈배비장전〉, 〈유충렬전〉 등을 활용한 전편 창극이 구성, 공연되었다.[21]

2) 미디어 전환과 담론의 재맥락화

1940~1959년 기사 클러스터는 이전 시기 '문학'과 '소리'로 양분되었던 춘향 서사의 향유 방식이 미디어를 전환하여 또 한번 새로운 형태로 이동하고 있음을 보여준다. 이 시기는 앞서 살펴본 바와 같이 춘향 서사의 수용과 변주의 흐름에 있어 가장 큰 변화가 보이기도 했는데, 그 양상을 구체적으로 살펴보면 다음과 같다.

〈그림 6〉 1940~1959년 기사 클러스터링 결과 및 클러스터별 키워드

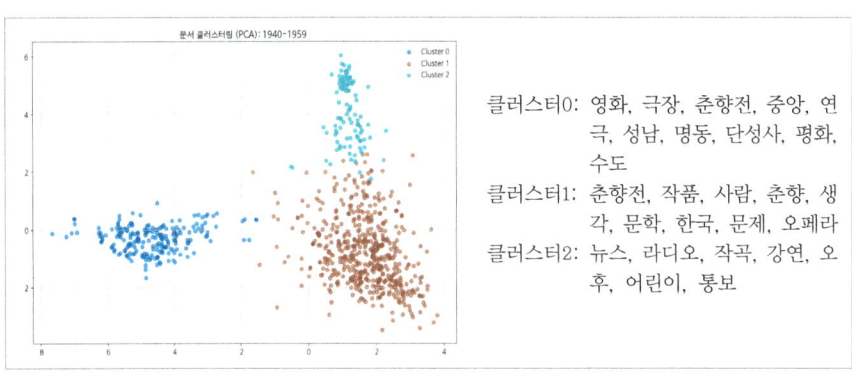

클러스터0은 '극장', '연극', '영화', 그리고 '단성사', '평화', '수도'

---

21) 손태도, 「한국창극사를 통해서 본 해방공간 창극 연구」, 『국문학연구』 31, 국문학회, 2015, p.281.

등 서울 지역 주요 극장 명칭을 중심으로 형성되어 있다. 이 군집은 춘향 서사가 극장과 연극 무대를 통해 상업적 대중문화로 확산되던 흐름을 반영한다. 춘향 서사를 기반으로 한 영화는 해방 이후 50년대 후반에 붐을 이룰 만큼 집중적으로 제작되었다. 이는 한국전쟁 이후 영화계가 세계 영화에 대응하는 '한국적인' 영화를 만들고자 했던 흐름과 춘향 서사가 맞닿으면서 벌어진 사건이었다. 춘향 서사의 영화화는 1955년 이규환의 〈춘향전〉이 큰 성공을 거둔 후 1960년대 초 정점에 도달했다.[22]

클러스터 1은 '한국', '문학', '춘향전', '작품' 등의 키워드가 중심을 이룬다. 이 군집은 춘향 서사―특히 〈춘향전〉이라는 작품이 한국 문학의 한 전형으로 자리 잡고, 나아가 '오페라'와 같은 예술 장르로까지 재구성되는 과정을 반영한다. 이 시기 〈춘향전〉은 민족적 정체성을 강화하는 문화 자산으로 의미화되었으며, 이는 1960년대 이후 고전문학을 통한 민족주의적 담론 형성 흐름과도 연결된다고 추정해볼 수 있다. 즉 클러스터 2는 춘향 서사가 민족적 문화 정체성 구축의 한 축으로 기능했던 면모를 방증한다.[23]

이러한 흐름은 1960~1979년에도 이어진다. 라디오 매체와 관련된 기사는 사라졌지만, 춘향 서사가 극장을 중심으로 한 대중문화 시장에서 지속적으로 재생산되며 현대적 콘텐츠로 자리 잡았던 흐름과 한국문학의 정체성을 계승한 작품으로 의미화되는 경향은 지속되었던

---

[22] 노지승, 「남북한 춘향전 영화를 통해 본 〈춘향전〉의 국민문학적 의미」, 『국문학연구』 34, 국문학회, 2016, pp.129~130.
[23] 이는 해방 이후 〈춘향전〉이 교과서에 수록된 정황과도 무관하지 않다. 건국 이후 1957년 1차 교육과정1차 교육과정 이전까지의 과도기부터 〈춘향전〉은 지속적으로 교과서에 수록되었다. 특히 4차 교육과정까지 교과서에 수록된 〈춘향전〉 텍스트에는 '고전'을 민족의 정신과 결부시키는 가치관이 반영되어 있었다. 이지영, 「〈춘향전〉의 정전화 과정과 교과서 수록」, 『국문학연구』 34, 국문학회, 2016, pp.7~30.

것이다.

〈그림 7〉 1960~1979년 기사 클러스터링 결과 및 클러스터별 키워드

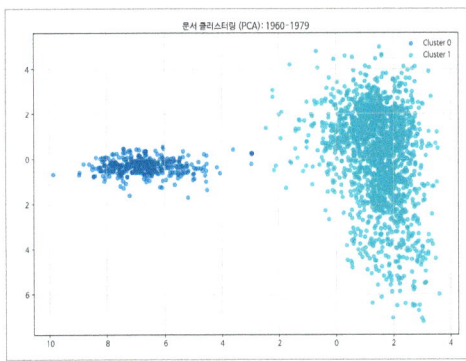

클러스터0: 아카데미, 성춘향, 단성사, 국제, 중앙, 명보, 서대문, 명동, 을지, 국도
클러스터1: 한국, 영화, 춘향전, 공연, 작품, 춘향, 사람, 문학, 문화

1960년대 중반 이후 춘향 서사의 수용은 민족문화의 '보존'과 '계승'이라는 제도적 맥락 속에서 새롭게 위치지워진다. 1962년 「문화재보호법」이 제정, 공포되면서 이 법에 의하여 처음으로 중요무형문화재를 지정, 보호하는 규정이 마련되었으며, 판소리 〈춘향가〉는 1965년 무형문화재 제5호로 지정되었다. 지정의 이유는 〈춘향가〉가 "한국서민 예술의 정화로서 국악사와 민족문화사에 높은 가치를 지니고 있으나 지금 그 명창 보유자가 거의 노쇠기에 있어 완전 소멸의 위기에 있다"[24]는 것이었다. 이는 곧 〈춘향가〉가 살아 있는 예술에서 '지켜야 할 문화재'로 바뀌었음을 의미한다.

한편, 춘향 서사는 영화계의 산업적·정책적 이슈 속에서도 '한국문화'의 상징으로 호출되었다. 1966년 12월 1일 자 조선일보 기사에서는 이른바 '스크린쿼터제' 논란에서 〈춘향전〉 영화가 대표적인 국산 영화로 언급되는데, 이를 통해 춘향 서사가 자국 문화 보호와 정체성 유지

---

24) 「무형문화재 새로 4점 지정」, 『조선일보』 1965.1.14.

를 위한 상징적 자산으로 기능했음을 알 수 있다. 이와 같은 변화는 춘향 서사가 단순히 향유되는 예술에서 벗어나, 제도와 정책의 틀 안에서 '전통'으로 규정되고 상징화되는 방식으로 재맥락화되었음을 보여준다.

3) 수용과 변주의 다각화

1980년대부터 2000년대에 이르는 시기에 춘향 서사의 수용은 신문 기사 속에서 또 다른 양상으로 나타난다.

〈그림 8〉 1980~1999년 기사 클러스터링 결과 및 클러스터별 키워드

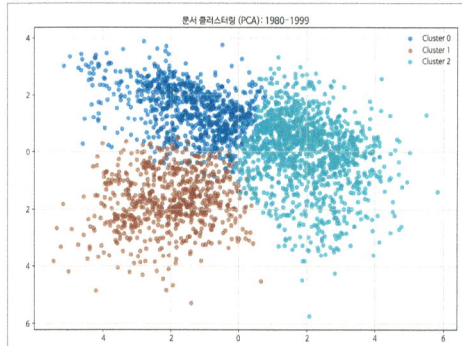

클러스터0: 오후, 공연, 극장, 서울, 한국, 예술, 연출, 출연, 문화
클러스터1: 판소리, 국악, 공연, 소리, 명창, 춘향가, 무대, 완창, 전통, 대목
클러스터2: 영화, 사람, 한국, 춘향, 춘향전, 문화, 작품, 문제, 사회

클러스터 1은 '판소리', '국악', '공연', '명창', '완창', '대목' 전통 판소리 및 공연 관련 키워드를 중심으로 형성되어 있다. 이는 춘향 서사가 전통 공연 예술, 특히 판소리 완창 공연으로서의 가치를 재조명받는 흐름과 맞닿아 있다. 이전 시기의 문화재 지정 이후 〈춘향가〉는 완창 공연, 유파 발표회, 명창 기념 무대 등 다양한 방식으로 '전통의 계승'을 실천하는 예술로 자리매김하게 된다. 동시에 교육 현장에서도 판소리를 비롯한 전통 공연에 대한 관심이 증가하며, 학생들의 공연 활동,

대회 수상, 청소년 대상 전통문화 교육 등의 기사도 빈번하게 등장하기 시작한다. 이러한 흐름은 춘향 서사의 수용과 향유가 대중적, 오락적인 차원에서 점차 전문화, 제도화되어가는 과정을 보여준다.

클러스터 0은 전 시기와 크게 다르지 않은 키워드 구성으로 보인다. 그러나 실제 기사의 면면을 살펴보면, 춘향 서사가 오페라, 발레 등 서양식 공연예술과 접목되는 모습을 확인할 수 있다. 무형문화재 제도와 유파 개념의 확립, 그에 따른 교육·전수 체계를 마련하면서 한국의 전통 공연예술 장르로 확고하게 자리매김한 판소리는 이제 서구적 공연 양식과 결합하여 글로벌 공연 예술의 장르로의 확장을 모색하고 있으며, 그 과정에서 장애가 있는 사랑 이야기라는 보편적 주제의식을 지닌 춘향 서사가 적극 활용되고 있는 것이다.

클러스터 2에서는 '문제'라는 키워드가 눈에 띈다. 주로 논술 문제나 시험 지문으로서 〈춘향전〉이 활용된 기사에서 추출된 것으로, 한국의 입시 제도와의 연관성을 시사한다. 이는 곧 고전 서사의 교육적 활용이자, 입시라는 제도적 틀 안에서 춘향 서사가 재맥락화되는 한 양상으로 이해할 수 있다. 이제 춘향 서사는 학생들이 정답을 도출해야 하는 대상, 즉 제도화된 지식의 일부로도 수용되고 있는 것이다.

5. 남은 문제

본 연구는 약 100년에 걸친 신문 기사 데이터를 통해 시대와 매체 환경의 변화에 따른 춘향 서사의 수용과 변주 양상을 메타적 차원에서 추적하였다. 본 장에서는 탐색의 결과를 요약하고, 앞으로의 과제를 제시하고자 한다.

분석 결과, 1920년대부터 2020년대까지 100여 년의 시간 동안 춘향 서사는 다양한 사회적 맥락과 기술 환경 속에서 끊임없이 수용되고, 개작되며, 재맥락화되었다. 초기에는 문학과 판소리라는 전통적 향유 방식을 기반으로 서사가 소비되었으나, 1940~70년대에는 미디어의 변화에 따라 라디오, 극장, 영화라는 새로운 형식을 통해 문화의 중심으로 자리 잡았다. 이는 단순한 매체적 전환을 넘어, 춘향 서사가 민족문화의 자산이자 정체성의 상징으로 의미화되는 과정을 보여준다. 1980년대 이후로는 이러한 경향이 더욱 다변화되며, 춘향 서사는 국내와 국외, 전통과 퓨전을 오가는 공연예술 양식이자 지역의 문화자원으로, 또 학습을 위한 교재와 입시 문항에 이르기까지 다양한 맥락에서 다시 쓰이고 있었다. 향유의 주체는 대중에서 학습자, 교육 및 행정 관계자, 비평가 등으로 확장되었으며, 서사의 쓰임 또한 정서적 감상의 대상에서 실용적·제도적 활용물로 그 외연이 넓어졌다. 이는 고전 서사가 고정된 텍스트가 아니라 시대와 기술 환경에 따라 끊임없이 재구성되는 담론적 실천일 수 있음을 거시적, 메타적인 관점에서 보여주었다는 점에서 의미 있다고 하겠다.

본 연구는 디지털 인문학의 방법론을 적용하여 대규모 신문 데이터를 계량적으로 분석함으로써, 기존의 정성적 연구를 넘어 춘향 담론의 변동성을 거시적이고 실증적으로 조망할 수 있었다. 그러나 본 연구는 여전히 여러 한계와 앞으로의 과제를 안고 있다.

첫째, 형태소 분석의 정밀성 문제이다. 특히 한자어가 빈번하게 등장하는 근대 신문 기사에서는 '사갈시(蛇蝎視)', '구수시(仇讎視)' 등의 표현을 어떻게 처리할 것인지 등의 문제가 남아있다. 또 동일 인물에 대한 다양한 호칭의 처리 문제도 고민을 남긴다. 앞서 전처리한 것처럼 '이도령'/'리도령' 같은 표기의 문제라면 정규화하는 것이 맞지만, '이도령'과 '이몽룡'은 동일한 인물로 일괄 처리할 수 없다. 이를 자동화하거나 분석의 정확도를 높일 수 있는 방안 모색이 필요하다.

둘째, 기표 소환의 다층적 층위에 대한 고려가 필요하다. 기사 내용은 춘향 서사와 무관한 것이나 비유적, 상징적인 차원에서 춘향을 언급하는 경우와 실제 춘향 서사 자체를 논하고 있는 기사를 동일선상에서 분석해서는 안 된다. 이는 단순한 등장 빈도로 측정할 수 없는 수용의 층위를 함의하고 있기 때문이다. 따라서 이러한 용례에 대해서는 텍스트 맥락 기반의 정성적 판별과 서술적 분석이 병행되어야 한다.

셋째, 자료의 확충 역시 중요한 과제로 남아있다. 본 연구의 분석 대상은 『동아일보』와 『조선일보』에 한정되었지만, 『경성일보』와 같은 재조일본인 발행 신문이나 『별건곤』, 『삼천리』 등 근현대 잡지 자료에도 춘향 관련 기사가 존재한다. 이는 고전 서사를 바라보는 내부의 시각과 외부의 인식 간 차이를 드러내고, 더 나아가 근대 이후 한국 고전 서사의 문화사적 전개를 다층적으로 재구성하는 데 중요한 자료가 될 수 있을 것이다.

또한 본 연구는 기존의 연구 성과를 보완하며 다양한 질문을 제기했지만, 완전히 새로운 발견을 도출하는 데에는 일정한 한계가 있었다. 그러나 이러한 문제제기 자체가 후속 연구의 출발점이 될 수 있다면 그 역시 의미가 있다고 생각한다. 기술적 차원에서는 근현대 한국어 데이터 분석을 위한 기준을 마련해볼 수도 있을 것이며, 연구 대상의 차원에서는 분석 대상을 '춘향' 외의 고전 서사로 확대함으로써, 한국 고전문학의 문화사적 변용을 보다 입체적으로 살펴볼 수 있을 것이다. 또한 신문 외에도 잡지, 라디오 방송, TV 프로그램 등 다양한 매체를 아우르는 비교 연구를 통해 매체 간 수용의 차이를 규명하는 것도 가능할 것이다.

이러한 시도는 고전문학과 디지털 인문학의 접점을 넓히고, 한국 고전 서사의 근대 이후 문화사적 전개를 보다 정교하고 다층적으로 재구성하는 데 기여할 수 있을 것으로 기대하며, 후속 연구를 기약하고자 한다.

이 글은 한국일본학회의 『일본학보』 제140호에 실린 논문 「텍스트 마이닝을 활용한 춘향서사 수용과 변주 연구」를 수정·보완한 것이다.

『일포사전』에 담긴
16~17세기 예수회의 불교 인식

불교용어의 뜻풀이에 대한 텍스트 마이닝을 통해서

신웅철

1. 사전, 400년 전의 시선을 담다

　기리시탄판 『일포사전(日葡辞書)』[1]은 예수회 선교사들에 의해서 1603년(본편)과 1604년(보유편)에 나가사키에서 출판되었다. 이 사전은 일본에서 선교활동을 하는 가톨릭 선교사들의 일본어 학습을 목적으로, 실용적인 일상어를 중심으로 약 32,000개의 일본어 어휘를 표제어로 수록하였고 각각의 어휘의 뜻과 쓰임에 대해 포르투갈어로 설명하여 실었다. 특히 대상이 되는 32,000개 일본어 어휘 가운데에는 쉬운 일상어뿐만 아니라 난해한 문장어나 지역 방언, 가톨릭보다 앞서 일본에 뿌리내린 불교나 신도와 같은 타종교의 용어 등도 포함된다는 점이 주목된다. 이는 단순한 언어 학습 도구를 넘어서 동서양의 문화가 교차하는 공간에서 서양인들이 일본 문화에 대해 어떻게 인식하고

---

[1] 원 제목은 "VOCABVLARIO DA LINGOA DE IAPAM com a declaração em Portugues, feito por ALGVS PADRES, E IRMÃOS DA COMPANHIA DE IESV"(예수회 신부와 수사들이 편찬한 포르투갈어로 풀이한 일본어 어휘집)이다.

이해하였는지를 보여주는 귀중한 문헌이다.

　1980년에 포르투갈어로 작성된 단어의 뜻풀이 등을 현대일본어로 번역한 『방역 일포사전(邦訳日葡辞書)』이 출판된 이후에는 일본어를 연구하는 자료로서 본격적으로 이용되어 왔으며 불교 용어에 대해서도 활발한 연구가 이루어졌다. 土井 외(1980), 森田(1993)에서는 뜻풀이에 Bup.(불법/佛法)이라는 표시가 달려 있는 어휘인 '불법어(佛法語)'의 규모를 밝혔다. 그리고 鈴木(1991), 金井(1993), 日野(1997), 小島(2007), 狹間(2015) 등의 논고에서는 일포사전뿐만 아니라 다른 기리시탄 문헌 전반에 걸친 불교 어휘 사용의 실태를 조망하였다.

　본 연구에서는 이 사전에 실린 불교 용어의 뜻풀이를 텍스트 마이닝의 기법으로 분석함으로써 16~17세기 가톨릭 선교사들이 일본의 재래 종교인 불교에 대해서 어떻게 이해하고 인식하였는지에 대해서 고찰하고자 한다. 이것은 당시 일본에서의 종교 간의 상호인식과 이문화 교류의 실태를 입체적으로 조망하는 시도로서 의의를 갖는다.

2. 『일포사전(日葡辞書)』 속의 불교용어

　『일포사전』의 「서언(Prologo)」의 「이 사전의 사용과 이해를 위해 필요한 몇 가지 일러두기」에는 어휘의 특성에 대한 표시에 대해 언급하면서 특히 '불법(Buppô)에서 쓰이는 단어에는 Bup.(불법어)라고 표시한다'라고 밝히고 동시에 '대부분의 불법어는 난해하고 사용 빈도가 낮으며 특정 교의나 종파에서 쓰이는 독특한 전문용어이므로 수록을 보류하였다'고 밝혔다.[2]

---

2)　土井忠生・森田武・長南実編, 『邦訳日葡辞書』, 岩波書店, 1980, pp.4~5. 日葡辞書의

『방역 일포사전(邦訳日葡辞書)』[3](이하 '방역'으로 약칭)의 「해제(解題)」에는 Bup.이라는 표시가 붙은 단어가 150개라고 적었다.[4] 반면 『방역 일포사전 색인(邦訳日葡辞書索引)』[5](이하 '방역색인'으로 약칭)에는 Bup. 표시 외에 포르투갈어로 된 뜻풀이에서 'Palaura do Buppô' 또는 'no Buppô'와 같은 문구가 포함된 단어까지를 포함하여 총 174개를 「特殊語索引(Ⅱ)」의 「仏法語」 항목에 모아서 수록하였다.[6]

森田(1993)은 '불법어' 표시(Bup., Palaura do Buppô, no Buppô)가 없는 표제어 중에도 '仏(Fotoque)', '禅宗(Ienxù)', '異教徒(gentio)' 등의 단어를 뜻풀이에서 사용한 단어 중에는 불교어로 분류할 만한 어휘가 있음을 지적하였다.[7] 今泉(1971)는 아무런 표시가 없는 불교어에 대해서는 '반드시 Buppô라고 적은 단어만은 아닌' 약 1,169개 불교용어를 한자표기 등과 함께 수집하여 제시하였다.[8] 다만 이들에 대해서는 '잠깐 보면 불교용어인지 의문스러운 것들까지 마음이 쓰여서 포함시킨 것도 있다'[9]고 서술하였듯이 재검토의 여지가 있다. 한편 日野(1997)은 이 사전에서 '불법어' 표시가 없는 불교용어를 불교 경전명칭, 종파명, 진종(眞宗) 관련 어휘 등으로 분류하여 제시하였다.[10]

포르투갈어 문장을 현대 일본어로 번역한 것(訳文)을 참고하여 한국어로 옮겼다. 본 연구에서 인용한 日葡辞書 본문의 한국어 번역은 같은 방법으로 작성하였다.
3) 土井忠生·森田武·長南実編·『邦訳日葡辞書』, 岩波書店, 1980.
4) 앞의 책, 「解題」 p.13.
5) 森田武, 『邦訳日葡辞書索引』, 岩波書店, 1989.
6) 森田武, 「仏法語」, 『日葡辞書提要』, 清文堂出版, 1993, p.334.
7) 앞의 글, p. 334.
8) 今泉忠義, 『日葡辞書の研究』, 桜楓社, 1971, pp.520~539.
9) 앞의 책, p.538.
10) 日野振作, 「初期キリスト教宣教師の仏教語理解」, 『親鸞教学論叢: 村上速水先生喜寿記念』(村上速水先生喜寿記念論文集刊行会編), 永田文昌堂, 1997, pp.156~160.

3. 이것은 불교용어다: 불교용어 표시형태

1) '불법어'란 무엇인가: 177개 어휘와 표시형태

본 연구에서는 방역색인의「特殊語索引(Ⅱ)」의「仏法語」항목에 수록된 174개 단어에 대해서「대역 라틴어 어휘집(対訳ラテン語語彙集, 이하 'LGR'로 약칭)」[11]을 참고하여 원문을 확인하였다. 그 결과「仏法語」임을 명시하는 표시형태가 Bup.에 국한되지 않고 몇 가지 이형태가 존재하는 것을 확인할 수 있었다.

그리고 LGR을 통해서 포르투갈어로 된 뜻풀이 원문을 확인한 결과, 위 방역색인의「仏法語」항목에는 수록되지 않았지만 Bup. 표시를 가진 단어 3개(본편 2개, 보유 1개)를 발견하였다.[12]

(1) 上界(じょうかい, 367R)[13]

[J] Iŏcai. **Bup(불법어)**. [P] Mundo superior, ou sobre os Ceos.(상위 세계, 또는 천상계) [J] Vt, Iŏcai guecai.(예: 上界下界[상계하계]) [P] Ceos, & terra, ou mundo superior, & este inferior.(하늘과 땅, 또는 상급 세계와 하급인 이승.)

---

11) 豊島正之,『対訳ラテン語語彙集(Latin Glossaries with vernacular sources)』, https://joao-roiz.jp/LGR/ (검색일: 2023.11.15., 서버 OS 지원 종료로 인해 2024년 2월 이후로는 서비스 정지 중)

12) 다만 이들 단어는 방역색인의「総索引」에는 실려 있다.

13) 이하『일포사전』의 표제어는「방역의 한자자표기(현대 가나표기법 표기, 소재[쪽수+L(좌측)/R(우측)]」와 같은 형식으로 나타낸다. 본문은 豊島正之 씨에 의해 공개 중이었던 원문 텍스트 데이터베이스인「対訳ラテン語語彙集(LGR)」에 따라서 [J](일본어 부분)와 [P](포르투갈어 부분)의 경계를 표시한 로마자 표기 원문에 방역을 참고한 한국어 번역을 괄호로 묶어서 병기하기로 한다.

(2) 頓証(とんしょう, 661R)

[J] Tonxô. Niuacani satoru.(頓かにさとる[갑자기 깨닫다]) [J] Vt, Tonxôbodai.(예: 頓証菩提[돈증보리]) [P] O saluarse algũa alma, que estaua em pena por causa de algum solenne officio, que nesta vida se fez por ella(괴로워하는 어느 죽은이의 영혼이, 이승에서 그 사람을 위해 거행된 어떤 엄숙한 의식에 의해서 구원받는 것). **Bup.**[14)]

(3) 悟り(さとり, 561R)

[J] Satori. [P] O adeuinbar, ou a cortar com o que se cuida, cuimagina(생각하거나 상상하는 것을 잘 추측하거나 예측하는 것). [P] ¶ Item, Modo de meditar dos Ienxus & cair nas cousas do **Bup** (또한 선종 승려가 묵상을 통해서 **불법**에 관한 사항을 깨닫는 것).

「上界」와 「頓証」는 표시 위치는 다르지만 모두 Bup.이 사전 약물로서 사용되었다. 한편 「悟り」는 통상적인 포르투갈어 문장 안에서 Buppo라고 적을 부분을 Bup.으로 축약하여 표기한 용례이다. 이것은 뜻풀이 문장의 맨 끝에 위치하여 사전 약물의 기능도 겸했던 것으로 생각된다.

따라서 기존 방역색인의 174개와 새로이 발견한 3개를 더한 총 177개 어휘[15)]를 '불법어'로 정의하기로 한다. '불법어' 표시의 이형태는

---

14) '방역'에서는 뜻풀이 맨 끝에 달린 Bup.을 번역에 반영하지 않았다.
15) Bup.이라는 형태로 표시된 단어는 149개에 지나지 않으며 森田(1993: 334)에서 언급하는 150개와는 일치하지 않는다. 참고로 土井 외(1980: 13)에서는 '約150語'라는 대략적인 수치로 밝히고 있어서 비교가 불가능하다. 또한 본편과 보유로 나누어 계량한 내역도 본 연구에서 실시한 조사에 따르면 〈본편 106개, 보유 43개〉로 집계되는데 「本篇110, 補遺40」라고 밝히고 있는 森田(1993: 334)의 집계와도 어긋남이 있다. 이것은 Bupp.이라고 표시된 6개 단어[依報(えほう, 816L), 教相(きょうそう, 489L), 心法(しんぼう, 768R), 造惡不善(ぞうあくふぜん, 842R), 道人(どうにん, 188R), 撥無(は

아래 〈표 1〉과 같다.

〈표 1〉 '불법어'의 표시형태

표시형태	단어 개수		
	본편+보유	본편	보유
Bup.	149	106	43
Bupp.	6	5	1
Buppô, Buppŏ, Buppò	16	12	4
기타	6	4	2
합계	177	127	50

2) 어디에 표시하였나: 선두형과 후미형

확인된 Bup. 표시가 달린 149개 단어에 대한 뜻풀이에서 표시가 출현하는 위치를 분류하면 아래와 같이 크게 '선두형'과 '후미형'으로 나누어 볼 수 있다.

(4) 선두형: 法性(ほっしょう, 267R)
[J] Foxxŏ. **Bup(불법어)**. [P] Primeiro principio, ou natureza do Fotoque(본원, 또는 부처의 본성).

(5) 후미형: 本有(ほんう, 261R)
[J] Fon v. Motoyori v, nari(本より有、なり[본래 유이다]). [P] Cousa que ouue, ou tem ser desdo principio(처음부터 본연의 성질을 갖추고 있었던 또는 갖추고 있는 것). **Bup(불법어).**

'선두형'은 (4)에서 보는 바와 같이 표제어(Foxxŏ.) 바로 뒤에 Bup.

つぶ, 212L)]를 더하더라도 해소되지 않는다.

표시가 위치한다. 한편 '후미형'은 (5)와 같이 전체 뜻풀이 문장의 맨 끝에 Bup. 표시가 등장한다. 선두형은 41개, 후미형은 105개[16]로 후미형이 우세하다. 또한 본편(106개)에서는 선두형(41개)과 후미형(62개)의 격차가 크지 않았으나, 보유(43개)에서는 모든 용례가 후미형으로 확인되었다. 이것은 본편에서 통일되지 않았던 표시 위치가 보유에서는 일정한 방침을 취하게 되었음을 시사한다.

일포사전의 표제어 다음에는 훈석(訓釈)이라 불리는 단어의 한자표기 재구를 위한 힌트가 제시되는 경우가 있다. 선두형에 해당하는 용례 중에는 다음 (6), (7)에서 보는 바와 같이 이러한 훈석(Itçutçuno chiye, Itçutçuno qegare)은 Bup. 표시보다 뒤에 오기도 하고 앞에 오기도 하여 배열 순서가 일정하지 않음을 알 수 있다. 선두형으로 분류된 41개 단어들 가운데 훈석을 포함하는 것은 21개인데 그 가운데 Bup. 표시가 훈석보다 앞에 오는 경우(Bup.-훈석)가 17개, 반대로 훈석보다 뒤에 오는 경우(훈석-Bup.)는 4개로 훈석보다 앞서서 표제어 바로 뒤에 표시되는 용례가 우세하였다.

(6) 五智(ごち, 304L)
　　[J] Gochi. **Bup(불법어).** Itçutçuno chiye(五つの智恵[다섯 지혜]).
　　[P] Cinco maneiras de saber que ha no Fotoque(부처에게 있는 다섯 가지 지혜).

(7) 五塵(ごじん, 306L)
　　[J] Gogin. Itçutçuno qegare(五つのけがれ[다섯 더러움]). **Bup(불법어).** [P] Cinco obiectos dos sentidos que custumão macular o homem(곧잘 인간을 더럽히는 다섯 가지 감각기관의 대상물).

---

16) 뒤에 서술할 '예외' 3개(모두 본편 수록)는 제외한 숫자이다.

다만 다음 (8)과 같이 포르투갈어 뜻풀이 도중에 등장하는 예(1개)와 (9), (10)과 같이 표제어의 '용례(Vt)'로서 제시된 파생어 뒤에 위치하여 Bup. 표시의 대상이 불확실한 경우(2개)를 포함한 3개 단어는 '예외'로 간주하여 위의 분류에 포함하지 않았다.

(8) 解脱(げだつ, 294R)
    [J] Guedat. [P] Liurar, ou libertar(해방하는 것, 또는 자유롭게 하는 것). **Bup(불법어).** O principal sentido he liberdade acerca das paixões, & vicios(주된 의미는 다양한 정욕과 사악한 것에 사로잡히지 않는 자유로움이라는 것이다).

(9) 空々(くうくう, 161R)
    [J] Cùcù. [J] Vt, Cùcùjacujacu(예: 空々寂々[공공적적]). **Bup(불법어).** i. Fõv(곧 本有[본유]). [P] Hum ser, ou principio antes das creaturas sensiueis(지각할 수 있는 만물이 창조되기 이전의 어떤 존재 또는 기원).

(10) 遍照(へんしょう, 222L)
    [J] Fenxô. Meliùs, Fenjô(へんじょう라고 읽는 것이 더 우세하다). [J] Vt, Quǒmiǒfenjô(예: 光明遍照[광명편조]). **Bup(불법어).** Amanecu terasu(遍く照らす[널리 비추다]). [P] Alumiar tudo, como cuidão os gentios que alumia o Fotoque(이교도들이 생각하는 것처럼 부처가 만물을 비추는 것).

이상의 분류를 정리하면 다음 〈표 2〉와 같다.

〈표 2〉 일포사전의 뜻풀이에서 Bup.가 출현하는 위치

출현 위치	단어 개수		
	본편+보유	본편	보유
선두형	41	41	0
후미형	105	62	43
예외	3	3	0
합계	149	106	43

3) Buppô, Buppŏ, Buppò에 대하여

여기서는 로마자 표기를 축약하지 않고 Buppô, Buppŏ, Buppò와 같은 형태로 기입한 16개 용례에 대해서 표시형태를 검토하기로 한다. 먼저 다음 (11)과 같이 말하자면 사전 약물과 같은 기능으로 볼만한 것이 6개[17]이다.

(11) 三世間(さんせけん, 556R)
　　[J] Sanxeqen. [P] Tres montes(세 개의 산). **Buppŏ(불법어).**

그리고 나머지 10개 단어는 (12)와 같이 'Palaura do/de Buppô'(불법의 용어)와 같은 표현 속에 등장하는 것이 3개[18], (13)과 같이 'no/do Buppô'(불법에서/불법의)와 같은 형태로 쓰이는 것이 7개[19]로 구별된다.

---

17) 同参(どうさん, 189R), 鹿族·鹿属(ろくぞく, 540L), 六欲(ろくよく, 540L), 三世間(さんせけん, 556R), 四智(しち, 761L), 心外(しんげ, 769R).
18) 煩悩(ぼんのう, 061L), 出纏(しゅつでん, 803R), 雑行(ぞうぎょう, 843L).
19) 金翅鳥(こんじちょう, 146R), 本心(ほんじん, 260R), 法報応(ほっぽうおう, 262L), 本性(ほんしょう, 262L), 六波羅蜜(ろくはらみつ, 539L), 真如(しんにょ, 771L), 縁(えん, 818L).

(12) 雑行(ぞうぎょう, 843L)

   [J] Zŏguiŏ. [P] Obras viciosas(사악한 행위): **palaura de Buppô (불법의 용어).**

(13) 六波羅蜜(ろくはらみつ, 539L)

   [J] Rocufaramit. [P] Seis qualidades, ou dotes dalma segundose diz **no Buppô(불법에서** 말하는 바에 따르면 영혼의 여섯 가지 능력 또는 재능).

4) 그 밖의 표시형태에 대하여

'기타'로 분류된 6개 중에는 우선 다음 (14)~(16)과 같이 본래 Bup. 이라고 적어야 할 것을 잘못 표시한 것으로 생각되는 것이 3개 있다.

(14) 禅波羅蜜(ぜんばらみつ, 356L)

   [J] Ienbaramit. [P] O considerar, ou meditar as cousas da saluação conforme a certo modo que Xaca ensina(석가모니가 가르치는 특정 방식에 따라 구원에 대해 숙고하거나 묵상하는 것). **B(불법어).**

(15) 信服(しんぷく・しんぶく, 772R)

   [J] Xinpucu. 1. Ximbucu. [P] Crèndo chegarse, ou tornarse pera o bem(믿음을 통해 선으로 다가가는 것, 또는 선으로 마음을 향하게 하는 것). **B(비속어).**

(16) 起居動静(きこどうじょう, 494L)

   [J] Qicodôjŏ. Voquru, iru, fataraqu xizzucani xite iru(起くる[일어나다], 居る[있다], はたらく[일하다], 静かにして居る[조용히 있다]). [P] Aleuantarse, estar, trabalhar, & estar quieto sem se

mouer(일어나고, 있고, 일하고, 움직이지 않고 고요히 있는 것).
[P] ¶ Itẽ, Em todo tempo, ou sempre(또한 언제나 또는 항상).
[J] Vt, Qicodôjŏno aida vasurezu(예: 起居動静の間忘れず[언제나
잊지 않는다]). [P] Lembrarse sempre em todo tempo(언제나 항상
기억하다). **S(문장어).**

「禅波羅蜜」과「信服」의 뜻풀이 맨 끝에 위치하는 B.에 대해서 '방역'
에서는 '仏法語' 또는 '卑語'라는 일정하지 않은 번역 결과를 제시하고
있으나 역주에서는 'Buppoの略'[20] 또는 'Bup.の誤り'[21]라고 부연하였
다. 그러나「起居動静」의 맨 끝에 달린 S.에 대해서 '방역'에서는 특별
한 역주가 발견되지 않는다.

한편 (17)~(19)에서 보는 3개 단어는 선종(Ienxus) 또는 승려(Bozos)
와 같은 불교적인 문맥을 연상케 하는 용어가 사용되어 있기 때문에
선행 연구에서는 이들을 '불법어'로 간주한 것으로 생각된다.

(17) 善法(ぜんぼう, 356R)
[J] Ienbô. [P] Seita, ou ley dos **Ienxùs**(**선종**의 종파 또는 그것의
교법).

(18) 朝参(ちょうさん, 128L)
[J] Chôsan. Axita mairu.(朝参る[아침에 가다]) [P] O ir polla
menhaã a tomar os pontos de meditação(아침에 묵상의 주제(공
안)를 받으러 가는 것). [J] ¶ Bosan.(暮参) [P] O ir à tarde dar

---

20) '방역'에는 「原文にはB.とあるが、ここはBaixo(卑語)の略ではなくて、Buppoの略であ
ろう。」라고 주석이 달려 있다.
21) '방역'에는 「別条XinbucuにはS.(文書語)とあり、本条はBup.(仏法語)の誤りかとも考
えられる。」라고 주석이 달려 있다.

conta destes pontos(저녁에 관념, 묵상의 주제(공안)에 대해 설명하러 가는 것). [J] **Ienxù(선종의 용어).**

(19) 陪堂(ほいとう, 258R)

[J] Fŏitŏ. i, Cate(かて[식량]와 같다). [P] Mantimento(식량). **Palaura de Bõzos, &c.(승려 등이 사용하는 말)** (下略)

선종(Ienxus)이나 승려(Bozos)와 같이 포르투갈어로 작성된 뜻풀이에 사용되는 일본어 유래 어휘들은 향후 일포사전에 수록된 불교용어의 범위를 보다 확장하는 과정에서 중요한 단서가 될 것으로 기대된다.[22]

4. 데이터가 보여주는 불교용어 뜻풀이의 경향

1) 뜻풀이에 대한 텍스트 마이닝과 클러스터링

'불법어'로서 수록된 이들 어휘가 지니는 의미적인 특징을 객관적으로 기술하는 것은 쉽지 않다. 본 연구는 일본어 표제어에 대한 포르투갈어 뜻풀이에 주목하였고, 뜻풀이에 어떠한 어휘가 사용되었는지를 통해서 '불법어'에 대한 서술의 경향을 검토하였다. 일포사전의 뜻풀이에는 일본어 어휘도 다수 포함되어 있다. 가령 「Yenichi(慧日)」라는

---

[22] '불법어' 177개 어휘에 대한 뜻풀이에 사용된 일본어 어휘의 출현 빈도를 조사하면 '仏法(Buppo/Buppŏ)' 29번, '仏(Fotoque/Fotoqe)' 19번, '悟り(Satori)'와 '悟る(Satoru)'를 합쳐서 11번, '禅宗(Ienxu/Ienxus/Ienxus)' 10번, '釈迦(Xaca)' 4번, '坊主(Bonzo/Bozos)' 2번으로 확인된다. 한편 포르투갈어로 이교도를 의미하는 'gentios' 도 5번 출현하였다. 이들을 단서로 삼은 고찰은 향후 별도의 논고를 통해 진행하고자 한다.

단어에 대해서 먼저「Chiyeno ficari(智慧の光).」와 같이 훈석을 달고서 포르투갈어로 뜻풀이를 해 간다.

   (20) 慧日(えにち, 819L, 補遺)
     [J] Yenichi. **Chiyeno ficari(智慧の光[지혜의 빛])**.
     [P] Clareza do entendimento(지혜의 명철함). Bup(불법어).

이하의 조사에서는 이와 같이 순전히 일본어로만 기술된 문장은 대상에서 제외하였다. 그러나 아래「Cacujen(覚前)」의 포르투갈어 뜻풀이 문장 안에서 'Ienxus'(禅宗)와 같은 일본어 용어가 사용된 것과 같은 부분적 사용례는 제외하지 않았다.[23]

   (21) 覚前(かくぜん, 075L)
     [J] Cacujen. Satorino maye(覚りの前[깨닫기 전]). Bup(불법어).
     [P] O estar exercitado nas meditaçoẽs dos **Ienxus**.(**禅宗**의 묵상에 대해 수행을 쌓는 것)

본 연구에서는 이들 불법어에 대한 가톨릭 선교사들의 의미 서술의 경향을 객관적으로 분석하기 위해 텍스트 마이닝 기법 중 하나인 Word2Vec을 활용하였다. 즉, 텍스트에 사용된 단어들을 수치화된 벡터로 변환하여 단어 간의 유사도를 정량화하고 이를 통해 텍스트 안에서 의미적으로 유사한 단어들을 하나의 그룹 또는 클러스터로 묶는 것이다. 이것을 바탕으로 일포사전의 불법어에 대한 뜻풀이가 어떠한 어휘적 경향을 보이는지 분석하고자 한다. 최종적으로 임의로 A~E를

---

[23] 한편 Bup.과 같이 사전 약물로서 기능하는 표시에 대해서는 포르투갈어 문장 안에서 단어로서 기능하지 않는 것으로는 간주하기 어렵기에 모두 제외하였다.

레이블링한 5개의 클러스터에 배속된 어휘들 가운데 주요 어휘들(사용 빈도 5회 이상)을 추려서 정리하면 다음 〈표 3〉과 같다.

〈표 3〉 '불법어'의 포르투갈어 뜻풀이에 사용된 주요어휘 클러스터

클러스터A		클러스터B		클러스터C		클러스터D		클러스터E	
단어	빈도	단어	빈도	단어	빈도	단어	빈도	단어	빈도
fotoque (부처)	12	tres (셋)	7	vida (생애)	12	buppo (불법)	29	coisa (사물/일)	24
saber (앎)	10	causa (원인)	6	palavra (이야기)	9	principio (기원)	9	lei, ley (법)	13
alma (영혼)	8	gentio (이교도)	5	corpo (육체)	6	homem (인간)	7	obras (행위)	7
salvação (구원)	6			nascer (탄생)	5	via (경로)	6	modo (방식)	6
fala (말)	5					virtude (선덕)	5	primeiro (첫째)	6
						meditar (묵상)	5	bem (잘)	6
						maneiras (양식)	5		
						ienxus (선종)	5		

가령 '클러스터 A'로 레이블링한 그룹에 들어가 있는 fotoque(부처), saber(앎), fala(말), alma(영혼), mundo(세상), salvação(구원), xaca (석가모니), dignidade(품위) 등은 상대적으로 유사도가 높은 어휘를 그룹화한 것이다. 그러나 그것의 근간이 되는 데이터 셋이라는 것은 불과 170개 남짓의 표제어에 대한 짤막한 뜻풀이 문장이기 때문에 이러한 클러스터링의 결과에 대한 의미부여는 용이하지 않다. 이하 각 클러스터에 배속된 주요 어휘에 대해서 그것이 사용된 문맥에 비추어 검토하여 그 특징을 분석하겠다.

2) 클러스터A─지혜와 영혼, 그리고 구원

이 클러스터에는 'saber(지혜)', 'alma(영혼)', salvação(구원)과 같은 불교의 지적인 내면 세계에 대한 인식과 구원론을 지칭하는 어휘가 관찰된다. 클러스터A의 어휘 중에 일본어에서 유래하는 'fotoque(ほとけ, 부처)'나 'xaca(しゃか, 석가모니)'를 제외하고 사용빈도가 가장 높은 것은 'saber'이다. 참고를 위해 현대 포르투갈어 사전에서 해당 단어의 의미를 찾아 요약하면 다음과 같다.[24]

> 1) saber [他動] ①知る、わかる、知って(わかって・覚えて・精通して)いる ②…できる、…の心得がある ③記憶する、覚える [自動] ①について知る(わかる)、知って(わかって)いる ②味がする [名] ①知恵、学識、博識 ②思慮深いこと、良識 ③経験

일포사전의 뜻풀이에서 쓰인 의미는 '방역'의 번역을 참고했을 때 '知る(알다), 悟る(깨닫다), 了解する(잘 이해하다), 智慧(지혜)' 등으로 해석됨을 알 수 있다. 이 단어가 사용된 뜻풀이의 표제어는 지성과 관련한 개념을 나타내는 어휘라고 볼 수 있다. 구체적인 용례는 아래와 같다.

> 不識(ふしき, 288L)
> Não **saber** (**알지** 못함)

> 我覚(ががく, 291L)
> <u>Saber</u> naturalmente sem aprẽder nem discorrer como disse Xaca

---
24) 池上岑夫・金七紀男・高橋都彦・冨野幹雄, 『現代ポルトガル語辞典』(改訂版), 白水社, 2012.

de si. (석가모니가 자신에 대해 말했듯이 배우거나 궁리하지 않고 자연스럽게 **깨달은 것**)

五智(ごち, 304L)
Cinco maneiras de **saber** que ha no Fotoque. (부체에게 있는 다섯 종류의 **지혜**)

見解(けんげ, 485L)
O **Saber**, & entender bem as cousas do Buppô. (불교에 관한 것을 잘 알고 **잘 이해하는 것**)

四智(しち, 761L)
Quatro maneiras de sciencia, ou **saber**. (네 가지 학문, 또는 **지식**)

六波羅蜜(ろくはらみつ, 539R, 補遺)
Seis exercicios, & obras de virtude, que poem os Iapões aos principiantes como nouiços(일본인들이 신참 수련생에게 부과하는 여섯 가지 수행과 선덕의 행실). s(곧). ... Chiye(지혜). **Saber(지혜)**.

또한 클러스터A에서는 'alma'라는 단어도 주목할 만하다. 마찬가지로 현대 포르투갈어 사전에서 해당 어휘의 의미를 찾아 요약하면 다음과 같다.

2) alma [名] ①魂、霊魂 ②心、精神；感情；根性、性根 ③亡霊 ④勇気 ⑤生命、命；活気 ⑥人、人間；住民 ⑦中心人物；指導的精神 ⑧いとしい人 ⑨[事物の]生命、真髄 ⑩[砲の]内腔；[レールの]中心リブ；

일포사전의 뜻풀이에서는 '영혼' 등으로 번역되는 의미로 쓰였다. 종교인이었을 편찬자에게 있어서 일본의 재래종교에서 영혼이라는 관념적인 사항에 대해 어떻게 바라보는지에 대해 이해하는 것은 중요한 과제였을 것이다. 그렇기 때문에 영혼과 관련한 용어가 표제어로 선별되었을 것이며 뜻풀이에서 'alma'와 같은 단어가 빈번히 쓰인 것도 그러한 까닭으로 볼 수 있다. 구체적으로는 아래와 같은 단어들에서 쓰임을 확인할 수 있다.

> 心色·心識(しんしき, 774R)
> Espirito, & corpo(정신과 육체). Item, Duas maneiras de espirito, ou **alma**(또한 정신 또는 **영혼**의 두 가지 양태).
>
> 心性(しんしょう, 774R)
> Espirito, ou **alma**(정신 또는 **영혼**).
>
> 靈心(れいしん, 528L, 補遺)
> **Alma**(**영혼**).
>
> 輪転(りんでん, 533L, 補遺)
> i. Transformaçam da **alma** de hum corpo em outro, como fingem os gentios(즉 이교도들이 상상하는, 한 육체의 **영혼**이 다른 것으로 변하는 것).

그리고 'alma'에 이어서 사용빈도가 높은 'salvação'도 종교적인 맥락을 암시하는 면이 있다. 현대 포르투갈어 사전에 기술된 의미를 요약하면 다음과 같다.

> 3) salvação [名] ①救助、救出 ②救済、救い ③挨拶

이 단어는 6개의 표제어에 대한 뜻풀이에서 사용되었으며 해당 내용은 아래와 같다. 각각의 뜻풀이를 보면 일포사전의 편찬자는 타 종교에서의 '구원' 관념에 대해서도 관심을 갖고 있었음을 추측해 볼 수 있다.

五障(ごしょう, 310L)
Cinco especies de impedimentos que tem as molheres pera certas cousas da **saluação** como pera se fazerem Fotoques, &c. (**구원**에 관한 특정 행위에 대해서 여성들이 갖고 있는 다섯 종류의 장애물, 예를 들어 부처가 되기 위한 장애물 등)

利物(りもつ, 532R)
Fim, ou cōsumação da **saluação** dos homens. (인간의 영혼을 **구하는 것**의 종결, 또는 완료)

三毒(さんどく, 554L)
tres raizes de peccados(죄악의 근원이 되는 세 가지). s. Cubiça, Ira, Ignorancia(즉 탐욕, 분노, 무지), q~ impedem a **saluoção**, & por isso se chamão tres peçonhas(이들은 **구원**을 방해하는 것이기 때문에 세 가지 독이라고 불린다).

禅波羅蜜(ぜんばらみつ, 356L, 補遺)
O considerar, ou meditar as cousas da **saluação** conforme a certo modo que Xaca ensina(석가모니가 가르치는 특정 방식에 따라 **구원**에 대해 숙고하거나 묵상하는 것).

아울러 같은 어근에서 파생된 동사인 'salvar'가 사용된 2개의 용례를 소개하면 다음과 같다.

利他(りた, 536R)
Saluar, ou liurar aos outros. (타인을 **구원하는 것**, 또는 해방시키는 것)

頓証(とんしょう, 661R, 補遺)
O **saluarse** algũa alma, que estaua em pena por causa de algum solenne officio, que nesta vida se fez por ella. (괴로워하는 어느 죽은이의 영혼이, 이승에서 그 사람을 위해 거행된 어떤 엄숙한 의식에 의해서 **구원받는 것**)

3) 클러스터C―생과 육체, 그리고 탄생

클러스터B로 분류된 단어들을 살펴보았을 때에는 일정한 경향성을 찾기 어려웠다. 한편 클러스터C로 분류된 그룹에서는 vida(생애), corpo(육체), nascer(탄생)와 같이 불교에서 제시하는 윤회, 전생, 현생과 관련한 관념들에 대한 설명에 사용된 어휘들을 찾을 수 있다. 차례대로 현대 포르투갈어 사전에서의 의미 요약과 일포사전 뜻풀이에서 사용된 용례를 제시하면 다음과 같다.

1) vida [名] ①生命、生、命 ②人生、一生；寿命 ③生き方、生活、暮らし；生計 ④生き物、生物 ⑤生気、活力；生命感

八相(はっそう, 211L)
Oito estados que teue a **vida** de Xaca. (석가모니가 한 **생애**에서 지녔던 여덟 가지의 모습/상태)

業の網(ごうのあみ, 308L, 補遺)
Não poder escapar dos males por causa dos fados da **vida** antes

de nacer, segundo cuidão os gentios. (이교도들이 생각하는 바에 따르면 태어나기 전의 **생**[전생]의 숙명에 의해서 불행을 벗어날 수 없는 것)

隔歷(きゃくれき, 492R, 補遺)
O estarem diuididos em varios lugares, & estados os da outra <u>vida</u>. (다음 **생**의 사람들이 여러 장소나 다양한 경우로 나뉘어 있는 것)

過去の業(かこのごう, 515R, 補遺)
Obras que hum faz na outra <u>vida</u> antes de nacer nesta. (사람이 현생으로 태어나기 전의 **생**[전생]에서 한 행위들)

頓証(とんしょう, 661R, 補遺)
O saluarse algũa alma, que estaua em pena por causa de algum solenne officio, que nesta <u>vida</u> se fez por ella. (괴로워하는 어느 죽은이의 영혼이, **이승**에서 그 사람을 위해 거행된 어떤 엄숙한 의식에 의해서 구원받는 것)

宿報(しゅくほう, 799R, 補遺)
Retribuiçam, & castigo nesta <u>vida</u> dos males, que hum fez antes que nella nacesse. (사람이 현생으로 태어나기 전에 한 악행으로 인하여 이번 **생**에서 받는 응보와 처벌)

2) corpo [名] ①本体、主要部分 ②身体、体 ③[精神に対して]肉体

空裡(くうり, 170R)
Sustācia sẽ cor, & <u>corpo</u>. i. espũ. (색깔도 **형체**도 없는 것, 즉 거품).

本覚(ほんがく, 260L)
Ser, ou sustancia do primeiro principio, ou Fotoque ātes de se

misturar no **corpo**, & viuer, &c. (**육체**와 생명에 얽혀들기 이전의 본원적인 존재, 실체, 즉 부처)

合成(ごうじょう, 306R)
¶ Xidai gŏjŏno yexin(四大合成の依身[사대합성의 의신]). Este **corpo** como emprestado composto dos quatro elementos. (네 가지 요소로 구성된 빌려온 것과 같은 이 **몸**)

心色·心識(しんしき, 774R)
Espirito, & **corpo**. (정신과 **육체**)

輪転(りんでん, 533L, 補遺)
i. Transformaçam da alma de hum **corpo** em outro, como fingem os gentios. (즉 이교도들이 상상하는, 한 **육체**의 영혼이 다른 것으로 변하는 것).

3) nascer [自動] ①生まれる、誕生する ②生じる、発生する ③成長し始める [名] 誕生、出生；出現；夜明け

無生無死(むしょうむし, 437L)
O não **nacer**, nẽ morrer. (**태어나지도** 죽지도 않는 것)

過去の業(かこのごう, 515R, 補遺)
Obras que hum faz na outra vida antes de **nacer** nesta. (사람이 현생으로 **태어나기** 전의 생[전생]에서 한 행위들)

流来(るらい, 544L, 補遺)
O tornar a **nacer**, ou morrer muitas vezes segundo a opinião dos gentios. (이교도들의 견해에 따르면 **태어나고** 죽는 것을 몇 번이고

반복하는 것)

湿生(しっしょう, 786L, 補遺)
O **nacer** por via de podridam, como ratos, bichos, & outras cousas semelhantes. (쥐, 벌레, 그리고 그와 비슷한 것들이 썩어 없어지는 것을 통해 **태어나는** 것)

종교를 초월하여 인간으로서 고뇌하게 되는 '삶'과 '탄생', 그리고 '육체'에 대한 관념에 대한 불교 특유의 관념과 관련된 용어들임을 알 수 있다.

4) 클러스터D―본원, 선덕, 그리고 묵상

클러스터D로 모인 어휘들 중에는 principio(본원), virtude(선덕), meditar(묵상)과 같이 불교 수행의 근본 원리와 내면적 활동을 나타내는 단어들이 관찰된다. 각각의 의미에 대한 요약과 일포사전 안에서의 주요 용례를 제시하면 다음과 같다.

1) principio [名] ①始まり、発端 ②本源、根源、第一原因 ③原理、原則 ④行動原理、主義 ⑤[物質の]要素、成分

本分(ほんぶん, 259R)
Primeiro **principio**. (**원시/기원**)

本覚(ほんがく, 260L)
Ser, ou sustancia do primeiro **principio**, ou Fotoque ātes de se misturar no corpo, & viuer, &c. (육체와 생명에 얽혀들기 이전의 **본원적**인 존재, 실체, 즉 부처)

本心(ほんじん, 260R)
Primeiro principio de q~ se trata no Buppô. (불법에서 다루는 첫 번째 **근본적**인 것)

本有(ほんう, 261R)
Cousa que ouue, ou tem ser desdo principio. (**처음부터** 본연의 성질을 갖추고 있었던 또는 갖추고 있는 것)

法報応(ほっぽうおう, 262L)
Tres maneiras de atributos, ou qualidades que ha naquelle primeiro principio de que se fala no Buppô. (불법에서 말하는 그 **원초적**인 것이 갖추고 있는 세 가지 속성 또는 성질)

法性(ほっしょう, 267R)
Primeiro principio, ou natureza do Fotoque (**본원**, 또는 부처의 본성)

無根本(むこんぽん, 430L)
Sem principio. (**근원**이 없는 것)

2) virtude [名] ①徳、德性、美德、高潔 ②善行、德行 ③貞潔、純潔、貞節 ④効能、効力、能力 ⑤原因、動機

不思善(ふしぜん, 287R)
Não cuidar na virtude. (**선덕**에 대하여 신경 쓰지 않는 것).
Vt, Fuxijen, fuxiacu. (예: 不思善[불사선], 不思悪[불사악])
Não cuidar na virtude, nem na maldade. (**선덕**에도 사악함에도 신경 쓰지 않는 것)

造悪不善(ぞうあくふぜん, 842R)
Fazer pecados sem ter, ou fazer **virtude**. (**선덕**을 지니거나 행하지 않고서 죄를 짓는 것)

善法(ぜんぽう, 356R, 補遺)
Ley, ou doutrina de **virtude**. (**선덕**의 교법 또는 **선덕**의 가르침)

六波羅蜜(ろくはらみつ, 539R, 補遺)
Seis exercicios, & obras de **virtude**, que poem os Iapões aos principiantes como nouiços. (일본인들이 신참 수련생에게 부과하는 여섯 가지 수행과 **선덕**의 행실)

3) meditar [他動] ①考え込む、熟考(黙想)する ②考慮(検討・研究)する ③もくろむ、計画する
meditação [名] 熟考、瞑想、沈思黙考；瞑想録

閑道人(かんどうにん, 089L)
Pessoa que tem bem **meditado**, & penetrado as cousas do goxŏ dos Ienxùs. (선종에서 말하는 후생에 대해서 충분히 **묵상**하여 통달한 사람)

勘破了(かんぱりょう, 091L)
Ter bem entendido, & penetrado as cousas que os Ienxus dão a **meditar**. (**묵상**하기 위해서 선종 승려가 제시한 사항을 충분히 이해하고 통달하는 것).

禅波羅蜜(ぜんばらみつ, 356L, 補遺)
O considerar, ou **meditar** as cousas da saluação conforme a certo modo que Xaca ensina. (석가모니가 가르치는 특정 방식에 따라

구원에 대해 숙고하거나 **묵상하는 것**)

観修し,する(かんしゅし,する, 520L, 補遺)
Meditar. (묵상하다)

覚前(かくぜん, 075L)
O estar exercitado nas **meditaçoẽs** dos Ienxus. (선종의 **묵상**에 대해 수행을 쌓는 것)

朝参(ちょうさん, 128L)
O ir polla menhaã a tomar os pontos de **meditação**. (아침에 **묵상**의 주제(공안)를 받으러 가는 것)

極則(ごくそく, 305L)
Ponto principal das **meditaçoẽs** dos Ienxus. (선종 승려가 행하는 **묵상**의 주요 요점)

了却(りょうきゃく, 535R, 補遺)
O ter alcançado, & penetrado algũa cousa por via de **meditaçam**. (**묵상**에 의해서 어떤 일에 통달하여 철저히 아는 것)

六波羅蜜(ろくはらみつ, 539R, 補遺)
Iengiŏ.(禅定[선정]) **Meditação** quieta sem outras pensamentos. (다른 생각 없이 고요히 **묵상하는 것**)

座禅(ざぜん, 840R, 補遺)
Meditação(묵상)

5) 클러스터E―교법과 행위, 그리고 실천방식

클러스터E로 분류된 어휘들 가운데에는 눈에 보이는 행위(obra), 실천의 방식(modo), 그것이 준거로 삼아야 할 원리로서 존재하는 교법(lei)을 확인할 수 있다. 불교라는 타 종교에서 이루어지는 실천과 그것의 방식 및 준칙에 대한 관심을 짐작할 수 있다. 각 포르투갈어 어휘의 의미 요약과 일포사전에서의 용례는 다음과 같다.

1) lei [名] ①法、法律；法令、条令 ②法制、法体系 ③規範、規則；法則 ④掟、慣例 ⑤支配、権力 ⑥教え、教理

   伝法(でんぽう, 183R)
   O cõmunicar, ou dar parte a outros da **lei**, como o mestre aos discipulos. (스승이 제자에게 하는 것처럼 **교법**에 대해서 다른 사람에게 전달하여 알게 하는 것)

   本法(ほんぽう, 259R) / 本法(ほんぽう, 261L)
   Propria **lei**, ou doctrina. (본래의 교법 또는 가르침의 뜻)

   四教(しきょう, 775L)
   Quatro **leis**, ou doutrinas de que se fala no Buppô. (불법에서 말하는 네 가지 **교법** 또는 가르침의 뜻)

2) obra [名] ①仕事、労働；骨折り、努力 ②成果、成績；作品、著作 ③工事、事業；修理、改修；建設中の建物

   浄行(じょうぎょう, 368L)
   Boas **obras**, ou puras. (선한 행실, 또는 청정결백한 행위)

縁(えん, 818L)

& doutras relações as **obras** da vida precedente. (전생에서의 **행위**라든지) E porque as **obras** desta vida (그리고 이번 생에서의 **행위**는)

雑行(ぞうぎょう, 843L)

Obras viciosas. (사악한 **행위**)

過去の業(かこのごう, 515R, 補遺)

Obras que hum faz na outra vida antes de nacer nesta. (사람이 현생으로 태어나기 전의 생[전생]에서 한 **행위들**)

六波羅蜜(ろくはらみつ, 539R, 補遺)

Seis exercicios, & **obras** de virtude, que poem os Iapões aos principiantes como nouiços. (일본인들이 신참 수련생에게 부과하는 여섯 가지 수행과 선덕의 **행실**)

3) modo [名] 仕方、方法、方式、手段；様式、形態 ②状態、気分、気持ち ③しつけ、行儀、態度；礼節 ④慣例、流儀

別法(べっぽう, 053R)

Outro **modo** de doutrina, ou de ensinar. (다른 **방식**의 교리 또는 가르침)

陪堂(ほいとう, 258R)

Modo de pedir. (구하여 청하는 **모양**)

悟道(ごどう, 305R)

Modo de meditar, & entender as cousas do Buppô. (불법에 관한 것을 묵상하고 이해하는 **방법**)

悟り(さとり, 561R)

¶ Item, <u>Modo</u> de meditar dos Ienxus & cair nas cousas do Bup. (또한 선종 승려가 묵상을 통해서 불법에 관한 사항을 깨닫는 것)

縁(えん, 818L)

daqui vem outro <u>modo</u> de vsar deste vocabulo, que he, (이 점에서 이 단어의 다른 사용 **방법**이 나온다.)

禅波羅蜜(ぜんばらみつ, 356L, 補遺)

O considerar, ou meditar as cousas da saluação conforme a certo <u>modo</u> que Xaca ensina. (석가모니가 가르치는 특정 **방식**에 따라 구원에 대해 숙고하거나 묵상하는 것)

5. 데이터로 읽은 타자 인식

본 연구에서는 기리시탄판 "일포사전"에 수록된 '불법어' 177개를 대상으로 표시형태와 뜻풀이의 특징에 대해서 검토하고 분석하였다. 그 가운데 3개 단어(上界, 頓証, 悟り)는 선행 연구에서 언급되지 않았으나 본 연구에서 새로이 '불법어'로 분류되는 것으로 확인된 것들이다. 이러한 분석을 통해 16~17세기 일본에서 활동하였던 가톨릭 선교사들이 불교라는 '타자'에 대해서 어떻게 인식하고 주목했는지에 대해 살펴볼 수 있었다.

표시형태의 특징으로는 Bup.(149개)이 대다수를 점했으나 Bupp.이나 Buppo와 같은 변형된 형태도 존재하였으며 보유에서는 완전한 형식의 통일이 이루어졌음을 확인할 수 있었다. 그리고 표시가 출현하는 위치에 대해서는 본편에서는 표제어의 바로 뒤에 표시되는 '선두형'과 뜻풀이 맨 끝에 위치하는 '후미형'이 큰 격차 없이 분포하였으나 보유에서는 후미형으로 통일되었음을 알 수 있었다. '방역색인'에서 「仏法語」로 간주한 단어 중에는 Bup. 이외에 Ienxu, Bozos 등의 표시에 근거한 것이 포함되는 점도 알 수 있었다.

뜻풀이의 특징을 검토하고자 포르투갈어 원문 텍스트 데이터를 사용하여 Word2Vec에 의한 어휘 클러스터링을 실시하였다. 클러스터의 개수를 증감하면서 최종적으로는 5개로 설정하여 나누었는데, 각각에 배속된 어휘들이 어떠한 의미적 속성을 가지고 있으며 실제 단어의 뜻풀이에서는 어떠한 의미로 사용되었는지에 대해 면밀히 검토하였다. 그 결과 최종적으로 A, C, D, E 네 개의 클러스터에 대해서 각각 A[知·霊·救], C[生·身], D[本·善·念], E[法·行]와 같은 의미 속성적 경향성을 확인할 수 있었다.

향후에는 본 연구에서 얻은 지견을 바탕으로 사전 약물로서 불교용어임이 명시된 '불법어'에 국한하지 않고 일포사전에 수록된 불교 용어 전체를 포괄적으로 추출하여 분석할 필요가 있다. 이를 통해 당시 가톨릭 선교사들이 불교의 관념 가운데 어떠한 것들에 관심을 가졌으며, 그것을 이해하기 위해서 서양의 어떠한 개념으로 치환하거나 대입하였는지 심층적인 연구를 진행해야 할 것이다. 이러한 연구는 당시의 이문화 교류의 실태를 이해하기 위한 중요한 토대로서 의의를 지니게 될 것이다.

이 글은 한국일어일문학회의 『일어일문학연구』 제129호에 실린 논문 「『日葡辞書』所収仏教語彙について: 「仏法語」を中心に」를 수정·보완하여 한국어로 옮긴 것이다.

텍스트 마이닝을 활용한 한일 대조연구의 동향 분석

장근수

1. 연구의 목적

최근 언어 연구 분야에서도 데이터에 기반을 둔 연구가 활발히 진행되고 있다. 대표적으로 코퍼스 언어학을 그 사례로 들 수 있으며, 최근에는 인공지능(AI) 기반의 대규모언어모델(LLM)의 활용 사례도 늘어가고 있다. 또한, 자연어 처리 기술 중 하나인 텍스트 마이닝(text mining)을 활용한 연구도 주목받고 있다.

본 연구에서는 언어 처리 연구의 일환으로 텍스트 마이닝 기술을 활용해 '한일 대조연구(日韓対照研究)'의 동향, 성과, 특징 등을 기술하고자 한다. 한일 대조연구 분야는 음성·음운, 문법, 표현, 담화 등 많은 영역에서 활발히 진행되고 있으며, 한일 양 언어의 언어적인 차이를 규명함을 물론, 한국인 모어 학습자의 일본어 학습에 대한 연구 성과 등도 한일 대조연구에 크게 기여하고 있다. 한국에서 발행되는 학술지 중 최근 연구로 장근수[1], 안평호[2], 오고시[3] 등에서 일본어 문법과 사회언어학, 일본어교육 분야를 중심으로 한일 대조연구의 성과와 동향을 기술하고 있다.

본 연구에서는 한일 양 언어의 대조연구가 언제부터 발표되었는지, 주로 어떤 분야가 연구되어 왔는지 포함해, 지금까지의 연구 성과와 동향을 기술하는 것을 목표로 한다. 연구 방법으로는 'Google Scholar'에서 제공하는 검색 도구를 사용하여 "日韓対照研究(한일 대조연구)"라는 키워드에 해당하는 연구논문·발표·서적 등을 검색하였다. 그 결과를 바탕으로 1980년부터 2022년까지 발행된 논문 783편을 검출하였고, 이를 대상으로 KH Coder를 활용한 텍스트 마이닝을 시도하였다. 분석의 내용과 절차는 다음과 같다.

먼저 783편의 논문 타이틀(서브타이틀을 포함함)에 나타나는 고빈도 단어를 추출하여 지금까지의 연구 분야 및 연구 방법 등을 기술한다. 다음으로 공기 네트워크를 실행하여 상위 100개의 추출어가 논문 타이틀에서 어떻게 연결되어 있는지 확인한다. 마지막으로 발행 연도를 외부 변수로 설정하여 한일 대조연구의 추이와 연도별 특징적인 추출어를 확인한다.

2. 선행 연구

본 연구에서는 텍스트 마이닝을 활용하기 위한 도구로 'KH Coder'를 사용한다. 이 도구는 히구치[4])에 의해 개발된 오픈소스 프로그램으

---

1) 장근수, 「文法研究の現況と展望」, 『日本語研究』 67, 한국일본어학회, 2021.
2) 안평호, 「文法研究の現況と展望」, 『日本語研究』 76, 한국일본어학회, 2023.
3) 生越直樹, 「日韓対照研究の成果と残された問題」, 『日本語学研究』 79, 한국일본어학회, 2024.
4) 樋口耕一, 『社会調査のための計量テキスト分析: 内容分析の継承と発展をめざして』, ナカニシヤ出版, 2014.

로 누구나 다언어 텍스트의 계량적 분석이 가능하다. 초기에는 사회학 및 사회 조사를 목적으로 개발되었으나 현재는 언어 처리 및 언어 연구 분야에도 널리 활용되고 있다.[5]

여기서는 텍스트 마이닝 기술을 활용하여 특정 학술지의 분석이나 연구 동향, 특징을 지적한 최근 연구를 확인한다. 먼저, KH Coder를 활용한 텍스트 마이닝 연구 사례로 이경숙[6]에서는 일본어 학습자의 음성 관련 연구 동향을 지적하였다. Google Scholar 검색 툴을 사용하여 1980년대부터 2010년대까지 발표된 학습자의 일본어 음성 관련 논문 669편의 타이틀을 수집하여 그 특징을 분석하였다. KH Coder의 기본 매뉴얼과 텍스트 마이닝을 위한 전처리 과정을 소개한 후, 논문의 타이틀에 등장하는 용어의 빈도수, 추출된 용어의 공기 네트워크의 결과 등을 제시하고 있다. 데이터 분석 결과, 약 40년간의 일본어 음성 연구의 트렌드가 어떻게 변화해 왔는지 지적하고 있다. 음성 관련 연구는 1990년대부터 논문 수가 증가했으며 연구 분야도 다양해진 점, 2000년대에는 음성 인식과 그 시스템을 활용한 음성 교육 관련 논문이 눈에 띄게 증가했다는 점 등을 언급하고 있다.

다음으로 성윤아[7]에서는 한국일어교육학회에서 발행하는 학술지 『일본어교육연구』를 대상으로 2012년부터 2021년까지 10년간 발표된 185편의 한국어 논문의 데이터를 분석하였다. 먼저, 데이터 처리 과정을 소개하고 데이터의 전처리 과정 후 '다중 용어 집계, 단어 빈도수 분석, 단어 빈도-역문서 빈도 조사, 공기 네트워크, CONCOR(CONver-

---

5) 히구치(樋口, 2017, 2022)에서는 언어학적 분석을 위한 KH Coder의 설정과 기능, 계량 텍스트 분석의 구체적인 분석 사례 등을 소개하고 있다.
6) 이경숙, 「텍스트마이닝 기법을 활용한 일본어 학습자의 음성에 관한 연구 동향 분석」, 『일본어학연구』 69, 한국일본어학회, 2021.
7) 성윤아, 「텍스트마이닝 기법을 활용한 일본어교육연구 동향 분석」, 『일본어교육연구』 62, 한국일어교육학회, 2023.

gence of iteration CORrealtion) 분석'과 같은 기법을 적용하고 있다. 그리고 고빈도 어휘, 연도별 특징어, 어휘 간 관계성 분석, 연구의 중심 주제 추출 등의 작업을 수행하며 그 특징과 추이를 지적하고 있다. 또한 2021년부터 온라인, 비대면, 원격수업, 교류회와 같이 사회 변화에 따른 수업 방식의 연구 비중이 높아진 점 등을 지적하고 있다.[8]

이어 장근수[9]는 한국일어교육학회의 학술지인 『일본어교육연구』를 대상으로 2001년 창간호부터 2022년까지 발행된 총 700편의 논문 타이틀(서브타이틀 포함)을 수집해 고빈도 단어 추출, 공기 네트워크 등의 결과를 통해 지금까지의 연구 대상 및 방법 등을 기술하고 있다. 먼저, 고빈도어 추출 결과에서는 '한국일어교육학회'에서 발행하는 학술지인 만큼 [学習者] [学習] [授業] 등 일본어교육 관련 용어가 다수 등장하고 있는 점을 지적하였다. 그리고 각 연구 분야에서 어떤 용어가 어떻게 사용되고 있는지 그 경향성을 제시하고 있는데, 그중 '어휘' 연구가 가장 활발함을 지적하고 있다. 또한 발행 연도를 외부 변수로 삼아 지난 20년간의 일본어·일본어교육 연구 추이와 연도별 특징적인 키워드를 제시함으로써 해당 학술지에 게재된 논문의 특징 및 성과를 제시하고 있다.

본 연구에서는 텍스트 마이닝 기법을 활용한 선행 연구를 참고로 '한일 대조연구(日韓対照研究)'가 지금까지 어떻게 진행되어 왔는지를 제시함으로써 연구의 성과나 동향, 연도별 특징 등을 분석하고 그 결과를 제시함을 목적으로 한다.

---

8) 이경숙(2021)과 성윤아(2023)의 연구는 각각 일본어와 한국어 데이터를 활용하고 있다는데 KH Coder는 일본어, 한국어, 영어, 중국어, 스페인어 등을 지원하고 있어 다언어 텍스트 분석에도 효과적이다.
9) 장근수, 「텍스트 마이닝을 활용한 『日本語教育研究』 주제 분석」, 『일본어교육연구』 63, 한국일어교육학회, 2023.

3. 연구의 대상 및 방법

1) 연구의 대상

이번 연구에서는 한일 대조연구의 현황을 파악하기 위해 Google Scholar의 검색 시스템을 활용하였다. 이를 위해 먼저 "日韓対照(한일 대조)"라는 키워드를 모두 포함하는 조건으로 "論文／資料全体検索(논문/자료 전체 검색)"을 설정하였다. 기간은 2022년까지로 한정했으며, 일본어로 작성된 일본 현지 및 해외 연구 논문, 기고 논문, 발표 논문 등에 수록된 타이틀(서브타이틀을 포함)을 검출하였다.

이어서 검출된 개별 데이터를 Google Scholar의 '마이 라이브러리'에 저장한 다음, CSV 형식으로 내보내기를 실행하였다. 이후 CSV 파일을 Excel을 사용하여 〈그림 1〉과 같은 형태로 텍스트 마이닝을 실행하기 위한 기초 데이터베이스를 작성하였다.

〈그림 1〉 Google Scholar에서 얻은 데이터의 작성(excel)

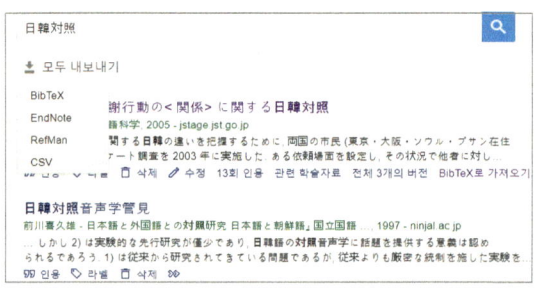

데이터의 정리 및 분류 단계로서 한일 대조와 관련된 논문, 연구 타이틀 중 언어학 분야에 해당하지 않는 것은 제외하였다. 또한 발표 논문과 연구 논문의 타이틀이 동일한 경우는 연구 논문만 카운트하였다. 그 결과, 783편의 논문 및 연구 타이틀을 추출하였고, 이를 타이틀, 연도(혹은 연대), 저자 등의 정보를 위 그림과 같이 입력하였다.

다음으로 데이터로부터 한일 대조연구의 추이를 확인하기 위해 연도별 발행 건수와 발행 추이를 제시한다.

〈표 1〉 한일 대조연구의 연도별 발행 건수

연도	발행건수	연도	발행건수	연도	발행건수
2022	21	2010	26	1998	18
2021	23	2009	43	1997	5
2020	24	2008	44	1996	12
2019	21	2007	36	1995	6
2018	37	2006	29	1994	8
2017	34	2005	37	1993	4
2016	24	2004	26	1992	3
2015	44	2003	26	1991	2
2014	38	2002	18	1990	2
2013	40	2001	22	1989	4
2012	37	2000	13	1986~80	4
2011	40	1999	12		

〈그림 2〉 한일 대조연구의 연도별 발행 추이

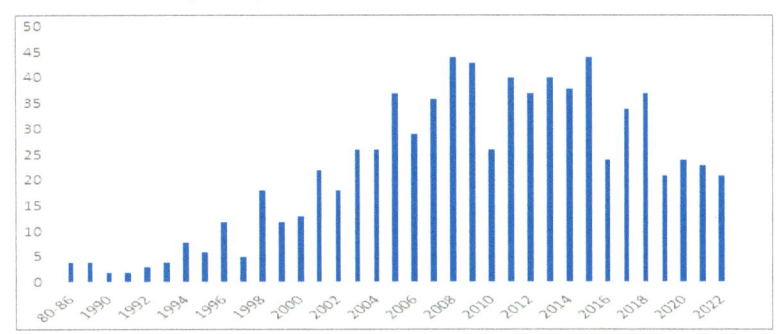

이 결과를 보면, 한일 대조연구는 1980년대에 처음 등장한다. 연구 초기의 1980년부터 1989년까지 10년간의 발행 건수가 8건에 불과할 정도로 이 시기의 한일 대조연구는 그다지 주목받지 못했다.[10] 이후 점차 증가하는 추세를 보이며, 1990년대 중반부터 10건 이상 발행되기 시작한다. 2001년에는 연간 20건을 초과했으며, 2005년부터는 연간 30건 이상의 발행 건수가 확인된다. 이러한 발행 추이를 보면 한일 대조연구는 1990년대 중반 이후부터 지속적으로 발행되었으며, 2000년대에 접어들면서 본격화 했다고 할 수 있다. 2010년대는 한일 대조연구가 가장 활발했던 시기로 연간 40건 이상의 발행 건수를 기록하고 있다. 다만 2019년부터 급격한 감소 추세를 보이며 현재에 이르고 있는 실정이다.[11]

2) 연구 방법

텍스트 마이닝을 실행하기 위해 필요한 다음 단계로 우선, 텍스트를 적절한 형태로 가공하는 작업이 필요하다. 이번 연구에서 목표로 하는 '한일 대조(日韓対照)'와 관련된 연구 주제의 추출, 발행 성과나 특징, 경향성을 파악하기 위해서는 미가공 데이터(raw data)의 '전처리(前処理)' 과정이 필수적이다. 텍스트 마이닝의 데이터 처리 과정을 〈그림 3〉에 제시한다.

---

[10] 한국에서의 일본어교육은 그보다 앞선 1970년대에도 이루어졌으나 일본어 관련 연구 및 대조연구의 발행은 그 이후라 볼 수 있다. 한편 본 연구에서는 Google scholar 검색 툴을 활용하고 있으나 검색의 방법 혹은 검색 툴의 종류에 따라서도 결과는 상이할 수 있다.

[11] 발행 건수 감소의 이유에 대해 현 단계에서는 명확하지 않다. 해당 시기에 일본어 관련 전체 논문 수가 감소했는지, 한일 대조연구의 발행 건수가 감소했는지 등 보다 상세한 분석이 필요할 것으로 보인다.

<그림 3> 단계별 데이터 처리 과정

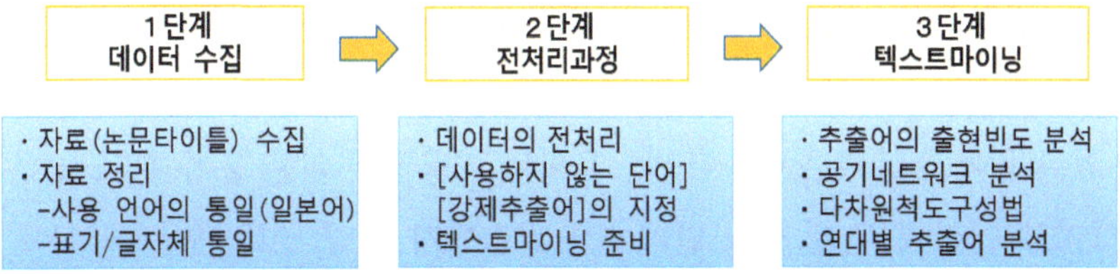

1단계 데이터 수집	2단계 전처리과정	3단계 텍스트마이닝
· 자료(논문타이틀) 수집 · 자료 정리 -사용 언어의 통일(일본어) -표기/글자체 통일	· 데이터의 전처리 · [사용하지 않는 단어] [강제추출어]의 지정 · 텍스트마이닝 준비	· 추출어의 출현빈도 분석 · 공기네트워크 분석 · 다차원척도구성법 · 연대별 추출어 분석

먼저, 1단계의 '자료 정리' 부분에 대해 설명하면 데이터 내의 '표기(히라가나/가타카나/한자/오쿠리가나 등)'와 '서체(신자체·구자체)'의 통일이 필요하다. 예를 들어, '言葉'와 'ことば', 'コトバ', '挨拶'와 'あいさつ'는 표기상 한자와 가나의 구분이 있지만 데이터 처리에서는 동일한 용어로 추출할 필요가 있다. '断わり'와 '断り'와 같은 '오쿠리가나(送り仮名)'도 마찬가지이다. 또한, '国語'와 '國語', '台湾'과 '臺灣'처럼 한자의 '신자체'와 '구자체'가 혼재되는 경우도 확인된다. 언어 처리에서는 같은 단어라도 표기가 다르면 다른 단어로 인식되기 때문에 전처리 과정에서 표기의 통일화가 필요하다. 본 연구에서는 단어의 출현 빈도를 고려하여 다음과 같이 표기에 차이가 있는 경우 오른쪽에 제시한 용어로 통일하였다.

「挨拶」·「あいさつ」:「あいさつ」　　「韓国」·「韓國」:「韓国」
「断わり」·「断り」:「断り」　　　　　「受身」·「受動」:「受身」
「談話」·「ディスコース」:「談話」　　「相づち」·「あいづち」:「あいづち」
「諺」·「ことわざ」:「ことわざ」　　　「イディオム」·「慣用句」:「慣用句」
「まんが」·「マンガ」·「漫画」:「漫画」

다음으로 2단계의 데이터의 '전처리과정'을 설명한다. 예를 들어 본 연구의 연구주제인 '日韓'이나 '対照研究'와 같은 용어는 연구논문의

타이틀에 자주 등장한다. 또한 학술 논문의 타이틀이라는 특성상 '言語·分析·考察·中心·対象·比較' 등과 같은 용어도 빈번히 볼 수 있는데, 이러한 용어들은 연구 주제나 성과, 특징 등을 도출하기 위한 의미 있는 용어라 볼 수 없다. 이러한 용어는 '사용하지 않는 용어(使用しない語)'로 입력해 두면 검색 단계에서 검출되지 않다. 이번 연구에서는 다음과 같은 용어를 '사용하지 않는 용어'로 지정하였다.[12]

[使用しない語の指定]
日韓, 韓日, 両国, 対照, 研究, 言語, 中心, 観点, 視点, 比較, 考察, 相違, 出現, 様相, 様子, 現象, 関係, 傾向, 関連, 分析, 対応, 使用, 注目, 特徴, 対象, 場合, 方法, 理論, 実態, 再考, 視野, 提案, 試み, 文, 韓, 日, 中, 語, 詞, 例

또한, 복합어의 처리도 '전처리과정'에서 중요하다. 예를 들어 이번 조사에서 자주 등장하는 [韓国語] [韓国人]과 같은 복합어의 경우는 [韓国+語] [韓国+人]처럼 두 개의 단어가 아닌 하나의 단어로 처리할 필요가 있다. 그렇지 않으면 [韓国] [語] [人]의 세 개의 단어가 각각 추출되기 때문에 필요한 추출어를 확보하기 어려워진다. 이러한 단어들은 '강제 추출할 단어 지정(強制抽出する語の指定)' 부분에 기재해 두면 형태소 분석 과정에서 하나의 단어로 추출할 수 있다. 이번 연구에서는 데이터 내의 모든 추출어를 관찰, 분석한 결과를 참고로 하여 다음의 단어를 '강제추출어'로 지정하였다.[13]

---

12) 메뉴의 [前処理(R)]→[語の取捨選択]에서 [使用しない語の指定]로 단어를 지정한다.
13) 어떤 용어를 강제 추출하느냐에 따라 결과가 달라지기 때문에 설정 기준 등에 주의가 필요하다. 이러한 이유로 텍스트 마이닝 기법은 데이터의 정확성보다는 경향성을 파악하는 데 유용하게 활용할 수 있다.

[強制抽出する語の指定]
韓国語, 外来語, 韓国人, 漢語, 漢字音, 文法化, 慣用句, 語用論, 異文化, 役割語, ほめ, あいづち, ことわざ, 呼びかけ, 母語話者, 補助動詞, 捷解新語, 自己開示, 社会言語学, ヴォイス, ストラテジー, ポライトネス

〈그림 4〉 분석에 사용하는 단어의 취사선택

위의 그림에서와 같이 추출하는 품사를 선택할 수 있으며 본 연구에서는 명사에 한정하였다. 이 단계까지가 텍스트 마이닝을 수행하기 위한 '전처리과정'이며 [前処理(R)]→[前処理の実行]을 통해 전체 처리 과정이 완료된다. 이러한 작업이 완료되면 텍스트 마이닝을 활용하여 추출된 단어의 빈도, 특징적 어휘, 공기 네트워크 등을 분석할 수 있다.

4. 추출어 분석 및 공기 네트워크

1) 추출어 분석

이 절에서는 〈그림 3〉의 3단계로 텍스트 마이닝을 활용한 추출어의 검출 결과를 제시한다. 먼저, 연구논문, 서적 등의 타이틀에 등장하는 단어의 빈도를 조사하여 어떤 용어가 얼마나 사용되고 있는지 확인한다.

〈그림 5〉 추출어 리스트와 KWIC

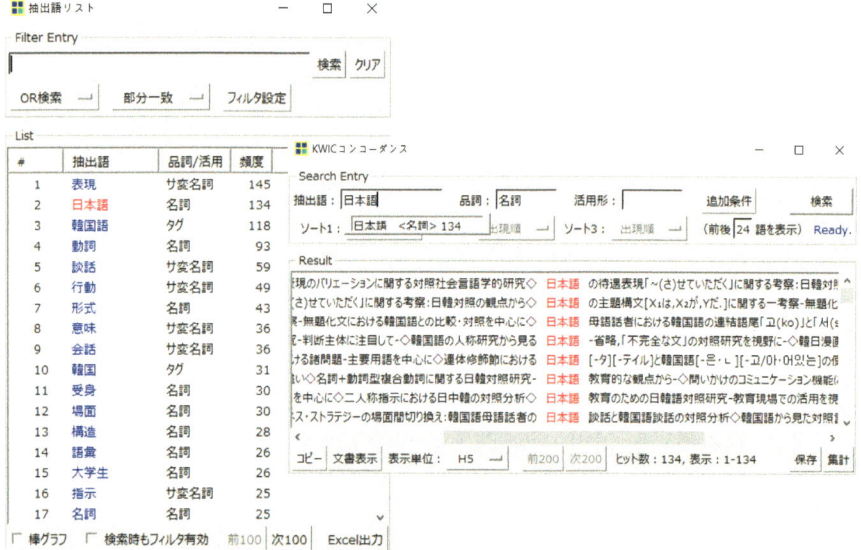

전처리 과정을 완료한 후, 메뉴 화면에서 [ツール]→[抽出語→抽出語リスト]를 실행하면, 〈그림 5〉의 왼쪽처럼 출현 빈도가 높은 순서로 추출어가 표시된다. 해당 추출어를 클릭하면 오른쪽 그림의 'KWIC (keyword in context)'처럼 추출어가 사용된 전후의 문맥(여기에서는 논

문의 타이틀)이 표시된다. 이를 통해 추출어가 논문 타이틀 내에서 어떻게 사용되고 있는지, 어느 시기에 발행된 것인지 등의 정보를 얻을 수 있다.

다음 〈표 2〉는 분석 대상인 783건의 논문 타이틀에서 4회 이상 출현한 추출어를 출현 빈도순으로 정리한 것이다. 이를 통해 고빈도어의 특징이나 연구 분야, 연구 방법 등 한일 대조연구의 대략적인 경향을 파악할 수 있다.

〈표 2〉 출현빈도 상위어(4회 이상 출현한 용어)

추출어	횟수	추출어	횟수	추출어	횟수	추출어	횟수
表現	145	表明	11	形態	6	韻律	4
日本語	134	母語話者	11	形容詞	6	恩恵	4
韓国語	118	友人	11	作用	6	課題	4
動詞	93	話題	11	使い分け	6	過去	4
談話	59	あいづち	10	資料	6	過程	4
行動	49	ほめ	10	自己	6	概念	4
形式	43	擬態語	10	省略	6	拡張	4
意味	36	統語	10	選択	6	勧誘	4
会話	36	コーパス	9	多義	6	漢字音	4
受身	30	モダリティ	9	対訳	6	間接	4
場面	30	感謝	9	態	6	寄与	4
構造	28	韓国	9	代名詞	6	共起	4
語彙	26	結合	9	内容	6	教科書	4
大学生	26	呼称	9	日本人	6	呼びかけ	4
指示	25	社会	9	頻度	6	国語	4
名詞	25	人称	9	連体	6	国際	4
学習	24	推量	9	アクセント	5	作文	4
用法	23	相互	9	ガ	5	自己開示	4
ことわざ	22	日本	9	テンス	5	実現	4
韓国人	22	評価	9	パターン	5	受容	4
授受	22	文法	9	ヴォイス	5	女性	4
依頼	21	文末	9	英語	5	状態	4

新聞	21	ドラマ	8	音韻	5	人間	4
ポライトネス	20	感情	8	格	5	接続	4
漢語	20	構成	8	記事	5	相手	4
教育	20	待遇	8	現場	5	体系	4
敬語	20	認識	8	現代	5	対話	4
発話	20	表記	8	語用論	5	態度	4
翻訳	20	文化	8	辞	5	貸し借り	4
ストラテジー	19	音声	7	終結	5	中途	4
外来語	19	社会言語学	7	述語	5	電話(会話)	4
漢字	19	社説	7	捷解新語	5	働きかけ	4
否定	19	終了	7	条件	5	動物	4
意識	18	小説	7	親族	5	同意	4
複合	17	焦点	7	政治	5	同形	4
コミュニケーション	16	接触	7	対称	5	同士	4
機能	16	断り	7	中国	5	発想	4
助詞	16	男女	7	展開	5	反応	4
補助動詞	16	品詞	7	分類	5	文章	4
アスペクト	15	変化	7	聞き手	5	変遷	4
構文	15	方言	7	漫画	5	編纂	4
謝罪	15	誘い	7	名称	5	命令	4
調査	15	要求	7	あいさつ	4	要因	4
慣用句	14	類型	7	アンケート	4	要素	4
文法化	14	マーカー	6	シナリオ	4	理解	4
結果	13	レベル	6	スキーマ	4	領域	4
使役	12	異文化	6	スタイル	4	役割語	4
身体	12	移動	6	スピーチ	4	類義語	4
副詞	12	応答	6	テキスト	4	連結	4
行為	11	開始	6	データ	4	連続	4
初対面	11	機械	6	意志	4		

추출어 중 고빈도어를 보면 [表現(145)] [日本語(134)] [韓国語(118)] 순으로 나타난다. 이러한 경향으로부터 한일 대조연구는 '日本語·韓国語の表現(일본어·한국어의 표현)'에 관한 연구가 가장 활발한 분야임을 유추할 수 있다. 또한 연구의 대상자 및 대상국은 [日本人(6)] [日本

(9)]에 비해 [韓国人(22)] [韓国(9)]가 더 많음을 알 수 있는데, 이를 통해 한일 대조연구에서는 '한국인 일본어 학습자'를 대상으로 한 연구가 활발하다고 할 수 있다.

KH Coder에서는 데이터를 시각적으로 변환해 주는데 [ツール]→[多次元尺度構成法]을 실행하면 〈그림 6〉의 결과를 얻을 수 있다. 〈표 2〉의 주제어의 출현빈도가 평면적인 데이터라면 '多次元尺度構成法'을 통해 보다 시각화된 형태로 구현되며 출현 패턴이 유사한 추출어가 얼마나 나타나는지 확인할 수 있다.

〈그림 6〉 多次元尺度構成法의 결과

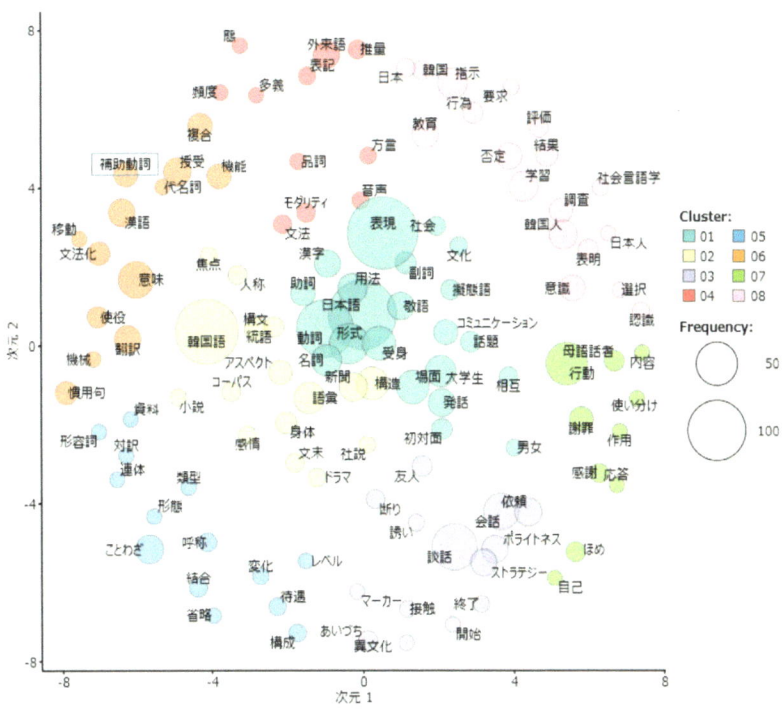

〈그림 6〉에서 보이는 원의 크기는 추출어의 출현 빈도(frequency)를

나타내는데 가장 큰 원인 [表現] [日本語] [韓国語]가 100회 이상 출현하고 있을 보여주고 있다. 가운데 '제로 좌표' 부근에는 해당 데이터에서 빈번하게 쓰이는 단어가 모이고 주변으로는 특징적인 단어가 위치한다. 그리고 공기관계가 강한 단어끼리는 서로 가까운 거리에 배치된다.

이번 연구의 추출어 분석을 통해 알 수 있는 한일 대조연구의 경향성을 항목별로 정리하면 아래와 같다.[14]

〈문법·표현〉 [形式(43)] [受身(30)] [構造(28)] [用法(23)] [授受(22)] [否定(19)] [機能(16)] [アスペクト(15)] [構文(15)] [文法化(14)] [使役(12)] [統語(10)] [モダリティ(9)] [推量(9)] [文法(9)] [文末(9)] [待遇(8)] [終了(7)] [類型(7)] [使い分け(6)] [省略(6)] [態(6)] [連体(6)] [ガ(5)] [テンス(5)] [ヴォイス(5)] [格(5)] [条件(5)] [意志(4)] [恩恵(4)] [過去(4)] [勧誘(4)] [間接(4)] [共起(4)] [状態(4)] [接続(4)] [文章(4)] [命令(4)] etc.

〈담화·언어행동〉 [談話(59)] [行動(49)] [会話(36)] [場面(30)] [依頼(21)] [ポライトネス(20)] [発話(20)] [ストラテジー(19)] [意識(18)] [コミュニケーション(16)] [謝罪(15)] [行為(11)] [初対面(11)] [表明(11)] [母語話者(11)] [話題(11)] [あいづち(10)] [ほめ(10)] [感謝(9)] [社会(9)] [感情(8)] [社会言語学(7)] [接触(7)] [断り(7)] [男女(7)] [誘い(7)] [要求(7)] [マーカー(6)] [応答(6)] [開始(6)] [自己(6)] [現場(5)] [聞き手(5)] [スキーマ(4)] [スタイル(4)] [スピーチ(4)] [呼びかけ(4)] [自己開示(4)] [対話(4)] [中途(4)] [電話(会話)(4)] [働きかけ(4)] [同意(4)] [反応(4)] [領域(4)] etc.

〈어휘·품사[15]〉 [語彙(26)] [指示(25)] [ことわざ(22)] [漢語(20)] [敬語

---

14) 이 분류는 저자의 판단으로 이루어진 것이며, 분류 방법이나 관점에 따라 카테고리가 달라질 수도 있다. 또한 모든 분야에 걸쳐 있는 것은 제외했으며, 어느 쪽으로 판단하기 어려운 경우는 논문 타이틀을 참고하였다.

15) 연구대상의 품사로서는 [動詞(93)]에 이어 [名詞(25)] [補助動詞(16)] [助詞(16)] [副詞

(20)] [外来語(19)] [漢字(19)] [複合(17)] [慣用句(14)] [擬態語(10)] [結合(9)] [呼称(9)] [人称(9)] [構成(8)] [品詞(7)] [形態(6)] [多義(6)] [(接頭·接尾)辞(5)] [述語(5)] [親族(5)] [対称(5)] [名称(5)] [同形(4)] [役割語(4)] [類義語(4)] [連結(4)] etc.

〈음성·음운〉 [音声(7)] [アクセント(5)] [音韻(5)] [韻律(4)] [漢字音(4)] etc.

〈기타〉 [教育(20)] [翻訳(20)] [評価(9)] [表記(8)] [文化(8)] [方言(7)] [異文化(6)] [機械(6)] [対訳(6)] [語用論(5)] [捷解新語(5)] [政治(5)] [作文(4)] etc.

이러한 결과에서 알 수 있듯이 한일 대조연구는 특히 '문법·표현'과 '담화·언어행동' 분야에서 활발히 진행되고 있으며, '어휘·품사'나 '음성·음운'을 비롯해 '교육', '번역', '문화', '평가' 등 다양한 분야에서도 광범위하게 이루어지고 있다. '문법·표현' 분야에서는 전통적으로 [受身(30)] [授受(22)] [否定(19)] [アスペクト(15)] [使役(12)]에 관한 연구가 많음을 확인하였다. '담화·언어행동' 분야에서는 [談話(59)] [行動(49)] [会話(36)] [場面(30)] [発話(20)] 등의 추출어에서도 알 수 있듯이 한일 간의 담화분석·언어행동이 활발한 연구 주제이다.

한편, 위 표에서 [調査(15)] [コーパス(9)] [アンケート(4)]와 같은 구체적인 연구 방법에 관한 추출어도 얻을 수 있다. 또한, [新聞(21)] [ドラマ(8)] [社説(7)] [小説(7)] [記事(5)] [シナリオ(4)] [教科書(4)]와 같은 대조연구의 자료 종류도 확인할 수 있다. 추출어 분석을 통해 대조연구의 분야·내용 및 빈도 등을 확인할 수 있다는 점도 텍스트 마이닝의 장점이라 할 수 있다.

---

(12)] [形容詞(6)] [代名詞(6)]의 순서가 확인되었다.

2) 공기 네트워크

KH Coder에서는 4.1절에서 검출된 추출어가 문맥(연구 타이틀) 내에서 어떻게 연결되어 있는지 확인할 수 있다. 이번 연구에서는 '最初出現数(최초출현수)'를 6개, 상위 100개 단어를 설정한 결과, 다음과 같은 공기 네트워크의 결과를 도출하였다.[16]

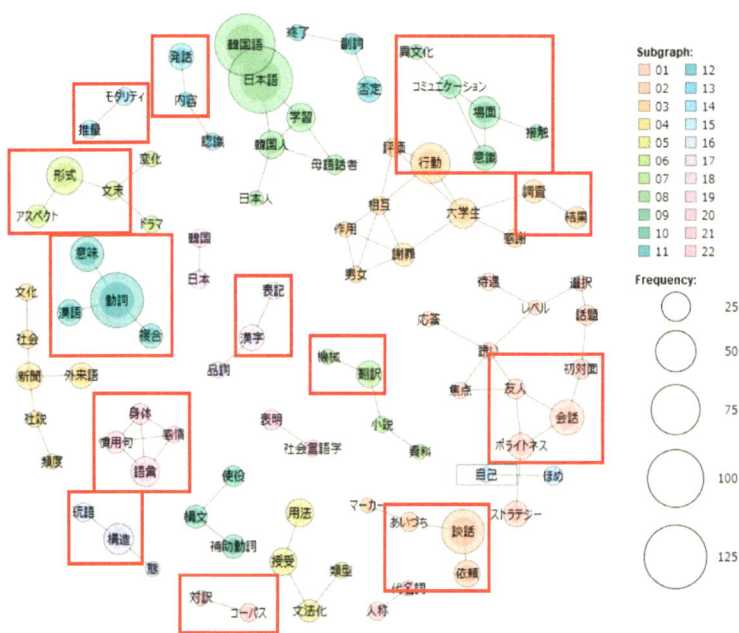

〈그림 7〉 抽出語の共起ネットワーク(上位100語)

〈그림 7〉의 원의 크기는 추출어의 출현 빈도를 나타내며, 중앙 상단의 [日本語(134)]와 [韓国語(118)]가 각각 100회 이상의 큰 클러스터를 형성하고 있다. 원과 원을 연결한 실선은 출현하는 추출어 간의 공기

---

16) 메뉴 화면에서 [ツール]→[抽出語→共起ネットワーク]를 선택하고 '共起ネットワークの設定'에서 상위 몇 개의 단어를 입력할지 설정할 수 있다.

네트워크를 나타낸다. 예를 들어, [日本語]는 [学習] [韓国人] [母語話者]와 실선으로 연결되어 있다. 즉, 이러한 추출어가 논문·연구 타이틀로 자주 사용되고 있음을 나타낸다.

큰 클러스터를 중심으로 보면, 왼쪽 위의 [形式]은 [アスペクト] [文末], 그 아래의 [動詞]는 [意味] [漢語] [複合], [語彙]는 [慣用句] [身体]와 공기관계에 있다. 또한, 오른쪽 아래의 [談話]는 [依頼] [あいづち]와, 그 위의 [会話]는 [初対面] [友人] [ポライトネス]와 같은 추출어와 공기 네트워크를 형성하고 있다. 또한, [調査] [結果], [統語] [構造], [対訳] [コーパス], [機械] [翻訳], [接触] [場面], [発話] [内容], [推量] [モダリティ], [漢字] [表記], [異文化] [コミュニケーション] 등의 추출어가 연결되어 있다.

또한 이번 연구에서는 1980년부터 2022년까지의 데이터를 발행 연대별로 분류하고, 연대별 특징적인 키워드를 확인하였다. '共起ネットワークの設定'에서 발행 연도를 '外部変数·見出し'로 설정하면 연대별로 특징적인 추출어가 표시된다. 조건 설정은 다음과 같다.

〈그림 8〉 추출어·공기 네트워크: 옵션

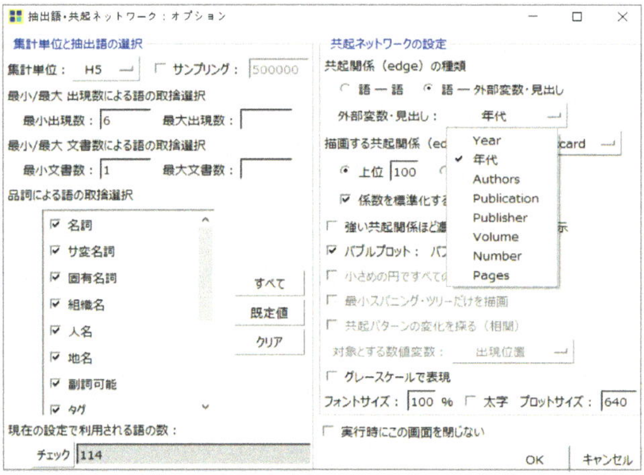

이번 연구에서는 지난 약 40년 동안 발행된 논문·연구 타이틀을 분석했으며, 연구의 발행 연도나 논문 수 등을 고려하여 다음 3단계로 분류하였다. 이를 통해 연구의 주제나 키워드 등 연대별 특징과 대략적인 경향을 파악할 수 있다.

[1단계: 대조연구의 초기 단계] 1980년~2000년까지의 약 20년간 93건
[2단계: 2000년대 초기의 성과] 2001년~2011년까지의 11년간 347건
[3단계: 최근 약 10년간의 성과] 2012년~2022년까지의 11년간 343건

먼저 [1단계]는 한일 대조연구의 초기 단계로 약 20년간 발표된 논문이 100건에 미치지 못한다. [2단계]는 대조연구가 본격화한 시기로 2001년에 처음으로 20건을 초과하는 논문이 발표되었다. [3단계]는 최근 약 10년간의 연구 성과를 파악할 수 있는 시기이다. 이를 통해 특정 연구가 언제부터 시작되었고, 어떤 시기에 어떤 연구가 활발히 진행되었는지 간접적으로 파악할 수 있다. 이번 연구에서는 〈그림 8〉의 설정 조건으로 〈그림 9〉의 결과를 얻었다.

그림의 중앙 부분에는 [日本語] [韓国語] [表現] [動詞]와 같은 연구의 핵심적인 추출어가 위치해 있다. 이 단어들은 모든 연대에서 공통적으로 사용되고 있다. 특히, [表現] [形式] [用法] [学習] [会話] [行動]과 같은 추출어를 통해 '문법·표현' 및 '담화·언어행동'과 관련된 내용이 한일 대조연구에서 활발히 다루어지며, 모든 연대에 걸쳐 진행되고 있다는 것을 알 수 있다.

다음으로, 1980~2000년에 나타나는 특징적인 추출어로 [翻訳] [敬語] [複合] [使役] [助詞] [慣用句] 등이 확인된다. 다만, 이러한 추출어가 이 시기에 한정되어 나타난다는 것은 아니며, 이 시기에 자주 사용된 특징적인 키워드로 해석할 수 있다. 또한 2001~2011년에는 [ことわ

〈그림 9〉 연대별 키워드와 공기 네트워크 (상위 100개어)

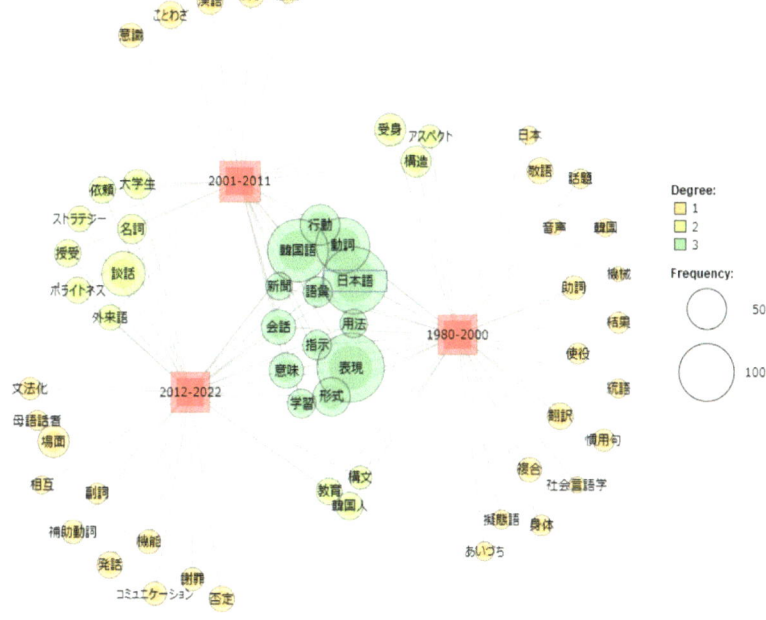

ざ] [漢語] [漢字] [意識], 2012~2022년에는 [場面] [発話] [コミュニケーション] [否定] 등이 특징적인 용어로 나타난다. 또한 두 개의 시기를 아우르는 용어도 있으며, 2001~2011년과 2012~2022년에 걸쳐 추출된 용어로는 [談話] [大学生] [ポライトネス] [ストラテジー] 등이 있다. 실제로 이들 용어는 2001년 이후 등장했으며, 일본어교육 분야에서의 주요 주제로 현재까지 활발한 연구가 진행되고 있다.

위의 그림에서 한일 대조연구의 동향을 '문법·표현'과 '담화·언어행동' 분야를 중심으로 보면, 초기에는 [使役·受身]과 같은 보이스(Voice, 態)나 [助詞] 연구에서 시작해 점차 [テンス·アスペクト], 그리고 [モダリティ]와 같은 동사가 가지는 문법범주(grammatical category)로 연구를 확장시켜 나간다. 2000년대에는 일본어교육 관점에서 [談

話] [ポライトネス] [ストラデジー]과 같은 연구가 주목받기 시작했다. 이러한 움직임은 이후 [場面] [発話]를 중시하는 [コミュニケーション] 연구로 이어지고 있다는 점을 지적할 수 있다.

5. 연구 결과

본 연구에서는 텍스트 마이닝(text mining) 기법을 활용하여 '한일 대조연구(日韓対照研究)'의 동향을 파악하고 그 결과를 분석하였다. 분석 방법으로는 Google Scholar의 검색 도구를 사용하여 "日韓対照(한일 대조)"라는 키워드에 해당하는 연구논문·발표·서적을 검색하였다. 이를 통해 1980년부터 2022년까지 발행된 783편의 연구 타이틀을 수집하였고, 이를 대상으로 KH Coder를 활용한 텍스트 마이닝을 시도하였다. 그 결과, 한일 대조연구는 1980년대 초에 처음 발표되었으며, 2001년 이후 본격적인 연구가 진행되었다는 점을 확인할 수 있었다. 또한 연구 타이틀에 자주 등장하는 고빈도어를 추출함으로써 대조연구의 분야나 방법 등을 파악했다. 본 연구의 분석을 통해 밝혀진 결과를 아래에 요약한다.

[1] 텍스트 마이닝 기법을 활용하여 연구 타이틀에 등장하는 추출어를 추출하였다. 추출어 중 고빈도어의 분석 결과, 한일 대조연구의 분야로는 '문법·표현' 및 '담화·언어행동'이 활발히 진행되고 있으며, '어휘·품사'나 '음성·음운' 등 광범위한 분야에서도 연구가 실행되고 있다.
[2] 추출된 단어 간의 상관관계를 확인하기 위해 공기 네트워크를 실행하여 상위 100개의 추출어가 연구 타이틀에서 어떻게 연결되어 있는지 확인하였다. 그 결과, [韓国語] [日本語] [動詞] [形式] [談話] [行動] 등이 큰 클러스터를 형성하고 있음을 확인하였다.

[3] 발행 연도를 외부 변수로 설정하여 약 40년간의 대조연구의 추이와 연도별 특징적인 추출어를 확인하였다. 그중 '문법·담화' 분야를 보면, 한일 대조연구의 초기에는 [使役·受身]이나 [助詞]의 연구에서 시작해 [テンス·アスペクト] 연구를 거쳐, 2000년대에는 [談話] 연구가 등장한다. 이러한 움직임은 [場面·発話]를 중시하는 [コミュニケーション] 연구로 이어지고 있다.

이번 연구를 통해 지금까지의 한일 대조연구가 어떻게 진행되어 왔는지 파악하고, 대조연구의 빈출어와 연대별 특징적인 추출어를 파악했다는 점에서 본 연구의 의의를 찾을 수 있다. 한일 대조연구는 전 언어 영역에 걸쳐 진행되고 있으며 연구의 초기에는 '명제'의 문법에서 점차 '모달리티'의 문법으로 영역을 확장해 갔으며, 그 이후로는 '담화', '커뮤니케이션'의 영역으로 확장해가고 있음을 확인하였다.

이 글은 한국일본학회의 『일본학보』 제140호에 실린 논문「テキストマイニングを活用した日韓対照研究の動向」을 수정·보완하여 한국어로 옮긴 것이다.

일본 웹소설과 라이트노벨

서적화가 드러낸 차이와 교차, 데이터로 본 이야기

남유민

1. 일본 웹소설은 왜 종이책이 될까

라이트노벨이란 일반적으로 '만화·애니메이션 풍의 일러스트가 표지나 삽화로 수록되어 있는 젊은 층 대상의 엔터테인먼트 소설'을 말한다. 2000년대 초반 인기를 끌면서 일명 '라이트노벨 붐'으로 불리는 문화현상 이후, 몇 년 간 일본 서브컬처의 원소스로서 각광받았던 소설군이다. 가격이 싸고 라이트노벨 레이블마다 서적 사이즈나 외부 띠지 등의 포장이 규격화되어 있어, 구매자로 하여금 소장욕구를 불러일으키는 해법을 통해 하락세였던 일본 출판업계에서도 성장하며 두각을 나타냈던 소설군이었다. 이후, 독자층의 층위 확대 실패 등으로 기세는 시들었지만 여전히 일본 출판시장에서 확고한 점유율을 차지하고 있다.[1] 영상 콘텐츠의 대두, 디지털 미디어로의 전환, 구독 서비

---

[1] 2020년 만화책을 제외한 일본 문고책 시장은 867억 엔 규모였으며, 이 중 라이트노벨 판매액이 142억 엔으로 약 16.4%를 차지했다. 全国出版協会, 『出版月報2021年3月号』, 出版科学研究所, 2021, p.4. 참조.

스 문화의 확충과 같은 종이 출판 업계에 있어 부정적인 요소들이 늘어가는 가운데서도 서적 구매를 유도하는 라이트노벨은 여전히 출판업계에서 영향력을 갖고 있다.

한편, 웹에서 읽는 소설은 이전부터 '온라인 소설', '인터넷 소설' 등으로 불리며 존재해왔지만 2000년대 이후 정립된 개념으로서의 웹소설이란 일반적으로 '소설 투고 플랫폼에 투고된 소설'을 말한다. 일본 최대 웹소설 투고 플랫폼 '소설가가 되자'[2]의 작품 투고는 2023년 3월 100만 건을 돌파했고, 회원 규모는 2025년 9월 기준 280만에 달할 정도로 규모가 크다. 대기업이 플랫폼을 운영하며 유료 서비스를 기반으로 형성된 작금의 한국 웹소설과 달리 일본의 웹소설은 누구나 투고할 수 있고 누구나 읽을 수 있는 무료 서비스를 기반으로 한 플랫폼이 많다. 일본 웹소설의 작품 수, 이용자 수, PV(Page View)[3] 등이 압도적으로 많은 것은 이러한 특징에서 비롯된다.

그런데 이처럼 일견 달라 보이는, 구매와 소유를 지향하는 라이트노벨과 기본적으로 무료로 제공되는 웹소설이 겹치는 흥미로운 영역이 존재한다. 이는 2010년대 들어 두드러졌던 '웹소설발(発) 라이트노벨' 현상으로, 웹소설로 투고된 소설 중 일부가 나중에 라이트노벨 레이블에서 출판·소비된 것을 말한다. 웹소설의 일부가 라이트노벨로서 재출판되고 있는 것이다. 물론 라이트노벨 외 일반문예 등, 다양한 분야에서 웹소설이 재출판되었다. 일본 웹소설이 한국, 중국의 웹소설과 차별화되는 지점이 바로 이 '서적화'다. 2014년 시점에 이미 '소설가가 되자' 웹소설 서적화 작품 시장이 100억 엔을 넘었고[4], 단행본 매출

---

2) 「小説家になろう!」 https://syosetu.com/ (검색일: 2025.9.12.)
3) 인터넷 사이트의 페이지가 이용자의 요청으로 화면에 표시되는 '요청 수'를 세는 단위로 이용자가 사이트를 얼마나 방문하고 이용하는지 알 수 있는 지표.
4) 飯田一史, 『ウェブ小説の衝撃―ネット発ヒットコンテンツのしくみ』, 筑摩書房, 2016,

순위에도 웹소설 서적화 작품이 상위권에 다수 포진되어 있는 경우가 드물지 않다.[5]

이 서적화 과정에 대해서 직접 출판에 참여한 나미키 유키(並木勇樹)는 "종래의 작가와 편집자가 작품을 만들고 서적화·간행하는 출판에 비해, 웹소설의 출판은 작가와 독자가 작품을 만든다. 웹상에 투고된 소설을 독자가 읽고 팬이 되어 응원하는 것으로 그 작품이 출판되는 것이다."[6]라고 말한다. 쉽게 말해 인기 있는 웹소설이 라이트노벨로 출판되는 것이다. 이러한 인식은 웹소설 작가 및 독자에게도 공유되어 있어 서적화는 그 작품의 성공 척도로 간주되기도 한다. 그러나 이러한 공통인식이 사실이라고 증명할 연구나 분석 결과는 없다.

일본 웹소설의 규모에 비해 그에 대한 연구는 아직 초기 단계에 머물러 있다. 일본 웹소설에 대한 대표적 연구로는 이다 이치시(飯田一史)의 저서[7]로, 출판업계 종사자의 입장에서 웹소설 플랫폼에 관한 정보와 출판 시장 현황에 대한 분석을 주요 내용으로 한다. 학술적 연구가 아니기에 분석을 뒷받침할 객관적인 연구나 지표는 제시하지 않는다는 한계가 있다. 학술적 연구로는 미디어인 플랫폼이나 특정 웹소설 서사에 주목한 연구들이 있다. 웹소설발 라이트노벨에 대한 소론[8]도 있지만 이는 두 소설군에 대한 비교분석이 아니고 특정 서사를 포함한 소수 작품만을 대상으로 하고 있다는 점에서 본 연구와 다르다. 이외에도 두 소설군의 관계성에 기반하여 '라이트노벨 연구회(ライトノベル

---

p.20.
5) 위의 책, p.35.
6) 並木勇樹,「ウェブ小説からみる出版業界の新しい形」,『小説の生存戦略 ライトノベル・メディア・ジェンダー』, 青弓社, 2020.
7) 飯田一史, 앞의 책, 2016.
8) 남유민,「2010년대 라이트노벨과 현대 일본의 젊은 세대: 웹소설 투고 사이트 발신 작품을 중심으로」,『日本學報』116, 한국일본학회, 2018, pp.149~163.

研究会)'가 출간한 서적에서 웹소설 연구를 일부 수행한 바 있다.[9] 그러나 본격적인 분석이 아니라 전술한 나미키의 글처럼 같은 업계 종사자의 '칼럼'적 성격이 강하다는 한계가 있다.

본 연구의 목적은 기존 연구가 구체적으로 규명하지 못했던 '일본 웹소설의 특징인 서적화에는 어떤 요인이 작용하는가?', '어떤 웹소설 작품이 라이트노벨로 출판되는가?', '라이트노벨과 웹소설의 차이는 무엇인가?'라는 질문에 답하는 것에 있다. 라이트노벨과 웹소설은 완전히 다른 특징을 가진 소설군임에도 서적화를 통해 교집합이 생겨나는 독특한 관계를 구축하고 있다. 웹소설에서 라이트노벨로 전환되는 과정에 '인기'가 분명 작용하고 있고, 이러한 인식이 이용자들 사이에도 공유되어 있는 것은 주지하는 사실이다. 하지만 이를 뒷받침할 구체적인 분석은 수행되지 않았으며, 특히 '서적화' 중에서도 라이트노벨로 이어지는 요소가 무엇인지에 대해서 이해할 필요가 있다. 많이 읽히고 댓글이 많은, 순위가 높은 작품이 서적화 될 가능성이 높지만 모든 인기 작품이 서적화되는 것은 아니며 웹소설의 모든 서적화가 라이트노벨로 진행되는 것도 아니다. 어떤 웹소설이 서적화되고, 또 그중에서 어떤 작품이 라이트노벨로 출판되는지 체계적으로 분석함으로써 일본 웹소설 서적화에 대한 고찰, 또 라이트노벨과 웹소설의 차이를 비교 분석할 필요가 있다. 기존의 연구가 주로 '독자'의 역할을 강조하며 두 소설의 성립과정 차이에 대한 관념적 검토에 그쳤던 한계를 극복하고 이 글에서는 작품에 대한 데이터를 분석함으로써 두 소설의 특성을 종합적으로 규명한다. 이는 현재 혼재하는 각각의 연구영역을 확립하는 것에도 도움이 될 것이다.

---

[9] 大橋崇行·山中智省, 『小説の生存戦略ライトノベル·メディア·ジェンダー』, 青弓社, 2020.

이를 위해 본 연구는 비정형 데이터에서 의미 있는 데이터를 추출, 분석하는 디지털 분석 기법 텍스트 마이닝을 활용한다. 텍스트 마이닝은 현재 여러 학문에서 활용되고 있으며 특히 정량분석의 방법론으로 주목받고 있다. 앞서 언급한 것처럼 일본 웹소설은 무료 기반으로 양이 방대하여 개인 연구자가 직접 작품에 대해 전부 분석하는 것이 불가능하다. 그동안의 일본 웹소설 분석이 업계 종사자의 경험을 기반으로 작성되거나 소수 작품에 대한 분석을 웹소설 전체로 일반화하는 경향이 있었던 것도 바로 일본 웹소설의 방대한 양 때문이다. 이러한 한계를 극복하기 위해 본 연구는 일본 웹소설을 텍스트 마이닝을 통해 정량 분석한다. 구체적인 방법을 후술하겠지만 라이트노벨로 서적화된 작품군과 그렇지 못한 웹소설 작품군의 데이터를 비교하여, 특성을 분석하고 체계적으로 차이를 규명한다. 이를 통해 라이트노벨 및 웹소설 연구에 기여할 뿐만 아니라 현대 일본문학 연구의 외연을 확장하고 출판업계나 작가에게도 실용적인 인사이트를 제공하는 것에 본 연구의 목적이 있다.

2. 웹소설을 데이터로 읽는 법

본 연구는 대표적 일본 웹소설 플랫폼인 '소설가가 되자'의 메타데이터를 대상으로 한다. 웹소설 플랫폼은 독자가 취향에 맞는 작품을 용이하게 찾을 수 있도록 '판타지', '로맨스', '이세계(異世界) 전생', 'SF' 등 하위장르별로 카테고리를 분류하고 '키워드'나 '줄거리'를 작가가 입력하도록 한다. 이용자는 작품을 읽기 전 이러한 메타데이터를 통해 정보를 얻음으로써 쉽게 자신의 취향의 소설을 찾을 수 있다. 100만 개가 넘는 작품에 대한 효율적 분석을 위해 정량분석의 대상으로서 작품의 정보가 함축된 이 메타데이터를 활용할 것이다.

'소설가가 되자'는 개발자용 사이트 '나로우 디벨로퍼(なろうデベロッパー)'[10]를 별도로 운영하며 '소설가가 되자'에 투고된 모든 작품의 데이터에 이용자가 접근할 수 있도록 API(Application Programming Interface)[11]를 제공한다. 요청에 따라 JSON(JavaScript Object Notation) 형식으로 응답을 받고 원하는 메타데이터에 해당하는 매개변수를 통해 각 데이터를 수집할 수 있다.

〈표 1〉 '소설가가 되자'가 제공하는 주요 메타데이터의 출력매개변수

출력매개변수	설명
title	작품명
writer	작가명
story	작품의 줄거리
biggenre	큰 장르 - 연애, 판타지, 문예, SF, 그외
genre	작은 장르 - 이세계(연애), 현실세계(연애), 하이판타지(판타지), 로우판타지(판타지) 등
keyword	키워드
general_firstup	첫 게재일
general_all_no	에피소드 수(단편의 경우 값이 1)
all_point	평가 포인트

이 중에서도 본 연구가 수집한 메타데이터는 장르, 키워드, 줄거리, 평가 포인트 등이다. 우선 '소설가가 되자'에서 제공하는 서적화 서지정보[12] 중 라이트노벨 출판 리스트[13]와 비교하여 중복되는 작품들을

---

10) 「なろうデベロッパー」 https://dev.syosetu.com/ (검색일: 2025.9.12.)
11) 운영체제와 응용프로그램 사이의 통신에 사용되는 언어나 메시지 형식. 다른 어플리케이션이나 웹사이트 등에서 데이터를 활용할 수 있도록 해준다.
12) 웹스크래핑하여 2024년 7월 기준 7,391개의 출판서적 정보를 얻었다. 이는 서적 한 권 당 하나의 정보가 할당된 숫자로 시리즈물은 하나의 항목으로 그룹화해야 한다. 또 만화, 일반문예 서적 등 다양한 서적에 대한 정보의 집합이므로 실제 출판된 라이트

'라이트노벨'로, 서적화 서지정보에 있는 라이트노벨이 아닌 작품은 '서적화 웹소설'로 그 외에 서적화 서지정보에도 없는 작품을 '비서적화 웹소설'로 구분한다. 이러한 분류는 우선 어떤 요소가 서적화에 영향을 미치는지 비서적화와 서적화 작품들 사이의 차이를 통해 서적화라는 일본 웹소설 고유의 특징을 규명하기 위함이다. 또 '라이트노벨' 그룹을 동일하게 서적화 조건을 갖춘 '서적화 웹소설'과 비교하여 라이트노벨만의 특징을 도출하고자 한다.

〈그림 1〉 이 글에서 다루는 '소설가가 되자' 작품의 그룹 구조

시기는 '소설가가 되자'의 첫 서적화 라이트노벨 작품인 「리셋(リセット)」[14]의 게시년도인 2010년부터 2024년 6월 현재까지로 정한다. 수집에는 파이썬(Python)을 활용하였으며 json 모듈을 활용해 '나로우 디벨로퍼'가 제공하는 JSON 형식 데이터를 받아 구문 분석한다. requests

---

노벨 리스트와 비교해야 '소설가가 되자' 원작의 라이트노벨 리스트를 구할 수 있다. 「書報-出版作品詳細」 https://syosetu.com/syuppan/list/ (검색일: 2025.9.12.)
13) 2022년까지의 라이트노벨 출판 리스트는 「라노벨의 숲 DB(ラノベの杜-DB)」의 리스트를 활용하였다. 2023년 이후의 리스트는 동 사이트의 간행일람 글을 월별로 스크래핑하여 수집하였다. https://ranobe-mori.net/db/ (검색일: 2025.9.12.)
14) 「リセット」 https://syosetu.com/syuppan/view/bookid/12/ (검색일: 2025.9.12.)

라이브러리를 통해 서버에 요청하고, pandas 라이브러리를 활용해 본 연구에 필요한 항목만을 선택하고 정리하였다. 이를 통해 도출한 해당 기간의 작품 전체 데이터를 연산 라이브러리 numpy를 활용해 분류했다. 라이트노벨 리스트와의 교집합, 라이트노벨을 제외한 서적화 서지정보와의 교집합, 그리고 이 두 집합을 제외한 여집합을 추출하여 각각 '라이트노벨', '서적화 웹소설', '비서적화 웹소설'로 분류하였다. 그 결과, '라이트노벨'은 1,738개, '서적화 웹소설'은 1,325개, '비서적화 웹소설'은 104만 3,239개를 수집할 수 있었다.

본 연구는 이 ①'라이트노벨'·'서적화 웹소설'과 '일반 웹소설'을 비교해 서적화되는 요인을 밝히고 일본 웹소설의 특징을 규명하고자 한다. 또 ②'라이트노벨'과 다른 분야로 출판된 '서적화 웹소설'의 메타데이터 비교를 통해 라이트노벨의 종합적 특징을 도출하는 것에 목표가 있다. 활용되는 라이브러리와 시각화 방법은 해당 단락에서 후술하겠다.

3. 책이 되는 이야기의 조건

1) 장르

'소설가가 되자'에 투고시 장르 선택은 필수이며 대장르(大ジャンル) 5개에는 복수의 소장르(小ジャンル) 20개가 포함되어 있다. 각 장르에 대한 구체적인 설명은 도움말 페이지[15]에서 확인할 수 있다. 주의가 필요한 부분은 장르 '이세계(異世界)'는 일명 '이세계물(異世界もの)'[16]이

---

15) 「小説家になろうヘルプセンター: ジャンル」https://syosetu.com/helpcenter/helppage/helppageid/59 (검색일: 2025.8.12.)

라 불리는 소설군과는 다르다는 점이다. '소설가가 되자' 장르 분류에서의 '이세계'는 대장르 연애(恋愛)[17]의 하위 장르를 가리키며 연애가 이세계를 배경으로 다뤄지는 이야기를 말한다. '이세계물' 작품은 장르가 아닌 키워드로 구분된다. 투고자는 '이세계 전생(異世界転生)'과 '이세계 전이(異世界転移)' 키워드를 각각 포함할지 여부를 선택해야 한다. 또 '하이판타지(ハイファンタジー)', '로우판타지(ローファンタジー)' 역시 전통적 의미의 판타지 문학 하위 장르가 아니라 각각 '현실 세계와는 다른 세계를 무대로 한 소설', '현실에 가까운 세계에 판타지 요소를 도입한 소설'이라 규정하고 있다. 비현실성의 정도에 따라 '하이(high)'와 '로우(low)'를 구분하는 것으로 보이며, 그 판단은 투고자에게 맡겨진다.

이 장르 분포를 그룹마다 pandas 라이브러리로 읽고 데이터프레임을 활용해 분석하였다. 그리고 그룹 내 각 장르 비율을 계산한 후, 상위 5개의 장르를 선정하여 matplotlib 라이브러리를 사용해 누적 막대그래프를 구현했다. (그림 2)

〈그림 2〉 각 그룹의 상위 5개 장르 분포

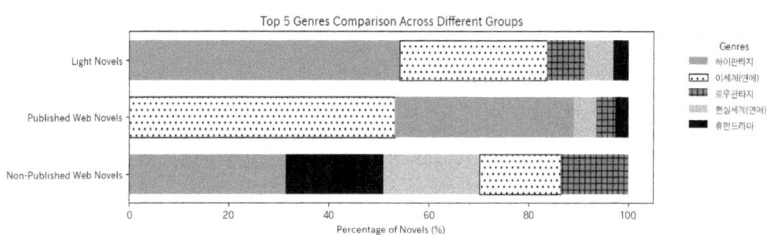

---

16) 라이트노벨, 만화, 애니메이션 등에서의 현실과 다른 판타지 세계를 무대로 한 이야기 장르. 파생 장르로는 현대의 현실에서 사망한 주인공이 이세계에서 다시 태어나는 전생, 이세계로 이동하는 전이, 이세계 인물로 대체되는 빙의 등이 있다.
17) 남성향 러브코미디와 여성향 로맨스 작품을 모두 포함한다.

주목할 부분은 '라이트노벨'과 '서적화 웹소설' 그룹 장르 분포의 1, 2위가 반대라는 점이다. 우선 '라이트노벨' 그룹의 장르 분포는 하이판타지, 이세계(연애), 로우판타지, 현실세계(연애), 휴먼드라마(ヒューマンドラマ)의 순으로 하이판타지 작품이 압도적으로 많았다. 이는 비현실성이 높은 세계를 그리는 작품이 가장 많이 투고되었음을 의미한다. 대장르 판타지에 속한 장르(하이판타지, 로우판타지)의 비율이 '라이트노벨' 그룹의 5할 이상을 차지할 정도로 판타지 작품이 많이 투고됨을 알 수 있다. 작품의 비현실적 요소가 라이트노벨로 출판되는 것에 영향을 미치는 것으로 보인다.

'서적화 웹소설'은 이세계(연애), 하이판타지, 현실세계(연애), 로우판타지, 휴먼드라마 순이었다. '라이트노벨' 그룹에서 판타지 작품이 강세를 보였던 것과 달리 '서적화 웹소설'은 대장르 연애에 속한 두 장르의 합이 5할을 넘을 정도로 연애에 집중한 작품이 많았다. 이는 연애 요소 포함 여부에 따라 '라이트노벨' 외의 분야로 서적화될 가능성이 있음을 시사한다.

한편, '비서적화 웹소설' 그룹을 살펴보면 전반적으로 다양한 장르의 작품이 투고되어 앞선 서적화 그룹에 비해 고른 분포를 보여준다. (그림 3) 특히 상위 5개의 장르 비교를 살펴봤을 때 '라이트노벨'과 '서적화 웹소설'에 비해 '비서적화 웹소설'의 휴먼드라마 비율이 상당히 높음을 알 수 있다. '소설가가 되자'에서 휴먼드라마는 '사람과 사람의 교류, 인간다움 등을 주제로 한 작품'을 포함하는 장르로 대장르 문예(文芸)의 하위 장르로 구분된다. 이외에도 시(詩), 에세이(エッセイ), 호러(ホラー), 공상과학(空想科学) 등 다양한 장르의 문예, SF 소설이 투고되지만 '라이트노벨'과 '서적화 웹소설' 그룹 모두 이러한 장르 작품이 거의 없는 것으로 보아 문예나 SF 장르로 투고된 웹소설은 서적화되기 어려운 것으로 판단된다. 이를 통해 일본 웹소설은 일반 문예나 SF소

설로는 출판이 거의 이루어지지 않음을 알 수 있다.

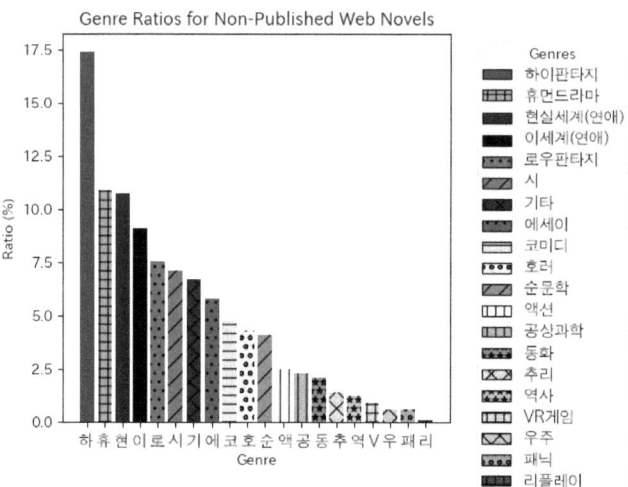

〈그림 3〉 '비서적화 웹소설'의 모든 장르 분포

2) 평가 포인트 및 작품 분량

이처럼 판타지 장르는 주로 라이트노벨로, 연애 장르는 그 외 분야에서 서적화가 이루어진다면 '비서적화 웹소설' 그룹의 판타지와 연애 장르 작품은 인기가 충분하지 않아 서적화가 이루어지지 않았는가. 기존의 인식을 검토하기 위해 각 그룹의 평가 포인트를 분석하였다. '소설가가 되자'에는 작품 본문 아래의 아이콘을 활용하여 독자가 평가할 수 있는 평가 포인트 시스템이 있다. 평균값이 아닌 누적 시스템이기 때문에 독자의 호응뿐만 아니라 연재 기간 등도 영향을 미칠 수 있다. 이를 기반으로 메인 페이지의 순위에 노출되기 때문에 작품의 인기를 알 수 있는 척도이기도 하다. pandas 라이브러리를 활용하여 각 그룹의 평가 포인트의 평균을 계산하고 matplotlib로 막대그래프

를 구현했다.(그림 4)

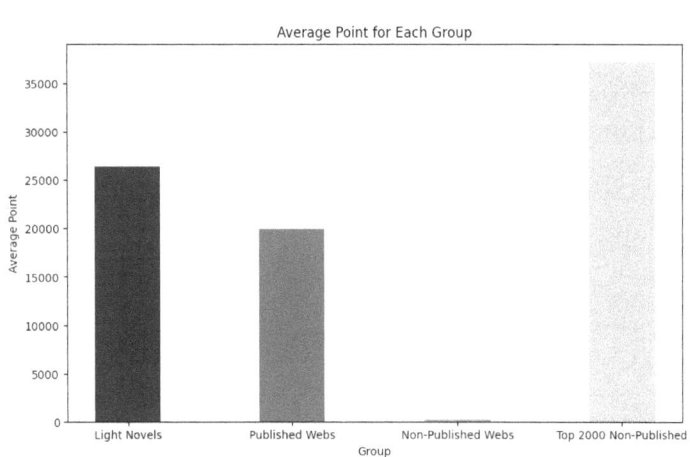

〈그림 4〉 각 그룹의 평가 포인트 평균값

'비서적화 웹소설'의 작품 수가 많아 평균값이 왜곡될 가능성이 있어, 서적화 그룹과 비슷한 작품 수로 '비서적화 웹소설' 그룹의 평가 포인트 상위 2,000개 작품을 새 그룹으로 추출하여 추가로 평균 평가 포인트 값을 구했다. 그 결과, '라이트노벨'과 '서적화 웹소설' 그룹이 '비서적화 웹소설' 전체에 비해서는 압도적으로 평가 포인트가 높음을 알 수 있었다. 이는 인기가 많은 작품이 서적화된다는 인식을 방증한다. 그러나 '비서적화 웹소설' 그룹 중 상위 2,000개 작품의 평가 포인트와 비교하자 비서적화 작품의 평가 포인트가 더 높았다. 평가 포인트가 높음에도 서적화가 이루어지지 않은 작품의 존재는 인기가 서적화를 결정하는 유일한 요인은 아님을 의미한다.

그렇다면 인기 외에 서적화를 결정하는 요소는 무엇인가. 우선 각 그룹의 투고일 데이터를 수집해 투고 시기를 분석했다.(그림 5)

이다 이치시가 '소설가가 되자'의 인기에 불이 붙은 것이 2011년 본 플랫폼에 게재된 사토 쓰토무(佐藤勤)의 『마법과 고교의 열등생(魔法科高校の劣等生)』이 라이트노벨로 서적화되면서부터라고 지적한 것[18])처럼 '라이트노벨' 그룹은 2011년부터 점진적으로 늘어나다가 2020년 이후는 투고된 작품 수가 감소하였다. '서적화 웹소설' 역시 2022년 이후 투고된 작품 수가 2010년대 후반에 비해 적음을 알 수 있다. 한편, '비서적화 웹소설' 상위 2,000개 그룹은 2020년 이후 투고된 최신 작품이 많았다. 이러한 양상은 서적화가 웹소설 투고 후 일정 시간이 지나고 진행되기 때문으로 사료된다.

〈그림 5〉 각 그룹의 시기별 투고 작품 수

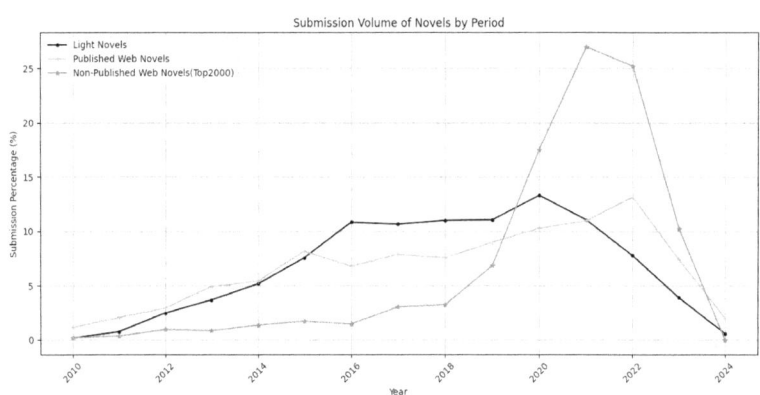

투고 시기에 따라 게재된 작품 길이에도 차이가 있을 것으로 보고 각 그룹의 에피소드 수와 총 글자 수 평균값을 계산해 이중축 그래프로 시각화했다.(그림 6)

---

18) 飯田一史(2016), 앞의 책, pp.41~42.

〈그림 6〉 각 그룹의 평균 에피소드 수 및 평균 글자 수

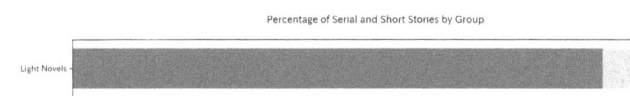

투고 시기가 2010년대 후반에 몰려 있는 '라이트노벨'이 에피소드 수와 글자 수가 가장 많았고, 다음으로 '서적화 웹소설' 그룹, 그리고 '비서적화 웹소설' 상위 2,000개 그룹이 가장 적었다. 에피소드 수와 글자 수는 작품의 분량을 나타내는 척도이므로 '라이트노벨' 그룹이 평균적으로 가장 많은 분량을 갖고 있다 할 수 있다. 이는 라이트노벨이 주로 작은 문고책 형태의 시리즈로 간행되는 것에 기인한 것으로 보인다. '서적화 웹소설'과도 현저한 분량 차이가 발견되는 사실을 통해 많은 분량이 라이트노벨의 요건 중 하나라고 할 수 있다.

한편, '서적화 웹소설' 그룹과 '비서적화 웹소설' 상위 2,000개 그룹 사이에서는 에피소드 수나 글자 수에 큰 차이가 없었다. 이는 작품의 현재 게재된 분량이 서적화를 결정하는 요인이 아닐 수 있음을 시사한다.

〈그림 7〉 각 그룹의 연재 및 단편 비율

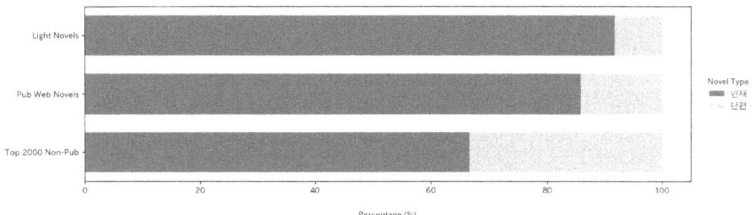

서적화에 영향을 미치는 다른 요인을 파악하기 위해 각 그룹의 연재 및 단편 비율을 추출했다.(그림 7) '소설가가 되자'에서는 투고시 연재, 단편 중 하나를 작품 종류로 선택해야 한다. 그 비율을 막대그래프로 구현한 〈그림 6〉을 살펴보면, 서적화 그룹은 두 그룹 모두 연재 작품의 비율이 8할 이상임을 알 수 있다. 반면 '비서적화 웹소설' 상위 2,000개 그룹은 비교적 단편 작품의 비율이 비교적 높다. 그래프에는 생략되어 있지만 '비서적화 웹소설' 전체로 확장하면 단편의 비율은 49%까지 늘어난다. 즉, 웹소설은 연재 작품이 단편 작품보다 서적화될 가능성이 더 높다고 할 수 있다.

'서적화 웹소설'의 경우, 시리즈 외에도 단행본 등 다양한 출판 형태로 서적화될 수 있으므로 여러 권으로 간행될 만큼의 많은 분량이 요구되지는 않는다. 그러나 연재 작품의 비율이 높아, 앞서 구한 평균 에피소드 수나 글자 수 값이 더 늘어날 가능성이 있으며 이러한 부분이 서적화에도 영향을 미친 것처럼 보인다. 서적화는 연재 중에도 가능하기 때문에 상당한 분량이 확보되고, 앞으로 분량이 추가될 것이 예상된다면 서적화될 가능성이 높다.

3) 키워드 및 줄거리

'소설가가 되자'에서는 투고시 작가가 최대 15개의 키워드를 등록할 수 있다. 키워드에는 셀프레이팅 키워드, 작품 포함 요소, 추천 키워드, 수동 입력 키워드 등으로 구분된다. 우선 셀프레이팅 키워드는 조건부 필수 키워드로, 연령제한 항목에서 15세 이상 추천을 선택할 경우 자동으로 'R15'라는 키워드가 부여된다. 다음으로 작품 포함 요소는 특정 요소가 포함될 경우 선택할 수 있는 항목으로, '잔혹한 묘사 있음(殘酷な描写あり)', '보이즈러브(ボーイズラブ)', '걸즈러브(ガールズラ

ブ)', '이세계 전생', '이세계 전이' 다섯 가지가 있다. 이 중에서 '이세계 전생'과 '이세계 전이'에 대해서는 플랫폼이 구체적인 예시와 함께 가이드라인[19]을 제공할 정도로 명확한 규정이 있다. 이는 '이세계물'이 작품 양적으로도 큰 부분을 차지하고 웹소설 문화에서도 중요한 위치에 있기 때문으로 사료된다. 또 '이세계 전생'과 '이세계 전이' 키워드가 설정되면 종합랭킹, 이세계 전생/전이 랭킹, 장르별 랭킹, 주목도 랭킹 등에 게재되어 더 많은 사람들에게 노출될 수 있다. 이러한 시스템은 많은 작가들이 이 키워드들을 적극적으로 선택하게 만든다. 이외에도 작품 내용이나 각 장르에서 이용 빈도가 높다고 여겨지는 키워드를 플랫폼이 제시하여 작가가 임의로 선택할 수 있는 추천 키워드, 작가가 자유롭게 입력할 수 있는 수동 입력 키워드가 있다. 이러한 키워드는 모두 작품의 정보를 단적으로 나타내기 위한 것으로 독자가 작품을 선택할 때 중요한 요소가 된다. 우선 어떤 소설이 투고되었는지 파악하기 위해 서적화 그룹의 키워드의 빈도 수를 계산하여 상위 20개 키워드를 파이 차트로 구현했다.(그림 8)

두 그룹 모두 셀프레이팅 키워드 'R15'와 작품 포함 요소 키워드 '잔혹한 묘사 있음'이 가장 많았다. 잔혹하거나 선정적인 묘사는 연령제한에 영향을 미치므로 두 키워드의 비율은 상관관계가 있을 것으로 추측된다. 한편, '라이트노벨' 그룹은 '남주인공', '서적화 웹소설' 그룹은 '여주인공' 비율이 상대적으로 높은 점은 흥미롭다. 이외에도 '라이트노벨' 그룹에는 남성향 작품에서 자주 사용되는 '치트'(チート)'[20], '주인공 최강(主人公最強)', '하렘(ハーレム)'[21]이 발견되는 반면, '서적화 웹

---

[19] 「異世界転生・転移キーワードの設定判断基準」 https://syosetu.com/site/isekaikeyword2/ (검색일: 2025.9.12.)

[20] 부정행위를 뜻하는 'cheat'에서 유래하여, 주로 만화나 웹소설 등에서 특정 캐릭터가 부정행위로 느껴질 정도로 뛰어난 능력을 가지고 활약하는 것을 의미한다.

〈그림 8〉 '라이트노벨', '서적화 웹소설' 그룹의 키워드 빈도 수 파이 차트

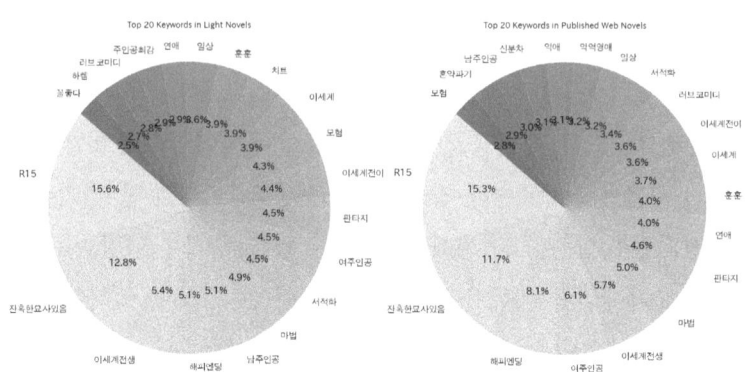

소설' 그룹에는 여성향 작품에서 주로 사용되는 '악역영애(悪役令嬢)'[22], '익애(溺愛)'[23], '신분차(身分差)', '혼약파기(婚約破棄)'가 상위 20개 키워드에 포함되어 있었다. 이러한 경향은 앞서 장르 분석에서 '라이트노벨' 그룹은 판타지 장르, '서적화 웹소설'은 연애 장르가 많이 투고된다는 사실과도 연관 있는 것처럼 보인다. 정리하면 라이트노벨은 주로 남성향의 판타지 소설, 그 외 분야는 여성향 연애 소설의 요소를 포함할 경우 서적화될 가능성이 높다. 물론 '라이트노벨' 그룹에도 '꼴좋다(ざまぁ)'[24]와 같은 여성향 작품에서 자주 사용되는 키워드가 상위 20개에 포함된 것처럼 여성향 작품도 라이트노벨로 출판되고 있음을 알 수 있다. 다만 비율적으로 남성향 작품이 라이트노벨로 출판될 가능성

---

21) 이슬람 사회에서 부인들이 거처하는 방을 뜻하는 'harem'에서 유래하여, 주로 일본 서브컬처에서는 다수의 여성이 한 남성을 중심으로 연애 관계를 맺는 구도를 말한다.
22) 여성향 게임이나 만화 속 여성 주인공과 대립하는 높은 신분의 조연 캐릭터로, 웹소설에서는 이 캐릭터로 전생하거나 빙의된 주인공이 역으로 활약하는 작품을 '악역영애물'이라 부른다.
23) 연애 장르 소설 등에서는 맹목적으로 남녀가 사랑하는 이야기를 가리킨다.
24) 본인의 상황이 좋아지거나 상대가 실패하여 그 상황을 비웃고 즐기는 이야기를 말한다.

이 높은 것으로 보인다.

보다 구체적 내용 파악을 위해 각 그룹의 작품 줄거리 모음을 Mecab 라이브러리를 활용해서 형태소 분석하고, 명사만 추출해 빈도 수를 계산해 시각화했다. 이때 신조어 등 최신 어휘를 가장 많이 포함하고 있는 사전 mecab-ipadic을 활용하여 어휘가 잘못된 형태로 분리되지 않도록 진행했다.(그림 9)

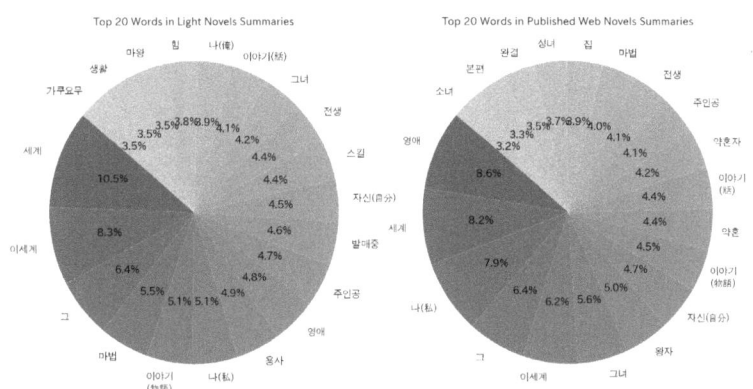

〈그림 9〉 '라이트노벨', '서적화 웹소설' 그룹의 줄거리 속 단어 빈도 수 파이 차트

분석 결과, '라이트노벨' 그룹에는 상대적으로 '용사(勇者)', '스킬(スキル)', '힘(力)'이라는 단어가 줄거리에 자주 등장하며, '서적화 웹소설' 그룹에서는 '왕자(王子)', '약혼(婚約)', '성녀(聖女)'[25], '소녀(少女)'와 같은 단어가 줄거리에 자주 등장함을 알 수 있다. 이는 키워드 빈도 수 분석 결과와 일맥상통한 결과로서 남성향 작품은 라이트노벨, 여성향 작품은 그 외의 분야로 서적화 될 가능성이 높음을 방증한다.

두 그룹의 줄거리에서 모두 자주 발견되는 단어만 그 비율을 비교해

---

25) 여성향 게임, 웹소설에 자주 등장하는 청렴결백하고 자애로운 여성 캐릭터를 말한다.

보면 그 양상은 더욱 두드러진다.(그림 10)

〈그림 10〉 '라이트노벨'과 '서적화 웹소설' 그룹 줄거리 속 동시 출현 빈도 수 비율

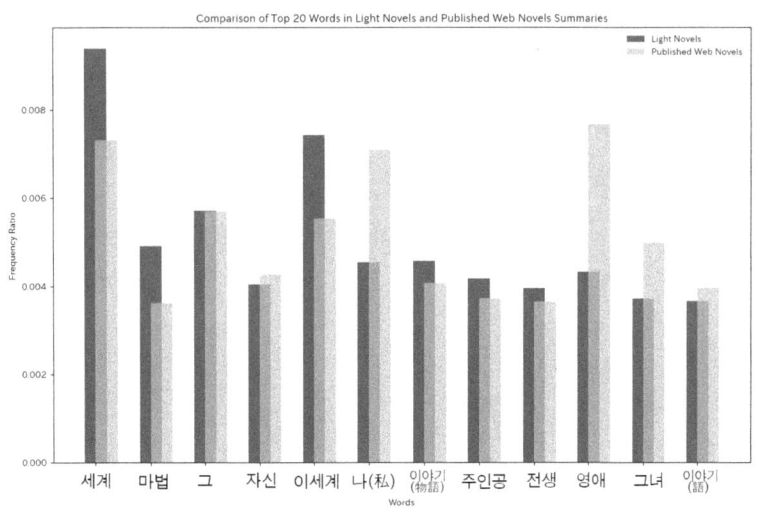

〈그림 10〉은 두 서적화 그룹에서 동시에 자주 출현하는 단어 20개를 추출하여 각 그룹 내에서의 그 빈도 수 비율을 막대그래프로 시각화한 것이다. 그중에서도 상류층 여성을 가리키는 '영애(令嬢)'라는 단어는 '서적화 웹소설' 그룹의 줄거리에서 거의 2배 더 자주 출현했다. 또 '라이트노벨' 그룹에서는 줄거리 속 상위 20개 단어에 있었던 주로 남성이 사용하는 1인칭 대명사 '나(俺)'는 '서적화 웹소설' 그룹에서는 상위 20개 단어에 없었던 반면, 보다 성별 구분 없이 여성도 사용하는 1인칭 대명사 '나(私)'는 '서적화 웹소설' 그룹에서 더 많이 사용되었다.

이러한 결과는 두 서적화 과정이 다른 독자층을 상정하고 있음을 시사한다. 라이트노벨은 주로 남성을 대상으로 한 판타지 장르를 중심으로 남성 주인공의 힘, 모험, 전투가 강조된 내용이 포함한다. 반면, 다른 분야로 서적화되는 웹소설은 주로 여성 독자를 겨냥한 연애 장르

로서 로맨스 요소가 강조된 내용을 포함할 가능성이 높다.

　종합하면 남성 독자층을 대상으로 하는 판타지 장르 웹소설 작품은 '라이트노벨'로 서적화될 가능성이 높고, 여성 독자층을 대상으로 하는 연애 장르 웹소설은 그 외의 분야에서 서적화될 가능성이 높다고 할 수 있다.

4. 종이와 웹의 경계에서

　본 연구는 일본 웹소설 플랫폼 '소설가가 되자'의 작품을 중심으로 웹소설의 서적화 및 라이트노벨의 특징을 텍스트 마이닝을 활용해 분석했다. 그 결과, 웹소설의 서적화는 판타지와 연애 장르 외에 문예, SF장르에서 거의 진행되지 않음을 알 수 있었다. 실제로는 다양한 장르의 웹소설이 투고되지만 서적화는 일부 장르만을 중심으로 진행된다. 또 인기를 얻은 작품이 서적화가 이루어진다는 인식은 서적화된 작품들의 평가 포인트가 높은 것을 통해 증명할 수 있었지만, 인기가 유일한 서적화 요인은 아니었다. 인기 뿐만 아니라 웹소설의 서적화에는 투고 시기 및 작품의 분량 등의 요소가 영향을 미치는 것으로 나타났다.

　서적화가 라이트노벨과 그 외의 분야로 구분되는 지점에 대한 분석도 종합적으로 수행했다. 우선 라이트노벨의 경우, 장르 분석을 통해 비현실 요소가 포함된 판타지 작품이 많음을 확인했다. 또 평가 포인트가 높은 인기 작품이자 연재 형태로 많은 분량을 가진 작품이 라이트노벨로 출판됨을 알 수 있었다. 이는 라이트노벨이 시리즈 간행이 주된 출판 형태라는 특성을 알려준다. 그리고 키워드와 줄거리 분석을 통해 '용사', '힘' 등 남성 주인공의 모험을 중심으로 한 내용이 많이 등장하는 것을 확인하여 라이트노벨이 주로 남성 독자를 상정하고 있음을 알 수 있었다.

한편, 다른 분야로의 서적화는 연애 요소를 포함한 작품이 많이 진행되었으며, 평가 포인트 역시 일정 수준 이상의 인기 작품이 선택되고 있었다. 그러나 분량 면에서는 라이트노벨 만큼의 많은 분량이 아니더라도 연재 작품으로서 향후 분량 확보가 기대된다면 서적화 가능성이 높은 것으로 나타났다. 또 키워드와 줄거리 분석에서 '왕자', '혼인', '소녀' 등 여성 주인공의 로맨스 작품에서 자주 보이는 단어가 등장함을 통해 라이트노벨 외의 서적화는 주로 여성을 대상으로 한 작품이 중심을 이루고 있음을 알 수 있었다.

이상으로 본 연구는 일본 웹소설의 서적화를 체계적으로 분석함으로써 웹소설과 라이트노벨의 특성 규명하였다. 이는 일본 웹소설과 라이트노벨 연구의 외연을 확장하고, 웹소설 작가들에게도 유용한 인사이트를 제공할 수 있을 것으로 기대된다. 그러나 이는 '소설가가 되자'라는 플랫폼의 데이터만을 바탕으로 한 분석이므로 다른 플랫폼의 데이터와 비교 분석이 필요할 것이다. 이는 추후 과제로 남겨둔다.

이 글은 동국대학교 일본학연구소의 『日本學』 제63호에 실린 논문 「일본 웹소설의 서적화와 라이트노벨: 텍스트마이닝을 활용한 비교 분석」을 수정·보완한 것이다.

제3부

빅데이터로
동시대 사회와 정치를 읽다

정당-유권자 네트워크 한일비교

EASS 데이터를 중심으로

유민영

1. 한국과 일본의 정당: 지역주의와 개인 후원회

한국 정치와 일본 정치는 다양한 측면에서 차이를 보인다. 우선 정부 형태가 대통령제와 의원내각제로 다르다. 정당 시스템 또한 한국에서는 양당제가 정착되어가고 있는 반면, 일본에서는 최근 약화되었다고는 하지만 여전히 전반적으로 자민당의 우위가 지속되고 있다. 정치 문화 측면에서도 양국이 서로 다른 경향성을 가지고 있다. 한국 정치에서는 지역감정을 빼고는 유권자의 행동을 설명하기 어렵고, 일본 정치에서는 정치인에 필요하다는 3반[1] 중 '지반(地盤)'이라는 말로 대표되는 지역에서의 탄탄한 지지로 개별 후보자의 영향력이 매우 커 2, 3세 정치인에 대한 세습까지 빈번하게 이루어지는 양상을 관찰할 수 있다.

이에 따라 선거 과정에서 정당, 후보자, 유권자 등 행위자들의 행동에 영향을 끼치는 요인과 그 메커니즘이 양국에서 다르게 나타나

---

[1] 지반(地盤, 지역 기반), 가반(かばん, 돈), 간반(看板, 가문)

고, 일본의 경우 자민당 일당우위체제 하에서 정당별로 처한 상황이 매우 다르기 때문에, 정당의 행위도 다른 양상이 나타난다. 많은 연구들이 정당이 지지를 어떻게 동원하는가에 대해서 다루고 있지만, 실제로 유권자 레벨에서 정당과의 연계를 경험적으로 분석한 연구는 충분히 발전하지 못했다. 이 논문은 양국에서 동일한 질문으로 시행한 설문조사 데이터를 활용해, 정당 혹은 후보자와 유권자 간의 사회적 네트워크 연계가 어떻게 이루어져 있는지 비교 분석하는 것을 목표로 한다.

일반적으로 한국의 양대 정당은 서로 비슷한 정당 조직과 집표 메커니즘을 가지고 있다고 평가받는다. 양대 정당은 동일한 제도하에서 정권과 국회 다수당의 위치를 번갈아가며 차지하고 있어, 두 정당의 행동을 결정하는 제도적 유인이 비슷하기 때문이다. 한국의 정치제도에는 유권자가 후보자보다는 정당을 중요하게 만드는 요소들이 많이 포함되어 있다. 강력한 권한을 가진 대통령의 존재로 인해 국회의원 선거와 지방선거도 지역의 정치인을 뽑는 선거라기보다는 정권의 국정운영을 평가하는 성격을 가지기 쉬우며,[2] 국회의원을 선출하는 소선거구제[3]에서는 한 선거구에서 각 정당별로 한 명의 후보자만 출마하기 때문에 후보자 개인 간의 대결이기에 앞서 정당 이름을 건 경쟁이 되기 쉽다.

---

[2] Rief, K., Schmitt, H., and Norris, P., 「Second-order elections」, 『European journal of political research』 31(12), Wiley-Blackwell, 1997, pp.109~124; 오현주·송진미·길정아·강원택, 「정당 호감도와 회고적 평가: 2014년 지방선거를 중심으로」, 『한국정당학회보』 13(3), 한국정당학회, 2014, pp.69~97.

[3] 정확히는 소선거구제로 의원 정수의 84.7%, 비례대표제로 15.3%를 선출하는 소선거구 비례대표 병립제를 채택했다가, 2020년 제21대 국회의원 선거부터는 지역구와 비례대표가 50%까지 연동되는 준연동형 비례대표제로 개정되었다. 다만 비례대표로 선출되는 국회의원의 비율이 적어, 여전히 비례대표의 영향력이 작은 편이다. 이에, 행위자들의 행동에 영향을 미치는 제도로 소선거구제에 주목한다.

한국 정치에 깊게 뿌리내린 지역주의 역시 투표 선택의 기준으로 후보자보다 정당을 더 중요하게 만든 하나의 요인이다. 지역주의가 강한 지역에서는 개별 후보자가 누군지와 관계없이 특정 정당을 지지하는 경향이 강하기 때문에, 후보자가 누구인지보다 어느 정당인지를 기준으로 투표하는 유권자를 더 많이 만들어낸다. 이렇듯 제도적, 문화적인 요인으로 인해 한국의 양대 정당은 주로 후보자 개인을 선거에서 내세우기보다는 정당을 홍보하고, 정당의 정체성을 중시하는 이념·정책적 연계(programmatic linkages)를 통해 유권자의 지지를 구하고 있다.

한편, 일본의 정당들은 각각의 정당별로 다른 특징을 가진 정당 조직을 가지고 있고, 정당마다 집표의 방식도 다르다. 자민당은 오랜 기간 일당우위체제에서 지배적 위치에 있었기 때문에, 유권자의 지지를 얻기 위한 전략이 다른 정당과는 달랐다. 1994년까지의 중의원 총선거가 한 선거구에서 2~6명의 후보자가 당선되는 중선거구제[4]로 치러졌는데, 전체의 과반 의석을 차지하는 것이 목표인 자민당은 한 선거구에서 복수의 후보자를 당선시켜야 했다. 이에 따라 같은 선거구에서 자민당 후보 간 경쟁이 생겨났고, 정당이 아닌 각각의 후보자가 본인을 지지해줄 유권자와의 연계를 위해 개인후원회 등을 통해 후견주의적 연계(clientelistic linkages)를 구축해왔다.[5] 이 연계는 자민당의 정당 조직에 영향을 미쳐, 1996년 선거제도 개혁 이후로도 자민당의 지지 동원 메커니즘으로 이어져오고 있다.[6]

---

4) 단기 비이양식 투표(SNTV, Single Non-Transferable Vote)를 뜻한다. 엄밀하게는 선거구 정수가 1인 경우 소선거구제, 2 이상인 경우 중대선거구제로 분류되지만, 선거구 정수가 매우 크지 않은 2~7 정도의 선거제도를 흔히 중선거구제라고 부른다.
5) Scheiner, Ethan, 「12 Clientelism in Japan: the importance and limits of institutional explanations」, 『Patrons, clients, and policies』, Cambridge University Press, 2007, pp.276~297.

자민당 외의 다른 정당들은 각자의 특징에 따라 다른 집표 방식을 취하고 있다. 종교법인 창가학회(創価学会)를 모태로 하는 공명당의 경우, 높은 응집력의 네트워크를 형성해왔다. 정당이 중선거구제 하에서 가능한 한 많은 후보자를 당선시키기 위해서는, 당선 가능한 후보자가 몇 명인지, 그 후보자들 간에 득표를 어떻게 나눌 것인지의 전략을 설정해야 한다.[7] 공명당은 응집력 높은 네트워크를 활용해, 유권자에게서 받을 득표를 비교적 정확히 예측하고 득표 역시 효과적으로 나누어왔다. 여전히 중선거구제로 치러지는 도쿄도의회 선거에서는 20여년 넘게 동일한 수의 후보자를 공천해 후보자 모두를 당선시키고 있다.[8]

민주당 계열의 정당은 이합집산이 자주 일어나고 지지율의 부침이 커 평가하기에 어려움이 있지만, 중의원 선거에서 자민당을 제치고 내각을 수립한 경험이 있는 2009년부터 2012년까지의 전략은 후견주의적 연계보다 이념·정책적 연계에 가깝다고 평가받고 있다. 자민당의 후견주의적 연계에 대응해 당 전체의 이미지와 국가적 정책에 대한 홍보로 유권자들에게 어필한 것이다. 1996년부터 중의원 선거에 채택된 소선거구제가 중선거구제 시대의 후견주의적 연계 대신 민주당의 이념·정책적 연계 전략을 가져왔다고 보는 시각도 있다.[9]

---

6) 일본 자민당과 유권자의 후견주의적 연계가 변화하고 있다는 연구로는 이주경, 「일본 참의원 선거와 정당의 집표전략: 자민당 사례를 중심으로」, 『현대정치연구』 8(1), 서강대학교 현대정치연구소, 2015, pp.39~72 참조.

7) Lijphart, A., Pintor, R., and Sone, Y., 「The limited vote and the single nontransferable vote: lessons from the Japanese and Spanish examples」, 『Electoral laws and their political consequences』 2, The University of Chicago Press, 1986, pp.154~169.

8) 경제희, 「소·중·대 혼합선거구제의 비례성과 정당 규모별 공천 전략: 일본 도쿄도의회의원선거를 중심으로」, 『국가전략』 27(1), 세종연구소, 2021, pp.5~33.

9) 藤村直史, 「小選挙区比例代表並立制下での役職配分: 民主党の党内対立と政党投票」,

그렇다면 유권자들은 정당 혹은 후보자와 어떤 관계를 맺고 있을 것인가? 이 논문에서는 한국과 일본의 각 정당이 각자의 지지 동원 전략에 걸맞은 사회적 네트워크를 형성하기 위해 유권자에게 어떻게 어필하고 있는지를 경험적으로 분석한다. 논문의 구성은 다음과 같다. 제2장에서 정당과 유권자의 연계에 대한 이론을 소개하고, 한국과 일본 정당의 연계 전략에 대한 가설을 설정한다. 제3장에서 분석에 사용할 데이터와 분석 방법을 소개하고, 제4장에서 분석 결과와 그 함의를 제시한다. 마지막으로 제5장에서 분석의 의의와 함께 앞으로의 과제를 제시한다.

2. 정당과 유권자 연계에 대한 이론과 가설

1) 정당-유권자 연계에 대한 이론

정당과 유권자의 연계를 유형화해 설명한 대표적인 이론으로, 키첼트(Herbert Kitschelt)와 로버츠(Kenneth M. Roberts)의 연구가 있다. 이들은 정당이 권력획득, 즉 유권자의 지지를 얻어내기 위해 유권자들과 연계하는 방식을 몇 가지 유형으로 분류해 설명했다.[10]

『選挙研究』 28(1), 日本選挙学会, 2012, pp.21~38.
2000년대 일본정치에서 후견주의적 연계가 약해지고 민주당을 중심으로 이념·정책적 연계를 구축하고자 하는 시도가 나타났으나 좌절된 이후 카리스마적 연계가 힘을 얻고 있다는 주장에 대해서는 한의석, 「일본 정치의 변화와 정당-유권자 연계: 2000년대의 정당정치를 중심으로」, 『한국정치학회보』 48(4), 한국정치학회, 2014, pp.75~95 참조.

10) Kitschelt, H., 「Linkages between Citizens and Politicians in Democratic Politics」, 『Comparative Political Studies』, 33, 2000, pp.845~879; Roberts, K. M., 「Party-Society Linkages and Democratic Representation in Latin America」, 『Canadian Journal of Latin American and Caribbean Studies』 27(53), Taylor& Francis,

키첼트에 따르면 정당은 유권자와 이념·정책적 연계(programmatic linkages), 후견주의적 연계(clientelistic linkages), 카리스마적 연계(charismatic linkages)의 방식으로 연결될 수 있다. 키첼트는 기존의 정당 경쟁 연구들이 이념·정책 호소와 정책 성과에 따른 회고적 표 획득에만 집중하는 것을 비판하며, 이념이나 정책 외에도 물질적 이익에 기초한 후견주의적 연계, 정치인들의 개인적 자질에 의존하는 카리스마적 연계의 가능성을 제시하였다.[11]

로버츠는 정당이 사회의 변화에 대응하여 연계 방식을 결정한다고 지적하면서, 연계의 방식을 다섯 가지 유형으로 분류한다. 후견주의(political brokerage and patron-clientelism), 집체적 연계(encapsulating linkages), 정책적 연계(programmatic linages), 인격·카리스마적 연계(personalistic linkages), 상품화된 연계(marketing linkages)로 구분된다. 물론 현실에서 각 연계 방식은 동시에 나타날 수 있고, 상호 보완적이기도 하다.[12]

위와 같이 정당과 유권자의 연계는 같은 사회 안에서도 다양한 방식으로 나타날 수 있고, 같은 정당이 다양한 연계 방식을 상호 보완적으로 이용할 수도 있다. 일본의 경우 자민당의 후견주의적 연계에 주목한 연구가 발전했지만,[13] 전술한 바와 같이 공명당이나 민주당 등의 다른 정당은 유권자에게 어필하는 방식이 자민당과 다르다. 또 일본 사회의 변화, 선거제도 변화 등으로 자민당의 후견주의적 연계의 성격이 달라지고 있다는 지적도 있다. 한국 정당 역시 양당제가 자리

2002, pp.9~34.
11) Kitchelt, H., and Wilkinson, S. I., 「Citizen-politician linkages: an introduction」, 『Patrons, clients and policies: Patterns of democratic accountability and political competition』, Cambridge University Press, 2007, pp.1~49.
12) Roberts, K. M., 앞의 논문, pp.9~34.
13) Scheiner, Ethan, 앞의 책, pp.276~297.

잡으면서 비교적 이념·정책적 연계가 강해지고 있다고 평가받지만, 지연, 혈연, 학연 등에 의한 정당-유권자 간의 연계는 후견주의적 연계 혹은 인격적 연계의 성격을 가지고 있다. 혹은 정당의 정책을 지지함으로써 이념·정책적 연계의 성격을 갖고 있었으나 양당의 경쟁이 격화되면서 지지가 인물에게 투사되는 카리스마적 연계의 성격이 함께 보이기도 한다.

이 논문에서는 한국과 일본의 정당이 유권자에게 지지를 얻기 위한 네트워크를 어떻게 구축하려고 시도하는지를 경험적으로 분석한다. 실제로 네트워크로 정당과 연결된 유권자의 인구사회학적, 정치적 특성을 알 수 있는 데이터와 변수를 통해, 정당과 유권자의 연계가 어떤 성격을 가지는지 분석해볼 수 있을 것이다.

2) 한국과 일본의 정당-유권자 연계에 대한 가설

전술한 바와 같이 한국의 정치제도와 정치문화는 유권자가 정당을 지지할 때 후보자 개인보다는 정당을 기준으로 선택하기 쉽게 만드는 특성을 가지고 있다. 이런 배경에서는 정당이 후보자 개개인을 내세우기보다 정당의 이미지와 전국적인 정책, 정당이 대표하는 이념 등을 중점적으로 유권자에게 홍보하려 한다. 따라서 한국의 정당은 상대적으로 유권자와 이념·정책적 연계를 더 적극적으로 시도할 것으로 예상된다. 이에 따라 한국의 정당들은 지역이나 이익을 위한 집단보다는, 이념적인 공동체를 통해 유권자와 네트워크를 형성하려고 시도할 것이다.

가설 1 한국의 정당은 이념적인 공동체를 통해 유권자와 네트워크 형성을 시도할 것이다.

일본의 정당은 주요정당별로 다른 전략을 취하고 있을 것이다. 먼저 자민당의 경우, 오랫동안 이어져온 후견주의적 연계가 유권자와의 네트워크 형성 과정에도 남아있을 것으로 보인다. 즉, 자민당은 지역과 이익과 관련한 집단을 통해 유권자와의 연결을 시도할 것이다.

가설 2 일본 자민당은 지역, 이익과 관련한 공동체를 통해 유권자와 네트워크 형성을 시도할 것이다.

공명당은 조직력이 끈끈한 정당으로, 유권자와의 연계가 이미 갖춰진 조직을 통해 이루어지고 있을 것이다. 다만, 공명당은 이미 오랜 시간동안 응집성 높은 네트워크를 구축해두었고, 지지율이나 의석수가 크게 변화하지 않는 모습을 보여주고 있다. 따라서 공명당은 네트워크를 새롭게 형성하려기보다는, 이미 존재하는 네트워크에서의 활동에 집중하고 있을 확률이 높다.

가설 3 일본 공명당은 이미 유권자와 네트워크를 형성하고 있고, 새로운 네트워크 형성 시도는 별로 하지 않을 것이다.

마지막으로 일본 민주당은 일본 정당 중 가장 유권자와의 이념·정책적 연계를 시도하고 있을 것으로 예상된다. 특히 이 논문에서 사용하는 데이터가 생성된 2012년은, 민주당이 다수당으로 정권을 이끌고 있는 시기였다. 다른 시기보다 민주당의 이념·정책적 연계 노력이 활발했던 시기라고 추측할 수 있다. 따라서 민주당은 이념과 관련된 공동체를 통해 유권자와의 네트워크 형성을 시도할 것이다.

가설 4 일본 민주당은 이념적인 공동체를 통해 유권자와 네트워크

형성을 시도할 것이다.

3. 데이터와 분석 방법

1) 데이터 소개

이 논문에서는 한국, 일본, 중국, 대만 4개국이 공동으로 참여하는 대규모 설문조사 EASS(East Asian Social Survey) 데이터를 이용해 한일 양국을 비교한다. EASS는 2003년부터 가족, 문화, 일과 생활 등의 주제로 동아시아 4개국의 국민들에게 동일한 질문으로 설문을 진행함으로써 비교연구를 위한 데이터를 생산하고 있다. 이 논문에서 활용하는 데이터는 2012년 시행된 '사회적 자본(Social Capital)'을 주제로 한 설문이다. 이를 통해 한일 양국에서 정당과 유권자 간 사회적 네트워크 연결이 어떻게 시도되고 있는지를 살펴보고자 한다.

EASS 설문은 한국에서는 한국사회종합조사(KGSS, Korean General Social Survey), 일본에서는 일본사회종합조사(JGSS, Japanese General Social Survey)의 일환으로 조사가 시행된다. 각자 시행하는 종합조사의 일부를 EASS 설문으로 구성해, 동일한 질문으로 각국 사회의 모습을 비교하고자 하는 시도이다. 이 논문에서는 공통 질문인 EASS와 함께 EASS가 포함된 KGSS와 JGSS의 전체 데이터를 함께 이용함으로써, 한국과 일본 사회를 비교하면서도 각각의 맥락을 보다 면밀히 포착하는 것을 목표로 한다.

〈표 1〉 KGSS(한국) 데이터 기술통계

	최소값	중간값	최대값	평균	표준편차	관측수
성별	0	0	1	0.44	0.50	1396
연령	18	50	95	50.62	18.20	1396

	최소값	중간값	최대값	평균	표준편차	관측수
정치관심	1	4	7	3.76	1.75	1396
정치참여	0	0	1	0.06	0.23	1396
같은지역 거주기간	1	5	8	5.18	1.93	1396
지역모임	1	1	3	1.39	0.70	1396
정치모임	1	1	3	1.07	0.29	1396
직업모임	1	1	3	1.18	0.52	1396
종교모임	1	1	3	1.44	0.73	1396
노동조합	1	1	3	1.08	0.33	1396
시민사회운동	1	1	3	1.09	0.35	1396
정당투표	1	2	9	4.21	3.56	1396
선거참여권유	0	0	1	0.23	0.42	1396

〈표 2〉 JGSS(일본) 데이터 기술통계[14]

	최소값	중간값	최대값	평균	표준편차	관측수
성별	0	0	1	0.46	0.50	4667
연령	20	55	89	53.41	16.93	4667
정치관심	1	3	5	2.74	1.07	2123
정치참여	0	0	1	0.06	0.24	2296
같은지역 거주기간	1	6	8	5.80	1.83	4657
지역모임	1	2	3	1.78	0.72	2304
정치모임	1	1	3	1.06	0.28	2303
직업모임	1	1	3	1.12	0.41	2303
종교모임	1	1	3	1.14	0.44	2301
정당지지	1	14	14	11.59	3.82	4667
선거참여 권유	0	0	1	0.17	0.37	2318

분석에 사용된 구체적인 데이터는 〈표 1〉, 〈표 2〉와 같다. 성별은 남성을 1, 여성을 0으로 코딩하였으며, 설문에 응답한 대상자 중 한국은 남성이 44%, 여성이 56%를 차지했고, 일본은 남성이 46%, 여성이

---

[14] JGSS 설문조사는 A형과 B형으로 나뉘어 진행되어, 각각 2332명, 2335명이 응답했다. 이에 따라 한 쪽에만 포함된 질문과 양쪽 모두 포함된 질문 간 관측수에 차이가 있다. 또한 무응답의 경우 결측치로 분류되어, 변수별 관측수에 약간의 차이가 있다.

54%였다. 연령은 한국의 경우 18세 이상, 일본의 경우 20세 이상의 응답자를 대상으로 하였으며, 각각 최고령자는 95세, 89세, 평균연령은 50.62세, 53.41세였다. 정치 관심 변수는 정치에 관심이 있는지에 대한 본인 스스로에 대한 주관적 평가 정도로, 한국에서는 7점 척도, 일본에서는 5점 척도로 측정하였으며 양국 모두 점수가 높을수록 관심이 많음을 의미하도록 코딩하였다. 정치 참여 변수는 '지난 1년간 정치적 이슈와 관련된 활동에 참여해본 적이 있습니까?'라는 질문에 '그렇다'라고 답한 응답자에 1, '아니다'라고 답한 응답자에 0을 부여하였다. 양국 모두 응답자의 약 6%가 참여해본 적이 있다는 결과가 나왔다.

다음으로 지역에서의 사회적 네트워크 형성 조건을 측정하기 위해 같은 지역에서 얼마나 거주하였는지를 질문한 데이터를 사용하였다. '1년 미만', '1~3년', '3~5년', '5~10년', '10~20년', '20~30년', '30년 이상', '평생'의 여덟 개의 카테고리로 나누어 차례로 1부터 8까지의 코드를 부여하였다. 대체로 같은 지역에 오래 살았을수록 숫자가 높아지도록 코딩하였으나, '평생'에 속하는 응답자들은 연령에 따라 살아온 기간이 달라질 수 있다. 또한 역시 사회적 네트워크 형성을 측정하기 위해, 지역모임, 정치모임, 직업모임, 종교모임, 노동조합. 시민사회운동 참여 여부를 비참여 1, 참여하지만 적극적이지 않음 2, 적극적으로 참여 3으로 분류하였다. 평균적으로 한국에서는 종교모임에, 일본에서는 지역모임에 가장 적극적으로 참여하는 것으로 나타났다.

각 정당별로 다른 양상이 나타날 수 있음을 감안해, 각각의 유권자의 지지 정당에 관한 데이터를 사용해 분석하였다. 한국의 경우 2012년 치러진 국회의원 총선거에서 어느 정당의 후보자에게 투표하였는지를 묻는 질문을 사용하였고, 일본의 경우 어떤 정당을 지지하는지 묻는 질문을 사용하였다. 한국에서는 8개, 일본에서는 13개 정당이 선택지에 있었고(각각 9, 14는 무응답 혹은 지지정당 없음), 대형 정당인

한국의 새누리당이 32%, 민주당이 27%, 일본의 자민당이 16%, 공명당이 4%, 2012년 당시 집권당이었던 민주당이 8%, 공산당이 2%의 지지를 얻고 있었다. 한국은 투표하지 않았거나 무응답이었던 응답자가 35%를 차지했고, 일본의 경우 지지정당이 없다고 답한 응답자가 57%에 달했다.

마지막으로 분석의 종속변수인 '최근 치러진 주요 선거와 관련해, 선거운동원에게서 선거 참여(투표, 선거운동을 모두 포함)를 권유받은 적이 있는지'에 대한 질문에 대한 응답 자료를 활용하였다. 설문이 치러진 시기상 응답자들은 한국의 2012년 국회의원 총선거, 일본의 2010년 참의원 선거를 염두에 두고 대답하게 된다. 이 질문에 한국 응답자의 23%가, 일본 응답자의 17%가 '있다'고 응답하였다. 이 논문에서는 정당의 공식적인 선거운동원에게서 투표 혹은 선거운동에 참여할 것을 권유받은 경험이 있는 사례를 정당이 유권자와의 네트워크를 만들기 위해 시도한 사례로 보고, 어떤 인구사회학적, 정치적 특징을 가진 유권자들이 이러한 정당의 네트워크 구축 시도의 대상이 되는지를 분석한다. 이 변수는 응답자의 주관적인 답변이라는 점에 한계가 있지만, 선거 운동에 참여하고 있는 정당 조직원이 어떤 유권자에게 다가가는 경향이 있는지를 보여주는 변수로 이해할 수 있다. 이 경향성에 차이가 있다면 정당의 전략에 차이가 있다는 해석을 할 수 있을 것이다.

2) 분석 방법

어떤 특성을 가진 유권자들이 정당의 선거운동원으로부터 선거 참여 권유를 받을 것인가. 이를 데이터를 통해 분석하기 위해, 다양한 인구사회학적, 정치적 특성을 독립변수로 삼고, 선거운동원에게서 선거 참여 권유를 받은 적이 있는지의 여부를 종속변수로 삼아 회귀분석을 시행했다. 종속변수가 '선거 참여 권유를 받았다(1)', '선거 참여 권유를 받지 않았다(0)'의 더미변수이기 때문에, 로지스틱스 이항분석을 사용했다.

우선 한일 양국 데이터를 활용해 전체 데이터를 분석하고, 특히 일본의 경우 정당별로 유권자와의 네트워크 구축 방법이 다를 것이라고 예상되기 때문에, 정당 지지자별로 데이터를 나누어 다시 한 번 분석하였다. 각 나라의 상황을 잘 해석할 수 있도록 독립변수의 조합을 다양하게 조합해 여러 모델로 분석하였다.

4. 분석 결과 및 해석

1) 일본 데이터 분석결과

〈표 3〉은 일본의 전체 응답자를 대상으로 어떤 특성을 가진 응답자가 선거운동원으로부터 선거 참여 권유를 받았는지를 분석한 결과이다. 먼저 연령이 높을수록 권유를 더 많이 받는 경향이 일관되게 나타난다. 고령 은퇴자 위주로 커뮤니티 활동이 활발하고, 또 이러한 활동 안에서 정당과 일반 유권자의 연계가 이루어지고 있다고 추측할 수 있다. 또 정치에 관심이 많을수록, 정치적인 활동을 한 경험이 있을수록 권유를 받을 확률이 높아진다. 일반적으로 정치에 관심이 많고 자발적인 모임 활동을 할수록 정치이념에 관심이 높다고 판단한다면, 이는 이념·정책적 연계가 이루어지고 있다고 추정할 수 있다. 그런데 이 효과는 모임 참여 여부를 변수로 추가한 모델(4)에서 사라지거나 줄어드는 경향을 보인다. 이는 일본에서 정치에 관심이 있는 사람들을

대상으로 이념·정책적 연계가 시도되지만, 지역, 직업모임에서 이루어지는 이익을 위한 후견주의적 연계가 여전히 강력하다는 것을 보여준다.

〈표 3〉의 결과에서 특기할 점은 같은 지역에 오래 살았을수록 선거 참여를 권유받을 확률이 크게 증가한다는 것이다. 특히 평생을 같은 지역에서 산 사람들은 모든 모델에서 권유 받을 확률이 큰 것으로 나타났다. 이는 후술할 한국의 분석 결과에서는 보이지 않는 현상으로, 일본에서 지역에 기반한 후견주의적 연계가 상대적으로 강하다는 것을 보여준다.

〈표 4〉는 일본의 응답자를 지지 정당별로 나누어 분석한 결과이다. 보다 정확한 분석을 위해서는 선거 참여를 권유한 선거 운동원의 소속 정당으로 나누는 것이 바람직하겠으나, 데이터의 한계로 응답자의 지지 정당만을 알 수 있었다. 다만 정당 입장에서도 성공 가능성이 높은 유권자에게 네트워크 형성을 시도하는 것이 합리적인 선택이므로, 응답자의 지지 정당과 선거 운동원의 소속 정당에 작지 않은 상관관계가 있을 것으로 보인다.

먼저 가설 2에서 예상했던 대로 자민당이 지역과 이익에 관련한 공동체를 통해 연계를 시도하고 있는지 살펴보면, 지역 모임에 활발하게 참여하는 응답자일수록 선거 참여 권유를 받을 가능성이 커지는 것으로 보아, 지역과 관련한 공동체가 자민당의 네트워크 형성에 중요한 매개임을 확인할 수 있다. 다만 이익과 관련한 모임인 지역 모임과 관련해서는 유의미한 결과가 보이지 않는다.

다음으로 공명당 지지자의 경우, 특별한 모임에 적극적으로 참여할수록 선거 참여 권유를 받을 확률이 높아지는지는 확인되지 않았다. 공명당 지지자의 수가 충분하지 않아 통계적으로 증명되지 않았을 가능성과, 가설 3에서의 예상처럼 공명당은 이미 탄탄한 네트워크를 가지고 있기에 적극적으로 네트워크 형성에 나서지 않을 가능성이 모두 상존한다.

민주당 지지자에 대한 분석 결과는 자민당 지지자에 대한 결과와 대조적이다. 유일하게 정치 활동에 참여한 경험이 있을수록 선거 참여를 권유받을 가능성이 커졌다. 가설 4에서 예상한 바와 같이, 민주당은 정치활동을 하는 이념적 특성이 큰 공동체에서 유권자와의 연계를 시도했을 가능성이 크다고 추측할 수 있다.

〈표 3〉 회귀분석 결과 - 일본, 전체 분석

	Dependent variable: 선거운동원에게서 선거 참여 권유를 받은 적이 있는지			
	(1)	(2)	(3)	(4)
성별	0.068	0.058	0.056	0.028
	(0.119)	(0.121)	(0.122)	(0.125)
연령	0.023***	0.015***	0.12***	0.013***
	(0.004)	(0.004)	(0.004)	(0.004)
정치관심	0.143**	0.145**	0.117**	0.091
	(0.056)	(0.057)	(0.058)	(0.059)
정치활동	0.638***	0.613***	0.562***	0.491**
	(0.207)	(0.211)	(0.214)	(0.222)
한 동네에서 산지 1~3년		−0.093	−0.188	−0.099
		(0.733)	(0.734)	(0.735)
3~5년		−0.195	−0.303	−0.287
		(0.757)	(0.758)	(0.759)
5~10년		0.349	0.162	0.194
		(0.645)	(0.649)	(0.650)
10~20년		0.527	0.369	0.400
		(0.623)	(0.625)	(0.625)
20~30년		1.177*	0.992	1.002
		(0.619)	(0.621)	(0.622)
30년 이상		1.185*	0.987	1.024*
		(0.614)	(0.617)	(0.618)
평생		1.270**	1.096*	1.104*
		(0.615)	(0.618)	(0.618)
지역모임			0.419***	0.394***
			(0.085)	(0.086)

	Dependent variable:			
	선거운동원에게서 선거 참여 권유를 받은 적이 있는지			
	(1)	(2)	(3)	(4)
정치모임				0.137
				(0.190)
직업모임				0.257*
				(0.132)
종교모임				0.137
				(0.132)
Observations	2,092	2,088	2,069	2,051
Log Likelihood	−936.236	−913.584	−893.754	−886.073
Akaike Inf. Crit.	1,882.472	1,851.167	1,813.508	1,804.146

*p<0.1, **p<0.05, ***p<0.01

〈표 4〉 회귀분석 결과 – 일본, 정당 지지자별 분석

	Dependent variable:			
	자민당 지지자	공명당 지지자	민주당 지지자	무당층
	(1)	(2)	(3)	(4)
성별	0.141	−0.464	0.320	−0.104
	(0.289)	(0.766)	(0.400)	(0.170)
연령	0.022**	0.036*	0.039***	0.016***
	(0.010)	(0.022)	(0.015)	(0.006)
정치관심	0.360***	−0.069	0.086	0.030
	(0.132)	(0.278)	(0.190)	(0.083)
정치활동	0.549	−0.136	1.256**	0.034
	(0.485)	(0.864)	(0.532)	(0.394)
지역모임	0.483***	0.158	0.398	0.396***
	(0.187)	(0.501)	(0.279)	(0.118)
정치모임	−0.108	0.384	0.502	0.012
	(0.327)	(0.446)	(0.718)	(0.509)
직업모임	0.087	−0.152	0.302	0.251
	(0.295)	(0.947)	(0.447)	(0.189)
종교모임	−0.096	0.618	−0.013	0.362
	(0.330)	(0.490)	(0.589)	(0.226)
Observations	349	82	188	1,127
Log Likelihood	−169.528	−37.224	−88.878	−478.258
Akaike Inf. Crit.	357.057	92.448	195.757	974.516

*p<0.1, **p<0.05, ***p<0.01

마지막으로 일본 응답자의 절반 이상을 차지하고 있는 무당층에 대해서도 분석했다. 전반적으로 정치 관심 변수를 제외하고는 자민당 지지자와 비슷한 결과가 도출되었다. 이는 일본의 무당층이 다른 정당 지지자들에 비해 자민당 지지자들과 비슷한 특성을 가졌음을 보여준다. 정치에 관심이 많지 않기 때문에 지지 정당도 없으며, 따라서 이 분석에서 정치 관심 변수는 통계적으로 유의미한 결과를 보여주지 못했다. 다만 자민당 지지자들과 마찬가지로 지역모임에 적극적으로 참여할수록 선거 참여를 권유받을 확률이 높아졌는데, 이는 일본의 무당층 역시 지역의 이익 등으로 움직이는 후견주의적 연계에 포섭되고 있을 가능성이 높다는 것을 보여준다.

2) 한국 데이터 분석 결과

〈표 5〉는 한국의 응답자 전체를 대상으로 한 회귀분석 결과이다. 가설 1에서 제시한대로 한국에서 상대적으로 이념적인 공동체를 통해 정당-유권자 간 연계가 이루어지는지 살펴보겠다. 우선 일본과 다른 점은 우선 연령 효과가 보이지 않는다는 것이다. 통계적으로 유의미한 수치는 아니지만, 오히려 모든 모델에서 마이너스 효과가 보이고 있다. 이는 나이가 많을수록 커뮤니티 활동을 활발하게 하고, 이를 통해 정당과의 네트워크가 형성되는 일본의 패턴이 한국에는 존재하지 않음을 보여준다.

정치 관심과 정치 활동 변수는 모든 모델에서 통계적으로 유의미한 효과를 보여준다. 자발적으로 참여해야하는 정치 활동 변수가 특히 한국에서 중요하다는 점으로 보아, 가설 1에서 예상한 바와 같이 한국에서는 이념적인 공동체를 통해 정당-유권자 간 연계가 형성되는 경향이 상대적으로 강하다고 해석할 수 있다.

한편, 같은 지역에서 오래 살았을수록 선거 참여 권유를 받을 확률이 높아지는 효과는 뚜렷하게 보이지 않는다. 10~20년 동안 같은 지역에서 거주한 사람들이 1년 미만(기준 카테고리) 거주한 사람에 비해 선거 참여 권유를 받을 확률이 높은 것은 명확하지만, 그 이상 산 사람들의 경우에 오히려 효과가 명확하지 않다. 지역을 매개로 한 후견주의적 연계가 일본에 비해 강력하지 않다.

그러나 지역모임에 적극적으로 참여하는 사람일수록 선거 참여 권유를 받을 확률이 높아지는 효과는 명확하다. 이는 단순히 지역에 오래 살았다고 해서 네트워크가 생기는 것이 아니라, 모임에 적극적으로 참여해야 정당의 네트워크 형성 대상이 되는 사회임을 보여준다. 또한 종교 모임이 네트워크 형성의 중요한 매개를 하고 있다는 점도 일본과 다른 한국사회의 특징적인 현상이다.

⟨표 5⟩ 회귀분석 결과 – 한국, 전체 분석

| | Dependent variable: | | | |
| | 선거운동원에게서 선거 참여 권유를 받은 적이 있는지 | | | |
	(1)	(2)	(3)	(4)
성별	0.103	0.110	0.128	0.160
	(0.132)	(0.134)	(0.134)	(0.136)
연령	−0.002	−0.002	−0.006	−0.006
	(0.004)	(0.004)	(0.004)	(0.004)
정치관심	0.131***	0.131***	0.125***	0.123***
	(0.038)	(0.038)	(0.039)	(0.039)
정치활동	0.653***	0.660**	0.629**	0.647**
	(0.251)	(0.252)	(0.253)	(0.260)
한 동네에서 산지 1~3년		0.269	0.308	0.307
		(0.416)	(0.417)	(0.418)
3~5년		0.364	0.375	0.347
		(0.408)	(0.409)	(0.410)
5~10년		0.417	0.433	0.409
		(0.381)	(0.382)	(0.383)
10~20년		0.653*	0.644*	0.647*
		(0.362)	(0.363)	(0.364)

	Dependent variable:			
	선거운동원에게서 선거 참여 권유를 받은 적이 있는지			
	(1)	(2)	(3)	(4)
20~30년		0.578	0.563	0.544
		(0.380)	(0.382)	(0.383)
30년 이상		0.440	0.404	0.413
		(0.377)	(0.379)	(0.379)
평생		0.472	0.402	0.402
		(0.402)	(0.404)	(0.405)
지역모임			0273***	0.275***
			(0.095)	(0.098)
정치모임				−0.111
				(0.219)
직업모임				−0.070
				(0.126)
종교모임				0.192**
				(0.087)
Observations	1,396	1,396	1,396	1,396
Log Likelihood	−733.706	−731.040	−726.992	−724.455
Akaike Inf. Crit.	1,477.411	1,486.080	1,479.983	1,470.909

*p<0.1, **p<0.05, ***p<0.01

〈표 6〉 회귀분석 결과 - 한국, 정당 투표자별 분석

	Dependent variable:	
	새누리당 투표자	민주당 투표자
	(1)	(2)
성별	0.313	24
	(0.244)	(0.245)
연령	−0.001	−0.014*
	(0.007)	(0.008)
정치관심	0.164**	0.009
	(0.071)	(0.071)
정치활동	0.104	0.475
	(0.529)	(0.426)
지역모임	0.031	0.457***
	(0.164)	(0.172)
정치모임	−0.318	0.151
	(0.440)	(0.374)
직업모임	0.154	−0.129
	(0.222)	(0.216)

	Dependent variable:	
	새누리당 투표자 (1)	민주당 투표자 (2)
종교모임	0.039 (0.149)	0.356** (0.155)
노동조합	−0.646 (0.510)	0286 (0293)
시민사회, 협동조합	0.291 (0.300)	−0.248 (0.349)
Observations	447	376
Log Likelihood	−228.543	−214.703
Akaike Inf. Crit.	479.087	451.407

*$p<0.1$, **$p<0.05$, ***$p<0.01$

〈표 6〉에서는 한국의 응답자를 2012년 4월 총선에서 새누리당에 투표한 응답자와 민주당에 투표한 응답자로 나누어 분석을 실시하였다. 민주당 투표자의 경우 일본의 결과와는 반대로, 나이가 어릴수록 선거 참여 권유를 받을 확률이 높아짐을 알 수 있다. 민주당 지지층이 비교적 연령이 낮은 현실도 반영되었을 것이다.

또한 흥미롭게도, 새누리당 투표자는 정치에 관심이 많을수록, 민주당 투표자는 지역 모임이나 종교 모임에 적극적으로 참여할수록 선거 참여 권유를 받을 확률이 높아졌다. 한국의 정당은 비슷한 지위에서 비슷한 집표전략을 세우고 있을 것이라고 예상했는데, 이 결과로 미루어 보아 두 정당이 전략적으로 중시하는 분야가 달랐던 것으로 추측된다. 지역 모임이나 종교 모임은 공통의 이익을 중시하는 후견주의적 연계로도 해석될 수 있는 바, 양당이 주로 정당 이데올로기로 경쟁하는 한국에서도 이념·정책적 연계 외에도 다른 연계의 양상이 나타날 수 있는 것이다.

5. 정당 시스템의 미래

이 논문에서는 한국과 일본에서 시행된 설문조사 데이터를 활용해 한일 양국의 정당-유권자 네트워크가 어떻게 형성되고 있는지 경험적으로 분석했다. 정당과 유권자의 연계와 관련해서는 정당이 유권자의 지지를 얻기 위해 어떤 노력을 하는지, 정당은 유권자의 의사를 받아들임에 있어서 어떤 역할을 하는 존재인지, 상호간 주고받는 것은 무엇인지 등에 대한 여러 연구가 있지만, 실제로 어떤 특성을 가진 유권자들이 어떤 방식으로 정당과 연계되는지에 대한 경험적 연구는 부족한 실정이다.

이 논문은 '최근의 선거에서 선거 운동원으로부터 선거에 참여하라는 권유를 받은 적이 있는가'라는 한일 양국의 유권자에게 동시에 질문을 통해, 한일 양국의 정당-유권자 간 네트워크 형성 실태를 분석해보려는 시도를 하였다. 그 결과, 한국에서는 이념·정책적 연계, 일본에서는 후견주의적 연계가 비교적 강력하지만 다른 유형의 연계도 충분히 시도되고 있다는 점을 발견할 수 있었다.

이 논문의 가장 큰 한계는 데이터의 시기적 한계일 것이다. 2012년 데이터를 사용했기 때문에, 이후의 사회 변화와 정당시스템 변화를 포착할 수 없었다. 그러나 2012년은 일본에서 드물게 자민당이 야당이었던 시절이고, 민주당 지지자에 대한 데이터도 비교적 다수 구할 수 있어, 일본의 정당별 다른 특성을 포착할 수 있었다. 이후의 양국 사회적 변화를 반영한 후속 연구는 앞으로의 과제로 남긴다.

다만 최근의 일본 정당 시스템의 변화에 대해서는 짚고 넘어갈 필요가 있다. 2025년 9월 현재 자민당은 중의원과 참의원에서 모두 과반 의석을 확보하지 못하고 있고, 입헌민주당, 국민민주당, 참정당 등 야당 세력이 각각 10% 안팎의 지지를 나눠 가지고 있다. 조심스럽게 다당제의 가능성을 엿볼 수 있는 상황이다. 야당은 자민당과 달리, 개별 유권자와의 후견주의적 연계 보다는 국정과 관련한 정책을 통해 지지를 얻는 전략을 취하고 있다. 참정당의 외국인 배제 정책은 모든 후보가 주요 공약으로 내세우고 있고, 다른 야당 역시 자민당에 대항해 고물가 대비 정책 등을 내세우고 있다. 야당의 춘추전국시대가 지속될수록, 일본 정치에서도 이념과 정책을 통한 유권자와의 연계가 활발해 질 것으로 보인다.

이 글은 한국일본학회의 『일본학보』 제143호에 실린 논문 「정당-유권자 네트워크 한일 비교: EASS 데이터를 중심으로」를 수정·보완한 것이다.

일본 국회회의록으로 본
해양문제 인식, 1953~2024

존재론적 안보의 관점과 빅데이터 분석의 결합

허원영

1. 한일 해양 갈등을 총체적으로 본다는 것

　해양문제는 전후 한일관계의 출발 시점부터 배태되었던 것으로, 양국 간 갈등과 마찰을 제공하는 주요 요인 중 하나였다. 이러한 해양문제(또는 해양 갈등·해양 분쟁)는 가장 핵심이 되는 도서 영유권 문제를 중심으로, 어업수역·해양경계·대륙붕·배타적경제수역(EEZ)·방공식별구역(ADIZ) 등 이와 연결되는 다양한 이슈 영역으로 구성되어 있다. 이들 영역은 어떤 시기에는 확대되고 또 어떤 시기에는 중첩되고 일체화되는 양상을 보이면서 한일 양국 간의 주요 과제로 자리해 왔다. 특히 2010년대 들어서는 안전보장 및 군사적인 측면으로 갈등이 번지면서, 해양 문제는 한일 간의 과거사와 영유권·경제 분야를 넘어서 양국 간 관계의 전반적인 현상(現狀)을 나타내는 바로미터로 작동하고 있다.
　그런데 이렇게 한일 간 갈등을 포괄하는 총체적인 영역으로 자리한 해양 문제에 대해서 긴 시야를 가지고 넓은 관점에서 접근을 시도한 연구는 좀처럼 찾아보기가 어렵다. 대부분의 경우에는 위에서 이야기한 각 이슈 영역들에 대한 개별적인 분석들이 이루어지고 있으며, 그 시기 또한 양국 간 갈등을 촉발한 사건이 발생한 시기를 대상으로 한 연구들이 많다. 이는 곧 한일관계의 근간에 자리하고 있으며 장기간에 걸쳐 병행·중첩·축적되어 온 해양문제 이슈를 총체적으로 이해하는 시각이 아직 충분히 만들어지지 않았음을 의미한다. 이러한 연구의 공백은 한일관계의 진전을 저해하는 요인이자, 갈등을 해결하는 방안뿐만 아니라 상호 간의 이해를 어렵게 하는 요인이기도 하다.

기존의 연구가 특정 시기 또는 사건에 초점을 맞춘 것은 한일 간의 해양문제를 보다 이해하고 분석하기 쉬운 덩어리로 나눈 것과 같다. 특정 시기 및 사건에 초점을 맞출 경우 해당 시기와 사건에 대한 깊이 있는 분석은 가능하지만, 당시의 상황과 변수에만 주목하게 됨으로써 장기적 이해를 어렵게 한다. 이러한 관점으로 인해 발생하는 문제를 줄이고 전후 한일관계에서 변동해 온 해양문제의 전체상을 파악하기 위해서는 보다 긴 시각에서 한일 간의 해양문제를 다루는 연구가 필요하다. 이러한 연구는 기존과는 다른 관점과 대상, 그리고 방법론을 필요로 한다. 이 글에서는 '존재론적 안보'라는 개념을 통해 한일 간의 해양문제를 들여다보고, 이를 '일본 국회회의록'이라는 대상을 통해 분석하고자 한다.

2. 분석 대상: 왜 일본 국회회의록인가?

1) 빅데이터로서의 국회회의록

본 연구가 의도하는 연구 질문에 답하기 위해서는 한일 간의 해양문제를 장기간에 걸쳐 안정적으로 분석할 수 있는 데이터가 필수적이다. 그중에서도 가장 대표적이면서 지속적으로 담론 데이터가 구축되고 있는 것은 일본의 국회회의록이라고 할 수 있다. 일본 국회회의록은 전전(戦前) 제국의회 시기는 물론 점령이 끝난 전후 1952년부터 현재까지 일본 국회에서 발언된 내용들을 충실히 담고 있으며, 2001년부터는 웹사이트를 통해 검색이 가능한 시스템을 구축하고 있다.[1]

2000년대부터 일본 국회회의록의 접근성이 강화되면서, 이를 분석 대상으로 삼는 연구도 활발하게 이루어져 왔다. 한국에서도 일본 국회회의록을 분석 대상으로 삼은 연구는 역사 문제나 한일국교정상화, 자원외교 등 다양한 주제를 다루었다.[2] 그러나 압도적으로 많은 수를 차지하는 것은 독도 및 해양 영유권 문제를 다룬 연구들이다.[3] 이 중

---

1) 国会会議録検索システム(https://kokkai.ndl.go.jp/)
2) 박홍영, 「일본 자원외교의 해석과 평가: 일본국회의사록에 나타난 쟁점과 과제, 1990~2010」, 『국가전략』 21(4), 세종연구소, 2015, pp.5~28; 朴洪英, 「日本軍従軍慰安婦に関する日本国会会議録(1990~2016)の検討: 日本政府の本音と建前の読み取り」, 『일본연구』 70, 한국외국어대학교 일본연구소, 2016, pp.49~70; 변은진, 「일본 국회 회의록(1948~2002)을 통해 본 '위안부' 논의」, 『일본군 '위안부' 기록물 발굴·정리·해제 사업 심포지엄 자료집』, 한국여성정책연구원, 2017, pp.84~101; 안소영, 「일본 국회의사록을 통해서 본 한일국교정상화 교섭과정에 관한 연구: 교섭의제의 전환과 그 의미를 중심으로」, 『동북아역사논총』 22, 동북아역사재단, 2018, pp.143~184.
3) 곽진오, 「일본의 독도정책에 대한 고찰: 이른바 '다케시마의 날'과 일본 의회를 중심으로」, 『비교일본학』 47, 한양대학교 일본학국제비교연구소, 2019, pp.1~24; 곽진오, 「'유엔해양법협약' 체결을 통해서 본 일본의 이도(離島)정책 변형과 독도」, 『비교일본학』 49, 한양대학교 일본학국제비교연구소, 2020, pp.1~25; 곽진오, 「일본의 독도영유권주장과 모순: 시정권(施政權)을 중심으로」, 『일본학보』 123, 한국일본학회, 2020, pp.197~213; 곽진오, 「일본중학교 교과서검정과 독도: 일본국회 의사록 분석을 중심으로」, 『한림일본학』 36, 한림대학교 일본학연구소, 2020, pp.5~34; 고선규·임재형, 「일본 국회에서의 독도문제 논의와 정당별 영토정책」, 『일본공간』 33, 국민대학교 일본학연구소, 2023, pp.137~181; 석주희, 「중·참의원 의사록(1948~2020)에서 나타나는 시마네현·돗토리현 지역구 의원의 독도 관련·발언 및 인식」, 『국제학논총』 34, 계명대학교 국제학연구소, 2021, pp.109~150; 이진원, 「일본 국회의 독도관련 발언 및 인식: 1947~2020년 주요상임위원회 별 독도관련 발언을 중심으로」, 『한림일본학』 40, 한림대학교 일본학연구소, 2022, pp.197~224; 이형식, 「일본의 국회의사록을

대다수의 연구들은 특정 시기 일본 국회회의록에서 나타난 독도 관련 발언들을 텍스트 담론 분석의 형식으로 기술적으로(descriptive) 분석하고 있다. 고선규·임재형(2023)과 이진원(2022) 정도가 장기적으로 국회회의록 데이터를 훑어보고 이를 수치화·시각화하여 보여주고 있으나, 대체로 키워드가 포함된 발언의 빈도를 보여주는 것에 머무르고 있다.

일본 국회회의록이 가지는 특성을 생각하면 선행 연구들의 이러한 접근을 통해 회의록을 충분하게 활용하지 못한 부분이 있다. 첫째, 국회회의록은 빅데이터(big data)적인 특성을 가지고 있다. 빅데이터는 기술의 발전과 온라인 서비스 및 소셜미디어의 발달로 인해 탄생한 개념으로, 일반적으로 막대한 양의 데이터를 가리킨다. 이러한 빅데이터의 특징은 데이터 처리장치와 인터넷의 속도가 빨라지고 저장장치의 용량이 지속적으로 늘어나며 활용 분야가 확대됨에 따라 우리의 삶은 물론 학문 분야에서도 받아들이지 않을 수 없는 것이 되고 있다.[4]

일본 국회회의록의 양이 가지는 방대함과 인터넷을 통한 처리 방식은 데이터의 유형이 음성 및 문자 텍스트로 비교적 다양하지 않다 하더라도 충분히 빅데이터로서 활용할 수 있게 한다. 예를 들어 1947년부

통해서 본 독도에 대한 일본의 대응(1950~1956)」, 『일본공간』 6, 국민대학교 일본학연구소, 2009, pp.246~258; 정미애, 「일본의 국회의사록을 통해서 본 독도에 대한 일본의 대응(1957~1965)」, 『일본공간』 7, 국민대학교 일본학연구소, 2010, pp.206~221; 최장근, 「일본정부의 대일평화조약 시기의 '죽도'영유권 인식: 일본의 국회의사록을 중심으로」, 『일본문화학보』 48, 한국일본문화학회, 2011, pp.353~272; 최장근, 「일본정부의 '이승만라인 철폐'의 본질 규명: 일본의 한일협정 비준국회의 국회의사록 분석」, 『일어일문학연구』 76, 한국일어일문학회, 2011, pp.331~349; 崔長根, 「1970年代 '北部 大陸棚協定'에 관한 日本國會의 論爭: 日本國會 議事錄을 통한 檢證」, 『한일민족문제연구』, 한일민족문제학회, 2013, pp.179~219.

[4] 허원영·정재은·최희식, 「일본학 분야 데이터베이스 발전 방향에 대한 탐색적 연구: 빅데이터 기반 문제 분석의 토대 제공을 위한 시론」, 『일본공간』 34, 국민대학교 일본학연구소, 2023, p.146.

터 2012년까지의 일본 국회회의록을 빅데이터로 다룬 연구를 보면, 해당 시기 중의원 본회의 회의 수는 4037회, 예산위원회 2034회로 합계 6071회이다. 또한 각 회의의 글자 수를 계산하면 전체가 약 2.36억 자, 발언 부분으로 한정하면 약 2.28억 자라는 방대한 양을 차지한다.[5] 이러한 수치를 통해 유추해 보면 이 글이 다루고자 하는 시기(1952~2024)의 경우 유사하거나 더 많은 양의 데이터가 대상이 될 것으로 생각된다.

그런데 이러한 막대한 양의 데이터는 인간 개개인의 능력으로 분석하거나 다루는 것이 불가능에 가까우며, 인간의 검색을 통한 데이터의 취사선택과 해석은 데이터 전체를 다루는 연구의 방법으로는 적절하지 않으며 빅데이터의 특성을 활용하기도 어렵다. 이러한 점에서 데이터마이닝과 빅데이터 분석 기술을 활용하여 일본 국회회의록에 접근할 필요가 있다.

둘째, 기존 연구에서는 회의록의 검색 기능만을 활용했기 때문에 데이터과학적인 방법을 활용한 분석에 한계가 있었다. 많은 데이터베이스가 그러하듯, 일본 국회회의록 역시 상세한 데이터 검색 시스템을 제공하고 있다. 그러나 이를 인간 개개인이 하나하나 검색을 하게 될 경우에는 제약에 부딪힐 수밖에 없다. 수억 자의 데이터 속에서 검색을 시도한다 하더라도 너무 많은 시간이 소모되기 때문이다. 그러한 검색 결과를 정리하고 분석하는 데도 긴 시간이 소요될 것이다.

이러한 제약을 극복하고 회의록에서 제공하는 정보를 보다 다각적으로 활용하기 위해서는 API(Application Programming Interface)를 활용할 필요가 있다. API란 "정의 및 프로토콜 집합을 사용하여 두 소프

---

5) 山口昌也, 「全文検索システム『ひまわり』用『国会会議録』パッケージの構築」, 『国立国語研究所論集』 22, 国立国語研究所, 2022, p.189.

트웨어 구성 요소가 서로 통신할 수 있게 하는 메커니즘"이다.[6] 연구자 입장에서 보면 API란 특정한 데이터베이스나 시스템에 개인이 접속하여 해당 시스템이 제공하는 데이터를 얻을 수 있음을 의미한다.

〈표 1〉 검색 파라미터(일부)[7]

	파라미터명	항목명	지정하는 값
3	nameOfHouse	원명	중의원, 참의원, 양원, 양원협의회 등을 지정
4	nameOfMeeting	회의명	본회의, 위원회 등의 회의명을 지정
5	any	검색어	발언 내용 등에 포함되는 단어를 지정
6	speaker	발언자	발언자 이름을 지정
14	speakerPosition	직책	발언자의 직책을 지정
15	speakerGroup	소속	발언자의 소속 정당을 지정

최근의 많은 공공 데이터베이스가 그러하듯이, 일본 국회회의록 검색 시스템 역시 접근 가능한 API를 제공하고 있다. 해당 검색용 API가 제공하는 검색 파라미터 중 대표적인 것은 〈표 1〉과 같다. 이들을 이용해 데이터마이닝 분석을 하면 기존에 발견하기 어려웠던 새로운 내용들을 발견할 수 있을 것이다. 데이터과학에서 빅데이터를 다룰 경우에는 보통 기존과 다른 종류의 패턴을 추출하는 것에 초점을 맞춘다. 그 예는 예를 들어 군집화(clustering), 연관분석(association rule mining), 이상(anomaly) 또는 극단값 탐지(outlier detection), 예측(prediction) 등이다.[8] 일본 국회회의록의 API를 이용할 경우에는 발언자의

---

6) aws, 「애플리케이션 프로그래밍 인터페이스(API)란 무엇인가요?」, https://aws.amazon.com/ko/what-is/api/ (검색일: 2024.10.7.)
7) 日本国会図書館, 「国会会議録検索システム 検索用APIの仕様」, https://kokkai.ndl.go.jp/api.html (검색일: 2024.10.7.)
8) 군집화는 비슷한 행동을 보이는 집단을 찾아내는 패턴 추출, 연관분석은 어떤 행동과 함께 수행하는 행동의 패턴 추출, 이상 또는 극단값 탐지는 데이터 전체에서 보았을 때 정상값을 벗어나거나 예외적인 사건들의 패턴 추출, 예측은 현재의 속성에서 누락

직책과 발언 빈도의 상관관계, 또는 발언자의 소속 정당과 특정 발언의 빈도 사이의 상관관계 분석 등을 생각해 볼 수 있다. 이러한 분석은 인간 개개인의 능력으로는 다루기 어려운 것이며, 파라미터 값을 API에 적용함으로써 적절한 분석이 이루어질 수 있다.

2) 분석틀

위에서 논한 바와 같이, 보다 장기적인 시점에서 한일 간의 해양문제를 바라보기 위해서는 일본의 국회회의록을 대상으로 분석을 진행할 필요가 있다. 이러한 분석을 위해서는 기존의 연구처럼 단순히 특정 키워드가 나타나는 빈도수만 추출해서는 의미가 작다. 보다 구체적인 분석과 의미 있는 결론을 이끌어내기 위해 다음과 같은 분석틀을 구성하여 연구를 진행하고자 한다.

먼저 분석 대상은 일본 국회회의록이며, 그중에서도 해양문제와 관련이 깊은 본회의(本会議)와 더불어 예산위원회(予算委員会), 외무위원회(外務委員会), 경제산업위원회(経済産業委員会), 국토교통위원회(国土交通委員会)의 4개 상임위원회를 대상으로 삼았다. 본회의와 예산위원회는 중요 안건이 반드시 거쳐가야 하는 회의로, 이를 제외하고는 국회회의록 분석이 어렵다. 나머지 3개 상임위원회는 각각 외교안보, 경제, 해상보안의 측면에서 의미를 가지며, 이들 위원회를 한데 묶어 분석했을 때 빅데이터로서 국회회의록이 가지는 의미가 뚜렷해질 것이다.

다음으로 분석 시기는 일본이 점령을 끝낸 1952년부터 본 연구의

된 값을 예상하는 것을 의미한다. 존 캘러허·브렌던 티어니, 권오성 역, 『데이터 과학』, 김영사, 2019, pp.14~15.

후반부인 2024년 12월 31일까지로 하였다. 이렇게 70년이 넘는 시기 전체를 들여다봄으로써 한일 해양 문제에 대한 일본의 인식을 장기적으로 추적·관찰하는 것이 가능할 것이다. 또한 이 기간 동안 본회의 및 4개 상임위원회에서 축적된 막대한 양의 회의 기록은 단순히 전체 시기를 하나로 분석했을 때 의미가 흐려지기 쉽다. 따라서 본 연구에서는 이를 5개 시기로 나누어 분석했다. 첫째는 1952년부터 1964년까지로, 일본이 주권을 회복한 이후부터 한일국교정상화가 이루어지기 전까지의 시기이다. 둘째는 1965년부터 1989년으로, 한일 양국이 65년 체제 및 냉전 체제 속에서 국가 간 관계를 유지해 오던 시기이다. 셋째는 1990년부터 2002년으로, 한국의 노무현 정권이 들어서기 전까지의 시기이다. 또한 90년대에 빠르게 진행된 국제 해양 레짐의 국가 간 협정 체결과 국내 법제화가 이루어진 시기이기도 하다는 점을 염두에 두었다. 다음으로 넷째는 2003년부터 2012년까지로, 동아시아 해양 레짐이 정착된 동시에 한일 간의 해양문제가 악화되기 시작한 한국의 노무현 정권 이후, 그리고 일본의 제2차 아베 정권이 들어서기 이전까지의 시기이다. 이 시기 일본은 자민당에서 민주당으로의 정권 교체가 있었으나, 다른 시기와의 형평성을 위해 약 10년 단위로 구분하였다. 마지막으로 다섯째는 2013년부터 2024년까지의 시기로, 제2차 아베 정권이 대부분을 차지하는 시기이자, 중국위협론이 상수화되면서 한일 양국 간에 중국 문제가 주요한 이슈로 떠오른 시기이기도 하다.

  위 분석 데이터 및 시기를 대상으로, 본 연구에서는 존재론적 안보의 관점에서 한일 간 해양문제를 바라보고자 한다. 존재론적 안보의 의미와 필요성에 대해서는 다음 3절에서 상술할 것이다. 여기에서 분석틀을 위해 간략히 정리하자면 장기간에 걸친 한일 해양문제의 변화를 바라보기 위해서는 일본의 장기간에 걸친 인식 변화에 대한 분석이 필요하며, 이는 일본이 국제질서의 변화와 위협인식 증대를 기반으로 한 정체성의 변화와 밀접하게 연동되어 있다는 것이다. 일본의 정체성 변화를 가장 잘 들여다볼 수 있는 관점이 바로 존재론적 안보이며, 이러한 관점은 또한 국회회의록과 같은 장기간의 데이터 분석에 이점을 가진다. 이상을 바탕으로 다음과 같은 가설을 세울 수 있다.

가설 1. 한일 간의 해양 문제는 기초적 신뢰 저하의 문제이다: '한국+(특정)해양문제'를 키워드로 한 특정 발언자의 발언 내에는 위협인식과 관련된 용어가 함께 출현할 것이다. 그리고 이러한 기초적 신뢰 저하는 냉전 시기보다는 중국이 부상한 2000년대 이후에 나타날 것이다.

가설 2. 기초적 신뢰 저하는 정체성의 문제이며, 따라서 문제의 종류와 무관하게 발생할 것이다: 기초적 신뢰 저하를 나타내는 용어는 해양문제의 종류와 상관없이 나타날 것이다.

가설 3. 기초적 신뢰의 저하는 국가의 존재론적 불안과 연결되며, 당파성과의 상관관계가 적다: 정치인은 자민당(보수)과 민주당(진보), 그리고 우익 정당을 가리지 않고 한국과의 해양문제에 대해 발언할 것이다.

이러한 가설을 검증하기 위해서는 다음과 같은 방법론이 사용될 필요가 있다. 첫째, 일본의 기초적 신뢰 저하와 한일 간 해양문제의 연관성을 확인하기 위해 1952년 이후부터 현재까지 일본 정치인의 국회 발언을 확인한다. 특히 단순히 도서 영유권 문제만이 아니라 대륙붕까지 키워드로 넣어 전체 시기를 대상으로 살펴보고, 함께 검색되는 발언의 종류를 확인할 필요가 있다. 둘째, 전체 시기를 대상으로 독도 및 대륙붕을 키워드로 하는 국회 발언을 확인하고, 두 시기의 한일 해양문제를 언급한 발언들에서 기초적 신뢰 저하의 키워드가 함께 등장하는 것을 확인할 필요가 있다. 이를 위해서는 잠재 디클레리 할당(latent dirichlet allocation, LDA)을 비롯한 토픽 모델링(topic modeling)과 함께 해당 키워드에 대한 동시출현 단어(word co-occurrence) 분석이 이루어져야 할 것이다.[9] 셋째, 일본 국회회의록 API가 제공하는 발언자 소속 정당 정보를 이용하여 한국과의 해양문제를 언급한 발언자의 정파성을 파악하고, 소속 정당이 한국에 대한 사회적 신뢰 저하의 정도와 큰 상관관계를 보이지 않음을 보여주어야 할 것이다. 이상의 분석 방식을 통해 선행 연구의 공백을 메우고 한일 해양문제에 대한 새로운 관점을 제시하며, 데이터에 기초한 문제 분석과 해결에 기여할 수 있을 것이다.

일본학 연구에서 이와 같은 분석틀은 친숙하지 않은 관계로, 활용 이유와 그 한계를 보다 분명히 해두고자 한다. 이 글에서 사용하는 토픽 모델링 분석 방법인 LDA는 대상이 되는 문서 또는 담론의 숨겨진 주제 구조를 밝혀내기 위한 알고리즘의 하나로, 단어의 분포를 특징짓는 방법이다. 따라서 LDA는 여러 문서(담론)가 가지는 잠재적인 구조를 밝혀내는 것이 목적이며, 변수 간의 구체적인 인과관계를 밝히거나 현실 정책과의 연관성을 분석하는 데는 적합하지 않다. 또한 분석 결과에 대한 해석에 있어서는 현실의 다양한 요인들을 한데 담아내기에 어려운 부분이 있다. 이러한 한계를 고려하여, 이 글은 70년이

---

9) 이에 대한 자세한 설명은 4.1.을 참조할 것. Seungwoo Han, "Analyzing "Jayu" in South Korean presidential rhetoric: a comprehensive study from 1948~2023 with a focus on the Yoon Suk Yeol administration," *Humanities and Social Sciences Communications*, 11, Springer Nature, 2023, pp.1~25; S. J. Yang, B. Y. Lee, G. W. Kim, "A topic modeling approach to the analysis of happiness and unhappiness," *Knowledge Management Research*, 17(2), Taylor and Francis, 2016, pp.165~185; 송민, 『텍스트 마이닝』, 청람, 2017.

라는 장기간에 걸친 일본의 해양문제 인식 변화를 포착하는 것에 중점을 둔다.

3. 한일 해양문제를 보는 새로운 시각: 존재론적 안보

1) 존재론적 안보의 개념들

한일관계를 연구할 때 많은 연구자들이 직면하는 문제는 이 특수한 양국관계의 모든 것이 그저 합리적 행위자들의 이해관계에 의해 결정되지는 않는다는 것이다. 과거사 문제를 핵심으로 하는 국가 정체성(national identity/state identity) 문제가 양국 간 관계에 직접적으로 작용하고 있기 때문이다.[10] 이는 곧 한일 해양문제를 논의할 때, 그것이 일본이 스스로를 어떻게 규정하고 있는가라는 자국 정체성 문제와 깊이 연결되어 있음을 의미한다. 이러한 관점을 가장 잘 설명해 줄 수 있는 이론적 논의가 곧 존재론적 안보론(ontological security)이다.

존재론적 안보는 랭(R. D. Laing)의 『The Divided Self』(1968)에서 최초로 논의되었으며, 정체성의 안정과 지속을 안보의 핵심 기제로 상정한다. 이때 핵심은 정체성의 전기적 연속(biographical continuity)이며, 이는 자아의 내적 일관성(inner consistency) 유지를 위한 핵심이자 존재론적 안보 확보를 위한 필수 조건이다.[11] 이러한 논의를 국가 단위로 확대하여 국제관계에 적용하면, 국가는 무엇보다 자국 정체성

---

[10] national identity와 state identity의 차이에 대해서는, 최은봉·이민주, 「존재론적 안보와 오키나와의 정적 지사 선거: 일본 정부 신뢰의 역설적 동학」, 『일본연구』 85, 한국외국어대학교 일본연구소, 2020, pp.77~78.

[11] 허수진·전재성, 「프랑코 통치 하 스페인의 모로코 영토 협상: 존재론적 안보로서 스페인의 제국적 정체성」, 『국제정치논총』 59(3), 한국국제정치학회, 2019, p.95.

의 지속적 유지를 핵심 기제로 상정하고 이를 추구해 나가는 존재론적 안보의 행위자가 된다. 자국 정체성의 안정적 유지를 저해하는 외부 사건에 능동적으로 대처함으로써 존재론적 안보를 확보할 수 있다는 것이다.[12] 이러한 관점에서 보면 국가 정체성에 위협이 되는 사건들에 대응하는 것이 정체성을 유지하기 위해 합리적인 선택이며, 갈등 상태의 지속이 오히려 국가 정체성에 대해 발생하는 불안을 해소하고 존재론적 안전을 확보하는 기제로 작동할 수 있다.[13]

주류 국제정치이론, 특히 (신)현실주의 이론은 국가의 안보를 위협하는 근본적인 요인을 국제관계의 무정부적 구조(anarchy)에서 오는 두려움(fear)이라 본다. 그러나 존재론적 안보에서는 불안(anxiety)을 국가 안보 위협의 근본 요인으로 지적한다. 두려움이 '다른 국가'라는 뚜렷한 실체(defined object)에서 비롯되는 감정이라면, 불안은 그러한 실체가 부재한 상황에서 나타나는 위기적 감정이며, 이러한 무형성을 대상화하고 유형화하여 해소될 수 있다.[14] 불안은 타국에 대한 위협의 인식을 통해 안보의 대상으로 상정함으로써 두려움으로 전환된다는 것이다.[15] 이러한 불안 해소의 과정은 내부적 접근과 외부적 접근으로 나누어 살펴볼 수 있다. 내부적 접근은 국가 내부의 정체성 형성과 밀접한 연관성을 가지며, 존재론적 안보 확보를 위해 이러한 정체성을

---

12) Jennifer Mitzen, "Ontological security in world politics: State identity and the security dilemma," *European Journal of International Relations*, 12(3), 2006, pp.346~348.
13) 은용수·김성철, 「존재론적 안보(ontological security)의 동학: 미국의 대중 강경책과 미중경쟁」, 『국제정치논총』 62(2), 한국국제정치학회, 2022, pp.73~74.
14) Brent J. Steele, *Ontological security in international relations: Self-identity and the IR state*, London: Routledge, 2008, p.51.
15) Bahar Rumelili, "Integrating anxiety into international relations theory: Hobbes, existentialism, and ontological security," *International Theory*, 12(2), Cambridge University Press, 2020, pp.257~272.

외교정책 전반에 투사할 수 있다.[16]

한편 외부적 접근은 자국의 정체성이 타국에게 어떻게 인식되는가가 매우 중요한 요인이 된다. 이는 곧 타국과의 관계에서 자국의 역할을 스스로 어떻게 규정하는가와 긴밀하게 연결된다. 관련하여 클로즈(Klose)는 개별 국가의 역할이 국제관계에서 존재론적 안보의 확보에 필수적이라 지적한다. 국가 행위자는 타국과의 관계 속에서 역할 형성(role-making), 역할 수행(role-playing), 타자-배역 부여(alter-casting)를 행하며, 이를 통해 자신의 역할 정체성을 확보하고 존재론적 안보를 확보한다는 것이다.[17] 홀스티(K. J. Holsti)에 따르면 국제적 역할 인식은 국가의 정책결정과정에 참여하는 집단의 신념과 자기 구상을 통해 발현된다. 현실 세계에서 국가는 자신의 지위에 대해 가지는 인식인 국가 역할 인식(national role conception)과 외부에 의해 부여되는 역할 설정(role prescrption)을 모두 고려하여 외교정책을 수립하는데, 두 가지는 서로 충돌할 수 있으며, 국가는 이를 조화시킴으로써 국제적 역할 설정과 자신의 역할 인식을 일치시키려 한다.[18]

이처럼 존재론적 안보는 그것이 타자와의 관계적(relational) 과정에서 형성되는 점에서 의미를 발견할 수 있다. 존재론적 안보는 타자와의 관계를 관례화(routinizing) 함으로써 획득 가능하며, 국가 간의 사

---

16) Jelena Subotić, "Narrative, Ontological Security, and Foreign Policy Change," *Foreign Policy Analysis*, 12(4), Oxford University Press, 2016, pp.610~627.

17) Stephan Klose, "Interactionist role theory meets ontological security studies: an exploration of synergies between socio-psychological approaches to the study of international relations," *European Journal of International Relations*, 26(3), Sage Publication, 2020, p.852.

18) Kalevi Jaakko Holsti, "National Role Conceptions in the Study of Foreign Policy," *International Studies Quarterly*, 14(3), Oxford University Press, 1970, pp.245~246; 신욱희, 「이승만의 역할인식과 1950년대 후반의 한미관계」, 『한국정치외교사논총』 26(1), 한국정치외교사학회, 2004, p.7.

회적 관계를 통해 구성되고 유지된다는 것이다.[19] 여기에서 중요한 것은 존재론적 안보의 유지를 위한 국가 간의 사회적 관계가 반드시 협력적이거나 갈등을 배제하는 것은 아니라는 점이다. 오히려 관계에서 오는 불확실성의 제거를 위한 충돌 감수와 적대적 관계 유지가 존재론적 안전을 확보하는 수단이 될 수도 있다.[20] 이는 곧 국가의 인지적 불확실성의 감소가 궁극적으로 정체성 안보(identity security)의 확보로 이어진다는 것을 의미한다. 한 연구는 일본의 역사수정주의자들에게 한국이 강력한 위협이 됨을 지적하면서, 한국을 '비민주적(non-democracy)' 국가로 규정함으로써 존재론적 안보 또는 국가 정체성을 확보하고자 하는 움직임으로 이어진다고 지적한다.[21]

존재론적 안보에서 이야기하는 불안이 곧 신뢰와 연결된다는 점은 한일 간의 해양문제가 병행·중첩·축적되는 과정에 비추어 보았을 때 매우 중요하다. 존재론적 불안은 물리적인 상황뿐만 아니라 심리적으로 자국을 둘러싼 상황이 위기로 인식될 때 나타나기 쉬우며, 배제(exclusion)이나 타자화(othering)의 경험과 밀접한 관련이 있다.[22] 이러한 불안은 존재론적 안전을 보장받기 위한 기초적 신뢰(basic trust)가 흔들렸을 때 나타난다. 기초적 신뢰는 상대 국가의 의도와 행동에

---

19) Jennifer Mitzen(2006), ibid., p.354.
20) Bahar Rumelili, *Conflict Resolution and Ontological Security*, London: Routledge, 2015.
21) Shogo Suzuki, "Japanese revisionists and the 'Korea threat': insights from ontological security," *Cambridge Review of International Affairs*, 32(3), Cambridge University Press, 2019, pp.303~321.
22) Browning, C.S., and Joenniemi, P., "Ontological Security, Self-Articulation and the Securitization of Identity," *Cooperation and Conflict*, 52(1), Sage Publication, 2017, p.45; Kinnvall, C., Mitzen, J., "Ontological Security and Conflict: the Dynamics of Crisis and the Constitution of Community," *Journal of International Relations and Development*, 21, Palgrave Macmillan, 2018, p.830.

대한 관찰과 경험이 지속적으로 축적되어 형성된 믿음을 가리키며, 이것이 흔들리게 되었을 때 상대 국가에 대한 존재론적 불안이 발현한다는 것이다.[23]

이상의 논의를 종합하면, 기존 미국 주도의 자유주의 국제질서를 수용하고 순응해 온 국가가 국제질서의 변동 속에서 정체성의 위기와 불안을 경험할 확률은 매우 높다. 그리고 이러한 위기를 해소하기 위해 불안의 근원을 기존 국제질서의 점진적 붕괴로 실체화·대상화하고, 그러한 전제에서 자국의 역할 인식과 설정을 도출할 가능성이 크다. 또한 이상의 분석틀을 바탕으로 한일 간의 해양문제를 다시 생각해보면, 특히 최근 시기를 중심으로 해양문제의 이슈 영역이 중첩되고 또 격화되는 원인을 단순히 해양문제에서만, 또는 개별 영역이나 개별 정권의 특성에서만 찾아서는 안 되며, 양국 간의 기초적 신뢰가 흔들리는 과정으로서 이해해야 할 필요가 있음을 알게 된다.

2) 일본의 존재론적 안보와 한일 해양 문제

전후 일본의 존재론적 안보는 미국의 점령과 함께 형성된 새로운 국제질서에 수동적으로 적응함으로써 확보되었다. 당시 지역질서의 대부분은 미국의 양자 동맹에 의한 차륜형(hub and spokes) 체계에 기반하였으며, 일본은 미국의 우위에 기반한 샌프란시스코 체제 내에 거의 완전하게 통합되어 있었다.[24] 일본은 이러한 환경 속에서 요시다 독트린 아래 경제발전에 치중했으며, 세계 속에서 자국의 목적을 확실

---

23) Jennifer Mitzen(2006), ibid., pp.346~347.
24) Kent. E. Calder, "Securing security through prosperity: the San Francisco System in comparative perspective." *The Pacific Review*, 17(1), Taylor & Francis, 2004, pp.135~157.

하게 인식하고 있지 않은 '수동적인 국가'로 평가받았다.[25]

이러한 일본에게 처음으로 존재론적 안보 측면에서 불안을 안겨준 사건은 1991년 발발한 걸프전이었다. 미국 주도의 '자유로운 국제질서'는 냉전이 종결되면서 전면적으로 부상했다. 이 질서는 열린 시장, 다자간 기구, 협조적 안보, 동맹 파트너십, 민주주의 연대와 미국의 패권적 리더십을 중심으로 조직된 독특한 질서였다.[26] 걸프전에 대한 자금 지원이 일면적이며 경제적 지원일 뿐이라는 국제사회의 인식('수표외교')에 충격을 받은 일본은 자국의 위상과 능력에 맞는 역할을 담당하는 방법을 모색했다. 이러한 흐름에서 이 시기 일본의 자기 역할은 '국제공헌' 논의가 지배했으며, 그 결과 일본은 이른바 미국 주도 질서에 대한 '순응' 단계에 들어갔다고 할 수 있다.[27]

일본에게 두 번째로 존재론적 안보 불안을 안긴 사건은 중국의 대두와 함께 2010년대 이후 등장한 자유주의 국제질서의 변동이라 할 수 있을 것이다. 일본국제문제연구소(JIIA)는 이를 '기존의 국제질서에 대한 수정주의적 세력의 도전'이 표면화하면서 '현상 유지와 규칙 기반 질서를 지키는 세력의 경계심'이 고조되었다고 분석하고 있다.[28] 이에 대한 일본의 존재론적 안보 측면에서의 대응에서 두드러지는 특징은 흔들리는 자유주의 국제질서의 핵심으로 '가치관'을 강조하고, 이러한 가치관의 담지자로 자국의 역할을 규정하고 있다는 점이다.[29] 2012년

---

25) Kent E. Calder, "Japanese foreign economic policy formation: explaining the reactive state," *World Politics*, 40(4), Cambridge University Press, 1988, pp.517~541.
26) Ikenberry, G. John, "The Liberal International Order and Its Discontents." *Millennium*, 38(3), Sage Publication, 2010, p.512.
27) Berger, Thomas U. Mike M. Mochizuki and Jitsuo Tsuchiyama eds., *Japan in International Politics: The Foreign Policies of an Adaptive State*, Lynne Rienner Publishers, 2007.
28) 日本國際問題硏究所, 『戰略年次報告2019』, 日本國際問題硏究所, 2019, p.18.

말 정권을 되찾은 아베 신조 총리는 지역 질서의 유지에 대한 일본의 책임을 확인하고, 확고한 리더십을 바탕으로 지역구상과 정책의 방향을 정했다.[30] 2016년 제창된 '자유롭고 개방된 인도태평양(FOIP)' 구상은 규칙에 기반한 국제질서를 바탕으로 인도-태평양이라는 지역 질서를 형성하고 확립하는 것이었다.[31]

아베 총리는 이러한 지역구상에서 일본이 "규칙의 옹호자(promoter)로서 주도적인 지위에 있어야 한다"고 선언했다.[32] 미국 주도의 자유로운 국제질서 유지에 보다 적극적으로 공헌하고 싶다는 이러한 일본의 자기 역할 규정은, 트럼프 정권 들어 미국이 질서 유지를 위한 부담을 맡는 능력과 의욕이 크게 감퇴하면서 보다 적극적인 방향으로 변화했다.[33] 이러한 과정에서 일본은 '규칙을 수용하는 측(rule taker)'에서 더 이상 만족하지 않고, '규칙을 만드는 측(rule maker)'이라는 자기 규정을 보다 분명히 하게 되었다.[34] 2022년 러시아와 우크라이나 간에 발발한 전쟁은 일본에게 또다른 존재론적 안보의 불안으로 작용했고, 기시다 정권은 '자유롭고 개방된 국제질서(FOIO)'라는 이름으로 FOIP를 업그레이드하였다. 이는 자유주의 국제질서의 수호자이자 룰 메이커라는 일본의 자기 역할 규정을 다시 한번 강화하는 기제가 작동했다

---

29) Brad Glosserman, *Peak Japan: The End of Great Ambitions*. Georgetown University Press, 2019, p.20.
30) Christopher Hughes, *Japan's Foreign and Security Policy Under the 'Abe Doctrine': New Dynamism or New Dead End?*, Springer, 2015.
31) Kei Koga, "Japan's 'Indo-Pacific' question: countering China or shaping a new regional order?." *International Affairs*, 96(1), 2020, pp.49~73.
32) 外務省,「日本は戻ってきました」, 安倍総理大臣演説, 2013.2.22.
33) Funabashi, Yoichi, and G. John Ikenberry, eds., *The Crisis of Liberal Internationalism: Japan and the World Order*. Brookings Institution Press, 2020.
34) Wilkins, Thomas. "Japan as a contributor to the rules-based order in the Indo-Pacific." *Internatnional Information Network Analysis*, Sasakawa Peace Foundation, September 22, 2021.

고 볼 수 있다.[35]

이상의 논의는 한일 간의 해양 문제에도 적용해볼 수 있다. 존재론적 안보의 관점에서 일본의 해양 문제 인식을 보면 주로 두 가지 요인이 작용하는 것으로 보인다.[36] 첫 번째는 지역 전반에 영향을 미치는 근대적 실지회복주의(irredentism) 사고방식이다. 일본은 대중국 전략에서 이를 중점적으로 고려하며, 한국은 역사적 내러티브를 바탕으로 한 내셔널리즘적인 시각에서 해양 경계와 영토 확보를 해양 전략의 핵심으로 삼고 있다. 이렇게 '국가 안보'의 관점에서 해양 문제를 다루는 방식은 근대주의적 사고의 결과이며, 이는 자국의 위협 인식과 상충하는 실제 상황을 제대로 파악하지 못하게 만든다. 또한, 주권 국가 중심의 국제 질서는 해양을 하나의 통합된 공간으로 바라보는 것과 양립하기 어렵게 하여, 해양을 국가 간 연결 요소가 아닌 분리 요소로 인식하게 한다.[37]

두 번째 요인은 중국의 부상으로 인해 미중 간 세력 균형이 변화하고 있다는 점이다. 이러한 변화가 세계 질서에 큰 영향을 미치고 있다는 것은 두말할 필요가 없지만, 특히 아시아 태평양 지역에서는 지역 통합의 움직임을 저해하고 해양 거버넌스의 발전을 어렵게 하고 있다. 특히 일본은 중국의 적극적인 해양 진출을 위협으로 인식하며, 이를 '동과 서' 혹은 '문명 간 충돌'의 무대로 바라보는 경향을 보이고 있다.

---

35) Hakata, Kei, Teruaki Aizawa, and Brendon J. Cannon. "Japan's Strategic Messaging for a 'Free and Open International Order(FOIO): Can it Preserve Its Indo-Pacific Achievements?" *Focus Asia: Perspective & Analysis*, February 14, 2024.

36) 허원영, 「해양 거버넌스와 한일 협력의 모색: 아세안을 포괄한 동아시아 해양 협력 네트워크」, 『아시아연구』 26(1), 한국아시아학회, 2023, pp.34~35.

37) Wirth, Christian, "Ocean Governance, Maritime Security and the Consequences of Modernity in Northeast Asia," *The Pacific Review*, 25(2), Taylor and Francis, 2012, pp.223~245.

중국의 부상은 기존에 '선진 공업 사회'를 '민주주의=서방'으로 간주했던 '메타지리적 지정학 지도'에 도전하고 있으며, 일본은 이를 방어하기 위해 '해양 안보의 지정학'에 깊이 몰두하고 있다고 분석된다.[38] 이러한 관점은 한국과의 해양 문제 또는 한국의 행위에 대해 그대로 적용됨으로써 일본의 정체성 불안을 자극하고 존재론적 안보 측면에서 한국을 위협으로 인식하게 만드는 효과를 가져온다고 할 수 있다.

4. 독도·대륙붕 문제에 대한 빅데이터 분석

1) 토픽 모델링과 LDA 분석

 토픽 모델링은 함께 발생하는 단어의 반복 패턴을 식별하여 문서에 숨겨진 주제 구조를 밝혀내는 일련의 알고리즘을 의미한다. 일반적으로 널리 사용되는 토픽 모델링 알고리즘 중 하나는 잠재 디리클레 할당(LDA)이다. LDA는 단어 클러스터를 캡처하여 문서의 숨겨진 주제(topic)를 찾는 방식으로 대상이 되는 문서의 주제를 모델링한다. LDA의 기본 개념은 모든 유형의 텍스트가 숨겨진 토픽의 무작위 혼합으로 표현되며, 특정 단어 분포가 각 토픽을 특징짓는다는 것이다. 따라서 LDA는 방대한 규모의 말뭉치(corpora)로부터 잠재 구조를 찾을 수 있는 근거를 제공한다. 사회과학에서는 토픽 모델링을 사용함으로써 분석 대상이 되는 담론의 주제에 대해 더 깊이 이해할 수 있다.[39]

---

38) Wirth, Christian, "Securing the seas, securing the state: Hope, danger and the politics of order in the Asia-Pacific," *Political Geography*, 53, Elsevier, 2016, pp.76~85.

39) T. Jacobs and R. Tschotschel, 'Topic models meet discourse analysis: A quantitative tool for a qualitative approach', *International Journal of Social*

〈그림 1〉 LDA 기반 토픽 모델링의 프로세스[40]

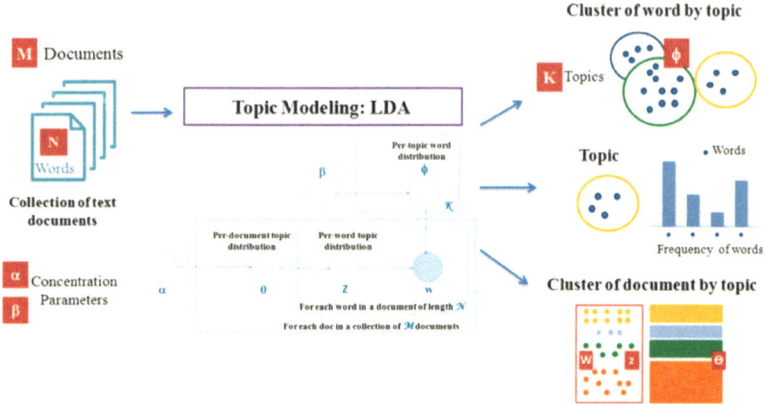

〈그림 1〉은 LDA 기반 토픽 모델링의 프로세스를 도식화한 것이다. K는 토픽의 개수, α는 θ 값을 결정하는 파라미터, η는 β 값을 결정하는 파라미터를 나타낸다. θ는 각 문서의 토픽 비율, β는 토픽별 단어 생성 비율을 의미하며, Zd,n은 문서 d의 n번째 단어의 토픽, Wd,n은 문서 d의 n번째 단어를 나타내는 관측 변수다. θ는 디리클레 분포를 따르며, 이를 통해 문서 집합 내 단어들의 주제가 결정된다. 각 단어의 주제 값 Z와 토픽별 단어 생성 비율인 β에 따라 단어 W가 결정된다. LDA는 이러한 파라미터 값에 따라 결과가 달라지며, K, α, β 값을 사전에 설정해야만 한다. 특히 K 값에 따라 토픽 모델링 결과가 크게 달라진다.[41]

이 글이 대상으로 하고 있는 빅데이터 분석을 위해서는 대체로 세

Research Methodology, 22(5), Taylor and Francis, 2019, pp.469~485.

40) Amina Amara·Mohamed Ali Hadj Taieb·Mohamed Ben Aouicha, "Multilingual topic modeling for tracking COVID-19 trends based on Facebook data analysis," *Applied Intelligence*, 51, Springer, 2021, pp.3052~3073.

41) Blei, D. M., "Probabilistic topic models," *Communications of the ACM*, 55(4), ACM, 2012, pp.77~84.

가지 단계를 거쳐야 한다. 첫째는 데이터의 수집이다. 일반적으로 인터넷상에 흩어져 있는 데이터의 경우에는 로 데이터(raw data) 수집을 위해 웹 스크래핑(web scrapping) 등의 과정을 거쳐야 하나, 본 연구에서는 국회회의록 검색시스템이 준비되어 있는 관계로 따로 데이터 수집 작업을 필요로 하지 않는다.

두 번째 단계는 국회회의록과 같은 비정형 텍스트 데이터를 분석하기 위해 반드시 거쳐야 하는 전처리과정(pre-processing)이다. 이를 위해서는 일반적으로 인용표기, 따옴표, 기타 필요하지 않은 문장부호, 괄호 병기 단어의 정리 등이 필요하다. 또한 연구 목적과 거리가 먼 불용어를 제거할 필요도 있다. 이때 불용어란 출현 빈도가 높으나 의미나 맥락에 영향을 미치지 않는 단어로, 접속사나 부사, 의존 명사 등을 의미한다. 세 번째이자 마지막 단계로 이상의 작업이 마무리된 뒤에는 전처리된 자료를 바탕으로 분석이 이루어져야 한다. 본 연구에서는 중앙대학교 소프트웨어학부 정재은 교수 연구실에서 준비한 파이선(python)의 LDA 토픽 모델링 관련 패키지 및 라이브러리를 활용하여 이상의 전처리 작업 및 토픽 모델링 작업이 진행되었다.

2) LDA 분석의 결과와 해석[42]

각 키워드에 해당하는 국회회의록의 동시출현 단어를 살펴보면 나

---

[42] LDA 분석의 결과는 〈그림 2〉 및 〈그림 3〉의 그래프로 정리하였다. 그래프에서 X축이 출현 단어의 빈도, Y축이 출현 단어를 표시하며, 각 시기별로 5개의 토픽이 추출되었다. 각 토픽은 모델링에 의한 분석으로 구분되며, 인위적으로 구분되지 않는다. 출현 단어는 〈표 2〉에 정리하였다. 해당 토픽들은 '독도(다케시마)'와 '한국'이 동시에 언급된 일본 국회회의록의 발언을 대상으로 하고 있으며, 동시 출현 단어 목록에 이 두 단어가 보이지 않는다 하더라도 이는 다른 단어들과의 토픽 내 빈도 차이로 인해 등장하지 않을 뿐, 두 단어가 언급되지 않은 것이 아니다.

타나는 특징은 크게 세 가지이다. 첫째, 1952년 이후 시간의 흐름에 따라 한국과 관련된 해양문제는 주로 경제·조약 및 협정 체결·대 소련이라는 맥락(1952~1964)에서 조약과 공동개발의 맥락(1965~1989), 어업과 경계획정의 맥락(1990~2002), 그리고 한국의 불법 점거와 지역평화의 맥락(2003~2012)을 거쳐 중국과 노림수 등이 거론되는 맥락(2013~2024)으로 변화했다. 2000년대 이후부터 중국 등과 연계되는 맥락이 증가한 것은 이 글의 두 번째 가설이 어느 정도 검증되었음을 보여준다.[43]

---

43) 이러한 변화, 특히 2003~2012년과 2013~2024년의 변화는 국가 간 외교관계가 집중적으로 다루어지는 외무위원회로 한정했을 때 훨씬 두드러지게 나타난다. 예를 들어, 독도를 키워드로 하는 분석에서 외무위원회 기록의 동시출현 단어는 '문제/한국/일본/영토/논의/중국/우리나라/입장/관계/정부/역사/외교/조사/해양/수로/점거'(2003~2012)에서 '한국/일본/국회/상륙/문제/영토/ 조사/센카쿠/불법/국제/강화/안전/외교/과제/연계/보장'(2013~2024)으로 나타나며, 대륙붕을 키워드로 하는 분석에서는 '문제/자원/영토/해결/해양/논의/주장/조약/엄밀/해석/제도/어업' 등 (2003~2012)에서 '협정/공동/지역/자원/기한/개발/시간/외무성/연신(延伸)/지형/노림수(狙い)/중국' 등(2013~2024)으로 나타난다.

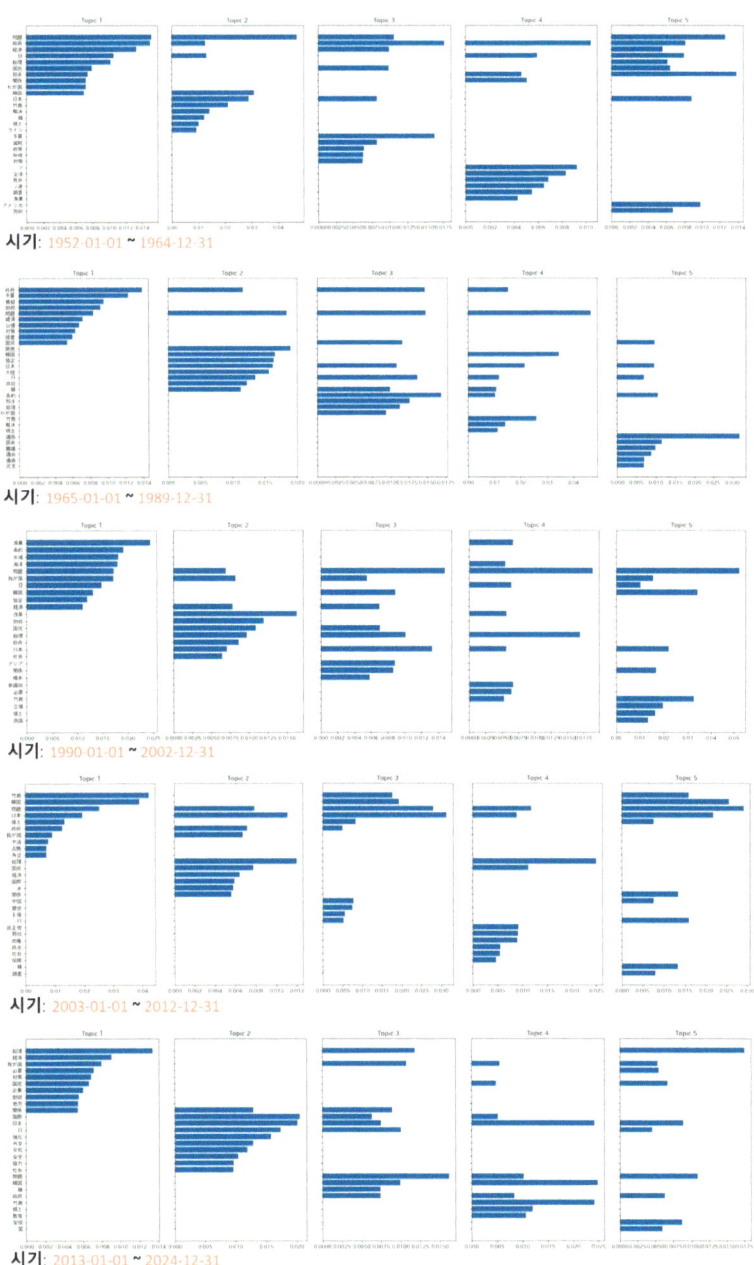

〈그림 2〉 한국+독도 키워드를 통한 LDA 분석(1952~2024)

300 제3부 빅데이터로 동시대 사회와 정치를 읽다

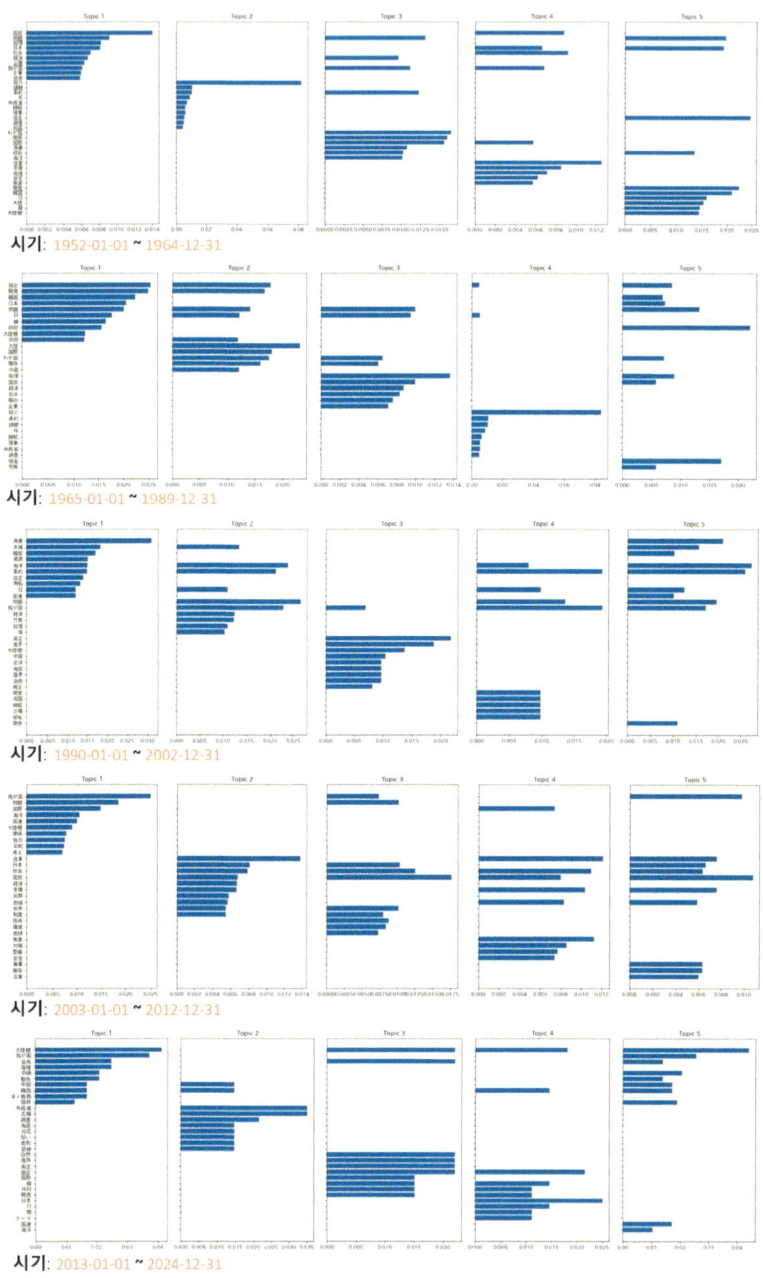

〈그림 3〉 한국+대륙붕 키워드를 통한 LDA 분석(1952~2024)

⟨표 2⟩ LDA 기반 동시출현 단어 분석 결과

시기	독도	대륙붕
1952 ~ 1964	Topic 1: 문제 / 정부 / 경제 / 일(본) / 총리 / 국민 / 관계 / 우리나라 / 한국 Topic 2: 문제 / 정부 / 일(본) / 한국 / 일본 / 다케시마 / 해결 / 한(국) / 영토 / 라인 Topic 3: 문제 / 정부 / 경제 / 국민 / 일본 / 예산 / 감세 / 대책 / 소득 Topic 4: 정부 / 일(본) / 관계 / 소(련) / 교섭 / 답변 / 소련 / 조사 / 어업 Topic 5: 문제 / 정부 / 경제 / 일(본) / 총리 / 국민 / 일본 / 미국 / 이케다	Topic 1: 국민 / 문제 / 총리 / 일본 / 사회 / 경제 / 필요 / 우리나라 / 기업 / 세계 Topic 2: 소개 / 청원 / 조약 / 건 / 외무성 / 체결 / 이사 / 협정 / 조사 / 국장 Topic 3: 문제 / 경제 / 우리나라 / 조약 / 관계 / 국제 / 어업 / 정부 / 해양 Topic 4: 국민 / 일본 / 사회 / 우리나라 / 국제 / 개혁 / 지원 / 지역 / 안전 / 추진 Topic 5: 문제 / 일본 / 협정 / 정부 / 개발 / 한국 / 일(본) / 대륙 / 한(국) / 대륙붕
1965 ~ 1989	Topic 1: 정부 / 예산 / 질의 / 재정 / 문제 / 경제 / 공채 / 대책 / 조치 / 국민 Topic 2: 정부 / 문제 / 개발 / 한국 / 협정 / 일본 / 대륙 / 일(본) / 공동 / 한(국) Topic 3: 정부 / 문제 / 국민 / 일본 / 일(본) / 한(국) / 조약 / 총리 / 우리나라 Topic 4: 정부 / 문제 / 한국 / 일본 / 일(본) / 한(국) / 조약 / 다케시마 / 해결 / 영토 Topic 5: 국민 / 일본 / 일(본) / 조약 / 의장 / 국회 / 심의 / 의회 / 의원 / 민주	Topic 1: 협정 / 개발 / 한국 / 일본 / 문제 / 일(본) / 한(국) / 정부 / 대륙붕 / 공동 Topic 2: 협정 / 개발 / 문제 / 일(본) / 공동 / 대륙 / 국제 / 우리나라 / 관계 / 중국 Topic 3: 문제 / 일(본) / 우리나라 / 관계 / 총리 / 국민 / 경제 / 후쿠다 / 기업 Topic 4: 협정 / 일(본) / 소개 / 조약 / 청원 / 건 / 체결 / 이사 / 외무성 / 조사 Topic 5: 협정 / 한국 / 일본 / 문제 / 정부 / 우리나라 / 총리 / 국민 / 영해 / 견해
1990 ~ 2002	Topic 1: 어업 / 조약 / 수역 / 해양 / 문제 / 우리나라 / 일(본) / 한국 / 협정 / 경제 Topic 2: 문제 / 우리나라 / 경제 / 개혁 / 재정 / 국민 / 총리 / 정부 / 일본 / 사회 Topic 3: 문제 / 우리나라 / 한국 / 경제 / 국민 / 총리 / 일본 / 아시아 / 관계 / 하시모토 Topic 4: 어업 / 해양 / 문제 / 일(본) / 개혁 / 총리 / 일본 / 참의원 / 필요 / 다케시마 Topic 5: 문제 / 우리나라 / 일(본) / 한국 / 일본 / 관계 / 다케시마 / 입장 / 영토 / 양국	Topic 1: 어업 / 수역 / 한국 / 자원 / 해양 / 조약 / 협정 / 어선 / 일(본) / 유엔 Topic 2: 수역 / 해양 / 조약 / 일(본) / 문제 / 우리나라 / 경제 / 다케시마 / 총리 / 바다 Topic 3: 우리나라 / 획정 / 경계 / 대륙붕 / 중국 / 교섭 / 해저 / 기준 / 유전 / 규정 Topic 4: 해양 / 조약 / 일(본) / 문제 / 우리나라 / 개발 / 양국 / 체결 / 입장 / 영유 Topic 5: 어업 / 수역 / 한국 / 해양 / 조약 / 일(본) / 유엔 / 문제 / 우리나라 / 관계
2003 ~ 2012	Topic 1: 다케시마 / 한국 / 문제 / 일본 / 영토 / 정부 / 우리나라 / 불법 / 점거 / 외교 Topic 2: 문제 / 일본 / 총리 / 국민 / 경제 / 국제 / 미(국) / 관계 Topic 3: 다케시마 / 한국 / 문제 / 일본 / 영토 / 정부 / 중국 / 역사 / 주장 / 일(본) Topic 4: 문제 / 일본 / 총리 / 국민 / 민주당 / 노다 / 정권 / 정치 / 사회 / 보장 Topic 5: 다케시마 / 한국 / 문제 / 일본 / 영토 / 관계 / 중국 / 일(본) / 한(국) / 조사	Topic 1: 우리나라 / 문제 / 국제 / 해양 / 유엔 / 대륙붕 / 관계 / 협력 / 평화 / 생각 Topic 2: 개혁 / 일본 / 사회 / 국민 / 경제 / 지원/ 민간 / 지역 / 세계 / 제도 Topic 3: 우리나라 / 문제 / 일본 / 사회 / 국민 / 세계 / 제도 / 기술 / 환경 / 지구 Topic 4: 국제 / 개혁 / 사회 / 국민 / 지원 / 지역 / 추진 / 대책 / 정비 / 안전 Topic 5: 우리나라 / 개혁 / 일본 / 사회 / 국민 / 지원 / 지역 / 사업 / 확보 / 법안

| 2013 ~ 2024 | Topic 1: 총리 / 경제 / 우리나라 / 필요 / 대책 / 국민 / 기억 / 재정 / 지방 / 관계 / 국제
Topic 2: 관계 / 국제 / 일본 / 일(본) / 강화 / 외교 / 평화 / 안전 / 협력 / 사회
Topic 3: 총리 / 우리나라 / 관계 / 국제 / 일본 / 일(본) / 문제 / 한국 / 한(국) / 정부
Topic 4: 우리나라 / 국민 / 국제 / 일본 / 문제 / 한국 / 정부 / 다케시마 / 영토 / 교육
Topic 5: 총리 / 우리나라 / 필요 / 대책 / 국민 / 일본 / 일(본) / 문제 / 정부 / 아베 | Topic 1: 대륙붕 / 우리나라 / 연장 / 해역 / 신청 / 권고 / 중국 / 한국 / 오키노토리시마 / 한계
Topic 2: 중국 / 한국 / 외무성 / 홍보 / 조사 / 해저 / 대응 / 노림수 / 지형 / 연신
Topic 3: 대륙붕 / 연장 / 자연 / 경계 / 획정 / 협정 / 국제 / 한(국) / 공동 / 개발
Topic 4: 대륙붕 / 한국 / 협정 / 한(국) / 공동 / 개발 / 일본 / 일(본) / 사이 / 테마
Topic 5: 대륙붕 / 우리나라 / 연장 / 신청 / 권고 / 중국 / 한국 / 한계 / 유엔 / 해양 |

둘째, 위 변화는 시기에 따라 이러한 변화를 두고 이것이 반드시 일본의 한국에 대한 '기초적 신뢰 저하'를 완전히 증명하는 것이라고까지는 말하기 어려우나, 이러한 전체적인 변화의 흐름은 독도 문제와 대륙붕 문제 사이에서 큰 차이 없이 나타난 것으로 보인다.

셋째, 발언자의 소속 정당과 발언 빈도의 상관관계는 위 분석과 다른 분석을 필요로 한다. 이에 대해서는 아래 〈표 3〉을 통해 확인할 수 있다.[44] 소속 정당 코딩을 통한 발언 빈도와의 상관관계는 상관계수를 통해 알 수 있는데, 그 값이 1에 가까울수록 양(+)의 상관관계가 강하게 있음을 뜻하며, -1에 가까울수록 음(-)의 상관관계가 강하게 있음을 뜻한다. 표에 보이는 값을 통해 알 수 있듯이, 강한 음 또는 양의 상관관계를 보이는 값은 확인되지 않는다. 대륙붕을 키워드로 하는 경우, 1990~2002년에 음의 상관관계가 보이기는 하나, 이 역시

---

[44] 발언자 소속 정당은 다음 세 가지로 나누어 구분 및 코딩하였고, 이를 통해 발언 빈도와의 상관관계를 구하였다. 0(자민당 계열)=新自由クラブ, 二院クラブ, 自由民主党, 自民党, みんなの党, 公明党, 新進党, 新政クラブ, 自由党, 平成会, 緑風会, 改進党, 純無所属クラブ, 小会派クラブ, 1(민주당 및 혁신 계열)=民社党, 民主社会党, 立憲民主党, 国民民主党, 日本共産党, 社会民主党, 民進党, 民主党, 結いの党, 生活の党, 新党きづな, 平和・改革, 新党さきがけ, 日本社会党・護憲共同, 市民リーグ・民改連, 日本社会党, 2(우파 계열)=日本維新の会, 大日本愛国党, 国民党, おおさか維新の会, 維新の党.

-0.5를 넘지 않는 관계로 통계적으로 유의하다고 보기는 어렵다. 즉 소속 정당의 당파성과 한국과의 해양문제에 대한 발언은 통계적으로 관련성이 없다고 볼 수 있다.

〈표 3〉 발언자 소속 정당과 발언 빈도 간의 상관관계

독도 관련		대륙붕 관련	
시기	상관계수	시기	상관계수
1952.01.01. ~ 1964.12.31	-0.058611	1952.01.01. ~ 1964.12.31	0.030826
1965.01.01. ~ 1989.12.31	-0.087306	1965.01.01. ~ 1989.12.31	0.048297
1990.01.01. ~ 2002.12.31	-0.063777	1990.01.01. ~ 2002.12.31	-0.460287
2003.01.01. ~ 2012.12.31	0.104315	2003.01.01. ~ 2012.12.31	-0.211955
2013.01.01. ~ 2024.12.31	-0.182775	2013.01.01. ~ 2024.12.31	-0.29277

이상의 분석 결과를 종합하면 한국과의 해양문제에 대한 인식은 존재론적 안보와 연결되며, 냉전시기와 비교했을 때 2000년대 이후부터 중국과 함께 논의하는 경향이 늘어났음을 알 수 있다. 또한 이러한 변화가 독도 문제(도서 영유권)와 대륙붕 문제(해양경계 획정 및 해저자원)의 구분과 상관없이 나타나는 것은 해양문제가 점차 일본의 정체성과 관련된 불안, 즉 존재론적 안보와 연결되고 있음을 보여주는 듯이 보인다. 이러한 한국과의 해양문제에 대한 일본의 인식과 태도 변화는 당파성과 크게 관련 없이 이루어지고 있는 것으로 생각된다.

5. 한계를 넘은 새로운 시도를 기대하며

이상의 분석은 한일 간의 해양문제를 보다 장기적인 시점에서 기존에 충분히 다루어지지 않은 국회회의록의 분석 방법에 초점을 맞추어 시도한 것이다. 이를 통해 이 글 서두의 분석틀에서 제시한 바와 같은

가설, 즉 일본의 해양문제가 시기가 지날수록 존재론적 안보의 성격을 강화하고 있으며, 이것은 한국과의 해양문제를 중국과 연결시키거나 불법, 점거 등 국제법적 위반자로서 위치짓는 경향이 늘어나고 있다는 것을 어느 정도 데이터로서 보여주었다고 할 수 있다. 기존의 연구가 특정 시기 또는 사건에 초점을 맞추는 것과 비교했을 때, 본 연구는 연구자 개개인이 수작업으로 할 수 있는 영역을 뛰어넘어 1952년부터 2024년까지의 데이터 모두를 대상으로 가설을 검증하고자 했다는 데 그 의의가 있다.

물론 이러한 작업은 시도에 불과하며, 많은 한계와 과제들을 남기고 있다. 먼저 토픽 모델링이 문서(담론)의 잠재적인 주제를 발견하는 방법인 관계로, 인식을 반영하는 담론의 대체적인 변화만을 살펴볼 수 있다는 뚜렷한 한계를 안고 있다. 또한 본 연구의 시도는 어디까지나 70년이 넘는 장기간에 걸친 일본 해양문제 인식에서 변화를 발견하고자 한 것이며, 변화의 구체적인 인과관계 및 상관관계 또는 실제 정책과의 연관성은 별도의 외교사 또는 정책분석 연구를 필요로 한다. 이러한 한계와 과제에도 불구하고, 본 연구는 기존에 시도되지 않았던 빅데이터 분석을 한일 간의 해양문제에 적용해 보았다는 것에 의의가 있다.

본 연구를 바탕으로 두 가지 후속 연구를 생각해 볼 수 있다. 첫째로, LDA 분석과 동시에 이를 바탕으로 한 감성 분석을 시도할 수 있다. 출현하는 단어들의 부정적/긍정적 성격 여부를 파악함으로써, 이것이 시간의 흐름에 따라 어떻게 변화하는지 파악하는 것은 의미있는 연구가 될 수 있다. 또한 그것이 발언자 소속 정당의 당파성과 연관이 있는지 또는 없는지를 분석하는 것 역시 흥미로운 결과를 보여줄 수 있을 것이다. 둘째는 한국 국회의사록과의 비교연구이다. 본 연구는 일본의 국회회의록만을 대상으로 했다는 한계를 가지고 있다. 이는 한국 국회의사록과의 비교 분석을 통해 어느 정도 보완될 수 있으며, 특정 시기나 사건에 대해 한일 양국의 정치인들이 해당 문제를 다루는 방식이 어떻게 변화했는지를 간접적으로 검증할 수도 있을 것이다. 향후 보다 다양한 주제와 시기에 대해 이와 같은 분석 방법을 적용해보고, 또 새로운 시각화 및 분석 기법을 적용함으로써 발전 방향을 찾아나갈 것을 기대한다.

이 글은 한국일본학회의 『일본학보』 제143호에 실린 논문 「존재론적 안보의 관점에서 본 한일 해양 문제 분석: 일본 국회회의록에 대한 빅데이터 분석을 중심으로」를 수정·보완한 것이다.

디지털 인문학적 방법론을 통해 고찰한 '다문화공생'과 재일코리안

1990년 이후 『아사히신문』의 데이터베이스를 중심으로

신재민·이영호

1. 1990년대 일본사회와 다문화공생의 등장

　1990년 일본에서 '다문화공생(多文化共生)'이라는 용어가 등장한다. 일본인의 인구감소에 따른 외국인 노동자 유입과 정주외국인 증가 상황 속에서 재일외국인과 일본인과의 공생은 피할 수 없는 숙명이었다. 지방자치단체와 NGO에서 시작된 다문화공생이라는 용어는 2000년대 정부 차원으로 확산된다. 특히 2006년 3월부터 외국인 주민 지원 시책 가이드라인 '다문화공생 추진프로그램'[1]의 시행으로 본격화된

---

1) 주효진은 일본의 다문화공생 추진프로그램이 기존의 단순한 지원을 벗어나 공생관계 설정을 통해 외국인 주민에 대한 행정서비스의 완비, 인권 보장, 타문화에 대한 주민들의 이해 증진과 개방적인 태도 형성을 목표로 한다고 설명한다. 이를 위해 의사소통을 위한 다양한 언어자원 제공, 거주와 교육, 노동, 의료, 복지, 보건, 방재 등 기본적인 생활환경을 보장하며, 다른 문화에 대한 일본인 주민의 의식계발과 외국인 주민의 자립 및 사회 참여를 촉진하여 상호 교류가 활성화되도록 하는 데 주안점을 두고 있다고 설명했다.(주효진,「아시아 국가들의 다문화 정책에 대한 탐색적 연구: 대만, 싱가포르, 일본, 홍콩의 사례로부터」,『한국자치행정학보』24(2), 한국자치행정학회, 2010, p.12)

다. 다문화공생 정책은 21세기 일본 정부의 재일외국인 대상 필수 정책으로 기능하게 되었다.

2024년 6월 기준, 재일외국인 중 가장 많은 수를 차지하고 있는 것은 중국 국적[2]이지만, 일제강점기부터 현재까지 일본 사회 내에서 자이니치(在日)라는 단어를 대표하는 집단은 단연 재일코리안[3]이라 할 수 있다. 1945년 이후 재일코리안은 오랜 기간 일본에서 다양한 역사적, 정치적 맥락에서 차별과 배제, 동화를 버텼으며, 남·북한 두 조국과의 복잡한 관계 속에서 입지를 다져 왔다. 일제강점기부터 이들에 대한 일본인들의 인식은 주로 저임금 노동자이자 '열등한 식민지인'이라는 차별적 시선에 뿌리를 두고 있었다. 전후 샌프란시스코강화조약과 일본 헌법 제정 과정에서 재일코리안은 국적과 법적 권리에서 철저히 배제되었다. 이로 인해 '외국인', '불법체류자', '잠재적 범죄자' 꼬리표와 함께 재일코리안에 대한 부정적 인식이 강화되었다. 즉, 일제강점기부터 시작된 조선인에 대한 부정적 인식은 해방 이후 재일코리안에게 이어졌던 것이다.

그러나 1970년대 이후 일본의 경제성장과 국제화의 흐름 속에서 재일코리안에 대한 인식 역시 차츰 변화하기 시작했다. 일본 사회는 경제력을 갖춘 재일코리안 일부를 수용하기 시작했고, 이러한 흐름은

---

[2] 일본 출입국재류관리청의 발표를 토대로 살펴보면, 2024년 6월 기준 1위는 중국인이 844,187명으로 1위를 차지했다. 2위는 베트남으로 600,348명, 3위는 한국이 411,043명을 차지했다. 그러나 해당 수치는 조선과 같은 무국적자를 제외한 수치이기 때문에 조선, 혼혈, 귀화자를 포함한다면 보다 수치가 증가할 것으로 예상된다. (https://www.moj.go.jp/isa/publications/press/13_00040.html)

[3] 이 글에서는 일본에 거주하는 우리 동포를 재일코리안으로 지칭한다. 이는 구한말부터 일제강점기에 이주한 조선인은 물론 해방 이후 한국, 북한 출신 동포를 모두 포함한다. 해당 용어는 우리 동포 전체를 지칭하는 용어이며 정치성이 개입되어 있지 않다. 단, 원문을 인용하거나 대상을 특정할 경우, 원문의 표현을 그대로 인용할 수 있다.

'선진국' 일본이라는 기대 안에서 수행된 다양한 인권운동과 다문화주의 논의에서 더욱 촉진되었다. 특히 1990년대 한일관계 개선과 1991년 영주권 부여와 같은 법적 지위 개선 흐름 속에서 일본 사회는 점차 재일코리안을 사회구성원으로 인식하기 시작했다. 반면 북한과의 관계 악화, 동일본대지진 이후 혐한 등 부정적 인식 역시 지속됐다.

1990년대부터 현대에 이르기까지 일본 사회는 다문화공생을 표방했지만, 재일코리안의 경우 일본 사회의 논리, 국제정치, 남북 관계 변화에 따라 다층적으로 인식했다. 이러한 상황에서 일본의 미디어, 그중에서도 신문은 동시대 인식변화를 반영하며 패러다임을 주도했다. 본 연구는 이에 주목하여 다문화공생 인식과 정책이 본격적으로 확산되기 시작한 1990년대를 기점으로 일본 신문 매체에서의 '재일' 관련 기사를 검색하고 분류/분석하고자 한다. 이 글에서는 재일 관련 기사가 두드러지게 수록된 『아사히신문』을 대상으로 분석할 것이다. 일본의 신문 매체는 그간 재일코리안을 비롯한 재일외국인을 대상으로 일본 사회의 주류 인식을 반영하고 고착화하면서도, 때로는 변화시키는 역할을 수행했다. 본 연구는 이와 같은 사회적 담론의 형성 및 변형이 일본과 재일코리안 사회 전반에 미친 영향과 역학에 대해 종합적으로 살펴볼 것이다.

관련 선행 연구를 살펴보면 2010년대를 전후해 일본의 신문 매체와 재일코리안 관련 연구가 다수 발표되었다. 특히 2007년 재특회(在特會)[4] 발족 이후 재일코리안 혐오사건의 증가에 따라 상당수 언론이 해당 내용을 다루었다. 박수옥[5]은 온라인 2ch의 혐한 관련 글을 분석

---

4) 재일특권을 허용하지 않는 시민 모임(在日特権を許さない市民の会). 한국에서는 이를 줄여서 재특회(在特会)로 불린다. 2007년 1월 20일 발족되었으며 최초 설립자는 사쿠라이 마코토(桜井誠)이다. 극우 성향의 모임으로 재일코리안의 특별 영주 자격 철폐, 통명 사용 철폐 등을 주장했다.

해 온라인과 일본 사회의 인식을 비교하였다. 다와라기 하루미[6]는 1992년부터 2015년까지 일본 신문의 혐한 언설 분석을 통해 한국의 반일 담론과 일본의 혐한 담론의 관계에 대해 고찰했다. 노윤선[7]은 일본 신문에서 '혐한'이라는 단어의 등장 이후 언설의 형성 과정을 분석했으며, 이명희[8]는 『아사히신문』의 사설을 중심으로 일본 매체에서 드러나는 한일관계의 특성을 분석하였다. 해당 흐름을 통해 한국에서의 일본 신문 관련 연구 상당수가 '혐한'을 중심으로 연구되었음을 알 수 있다. 최근 이승진은 1945~1965년[9], 1966~1989년[10], 1990년 이후[11]로 시기를 구분해 『요미우리신문(読売新聞)』, 『아사히신문』, 『마이니치신문(毎日新聞)』에서의 재일코리안 인식, 표상을 분석하였다. 이밖에도 재일코리안의 정체성 형성에 일본 미디어가 미치는 영향을 연구한 소니아 량(Sonia Ryang)[12], 존 리(John Lie)[13]의 연구 등 다양한

---

5) 박수옥, 「일본의 혐한류와 미디어내셔널리즘: 2ch와 일본 4대 일간지를 중심으로」, 『한국언론정보학보』 47, 한국언론정보학회, 2009, pp.120~147.
6) 다와라기 하루미, 「일본 신문에 나타난 「혐한」언설의 의미 고찰 1992년부터 2015년까지의 『아사히신문(朝日新聞)』과 산케이신문(産經新聞)을 중심으로」, 『일본근대학연구』 50, 한국일본근대학회, 2015, pp.113~140.
7) 노윤선, 「일본 신문에서 나타나고 있는 혐한 기사 분석과 혐한의 해소 방안: 혐한 최초 기사와 최근 기사를 중심으로」, 『일본근대학연구』 54, 한국일본근대학회, 2016, pp.297~312.
8) 이명희, 「일본『아사히신문』사설에 나타난 균형과 한계: 21세기 반일·혐한의 한일관계 뛰어넘기」, 『일본문화연구』 77, 동아시아일본학회, 2021, pp.201~225.
9) 이승진「전후 일본 신문 미디어에 나타난 재일코리안 표상 고찰: 1945~65년까지의 시기에 주목하여」, 『일본학』 55, 동국대학교 일본학연구소, 2021, pp.251~276.
10) 이승진, 「문화다원화 시대 일본 신문 미디어와 재일사회: 1966년부터 1989년까지의 시기에 주목하여」『일본학』 59, 동국대학교 일본학연구소, 2023, pp.47~73.
11) 이승진, 「1990년 이후 일본의 신문 미디어와 재일사회: 아사히·마이니치·요미우리신문 기사를 중심으로」, 『일본학』 63, 동국대학교 일본학연구소, 2024, pp.251~275.
12) Sonia Ryang, *North Koreans in Japan: Language*, Ideology, and Identity, Westview Press, 1997.
13) John Lie, *Zainichi(Koreans in Japan): Diasporic Nationalism and Postcolonial*

측면에서 일본 신문이 연구되었다. 그러나 연구 대부분이 '일본 신문과 혐한'의 틀에서 진행되며, 다문화공생과 재일코리안 표상의 측면에서는 상대적으로 연구가 진척되지 않은 것을 확인할 수 있다.

본 연구는 이러한 관점에 입각하여 1990년부터 2024년까지 『아사히신문』에 수록된 재일코리안 관련 기사들을 정량적으로 분석하고, '다문화공생' 관련 기사들에 주목해 재일코리안과 다문화공생에 대한 일본 사회의 인식변화를 살펴보고자 한다. 방법론적으로는 텍스트 마이닝, 기사 클러스터링, 토픽 모델링, 대표기사 분석 등을 활용해 재일코리안에 대한 미디어의 인식 변화를 탐구할 것이다. 이를 통해 미디어 담론이 국제정세와 시대별 사건을 반영하는 양상을 고찰하고, 재일코리안에 대한 인식이 일본의 정치적, 사회적 맥락과 연결되는 양상을 분석할 것이다. 나아가 일본 사회에서 소수자 담론 형성과 인식 변화를 정량적으로 규명하고, 관련기사를 심층분석하여 미디어가 대중의 인식에 미친 영향을 총체적으로 분석할 것이다.

2. 일본의 다문화공생 정책의 수립과 추진

1945년 이후 일본에서는 단일민족국가관에 기반한 민족주의 기조가 강해지며 재일코리안을 비롯한 비(非)일본인에 대한 배타적 태도가 강화된다. 1970년대까지 일본에서의 재일외국인=재일코리안을 의미했다면, 1980년대에는 변화된 양상이 나타난다. 일본의 경제 호황으로 노동자 수요가 증가하고 외국인 노동자의 유입이 증가한다. 이런 상황에서 일본 정부는 "국제사회에 대한 공헌"을 정책목표로 내세우고

Identity, University of California Press, 2008.

국제화를 슬로건으로 내걸며 '내향적 국제화(内なる国際化)'에 주력하며 외국인 정책의 변화를 보인다."14) 1990년대 버블경제의 붕괴와 불황의 장기화 상황에서 출입국관리 및 난민 인정법(이후, 입관법) 개정,15) 3D업종에서의 외국인 노동자 수요 증가, 난민의 증가 등으로 재일외국인은 지속적으로 증가한다.

이러한 상황에서 재일외국인 대상의 '다문화공생' 정책은 필연적이었다. 다문화공생이라는 용어의 첫 등장은 1990년 가와사키시(川崎市)가 '다문화공생 마을 추진'이라는 이념을 내걸며 시작되었다. 가와사키시는 공업지대로서 도시 남부에 가와시키구(川崎区)와 사이와이구(幸区)가 있었다. 일제강점기가 시작된 1910년부터 조선인의 유입이 시작되었고, 1920년대 중반 이후 도로, 철도 부설, 1937년 중일전쟁 이후 군수품 생산을 위해 조선인 상당수가 이주하였다. 해방 이후에는 조국으로의 귀국을 포기한 전국의 재일코리안들은 가와사키시로 이주하며 집주지역을 형성한다. 즉, 가와사키시는 재일외국인의 주요 거주지이자 다문화와 직접적으로 마주한 상징적 지역이었다. 가와사키시는 재일외국인을 '외국인 주민'으로 받아들이고 올드커머를 중심으로 문화교류를 하며 재일외국인과 함께 살아갈 정책을 강구하였다. 이를 바탕으로 가와사키시는 일본 내 다른 지역과 차별화되는 '다문화공생 도시'로 발돋움할 수 있었다.16)

---

14) 21世紀日本の構想, 『日本のフロンティアは日本の中にある: 自立と協治で築く新世紀』, 21世紀日本の構想, 2000, p.21.
15) 주요 내용으로는 일본계 3세까지의 체류자격 완화와 해당 가족의 입국, 취업 자격의 확대였다. 인력 부족과 국제화·개방화의 추세 속에서 단순 기능 외국 인력이 합법적으로 도입될 수 있는 가능성을 열어놓았다는 비판이 있다.
16) 송용미·이로미, 「일본 가와사키 시 '다문화공생' 사례로 본 도시수준 '다문화평생학습'의 가능성」, 『다문화사회연구』 15(3), 숙명여자대학교 아시아여성연구원, 2022, p.158.

1990년대 입관법 개정 이후, 세계 각지의 사람들이 일본으로 향한다. 각 지방자치단체와 NGO들은 외국인 대응 정책의 필요성을 인식하고, 지자체와 정부차원에서 '다문화공생'이라는 용어를 사용하기 시작한다.[17] 1999년 일본에서는 이민 논쟁이 일어나고,[18] "2000년 1월 오부치 게이조(小渕恵三) 수상의 사적자문기관 '21세기 일본의 구상 간담회'의 최종보고서에는 글로벌화에 적극적으로 대응하고 일본의 활력을 유지하기 위해 이민정책이 필요하다고 제언"[19]하는 등 제한적 형태의 외국인 이민의 필요성을 강조한다. 이후 본격적으로 정부차원의 다문화공생 시책이 추진된다.

2000년 3월, 국제연합인구부(國際連合人口部)는 인구감소와 고령화 문제 해결을 위해 '보류이민'을 제시한다. "주요 요지는 일본이 1995년과 같은 인구수 유지를 위해서는 2000년부터 2050년까지 매년 34만 3천 명의 이민자가 필요하며, 생산연령인구 유지를 위해서는 매년 64만 7천 명의 이민을 받아들여야 한다"[20]는 내용이었다. 이 밖에도 '2003년판 통상백서(2003年版通商白書)'에서는 외국인 노동자의 수용 방안을 논의하고, 일본 경제의 지속적인 성장과 국제산업 경쟁력 강화를 위해 고도의 기술을 가진 인재의 필요성을 말했다. 또한 향후 노동력 부족의 대응을 위한 외국인 노동자 수용 입장을 보이며 외국

---

17) 유혁수, 「일본의 외국인 정책과 법제: 다문화공생 정책을 중심으로」, 『일본비평』 29, 서울대학교 일본연구소, 2023, p.99.
18) 1999년 사카이야 다이치(堺屋太一) 경제기획청 장관은 경제심의회 '글로벌리제이션 부회'에서 "다양하고 열린 사회로의 변화와 장래 예상되는 저출산·고령화 대책의 관점에서 이민국가, 이민을 받아들이는 나라가 되지 않으면 안 된다"라고 발언하며 이민 논쟁이 발생한다.
19) 정미애, 「일본의 단일민족국가관에서 다문화공생으로의 인식변화와 다문화공생의 거버넌스」, 『한국정치학회보』 45(4), 한국정치학회, 2011, p.240.
20) 석주희, 「일본의 축소사회 위기와 이민정책: 외국인 노동자와 다문화공생을 중심으로」, 『민족연구』 78, 한국민족연구원, 2001, p.120.

인의 필요성에 대해 지속적으로 논의했다.[21] 즉, 2000년대 일본의 정책제언 상당수에서 외국인 노동자 유입의 확대의 불가피성과 추진 필요성을 주장했던 것을 확인할 수 있다. 이후 2006년 3월, 일본 지방단체의 외국인 주민 지원 시책 가이드라인 '다문화공생 추진프로그램'[22]이 시행된다. 같은 해 "「외국인 노동자 문제 관계성청 연락회의」 보고서에는 「생활자로서의 외국인」이란 표현 등장한다. 2008년 6월에는 자민당 외국 인재 교류 추진 의원연맹 중간 보고서에 「인재 개국! 일본형 이민정책 제언」"[23]이 등장하는 등 정부 차원의 외국인 유입과 다문화정책 관련 행보를 확인할 수 있다.

이와 같이 1945년 이후 재일외국인 대상의 배타적 기조의 지속 상황에서 1990년대 입관법 개정 이후 외국인 유입이 증가하며 재일외국인 대상 정책이 요구된다. 이러한 상황에서 2000년대 본격적으로 다문화정책이 시행된다. 흥미로운 점은 2006년을 기점으로 상당수 정책에서 '외국인'이라는 표현이 강조된 사실이다. 해당 사실에서 재일외국인 영주자와 중장기체류자 대상의 정부 차원의 정책 시행 의지를 알 수 있다. 언론 역시 다문화공생 관련 기사를 꾸준히 수록하며 사회적 논

---

21) 藤本麻亜華, 「増加する外国人労働者と日本における移民政策の在り方」, 『経済政策研究』 16, 香川大学, 2020, p.216.
22) 주효진은 일본의 다문화공생 추진프로그램이 기존의 단순한 지원 대상이라는 관점에서 탈피해 공생관계 설정을 통한 외국인 주민에 대한 행정서비스의 완비, 인권 보장, 타문화에 대한 주민들의 이해와 개방적인 태도가 확립된 지역사회를 만들려고 한다고 설명한다. 이를 위해 의사소통을 위한 다양한 언어자원 제공, 거주와 교육, 노동, 의료, 복지, 보건, 방재 등 기본적인 생활환경을 보장하며, 다른 문화에 대한 일본인 주민의 의식계발과 외국인 주민의 자립 및 사회 참여를 촉진하여 상호 교류가 활성화되도록 하는 데 주안점을 두고 있다고 설명했다. (주효진, 「아시아 국가들의 다문화정책에 대한 탐색적 연구: 대만, 싱가포르, 일본, 홍콩의 사례로부터」, 『한국자치행정학보』 24(2), 한국자치행정학회, 2010, p.12)
23) 유혁수, 「일본의 외국인 정책과 법제: 다문화공생 정책을 중심으로」, 『일본비평』 29, 서울대학교 일본연구소, 2023, p.99.

의를 전개했다. 즉, 정부와 언론 모두 다문화 정책에 대한 사회적 논의와 확산을 본격화 한 것이다. 재일외국인과 다문화공생 정책의 전개 양상은 기사분석을 통해 보다 구체적으로 확인할 수 있다.

3. 정량분석 방법론 및 전체기사 정량분석

1) 정량분석 방법론

본 연구는 1990~2024년 10월까지를 대상으로 『아사히신문』의 온라인 데이터베이스[24]에서 '在日'이 키워드인 전체기사를 추출하였다. 이를 대상으로 '다문화공생' 관련 기사를 다시 추출하여 정량분석 대상으로 설정했다. 정량분석 과정은 명사 중심의 키워드 분석과 기사의 주제분류를 위한 클러스터링 분석 그리고 이를 토대로 한 대표키워드 및 기사 분석을 진행하였다.

우선 데이터 수집은 2024년 10월 1일 기준으로 『아사히신문』 온라인 데이터베이스에서 '在日'을 키워드로 검색해 관련기사를 추출하는 방식으로 진행되었다. 검색된 총 기사 수는 44,171건으로 연구자가 모든 기사를 직접 확인해 하나씩 저장하는 것은 현실적으로 불가능했다. 따라서 기사 수집은 파이썬을 이용한 웹 자동화 방식으로 수행하였으며, 셀레니움(Selenium)[25]과 크롬드라이버(ChromeDriver)[26] 라이

---

[24] 2024년 10월 1일 검색(朝日新聞クロスサーチ https://xsearch.asahi.com). 해당 사이트는 1984년 이후의 기사의 원문을 단순 지면이나 PDF이미지가 아닌 HTML 데이터로 제공하기 때문에, 자동화 도구를 활용한 텍스트 데이터의 대량 추출이 가능했다.
[25] 웹 브라우저를 자동으로 조작할 수 있게 해주는 파이썬 라이브러리이다. 웹 브라우저에서 유저에 의해서 실제로 행해지는 행동(클릭, 스크롤, 입력 등)을 재현할 수 있어 웹 테스트나 데이터 수집에 응용되기도 한다.
[26] 웹 브라우저인 크롬 브라우저와 셀레니움을 연결하는 역할을 수행한다. 이를 토대로

브러리를 사용하였다. 셀레니움은 실제 사용자가 웹 브라우저를 조작하는 과정을 기계적으로 재현하기 위해 만들어진 라이브러리로 대규모 데이터 수집에 활용하는 자동화 도구이다. 셀레니움 활용을 위해서는 실행할 웹 브라우저와 이에 대응하는 드라이버가 필수적이며, 본 연구는 크롬 브라우저를 활용했기 때문에 크롬드라이버를 사용했다.

구체적인 데이터 수집 절차는 다음과 같은 방식으로 진행되었다. 우선 셀레니움을 통해 아사히신문 데이터베이스에 접속해 XPath와 CSS Selector[27]를 활용하여 검색창을 찾아 '在日'을 입력해 관련기사를 검색했다. 이후 개별 기사를 클릭해 기사 제목, 내용, 일자에 해당하는 HTML 요소를 찾아 해당 부분의 데이터를 추출하고, pandas와 openpyxl[28]과 같은 파이썬 라이브러리를 활용해 일자, 제목, 내용 순으로 엑셀에 저장하였다. 이후 같은 페이지 내에 표시되는 모든 기사에 '기사제목 클릭 → 데이터 추출 → 엑셀에 제목, 내용, 일자 저장' 작업을 반복했고, 한 페이지 내 모든 기사 데이터 저장을 하나의 사이클로 했다. 1회 사이클이 끝나면 다음 페이지로 이동해 같은 작업을 반복하도록 했다. 작업단계에서 검색, 클릭, 페이지 이동 등 페이지와 직접적인 상호작용이 필요한 구간에 한해 서버 부하 감소를 위해 1~120초가량의 대기시간이 적용되었다. 작업이 끝난 이후에는 로딩에 실패한 경우에는 새로고침, 성공한 경우에는 페이지 이동을 하는 예외처리

파이썬 코드로 구현된 대량의 데이터 수집이 실제 크롬 브라우저를 통해 구현될 수 있게 하는 역할을 수행한다.

27) 웹페이지에서 기사 제목, 일자, 기사 내용 등과 같은 특정 요소를 찾아내기 위해 사용되는 주소 체계이다. 개발자도구를 활용하여 자동화를 원하는 페이지 구조를 분석하고, 해당 요소를 정확히 찾고 코드에 지정함으로써 원하는 데이터만 추출할 수 있도록 작업했다.

28) pandas는 수집한 데이터를 데이터프레임이라는 표형태로 구조화하고, openpyxl은 이를 엑셀 파일로 작성하는데 활용되는 라이브러리이다.

절차를 추가하였다. 이를 토대로 대량의 반복 작업이 원활히 수행될 수 있도록 설계했다. 이렇게 추출된 기사는 전체기사와 10년 단위의 기사로 총 5개의 엑셀파일로 나뉘어 저장되었고 정량분석의 기초 데이터로 활용되었다.

이후 작업은 전체 기사 중 '다문화공생' 관련 기사 분리를 위해 앞서 추출한 44,171건의 기사 제목과 일자, 내용을 대상으로 '다문화', '공생' 또는 '다문화공생'이라는 키워드가 포함되어있는지 판단해 기사를 추출하였다. 이 과정에서 중복되는 기사는 하나만 카운트하도록 설정해 중복을 방지하였으며, 연구자가 직접 관련 없는 것으로 판단되는 기사들을 배제해 최종적으로 1,473건의 기사를 선정하였다.

키워드 분석은 선정된 다문화공생 관련 기사의 내용과 제목을 기초 데이터로 형태소 분석을 진행한 뒤, 출현 빈도를 기반으로 상위 키워드를 추출하였다. 우선 pandas를 통해 엑셀 파일에서 텍스트를 추출하고, 이들 중 복합명사를 포함한 명사만을 고르기 위해 복잡한 합성어와 문법 구조를 정밀하게 처리할 수 있는 일본어 형태소 분석기 SudachiPy[29]를 사용해 형태소 분석을 진행하였다. 키워드 추출 과정에서는 정규화 방식을 활용해 중복되는 키워드의 출현을 막고 분석의 정확도를 높였다. 이 과정은 동의어와 유사어를 그룹핑하고, 그룹 내 대표어를 선정해 전체 그룹을 통일한 다음 하나의 키워드로 추출되도록 하는 작업이었다. 이후 추출된 명사 중 분석에 불필요한 숫자, 기호, 접속사 등과 같은 단어는 불용어로 처리했다. 최종적으로 선정된 키워드들을 대상으로 collections.Counter[30]를 이용해 명사의 빈도를

---

[29] 일본어 형태소 분석기 Sudachi의 파이썬 버전으로, 일본어 문장의 어절을 분할하고, 품사를 부착하는 등 형태소 분석에 활용된다. 본 연구에서는 세 가지 모드 중 복합명사를 가장 잘 인식하는 C모드를 활용했다.

[30] 주어진 데이터 집합에서 특정 요소(본 연구에서는 명사 키워드)가 몇 번 등장했는지

계산한 후, 상위 50개 키워드를 선정해 분석에 활용했다.

  더욱 명확한 기사 전체 주제 분석을 위해 1,437건의 전체기사와 10년 단위 기사분류에 각각 텍스트 클러스터링 기법을 적용해 유사 주제의 기사를 그룹화하였다. 분석의 정확성을 높이기 위해 파이썬의 Fugashi와 Unidic 라이브러리[31]로 기사에서 복합명사를 포함한 일본어 명사만을 추출하고, "日時, 午後" 등과 같은 불용어를 제거하였다. 이후 날짜, 시간, 숫자 등 분석과 관계없는 요소를 필터링하고, 중복 단어를 카운트하지 않는 방식으로 데이터 전처리를 진행하였다. 전처리된 텍스트 데이터는 TF-IDF(Term Frequency-Inverse Document Frequency) 방식[32]을 이용해 단어의 상대적 중요도를 빈도 및 희소성과 연관 지어 계산하고 데이터의 특성을 수치화하였다. 이를 위해 머신러닝 및 데이터 처리에 활용되는 파이썬의 Scikit-learn[33] 라이브러리를 활용하였다. 수치화된 데이터는 숫자로 구성된 문서-단어 행렬이 되어 저장되었으며, 해당 행렬을 기준으로 문서 간 유사도 측정이나 클러스터링 작업을 진행하였다.

    를 자동으로 집계하는 기능을 수행한다. 빈도수를 효율적으로 계산하여 상위 키워드를 추출하는 방식에 활용되었다.

31) Fugashi는 일본어 형태소 분석기 MeCab을 파이썬에서 편리하게 쓰도록 해주는 라이브러리이며, UniDic은 일본어 형태소 분석기에서 참조하는 사전형 데이터베이스이다. 본 연구에서는 일본어 텍스트를 정확하고 일관되게 형태소 분석해, 명사 추출, 정규화, 불용어 처리 등 TF-IDF/클러스터링을 위한 전처리 기반으로 활용했다.

32) 하나의 문서에서는 자주 등장(TF)하지만, 전체 문서에서는 희귀한 단어(IDF)에 높은 점수를 부여하여 문서를 구분하는 핵심 키워드를 추출하는 방식이다.

33) 파이썬의 기계학습 라이브러리. 본 연구에서는 텍스트나 단어를 기계가 이해할 수 있게 숫자로 변환하고, 이를 토대로 문서들 사이의 유사도를 측정하고(코사인 유사도), 비슷한 기사들을 하나의 그룹으로 묶고(클러스터링), 차원을 축소하여 시각화하는 작업 전반에 이용되었다.
    이 연구에서는 Scikit-learn을 이용해 ① TF-IDF 벡터화→ ② 코사인 유사도 계산→ ③ 스펙트럴 클러스터링→ ④ t-SNE 시각화 좌표를 순서대로 수행했습니다.

문서 간 유사도는 코사인 유사도를 기준으로 측정되었는데, 이는 행렬의 패턴과 주요 단어의 분포를 토대로 유사도를 측정해 유사 기사를 그룹화하는 방식이다. 이렇게 계산된 유사도는 개별 문서 간 관계를 나타내는 네트워크 그래프로 표현되었다. 본 연구에서 사용한 Spectral Clustering[34] 기법은 이 네트워크를 분석하여 연결이 가장 강한 문서 집단을 찾아내는 방식이다. 해당 방식을 통해 고차원의 텍스트 데이터를 저차원 행렬로 변환해 클러스터링을 수행해 유사 주제나 맥락을 공유하는 기사들을 효과적으로 분류할 수 있었다. 본 연구에서는 해당 작업을 통해 총 5개의 클러스터를 구분하였다. 이후, 클러스터링 결과를 보다 직관적으로 분석하기 위해 t-SNE(t-Distributed Stochastic Neighbor Embedding)[35] 기법을 활용해 데이터를 2차원으로 변환하고 클러스터 간 관계성을 명확하게 확인할 수 있도록 했다. 시각화에는 Matplotlib 라이브러리가 활용되었고, 산점도 그래프 형태로 표현된 시각화 자료를 통해 각 클러스터별 특정 기사 주제에 따라 밀집 혹은 분산된 형태로 나타나 그룹 간 유사성과 차이점을 분석할 수 있었다.

이후 작업은 각 클러스터의 특성을 보다 명확하게 파악하기 위해 TF-IDF 가중치를 기준으로 단순 출현 빈도가 아닌 희소성을 반영해, 각 클러스터별 상위 10개의 키워드를 선정하여 각 클러스터별 정량분석을 용이하게 하였다. 또한 10년 단위의 기사 흐름의 명확한 파악을 위해 클러스터별 대표기사를 선정했다. 대표기사 선정은 각 클러스터

---

34) 데이터 간의 유사도를 기반으로 클러스터를 형성 및 구분하는 역할을 수행한다. 고차원의 텍스트 데이터를 노드와 같은 저차원적인 행렬로 표시하여 각 기사 데이터를 유사한 주제나 맥락으로 그룹화한다.

35) TF-IDF 방식을 이용해 고차원으로 수치화된 텍스트 데이터를 2차원 평면에 좌표로 배치하는 기법. 하나의 점은 하나의 문서를 의미하며, 문서 간의 거리는 문서 간의 유사도를 나타낸다.

의 중심에 가장 가까운(코사인 유사도가 가장 높은) 기사이자 앞서 산출한 TF-IDF 가중치를 기준으로 상위 키워드가 가장 많이 포함되어 있는지였다. 본 연구에서는 이렇게 산출한 기사를 대상으로 다문화공생 관련 기사의 전반적인 흐름과 실질적 내용을 고찰하였다.

2) 전체기사 정량분석

다음은 『아사히신문』 온라인 데이터베이스에서 '在日'을 키워드로 검색한 기사 44,171건의 연도별 게재수를 정리한 표이다.

〈표 1〉 연도별 게재 기사 수

연도	게재기사(건)	연도	게재기사(건)	연도	게재기사(건)	연도	게재기사(건)
1990	1867	2000	1934	2010	1294	2020	534
1991	1547	2001	1870	2011	979	2021	747
1992	1379	2002	1862	2012	963	2022	795
1993	1143	2003	1528	2013	821	2023	658
1994	1708	2004	1482	2014	784	2024	530
1995	1736	2005	1785	2015	788		
1996	1602	2006	1937	2016	908	총계: 44,171(건)	
1997	1780	2007	1471	2017	811		
1998	1625	2008	1214	2018	684		
1999	1584	2009	1111	2019	710		

〈표 2〉 10년 단위별 게재기사 수

연도	1990~1999년	2000~2009년	2010~2019년	2020~2024년
게재기사(건)	15971	16194	8742	3264

위의 표를 살펴보면 1990년대 초반부터 1995년까지의 기사 수는 등락을 반복했지만, 이후 2006년까지 꾸준한 증가세를 나타냈다. 재일 관련 기사는 2006년에 정점을 기록한 후 점차 하락세를 보였으며,

2020년대에는 급감했다. 이는 10년 단위 평균으로 보면 더욱 뚜렷하게 나타난다. 1990년대에는 연평균 1,597건, 2000년대에는 1,625건이었던 기사 수가 2010년대에는 883건, 2020년대에는 663건으로 감소한다.

전반적으로 1990~1991년, 1993~1994년, 1999~2000년, 2007~2011년, 2020년에 기사 수가 급감하거나 급증한 것을 확인할 수 있다. 해당 시기의 기사 수 변화는 정치·경제적 변화나 사회상 변화가 직접적인 영향을 미쳤을 것으로 판단된다. 대표적으로 1990년대 초반 베를린 장벽의 붕괴와 소련의 해체로 대표되는 냉전체제 종식과 통일담론의 활성화, 1993년 지문 날인 제도 폐지[36], 2006년 이후 아베정권의 취임과 민족주의 정서의 강화, 재특회의 활동, 한일관계 악화, 북핵·미사일 문제로 인한 북일관계 악화[37], 2011년 동일본대지진[38]에 의한 미디어의 관심 변화와 이후 혐한 정서의 확산 등이 관계되었음을 유추할 수 있다.

다음은 '다문화공생' 관련 기사 총 1,473건을 10년 단위로 나누어

---

[36] 1993년 재일코리안에 대한 지문날인제도가 폐지되고, 유엔에서의 인권 개선 권고가 발효됨에 따라 국제사회에 대한 관심이 일본 사회 내의 재일외국인, 그중에서도 재일코리안에게 집중하게 된다. 당시의 기사 수 증가는 이러한 흐름을 반영하여 이루어진 것으로, 지문 날인이나 차별, 인권과 관련된 기사들이 다수 게재되었음을 확인할 수 있다.

[37] 아베 정권의 취임 이후 재특회의 활동이 강화되고, 역사수정주의 및 영토 문제에 대한 내셔널리즘으로의 회귀가 진행됨에 따라 혐한, 반한활동이 일본 사회 내에서 이슈로 대두되었다. 이 시기는 특히 북핵·미사일 문제가 대두되면서 북일관계가 악화되고, 이에 따른 안보문제가 크게 부상했다. 따라서 이 시기의 재일코리안에 대한 기사는 전반적으로 내셔널리즘과 외교적 갈등, 안보 문제에 주로 초점을 맞추고 있었다.

[38] 동일본대지진 이후 재일외국인에 대한 기사가 급감하는 가운데, 재일코리안에 대한 기사 역시 동일본대지진 이후의 복구에 대한 재일코리안의 지원이나 지역사회에서의 상호협동에 초점을 맞춘 기사가 다수 게재되었으며, 재일코리안에 대한 차별 등 부정적 기사보다는 재난 후 복구와 화합을 위한 기사들이 게재되었던 것으로 보인다.

기사 수를 정리한 표이다.

〈표 3〉'재일' 및 '다문화공생' 키워드 기사 수

기간	전체기사 수(건)	기간	다문화공생 기사 수(건)
1990년대	15,971	1990년대	413
2000년대	16,194	2000년대	567
2010년대	8,742	2010년대	293
2020년대	3,264	2020년대	200
합계	44,171	합계	1,473

위의 표를 살펴보면, 전체 기사의 약 73%에 달하는 기사가 1990~2000년대에 작성된 것을 알 수 있다. 그러나 2010년대에 기사 수가 급격히 줄어들었으며, 2000년대의 절반에도 미치지 못하였다. 이러한 감소 추세는 2020년대에도 이어졌다. 물론, 2020년대의 기사가 5년이 채 되지 않는 기간이 대상임을 감안하면 2010년대에 비해 감소 추세가 비교적 완화되었다고 볼 수 있다. 반면 현재까지의 데이터를 10년 단위로 환산하더라도 기사의 절대량이 줄어드는 점은 분명하다. 이는 기존의 활자 미디어의 영향력 감소[39]와 이에 따른 기사의 우선 순위의 변동 가능성이 존재하며, 이에 따른 '재일' 또는 '다국적 마이너리티'에 관한 일본 사회 전반의 관심이 줄어든 것과도 관련된 것으로 보인다. 특히, 전통적인 신문 매체의 영향력이 줄어들면서 마이너리티 관련 이슈 역시 디지털 플랫폼이나 소셜 미디어로 이동하는 경향이 나타났는데, 이러한 경향 역시 재일 관련 기사 수에 영향을 미쳤음을 유추할

---

39) 실제로 『요미우리』, 『아사히』, 『마이니치』, 『산케이』, 『니혼게이자이』 등 일본의 5대 일간지의 총 발행 부수는 2014년 4,536만 부에서 2023년 2,859만 부로 약 37% 감소하였으며, 2023년에는 전년도 대비 7.3%의 감소를 보였다고 한다. 이러한 매체의 입지 변화와 수익감소가 기사 주제의 선정에 직간접적인 영향을 주고 있는 것으로 판단된다.

수 있다.

다문화공생 관련 기사를 살펴보면, 1990년대에 413건, 2000년대에 567건, 2010년대에 293건으로 전체 신문 기사 중 약 2.5~3.5% 정도를 차지하고 있음을 알 수 있다. 2020년에는 관련 기사가 200건으로, 앞선 시기에 비해 상대적으로 적게 게재되었지만, 전체 기사 수 대비 비율로 환산하면 약 6%를 차지했음을 알 수 있다. 이는 전반적으로 다문화공생 담론에 관한 실질적인 관심과 중요도가 최근들어 증가했다고 볼 수 있으며 출산율 저하, 고령화, 국제화 상황 속에서 재일외국인 대상의 정치·사회·문화적 논의가 활성화된 것을 보여준다.

다음은 다문화공생 관련 기사의 연도별 변화를 그래프로 나타낸 것이다. 그래프를 살펴보면 다문화공생이 본격적으로 논의되기 이전인 1990년대 초반부터 관련 기사들의 게재 사실을 파악할 수 있다. 전체적인 흐름을 보면 1994년에 관련 기사가 폭발적으로 증가했으며, 이후 지속적으로 증가추세를 보이며 2000년에 80건을 초과하며 정점을 이룬다. 2000년대에는 점진적인 하락세를 보였고 2011년을 기점으로 기사 수가 현저히 감소한다. 2013년에 최저점을 기록한 이후 다시 증가세로 돌아섰으며, 2020년대에는 연간 35~50건 내외의 기사들이 게재되었다.

실질적인 변화를 살펴보면 다문화공생 논의와 정책이 활발히 전개된 1990년대 중반에서 2000년대까지 두드러진 증가세를 확인할 수 있다. 이러한 현상은 1994년과 2011년이 주요 전환점임을 알 수 있다. 1994년은 일본 사회에서 조선학교 여학생 대상의 치마저고리 절단 사건(チマチョゴリ切り裂き事件) 등 재일코리안 혐오 사건이 사회적 이슈가 되었던 시기이며, 이에 따른 민단 차원의 지방자치제 참정권 운동이 벌어진 시기이다. 혐오 사건과 권리 찾기 운동이 공존하던 당시, 다문화공생 논의의 증가는 '국제화'를 표방하던 일본 사회의 분위기와 맞물

<그림 1> '다문화공생' 기사 연도별 게재 수

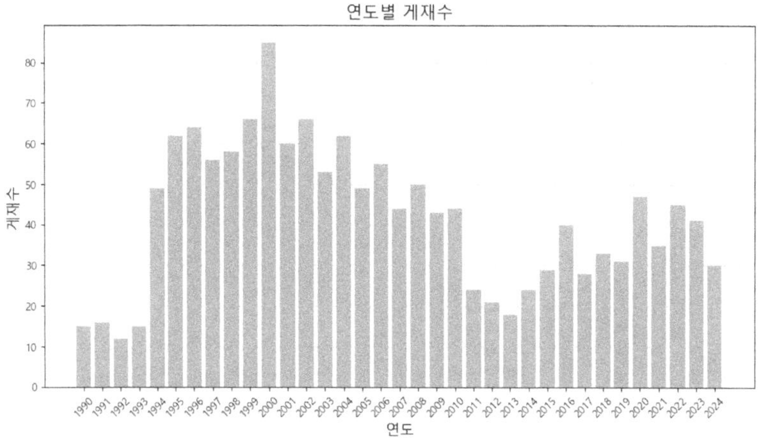

려 이루어진 것으로 보인다.

2011년에는 동일본대지진의 영향으로 재일 관련 기사의 뚜렷한 하락세가 나타났으며 다문화공생 관련 기사 역시 영향을 받은 것으로 추정된다. 또한 당시 한국 정부의 반일 기조, 일본 사회의 보수화 경향 및 민족주의 담론의 증가, 한일관계 악화, 혐한 기류의 형성 등이 다문화공생 관련 논의에 일시적으로 브레이크를 걸었을 것으로 판단된다. 2016년의 갑작스러운 기사 수 증가 역시 이를 뒷받침한다. 당시 일본에서는 민족 차별적 언동을 규제하는 '헤이트스피치 대책법'이 시행되었다.

2010년대 중반 이후의 증가추세는 일본의 저출산, 고령화, 외국인 인구 비율 변화, 외국인 노동자 유입 가속화 등의 영향으로 판단된다. 1990년대 일본의 국제화 흐름 속에서 외국인 인구는 1990년 전체 인구의 0.87%(107만 명)에서 2024년 2.7%(332만 3,374명)로 증가했다. 이러한 상황에서 외국인 수용과 포용을 위한 정책적·사회적 논의가 주요 현안으로 다뤄졌으며, 재일코리안 대상의 '다문화공생' 논의 역시 힘을 받은 것으로 판단된다.

다음은 다문화공생 관련 기사 전체를 대상으로 빈도순 상위 50개 키워드를 추출해 Wordcloud 라이브러리로 시각화한 것이다.

〈그림 2〉 '다문화공생' 관련 전체 기사 워드클라우드(50개)

워드클라우드에 나타난 키워드를 살펴보면, 아이들, 학교 관련 문제가 주요 키워드로 부상한 것을 확인할 수 있다. 이는 다문화공생 관련 기사가 주로 후속 세대의 교육과 지원에 초점을 맞추고 있음을 보여준다. 대상을 보면 재일코리안, 한국을 포함해 재일한국인, 재일한국·조선인, 북조선 등 전반적으로 재일코리안 관련 키워드의 빈출을 확인할 수 있다. 이는 일본 내 다문화공생 관련 논의의 중심이 재일코리안 문제임을 확인할 수 있는 대목이다.

지역별 키워드 분석에서도 이러한 경향이 두드러진다. 재일코리안 집주 지역인 오사카 관련 기사가 상당수를 차지하고 있으며, 차별, 혐오, 역사 문제가 주요 테마로 다뤄졌음을 알 수 있다. 이외에도 지역, 참정, 정치, 지자체 등의 키워드에서 다국적 마이너리티 관련 정치 문제가 다문화공생 기사의 주요 테마 중 하나임을 확인할 수 있다.

이는 일본 사회에서 논의되는 다문화공생이 단순한 마이너리티의 문화적 보장 차원을 넘어 시민사회 일원으로서의 권리를 주장하는 영역으로 확대되고 있음을 보여준다.

다음은 다문화공생 기사 전체의 클러스터링 결과를 시각화한 그래프와 클러스터별 핵심 키워드 10개를 표로 정리한 것이다.

〈그림 3〉 '다문화공생 기사' 클러스터링 시각화 그래프

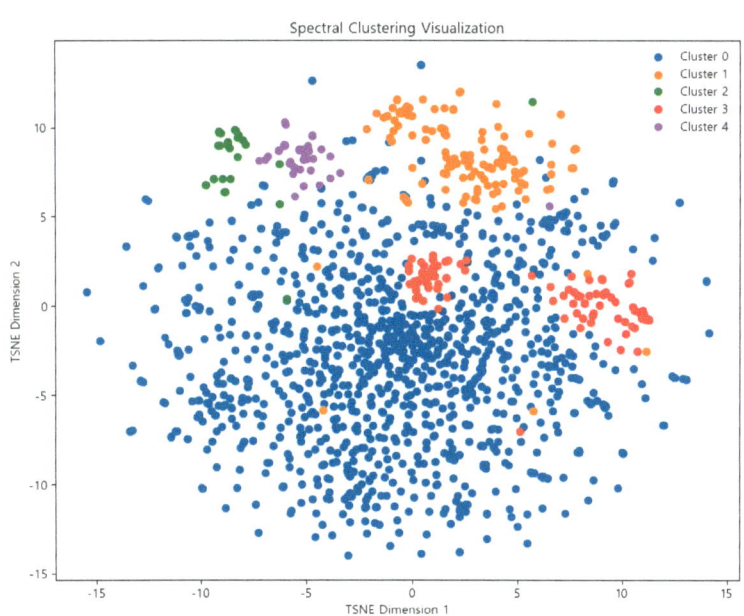

〈표 4〉 전체기간 '다문화공생' 기사 클러스터링 키워드

0	1	2	3	4
子ども	選挙	脅迫	朝鮮学校	ヘイトスピーチ
韓国	国籍条項	封書	北朝鮮	差別
学校	地方参政	在日コリアン	総連	条例
文化	定住外国人	ふれあい館	民団	デモ
在日コリアン	撤廃	文化交流施設	拉致	表現

在日外国人	日本国籍	ウトロ地区	拉致問題	言動
在日韓国朝鮮人	永住外国	内容	和解	規制
大阪	永住	爆破	在日朝鮮人	自由
歴史	国籍	被害届	韓国	人種差別
問題	投票	同館	歴史	在日コリアン

위의 그래프와 표를 토대로 분석해보면, 클러스터 0이 전체 기사에서 차지하는 비율이 가장 높은 것을 확인할 수 있다. 주제어를 중심으로 보면 해당 클러스터에는 재일코리안, 재일외국인, 재일한국조선인 등의 키워드가 포함된 것을 파악할 수 있다. 지역적으로는 오사카 지역이 주요 키워드로 등장하고 있는데, 이는 당시 다문화공생 관련 논의가 오사카 지역의 재일코리안을 중심으로 성립되었음을 파악할 수 있다. 세부 키워드를 살펴보면, 아이들, 교육, 문화, 역사, 학교 등이 주로 등장했는데, 이는 미래 세대의 교육이 '다문화공생' 논의에서 가장 큰 부분을 차지했음을 알 수 있는 부분이다.

클러스터 1에서는 정주, 영주, 국적, 선거, 지방참정 등의 키워드가 두드러진다. 이는 당시의 다문화공생 논의에서 재일코리안을 포함한 재일외국인의 정치적 권리 관련 논의가 수반되었음을 확인할 수 있는 부분이다. 특히 참정권을 위한 법이나 제도 개선 논의가 1990년대 이후 재일코리안 사회를 중심으로 점차 확대되어 나갔는데, 이는 '정주'와 특별영주권, 귀화문제와 맞물려 심화된 것으로 판단된다.

클러스터 2는 우토로 지구, 문화시설, 교류관(ふれあい館) 등의 키워드와 함께 협박, 폭파 등의 단어가 포함되어 있는데, 2020년대 재일코리안 대상의 혐오·테러 관련 기사들이 밀집된 것으로 유추해볼 수 있다. 실제로 2020년에는 가와사키 지역에서 사회복지법인 청구사(青丘社)가 관리하는 문화교류시설 교류관에 익명으로 폭탄테러 계획 엽서가 도착해 큰 이슈가 되었으며, 2021년에는 우토로 지구에서 방화사건

이 일어나기도 했다. 이렇듯 클러스터 2는 헤이트 스피치법 발효 이후에도 지속되는 혐오문제와 이를 극복해 다문화공생을 실천하기 위한 논의를 다룬 것으로 보인다.

클러스터 3에서는 조선학교라는 키워드가 등장한 사실에서 재일코리안 민족교육이 주요 주제임을 파악할 수 있다. 그러나 클러스터 0과 달리 북조선, 총련, 납치, 납치문제, 민단, 한국, 역사 등의 키워드도 함께 등장하고 있어, 남북 외교와 정치, 민족단체 문제까지 다뤄진 것으로 파악할 수 있다. 특히 북한과 총련, 납치문제가 하나의 도식으로 엮인다는 점에서 2000년대 북일관계의 변화와 북한의 납치사건 인정, 피해자 송환 등의 문제가 재일코리안, 조선학교, 조총련을 도식화하는 형태로 다뤄진 것을 파악할 수 있다.

마지막으로, 클러스터 4에서는 헤이트스피치, 차별, 데모 등의 키워드가 빈출했다. 이는 재일코리안 대상의 헤이트스피치 관련 기사가 다문화공생 논의의 중요 부분임을 나타내는 것으로 판단된다. 나아가 이와 관련된 지자체 조례나 규제, 표현의 자유 역시 헤이트스피치 규제와 함께 정치적 차원의 공적대응이 주요 논의였음을 유추해볼 수 있다.

이상의 분석을 종합해 보면, 재일 관련 기사에서 다문화공생의 핵심 주제는 '후속 세대의 교육과 문화'에 집중되었지만, 헤이트스피치, 차별, 역사 문제, 참정권과 같은 정치·사회적 이슈들이 지속적으로 얽혀 있음을 알 수 있다. 다음 절에서는 10년 단위로 기간을 나누어 개별 시기의 주제를 분석하고, 대표 기사의 선정·분석을 통한 논의를 전개하고자 한다.

4. 시기별 주요 기사 분석

본 연구에서는 각 클러스터의 중심 벡터와 코사인 유사도가 가장 높은 기사 5건을 '대표 기사'로 선정하여 기사별 심층 분석을 진행하였다. 이 절차는 클러스터의 주요 주제가 실제 기사에 서술되는 방식을 확인하는 동시에, 정량적 데이터 분석을 정성적 데이터 분석으로 연계하는 과정이다. 아래는 시기별, 주제별 대표 키워드를 정리한 표이다.

(1) 1990년대 주요기사 분석

〈표 5〉 1990년대 주제별 키워드

주제1	주제2	주제3	주제4	주제5
外国	国籍条項	定住外国	平和	子ども
韓国	撤廃	地方参政	終戦記念日	韓国朝鮮人
アジア	外国	参政	戦争	在日
文化	大阪市	選挙	戦没	学校
市民	川崎市	判決	追悼式	参加
問題	受験	外国	遺族	外国
震災	採用	最高	参列	共生
日本語	公務	権利	風化	民族
大阪	国籍条項撤廃	請願	被爆	差別
中国	自治	訴訟	宇都宮市	朝鮮

〈표 6〉 1990년대 주제별 대표 기사

클러스터	날짜	기사명
0	1998년 4월 1일	아시아 정보 아직 ASIA 98【오사카】 (アジア情報まだまだＡＳＩＡ98【大阪】)
	1999년 5월 18일	일본인, 이렇게 보이는 재일외국인 100명에게 물었습니다【오사카】 ニホン人、こう見える在日外国人100人に聞きました【大阪】
	1992년 7월 4일	오사카의 국제화 더 간사이 갑론을박 (공론·쓰바쿠)【오사카】 (大阪の国際化ザ関西甲論乙駁(こうろん·おつばく)【大阪】

	1994년 9월 11일	공동 심포지엄 '한일 저편에 있는 것' 과거 앞에 이해와 협력 (共同シンポジウム「日韓のかなたにあるもの」過去ふまえ理解と協力)
	1995년 10월 25일	공생 테마로 거리 만들기 토론 27일, 야오에서 심포 / 오사카 (共生テーマに街づくり討論27日、八尾でシンポ / 大阪)
	1997년 8월 16일	변함없는 행사, 바뀌는 의식 52회 종전기념일 8·15 / 도치기 (変わらぬ催し、変わる意識52回目終戦記念日の8·15 / 栃木)
	1995년 8월 16일	희생자에 대한 추모, 평화를 향한 기도 각지에서 전후 50년 8·15 / 도치기 (犠牲者への追悼、平和への祈り各地で戦後50年の8·15 / 栃木)
1	1995년 8월 16일	다음 50년을 기원하며 새로운 종전기념일, 현내 각지에서 행사 / 가나가와 (次の50年へ祈り新た終戦記念日、県内各地で催し / 神奈川)
	1995년 8월 17일	15일 종전행사 각지서 / 야마나시 (15日の終戦行事、各地で / 山梨)
	1998년 8월 16일	가슴에 쏙쏙, 평화의 고귀함 종전 기념일 현내 각지 / 효고 (胸にずしり、平和の尊さ終戦記念日の県内各地 / 兵庫)
	1995년 3월 1일	일본서 사는 마음에 빛 법화 논의 기대 정주 외국인 선거권 소송 (日本で生きる思いに光立法化の議論に期待定住外国人選挙権訴訟)
	1995년 3월 4일	정주외국인 지방참정권 촉구 청원, 현의회서 채택 전망 / 야마나시 (定住外国人の地方参政権求める請願、県議会で採択の見通し / 山梨)
2	1994년 12월 8일	정주외국인에게 참정권을 재일한국인 단체가 현의회에 청원 / 야마나시 (定住外国人に参政権を在日韓国人団体が県議会に請願 / 山梨)
	1994년 3월 7일	「さきがけ」가 先驅け 외국인 입당(리포트·정치) (「さきがけ」が先駆けた外国人入党(リポート·政治))
	1994년 1월 29일	'공생' 모색, 본격 논의 영국인 참정권 소송〈해설〉/ 오사카 (「共生」模索、本格論議を英国人の参政権訴訟〈解説〉/ 大阪)
	1999년 11월 6일	일·조·한 4개 학교 교사에게 듣는 코리아 페스티벌 (이쿠노발 하나) / 오사카 (日·朝·韓4校の教師に聞くコリアフェス(生野発ハナ) / 大阪)
	1996년 12월 4일	민족의 차이를 넘어 아이들 교류 조선의 춤 등 즐기는 오타구 / 도쿄 (民族の違い超え、子供ら交流朝鮮の踊りなど楽しむ大田区 / 東京)
3	1999년 11월 9일	차세대에게 맡긴 이문화와 공생하는 '외국인' 이해 시도 (次世代へ託す異文化との共生広がる「外国人」理解の試み)
	1999년 11월 13일	선진지('차이'를 넘어 교실 안의 다문화: 5)【서부】 先進地「違い」を越えて教室の中の多文化: 5)【西部】
	1995년 5월 22일	국적·문화 숨기지 않는 교육 수도권 거주 외국인 학부모 모임 결성 (国籍·文化隠さぬ教育を首都圏在住の外国人が保護者の会結成へ)
	1996년 5월 27일	국적 조항의 철폐야말로 공생으로 가는 길 나카이 기요미 (논단)【오사카】 (国籍条項の撤廃こそ共生への道中井清美(論壇)【大阪】)
4	1996년 4월 24일	외국인에 문호, 국적조항 철폐 선진사례 향방 주시(시시각각) (外国人に門戸、「国籍条項」撤廃先進例の行方を注視(時時刻刻))
	1996년 5월 2일	역풍 속에서 (결단의 무대 뒤 국적 조항 철폐: 상) / 가나가와 (逆風の中で(決断の舞台裏国籍条項の撤廃: 上) / 神奈川)

1996년 4월 25일	공생사회 부디 실현을 재일한국인들, 시에 국적조항 철폐 호소 속속 / 오사카(共生社会ぜひ実現を在日韓国人ら、市に国籍条項撤廃訴え続々 / 大阪)
1997년 1월 19일	직원 채용의 국적 조항 철폐 요구 현민집회 나라 / 나라 (県職員採用の国籍条項撤廃求め県民集会奈良 / 奈良)

〈표 5〉에서 확인할 수 있는 것처럼 1990년대 재일외국인 관련 기사 상당수에서 다문화공생을 국제적 현안과 함께 다룬 것을 확인할 수 있다. 특히 한일관계, 북일관계, 중일관계와 같은 국제적 현안과 외국인 참정권, 교육, 국적조항 등 재일외국인 정책의 혼재 속에서 재일외국인을 다문화공생 정책과 연결시킨 기사가 꾸준히 증가한 사실을 알 수 있다.

흥미로운 점은 재일 관련 키워드 상당수에서 재일코리안을 '직접' 언급한다는 점이다. 일본의 종전기념일(終戦記念日)인 매년 8월 15일에 가나가와, 도치기(栃木), 야마나시(山梨) 등 각 지방에서 민단 지방본부 단장 주최 행사가 개최된다. 기사에서는 행사 개최 소식을 알리면서 재일코리안과 일본인의 상생을 강조한다. 주목할 점은 다문화 행사의 홍보수단으로 재일코리안을 활용했던 사례이다. 1995년 10월 25일 기사 「공생 테마로 거리 만들기 토론 27일, 야오에서 심포 / 오사카(共生テーマに街づくり討論27日、八尾でシンポ / 大阪)」에서는 '함께 사는 거리 만들기 심포지엄-외국인 시민의 생활과 참정권(共に生きる街づくりシンポジウム-外国人市民の生活と参政権)'의 개최 사실을 알리며 "재일한국·조선인과 일본 재주 엘살바도르인 여성들(在日韓国·朝鮮人や日本在住のエルサルバドル人女性ら)"[40]이 참가한다는 사실을 강조한다. 참가 소식 외에도 조선의 민화, 예능 등 문화 교류 행사 개최를 알리며 재일코리안과 일본인과의 화해와 공생을 강조했다.[41] 이러한 기사의 양상

---

40) 「共生テーマに街づくり討論27日、八尾でシンポ/大阪」, 『朝日新聞』, 朝日新聞社, 1995.10.25.

을 통해 1990년대 일본에서의 재일외국인=재일코리안 구도가 유지되고 있는 것을 확인할 수 있다.

재일외국인의 지방참정권, 국적 조항 등 기본권 관련 기사에서도 재일코리안의 언급을 확인할 수 있다. 1994년 12월 8일 자 기사「정주외국인에게 참정권을 재일한국인단체가 현의회에 청원(定住外国人に参政権を在日韓国人団体が県議会に請願)」[42]에서는 재일외국인의 지방참정권 획득 과정에서 보여준 재일코리안의 주도적 역할을 말한다. 공무원 취업 국적 조항 철폐에서도 재일코리안의 활동이 소개된다. 1996년 5월 13일 가와사키시는 공무원 채용 국적조항을 철폐한다.[43] 1996년 4월 25일 자 기사「공생사회 꼭 실현을 재일교포들, 시에 국적조항 철폐 호소 속속 / 오사카(共生社会ぜひ実現を在日韓国人ら、市に国籍条項撤廃訴え続々 / 大阪」에서는 국적조항 철폐로 이어지기까지 재일코리안 사회의 활동을 소개하며 재일코리안의 역할을 설명한다. 동시에 재일코리안 사회에서는 철폐 발표 이후「국적조항의 철폐야말로 공생으로 가는 길(国籍条項の撤廃こそ共生への道)」(1996년 5월 27일)와 같은 기사를 통해 의견을 발신했다. 이러한 기사의 흐름에서 확인할 수 있는 것처럼 재일외국인 기본권 획득 과정에 재일코리안이 주도적인 역할을 수행했으며, 일본 언론 역시 재일코리안의 역할에 주목했던 사실을 확인할 수 있다.[44]

---

41)「民族の違い超え、子供ら交流朝鮮の踊りなど楽しむ大田区/東京」,『朝日新聞』, 朝日新聞社, 1996.12.4.

42)「定住外国人に参政権を在日韓国人団体が県議会に請願」,『朝日新聞』, 朝日新聞社, 1994.12.8.

43) 1996년 5월 13일 가와사키시(川崎市)는 공무원 채용에서 조건부로 국적 조항을 철폐했다. 이는 행정도시 최초였으며 소방직을 제외한 전 직종에서 국적 조항을 철폐하기로 결정하였다.

44) 실제로 1980년 9월 도쿄 신주쿠(新宿) 구청에서 재일코리안 한종석(韓宗碩)이 최초로 지문 날인 거부를 시작했으며 이후 2세대를 중심으로 지문 날인 거부 운동이 전개되었다. 이후 1993년 1월 지문날인제도가 폐지되었다. 해당 사실에서도 재일코리안이

흥미로운 점은 재일외국인의 개념과 범위가 점진적으로 확대되는 양상을 확인할 수 있다는 점이다. 1970~80년대까지 실질적으로 일본의 재일외국인=재일코리안이었다면 1990년대에는 재일외국인의 인식이 확대되는 양상이 나타난다. 다음 기사에서는 일본 내 외국인 문제에 대해 다음과 같이 말한다.

> 일본에 있어 '외국인 문제'란 1970년대까지는 재일코리안 중심이었지만, 80년대 중반에는 돈을 버는 동남아시아 여성, 80년대 후반 이후에는 아시아와 남미의 남성 노동자의 문제 등으로 다양화되고 있습니다.[45]

기사에서는 일본에서의 '외국인 문제'의 대상이 1970년대까지는 재일코리안이었지만, 1980년대 중반 동남아시아 여성, 후반 아시아와 남미 남성으로 범위를 확대한 것을 알 수 있다. 즉, 1970년대까지 일본에서 유지되었던 재일외국인=재일코리안이라는 인식에서 벗어나 80년대 중반부터 재일외국인의 인식이 동남아시아, 남미 등으로 확대된 것을 알 수 있다. 이와 같은 인식의 변화 배경에는 1990년부터 시행된 입관법과 직접적인 관련이 있다. 일본은 입관법 개정을 통해 전문적·기술직 외국인노동자 수용범위를 확대하였다.[46] 이후 브라질을 필두로 한 남미에서의 이주가 크게 증가했다.[47] 그 결과 1990년대 후반에

사회운동에 주도적 역할을 수행했음을 확인할 수 있다.
45) 「次世代へ託す異文化との共生広がる「外国人」理解の試み」, 『朝日新聞』, 朝日新聞社, 1999.11.9.
46) 주요 내용으로는 일본계 3세까지의 체류자격 완화와 해당 가족의 입국, 취업 자격의 확대였다. 인력 부족과 국제화·개방화의 추세 속에서 단순 기능 외국 인력이 합법적으로 도입될 수 있는 가능성을 열어놓았다는 비판이 있다.
47) 국적별 외국인 등록자 수를 보면 1995년 브라질 국적자의 수는 56,429명이었지만, 1991년 119,333명으로 2배 가까이 증가하였다. 이후 꾸준히 증가하여 1999년에는

는 일본의 재일외국인 인식 범위가 남미까지 확대된 흔적을 확인할 수 있다. 이러한 현상은 재일외국인 논의 주제 변화로 이어진다. 중국인 유학생, 남미 출신 노동자 등 다양한 배경의 뉴커머가 증가하면서 기존과 다른 층위의 문제 제기가 나타난다. 실제로 1995년 5월 22일자 기사 「국적-문화 숨기지 않는 교육 수도권 거주 외국인 학부모 모임 결성(国籍·文化隠さぬ教育を首都圏在住の外国人が保護者の会結成へ)」에서는 교육권에 대해 말한다

> 아이들의 민족과 문화를 학교와 지역에서 인정해 주길 바라는 수도권 거주 외국인 학부모 모임이 28일 결성된다. 재일한국·조선인이 중심이 되어 중국 귀국자와 유학생, 남미에서 일하러 온 사람들과 폭넓게 손을 잡을 예정이다.[48]

기사에서는 재일외국인 자녀의 민족교육 보장을 위한 외국인 학부모 모임 결성을 확인할 수 있다. 주목할 점은 기사에서 "재일한국·조선인이 중심"이 되어 뉴커머 재일외국인과의 연대를 강조한 점이다. 해당 사실에서 재일외국인 간 연대의 중심에 재일코리안이 있었으며, 재일외국인 사이에서 주도적인 역할을 했음을 추론할 수 있다.

이처럼 1990년대에는 다문화공생 정책 추진이라는 사회적 상황 속에서 재일외국인 관련 키워드의 증가를 확인할 수 있다. 이 과정에서 재일외국인의 인식 범위가 재일코리안에서 동남아시아, 남미, 중국까지 점진적으로 확대된 양상을 확인할 수 있으며, 논의의 중심에 재일

224,299명까지 증가하였다.(法務省 발표 자료(http://www.moj.go.jp)
48) 在日韓国·朝鮮人が中心になって、中国帰国者や留学生、南米から働きに来た人々らと幅広く手をつなぐ考えだ。(「国籍·文化隠さぬ教育を首都圏在住の外国人が保護者の会結成へ」,『朝日新聞』, 朝日新聞社, 1995.05.22.)

코리안이 있었음을 확인할 수 있다.

(2) 2000년대 주요기사 분석

〈표 7〉 2000년대 주제별 키워드

주제1	주제2	주제3	주제4	주제5
外国	選挙	発言	展示	総連
子ども	永住外国	石原	演奏	民団
在日	外国	三国	講演	和解
学校	憲法	石原知事	子ども	北朝鮮
韓国	地方参政	自衛	会場	脱北
在日コリアン	国籍	石原発言	障害	白紙撤回
共生	日本国籍	抗議文	講座	日本朝鮮
文化	永住	石原慎太郎知事	受講	対立
在日外国	参政	外国	高校	発射
歴史	問題	訓練	時分	連合会総連

〈표 8〉 2000년대 주제별 대표 기사

클러스터	날짜	기사명
0	2008년 1월 17일	(나의 시점) 외국인학교 다문화공생에 제도적 보장을 사토 노부유키 ((私の視点)外国人学校多文化共生へ制度的保障を佐藤信行)
0	2004년 2월 1일	외국인 남미계 뉴커머의 대응 모색 10여 년(전기의 교육) (外国人南米系ニューカマーの対応探って十余年(転機の教育))
0	2006년 11월 16일	(나의 시점) 교육개혁 외국인 수용태세 정비를 야마와키 케이조 ((私の視点)教育改革外国人受け入れ態勢整備を山脇啓造)
0	2007년 2월 4일	(목소리) 젊은 세대 다문화공생으로 차별 없는 나라로【나고야】 (声)若い世代多文化共生で差別ない国に【名古屋】
0	2005년 10월 4일	(시점 간사이 스퀘어로부터) 이웃 나라 이해를 진행시키기 위해 역사에 입각하여 김광민씨【오사카】((視点関西スクエアから)隣国理解を進めるために歴史踏まえて金光敏氏【大阪】)
1	2000년 10월 7일	대립의 저류에 '국가'상 (! 외국인의 선거권: 상) (対立の底流に「国家」像(！外国人の選挙権: 上))
1	2000년 11월 25일	영주외국인의 지방참정권 부상 문제 다양(e-데모크라시) (永住外国人の地方参政権浮上した問題様々(e-デモクラシー))

	날짜	내용
	2005년 8월 13일	(나의 시점 주말) 지방참정권 영주외국인도 빨리 인정해 김경득 ((私の視点ウイークエンド)地方参政権永住外国人も早く認めて金敬得)
	2000년 10월 15일	인터넷에서 논의 '영주외국인 지방참정권'(e-데모크라시) (ネットで議論「永住外国人の地方参政権」(e-デモクラシー))
	2007년 5월 5일	(내일은 분명 헌법 60년: 중) 외국인 참정권 정착지, 먼 1표 / 교토부 ((あしたはきっと憲法60年: 中)外国人参政権定住の地、遠い1票 / 京都府)
2	2000년 9월 4일	대비는 자위대, 우려있는 위장복 투성 수도방재훈련 (備えは自衛隊、憂いあり迷彩服だらけ首都防災訓練)
	2000년 4월 21일	이시하라 발언 '공생' 노력에 소희욱(나의 편) (石原発言、「共生」努力に水ソウ喜郁(私の見方))
	2000년 4월 16일	등골 서늘해진 이시하라 발언 소희욱 (나의 편) 【오사카】 (背筋寒くなった石原発言ソウ喜郁(私の見方)【大阪】)
	2006년 9월 26일	(나의 시점) 이시하라 지사 발언 묵인하는 사회의 위태로움 시미즈 마사히코((私の視点)石原知事発言黙認する社会の危うさ清水雅彦)
	2000년 4월 18일	효고의 총련과 민단 '이시하라 발언'에 공동 항의문【오사카】 兵庫の総連と民団、「石原発言」に共同で抗議文【大阪】
3	2001년 2월 16일	문화의 광장 / 나라 (文化の広場 / 奈良)
	2007년 6월 22일	주말 정보 / 시즈오카현 (週末情報 / 静岡県)
	2000년 10월 11일	이벤트 효고 / 효고 (イベントひょうご / 兵庫)
	2005년 2월 2일	이벤트 효고 / 효고 (イベントひょうご / 兵庫)
	2004년 6월 2일	이벤트 효고 / 효고 (イベントひょうご / 兵庫)
4	2006년 5월 19일	(사설) 민단과 총련 이 화해를 어떻게 살릴 것인가 ((社説)民団と総連この和解をどう生かすか)
	2006년 5월 24일	탈북자 지원 계속 민단지방협의회가 확인 총련과 화해 / 미야기현 (脱北者への支援継続、民団地方協議会が確認総連と和解 / 宮城県)
	2006년 7월 7일	화해철회 찬반 목소리 북한 미사일 발사로 현내 민단·총련 / 미에현 (和解撤回、賛否の声北朝鮮ミサイル発射で県内民団·総連 / 三重県)
	2006년 8월 23일	(끝까지 인터뷰) 민단과 총련 잇는 협의회, 선구 설립 신재삼씨 / 미에현 ((とことんインタビュー)民団と総連つなぐ協議会、先駆け設立申載三さん / 三重県)
	2006년 5월 24일	중앙에서의 화해 평가 탈북자 계속 지원 도호쿠 민단 간부 임시회의 개최 / 야마가타현(中央での和解評価「脱北者支援続ける」東北の民団幹部、臨時会議開く / 山形県)

2000년대에는 교육, 지방참정권, 민단, 조총련 등의 키워드 집중을 확인할 수 있다. 주목할 점은 재일외국인 교육 문제의 지속적인 제기를 확인할 수 있다는 점이다.

> 지금 일본에는 208만 명 이상의 외국인이 살고 있다. 현재 조선학교와 한국학교, 중국학교는 100여 개가 있다. 더욱이 최근 들어 일본에 정착하게 된 뉴커머 학교가 급증해 94개 브라질 학교를 비롯해 페루인도 필리핀 학교 등 100개를 넘어섰다. 우리는 지금 '다국적·다민족·다문화' 사회를 맞이하여 '국민교육'에서 탈피해 '다민족·다문화공생 교육'으로 전환해야 하는 것은 아닐까?[49]

입관법 개정 이후, 남미 출신 외국인은 꾸준히 증가했고, 2000년대 이들 대상의 교육 문제가 본격적으로 제기된다. 주목할 점은 재일코리안이 직접적인 대상이 아닌 상황에서도 재일코리안의 역할에 대한 기사를 꾸준히 확인할 수 있다는 점이다. 일례로 2005년 10월 4일 자 기사 「이웃 나라의 이해를 증진하게 위해 역사를 바탕으로(隣国理解を進めるために歴史踏まえて)」에는 〈코리아NGO센터〉 소속 김광민(金光敏)의 발언이 수록된다. 김광민은 "교실에서는 지금 남미 등에서 온 아이들도 배우고 있습니다. 재일코리안의 경험을 살리면 좋겠다"[50]고 발언하며 재일외국인 교육 문제에 재일코리안의 사례를 참고할 필요성에 대해 말한다. 교육 외에도 지방참정권 문제에서도 재일코리안의 역할과 관련된 기사를 상당수 확인할 수 있는데,[51] 해당 사실에서 2000년

---

49) 佐藤信行, 「(私の視点)外国人学校多文化共生へ制度的保障を」, 『朝日新聞』, 朝日新聞社, 2008.1.17.
50) 「(視点関西スクエアから)隣国理解を進めるために歴史踏まえて金光敏氏」, 『朝日新聞』, 朝日新聞社, 2005.10.4.
51) 대표적으로 「ネットで議論 「永住外国人の地方参政権」(e-デモクラシー)」, 『朝日新

대에 지속되고 있는 재일외국인 담론에서 재일코리안의 역할론을 확인할 수 있다.

다문화공생과 대치되는 재일외국인 대상의 배외주의 흐름도 기사로 구체화된다. 2000년, 도쿄도지사 이시하로 신타로(石原愼太郎)[52]는 육상자위대 훈련에서 재일외국인을 '삼국인'[53]이라고 부정적으로 발언한다. 이후 이시하라를 비판하는 기사가 쇄도하고, 민단 효고현 지방본부에서는 이시하라에게 발언 철회와 사과를 요구하는 항의문을 보낸다. 2006년에는 이시하라가 도쿄대 교수 재일코리안 강상중을 '괴상한 외국인(怪しげな外国人)'이라 지칭하며 논란이 발생한다. 이후 『아사히신문』 2006년 9월 26일 자 기사에서 "UN의 인종 차별 철폐위원회가 염려를 표명"[54]했다고 보도하며 재일외국인 배외주의에 대한 추이를 보도했다. 해당 사례에서 2000년대에도 여전히 재일외국인이 배외주의의 대상이 되고 있으며, 이에 주도적으로 대응했던 재일코리안 사회의 행동을 확인할 수 있다.

또 하나 특징적인 대목은 재일외국인 관련 기사에서 민단과 조총련

聞」, 朝日新聞社, 2000.10.15.;「永住外国人の地方参政権浮上した問題様々(e-デモクラシー)」, 『朝日新聞』, 朝日新聞社, 2000.11.25.;「(私の視点ウイークエンド)地方参政権永住外国人も早く認めて」, 『朝日新聞』, 朝日新聞社, 2005.8.13.;「(あしたはきっと憲法60年: 中)外国人参政権定住の地、遠い1票」, 『朝日新聞』 2007年05月05日, 朝日新聞社 등이 있다.

52) 일본의 소설가이자 정치인이다. 1999년 4월 23일부터 2012년 10월 31일까지 도쿄도지사를 역임했다.

53) 삼국인의 일본의 사전적 의미는 제3국의 사람. 특히 제2차세계대전 후 미국점령하에서 일본에 재류한 조선인·중국인을 일컫는 말(第三国の人。特に、第二次大戦後、米国占領下の日本に在留していた朝鮮人・中国人をいった語)로 기술되어 있다. 이시하라는 도쿄가 삼국인에게 점거되어 소동이 일어날 수 있으나 경찰과 자위대가 대비하라고 발언했다.

54) 清水雅彦, 「(私の視点)石原知事発言黙認する社会の危うさ」, 『朝日新聞』, 朝日新聞社, 2006.9.26.

기사가 상당수를 차지한 점이다. 2006년 5월 19일 자 기사 「(사설) 민단-총련 이 화해 어떻게 살릴 것인가((社説)民団と総連この和解をどう生かすか)」에서는 민단과 조총련의 공동성명을 보도한다. 기사에서는 "두 단체에 기대하고 싶은 것은 일본에 사는 외국인의 생활이 쉽도록 만드는 활동이다. 일본에 새롭게 사는 외국인은 계속 증가하고 있다"[55]고 말하며 재일외국인 사회에서 재일코리안의 역할을 거듭 강조한다.

화해성명 발표가 채 한 달도 지나지 않은 2006년 7월 5일, 북한은 대포동 미사일을 발사한다. 이후 민단은 화해철회를 선언하며 두 조직은 대립상태로 돌아간다. 이런 상황에서 『아사히신문』에서는 2006년 7월 7일, 「화해철회, 찬반의 목소리 북한 미사일 발사로 현내민단·총련 / 미에현(和解撤回、賛否の声北朝鮮ミサイル発射で県内民団·総連 / 三重県)」 등의 기사를 발표하며 상황을 상세히 보도한다. 기사에서는 "북한이 대포동 미사일 등을 발사한 것과 관련하여 재일본대한민국민단(민단)이 6일 재일본조선인총연합회(총련)와의 화해를 백지철회하겠다고 밝혀 현 내에서도 찬반 논란이 일고 있다. 풀뿌리의 교류 영향을 우려하는 목소리도 있다"고 보도했으며, "2월에 풀뿌리 차원에서 재일동포의 공생을 추진하고자 민단과 총련의 양지부가 전국의 선봉을 가로지르며 만든 '이가코리안협의회(伊賀コリアン協議会)'의 간부들도 착잡함을 보였다"[56]며 상황에 아쉬움을 표한다. 해당 사실에서 2000년대 재일외국인의 인식 범위의 확대 상황 속에서도 재일코리안 사회의 위치와 일본 사회의 시선을 종합적으로 확인할 수 있다.

이처럼 2000년대 기사에서는 일본사회에서의 재일외국인 개념의 점진적 확대와 배외주의의 공존을 확인할 수 있으며, 재일코리안 사회

---

55) 「(社説)民団と総連この和解をどう生かすか」, 『朝日新聞』, 朝日新聞社, 2006.5.19.
56) 「和解撤回、賛否の声北朝鮮ミサイル発射で県内民団·総連/三重県」, 『朝日新聞』, 朝日新聞社, 2006.7.7.

의 역할, 일본 사회의 기대를 종합적으로 확인할 수 있다.

(3) 2010년대 주요기사 분석

〈표 9〉 2010년대 주제별 키워드

주제1	주제2	주제3	주제4	주제5
ヘイトスピーチ	外国	強化	韓国	朝鮮学校
差別	難民	沖縄	在日コリアン	北朝鮮
デモ	子ども	実現	在日	補助
表現	ブラジル	確保	朝鮮	無償
人種差別	日本語	必要	講演	学校
条例	移民	支援	コンサート	教科
規制	労働	所得	披露	子ども
自由	支援	推進	主催	在日
言動	在日外国	拡充	文化	高校無償
在日コリアン	留学	充実	朝鮮半島	拉致問題

〈표 10〉 2010년대 주제별 대표 기사

클러스터	날짜	기사명
0	2016년 8월 11일	(경론) 헤이트 대책법 2개월 야스다 고이치씨, 고타니 준코씨, 스즈키 에리코씨 ((耕論)ヘイト対策法2カ月安田浩一さん、小谷順子さん、鈴木江理子さん)
	2016년 7월 21일	(생각 민주주의는 지금) 헤이트스피치 억제효과는? 인정이라면 발언자명 공표, 오사카시 조례【오사카】((考民主主義はいま)ヘイトスピーチ抑止効果は？認定なら発言者名公表、大阪市の条例【大阪】)
	2014년 11월 7일	(생각·민주주의는 지금) 헤이트스피치, 규제요구하는 생각 표현의 자유는, 권력남용은【오사카】((考·民主主義はいま)ヘイトスピーチ、規制求める思い表現の自由は、権力乱用は【大阪】)
	2016년 10월 22일	헤이트스피치 '근절에 조례를' 시민단체, 내일 주오구 집회 / 효고현 (ヘイトスピーチ「根絶へ条例を」市民団体、あす中央区で集会 / 兵庫県)
	2016년 6월 3일	차별의 상처 회복 희망 증오 피해 여성, 눈물의 가와사키, 시위 금지 (差別の傷「回復へ希望」ヘイト被害の女性、涙川崎、デモ差し止め)
1	2017년 6월 20일	'이민 없는 척'의 한계 외국인 노동자 100만명 '수용 불가피' (「移民いないふり」の限界外国人労働者100万人「受け入れは不可避」)
	2018년 12월 15일	(히모토쿠) 외국인 노동자 생활자의 권리, 확보하고 공생으로 모리 치카코 ((ひもとく)外国人労働者生活者の権利、確保し共生へ森千香子)

	2019년 2월 24일	(포럼)모두의 일본?: 3 유학생 30만 명 ((フォーラム)みんなのニッポン?: 3留学生30万人)
	2018년 6월 18일	(열도를 걷다) 외국인, 가까이 보육부터 일본에 익숙한 언어·생활 규칙 교육 취학 준비 / 도쿄·공통 (列島をあるく)外国人、身近に保育から日本になじもう 言葉·生活ルール教え就学準備 / 東京·共通
	2018년 12월 19일	(목소리 어떻게 생각하십니까) 외국인과의 공생, 일본인과는: 상 ((声どう思いますか)外国人との共生、日本人とは: 上)
2	2013년 6월 25일	민주당 참의원 선거 매니페스트〈요지〉 (民主党参院選マニフェスト〈要旨〉)
	2013년 6월 26일	민주당 참의원 선거 매니페스트〈요지〉 (民主党参院選マニフェスト〈要旨〉)
	2019년 7월 3일	참의원 선거·입헌민주당 공약요지 간병·의료·보육, 임금인상 (参院選·立憲民主党の公約要旨介護·医療·保育、賃金引き上げ)
	2013년 7월 4일	참의원 선거·10당 공약〈민주당〉헌법 96조, 선행개정에 반대 (参院選·10党の公約〈民主党〉憲法96条、先行改正に反対)
	2012년 11월 28일	민주당 매니페스트 중의원 선거 공약〈요지〉 (民主党マニフェスト衆院選の公約〈要旨〉)
3	2019년 10월 16일	일본과 한반도, 음악으로 유대 전통 예능과 문화로도 교류 내달 17일 가쓰라가와에서 콘서트 / 후쿠오카현(日本と朝鮮半島、音楽で絆伝統芸能や文化でも交流来月17日、桂川でコンサート / 福岡県)
	2013년 8월 29일	'일본과 조선 연결' 도서관 실현 분주한 NPO 재일 2세 여성 / 도쿄도 「日本と朝鮮結ぶ」図書館実現へ奔走ＮＰＯの在日2世女性 / 東京都
	2010년 2월 12일	(재일화인 10부 선동 조류)조선족, 아시아 연결하고 싶다 ((在日華人第10部鼓動潮流)朝鮮族、アジア結びたい)
	2016년 6월 27일	한반도의 문화 전승 50년 후쿠오카 가무단, 기념무대 선보여 / 후쿠오카현 (朝鮮半島の文化伝え50年福岡歌舞団、記念の舞台披露 / 福岡県)
	2018년 10월 13일	재일코리안과 음악으로 교류 내달, 가쓰라가와에서 가무단 공연 / 후쿠오카현(在日コリアンと音楽で交流来月、桂川で歌舞団公演 / 福岡県)
4	2011년 12월 21일	'아이와 납치, 상관없다' 오사카 조선학교 보조금 삭감【오사카】 (「子と拉致、関係ない」大阪の朝鮮学校、補助金カット【大阪】)
	2013년 9월 30일	(찾아보다!) 줄어드는 보조금, 곤경에 처한 조선학교 현이 요건 개정 '노리개'는 부정 / 효고현((探る!)細る補助金、苦境の朝鮮学校県が要件改定「狙い撃ち」は否定 / 兵庫県)
	2010년 3월 3일	(나의 시점) 조선학교 고교 무상화의 제외는 이치에 어긋났다 문광희 ((私の視点)朝鮮学校高校無償化の除外は筋違い文光喜)
	2010년 9월 22일	무상급식 조선학교에 주문 '정치적 중립' '역사 견해 병기'…오사카부 부회【오사카】(無償化巡り朝鮮学校に注文「政治的中立」「歴史見解の併記」…大阪府部会【大阪】)
	2010년 4월 4일	고교무상화 조선학교 제외 교류단체 '차별 멈춰' (高校無償化、朝鮮学校を除外交流団体「差別やめて」)

2010년대 가장 두드러지는 키워드는 헤이트스피치, 차별, 유학생, 외국인 수용이라 할 수 있다. 일본에서는 2016년 6월, 부당한 차별적 언동을 용인하지 않겠다는 취지의 '헤이트스피치 대책법(ヘイトスピーチ対策法)'이 시행된다. 흥미로운 점은 일본사회가 법안 제정 전부터 재일코리안 사회의 반응에 주목한 점이다. 해방 이후 재일코리안은 줄곧 헤이트스피치의 대상이 되어 왔다. 실제로 2009년, 〈재특회〉는 교토 조선제1초급학교 앞 칸진바시 공원에서 헤이트스피치를 전개하는 등 2010년대에도 여전히 배외주의의 대상이 되는 경우가 많았다.[57] 이런 상황에서 『아사히신문』은 법안 제정을 앞둔 시점, 재일코리안 사회의 행보에 주목한다. 특히 2014년 11월 7일 기사「(생각·민주주의는 지금)헤이트스피치, 규제요구하는 마음 표현의 자유는 권력남용은【오사카】((考·民主主義はいま)ヘイトスピーチ、規制求める思い表現の自由は、権力乱用は【大阪】)」에서 "재일 한국·조선인이 많이 사는 오사카시 이쿠노구(生野区)에서 서명활동이 진행되고 있다"[58]고 보도하며 법안을 위한 재일코리안 사회의 활동을 소개했다. 이러한 사실에서 헤이트스피치에 대응하는 재일코리안 사회의 행보와 이에 주목했던 일본 언론의 반응을 확인할 수 있다.

혐오와 대비되는 재일코리안과 일본인의 공생 역시 확인할 수 있다. 2013년 8월 29일 기사「'일본과 조선을 잇는' 도서관 실현으로 분주 NPO 재일 2세 여성(「日本と朝鮮結ぶ」図書館実現へ奔走 NPOの在日2世女性)」에서는 사설 도서관 건립을 추진하고 있는 재일코리안 단체를 소

---

57) 고소 이후 교토지방재판소는 재특회의 시위가 일본이 체결한 인종차별철폐협약에서 불허하는 인종 차별이며 업무방해, 명예훼손에 해당한다고 판결하며 1,200만 엔의 손해배상을 명령했다. 판결은 2014년 12월 일본최고재판소의 판결로 확정되었다.
58)「(考·民主主義はいま)ヘイトスピーチ、規制求める思い表現の自由は、権力乱用は【大阪】」,『朝日新聞』, 朝日新聞社, 2014.11.7.

개한다. 기사에서는 활동의 주체가 재일코리안 2세 여성임에 주목하며 "일본인과 재일, 일본과 한반도. 그 신뢰 관계를 구축하는 데 밑거름이 되는 곳으로 만들고 싶다"[59]는 발언을 소개한다. 한일 간의 문화 행사 기사 역시 확인할 수 있다. 2019년 10월 16일 자 기사 「일본과 한반도, 음악으로 유대 전통 예능과 문화로도 교류 내달 17일 가쓰라가와에서 콘서트 / 후쿠오카현(日本と朝鮮半島、音楽で絆伝統芸能や文化でも交流来月17日、桂川でコンサート / 福岡県)」에서는 〈지쿠호 안녕하세요! 콘서트(筑豊アンニョンハセヨ!コンサート)〉 개최사실을 알린다. 기사에서는 콘서트가 "서로의 문화의 차이나 훌륭함을 인정하고 상대방에 대한 경의를 갖고 교류를 거듭하는 것이 일본과 한반도의 우호친선으로 연결될 것"[60]이라 기술하며 문화를 매개로 한 민간 차원의 교류의 가치를 평가했다.

재일외국인 민족교육 관련 논의 역시 확인할 수 있다. 2010년 4월 민주당이 도입한 고교무상화제도[61]에서 조선학교가 제외되며 논란이 된다. 이런 상황에서 상당수 기사에서 북일관계, 납치 문제를 언급하고 조선학교가 김일성·김정일 초상화를 게시하고 있다는 사실을 보도하며 반감을 조성한다. 이러한 상황에서 재일코리안 사회에서는 "소수자를 고립에 몰아넣는 방식은 다민족·다문화공생을 목표로 하는 사회

---

[59] 「「日本と朝鮮結ぶ」図書館実現へ奔走NPOの在日2世女性」, 『朝日新聞』, 朝日新聞社, 2013.8.29.

[60] 「日本と朝鮮半島、音楽で絆伝統芸能や文化でも交流来月17日、桂川でコンサート」, 『朝日新聞』, 朝日新聞社, 2019.10.16.

[61] 일본은 2010년부터 공립고등학교에서 수업료를 무료화했으며 사립고등학교는 정부가 학생들의 학비를 1인당 연간 12~24만 엔(약 120~240만 원)을 지원해 주는 방식의 고교수업료무상화제도를 시행했다. 조선학교는 대상에 넣을지 결정되지 못한 상황에서 2012년 12월 아베 신조 자민당 정권의 출범 이후 조선학교는 배제가 확정되었다. (임영언, 「재일코리안 조선학교 민족교육운동과 고교무상화제도 고찰」, 『로컬리티 인문학』 19, 부산대학교 한국민족문화연구소, 2018, p.56)

와는 어울리지 않는다"[62]고 비판 성명을 낸다. 또한 아이치현 조선학교 이사장 문광희(文光喜)는 2010년 3월 3일 자 기사를 통해 "조선학교만 고교무상화정책에서 제외하는 것은 국제인권규약의 이념에 어긋나는 것이며 조선학교도 무상화 대상에 포함해 다문화가 공생하는 사회를 함께 만드는 것을 생각해야 한다"[63]면서 정책을 비판했다. 해당 사실에서 2010년대 재일외국인 교육 정책에서 재일코리안과 조선학교가 상당히 주목받았으며 주도적인 목소리를 냈음을 알 수 있다.

주목할 점은 2000년대에 이어 재일외국인 논의의 범위가 보다 확대된 점이다. 실제로 교육 관련 기사에서는 재일외국인과의 공생 방안에 대한 기사[64]가 게재된다. 2017년 6월 20일 자 기사「'이민 없는 척'의 한계 외국인 노동자 100만명 '수용 불가피'(「移民いないふり」の限界外国人労働者100万人「受け入れは不可避」)」에서는 외국인노동자 100만 명 시대에 이들을 "일본 사회에 없는 존재"[65]처럼 취급하고 있다고 지적하며 일본인들의 의식개혁을 촉구한다. 또한「외국인노동자 생활자의 권리 보존하여 공생으로(外国人労働者生活者の権利、確保し共生へ)」등의 기사에서는 "인간이 아닌 노동력으로서만 외국인을 본다. 이런 태도가 부족한 것은 '자신들도 외국인 노동자가 될 수 있다'라는 발상이 필요하며 '외국인 노동자'는 근본적으로 다른 타자가 아니다. 언제 같은 처지에 놓일지 모른다. 그런 시각에서 더불어 사는 사회를 구상하

---

62) 「子と拉致、関係ない」大阪の朝鮮学校、補助金カット」,『朝日新聞』, 朝日新聞社, 2011.12.21.
63) 文光喜,「(私の視点)朝鮮学校高校無償化の除外は筋違い」,『朝日新聞』, 朝日新聞社, 2010.3.3.
64) 대표적으로는「みんなのニッポン?:留学生30万人」,『朝日新聞』, 朝日新聞社, 2019.2.24. 등이 있다.
65) 「「移民いないふり」の限界外国人労働者100万人「受け入れは不可避」」,『朝日新聞』, 朝日新聞社, 2017.6.20.

는 것이 중요하다"⁶⁶⁾고 말하며 일본인들의 인식 개선과 출입국 관리법 개정을 촉구했다. 해당 사실에서 2010년대 재일외국인에 대한 범위의 확대와 공생을 모색했던 일본 사회의 가시적 변화를 확인할 수 있다.

이와 같이 2010년대에는 헤이트스피치의 발생과 이에 대응하는 재일코리안 사회의 모습, 재일외국인 인식과 개념의 점진적 확대 등을 종합적으로 확인할 수 있다.

(4) 2020년대 주요기사 분석

〈표 11〉 2020년대 주제별 키워드

주제1	주제2	주제3	주제4	주제5
差別	歴史	外国	脅迫	ウトロ地区
条例	子ども	日本語	ふれあい	演奏
ヘイトスピーチ	猪飼	社会	封書	在日コリアン
投稿	在日	外国籍	文化交流施設	交流
文章	生野	ベトナム	被害届	披露
言動	共生	学校	内容	コンサート
ネット	学校	ブラジル	爆破	火災
判決	朝鮮学校	言葉	同館	トンガ
ヘイト	朝鮮	子ども	抹殺	イベント
被害	御幸森	住民	神奈川県	ブラジル

〈표 12〉 2020년대 주제별 대표 기사

클러스터	날짜	기사명
0	2022년 1월 9일	증오는 존엄성을 깎아내리는 끝나지 않는 증오와 차별이 있는 사회 (ヘイトは尊厳削り取る終わらないヘイトと差別がある社会)
	2023년 10월 13일	'헤이트 단죄' 변호인단 평가 인터넷 투고자에 배상 명령 지방 법원 가와사키 지부 / 가나가와현 (「ヘイト断罪」弁護団評価ネット投稿者に賠償命令地裁川崎支部 / 神奈川県)

---

66) 森千香子, 「(ひもとく)外国人労働者, 生活者の権利, 確保し共生へ」, 『朝日新聞』, 朝日新聞社, 2018.12.15.

	2020년 2월 8일	(경론)증오의 경계 후쿠다 노리히코씨, 아키바 조시씨, 마나베 후미씨 ((耕論)ヘイトの境目福田紀彦さん、秋葉丈志さん、真鍋厚さん)
	2021년 12월 12일	증오 없는 사회, 한 걸음씩 가와사키시 '금지 조례' 성립 2년 / 가나가와현 (ヘイトのない社会、一歩ずつ川崎市「禁止条例」成立2年 / 神奈川県)
	2020년 12월 28일	재일코리안, 조사신청 DHC 차별적 문장【오사카】 (在日コリアン、調査申し立てDHC差別的文章【大阪】)
1	2024년 6월 14일	(공생의 마을 이쿠노) [2] 오사카 조선 초급 학교: 4 '체서' 각인 역사 / 오사카부((共生のまち生野) [2] 大阪朝鮮初級学校: 4「チェーサー」刻み継ぐ歴史 / 大阪府)
	2022년 5월 25일	'이카이노'의 땅, 함께 사는 이쿠노의 코리아타운 김시종 씨의 시가 비석에【오사카】(「猪飼野」の地、ともに生きる生野のコリアタウン、金時鐘さんの詩が石碑に【大阪】)
	2024년 7월 12일	(공생의 마을 이쿠노) 담당기자, 연재 돌아보며 다양한 뿌리 아이의 일상에서 배우다 / 오사카부((共生のまち生野)担当記者、連載振り返り多様なルーツの子の日常に学ぶ / 大阪府)
	2024년 6월 28일	(간사이 릴레이 NOTE) '공생력'의 힌트, 이쿠노니 네트워크 보도본부·다마키 타로 기자 / 오사카부((関西リレーNOTE)「共生力」のヒント、生野にネットワーク報道本部・玉置太郎記者 / 大阪府)
	2024년 6월 14일	(공생의 마을 이쿠노) [2] 오사카 조선 초급학교: 5 우리학교, 가족처럼 / 오사카부((共生のまち生野) [2] 大阪朝鮮初級学校: 5ウリハッキョ、家族のように / 大阪府)
2	2021년 6월 16일	(인터뷰)「쉬운 일본어」고언어학자 · 이오리 이사오 씨 ((インタビュー)「やさしい日本語」考言語学者・庵功雄さん)
	2023년 9월 12일	(인터뷰) 다문화공생, 힌트는 군마현 오이즈초장·무라야마 도시아키씨 ((インタビュー)多文化共生、ヒントは群馬県大泉町長・村山俊明さん)
	2023년 4월 21일	재해 시, 외국인에게 어떻게 전할까 시마네에서 말거는 연수회 / 돗토리현 (災害時、外国人にどう伝える島根で声かけ研修会 / 鳥取県)
	2023년 4월 20일	재해 시, 외국인에게 어떻게 전할까 방법, 이즈모시에서 연수회 / 시마네현 (災害時、外国人にどう伝える声かけ方法、出雲で研修会 / 島根県)
	2021년 4월 4일	(포럼) 차별을 없애고 싶다: 2 현장에서 ((フォーラム)差別をなくしたい: 2現場から)
3	2020년 2월 8일	만남관 협박, 가와사키시가 피해 신고 / 가나가와현 (ふれあい館脅迫、川崎市が被害届 / 神奈川県)
	2020년 2월 8일	협박, 가와사키 시가 피해 신고 / 가나가와현 (脅迫、川崎市が被害届 / 神奈川県)
	2020년 2월 13일	가와사키에서 또 다시 폭파 예고 / 가나가와현 (川崎でまた爆破予告 / 神奈川県)
	2020년 12월 3일	전 가와사키시 직원에 실형 선고 재일코리안 협박 엽서 요코하마지법 지부 (元川崎市職員に実刑判決在日コリアン脅迫のはがき横浜地裁支部)
	2020년 1월 29일	가와사키 교류시설 폭파 예고(川崎の交流施設に爆破予告)

4	2023년 11월 9일	재일코리안과의 공생 염원 무대 19일 가쓰라가와, 일본인과 음악과 문화의 교류 / 후쿠오카현(在日コリアンとの共生願う舞台19日桂川、日本人と音楽や文化の交流 / 福岡県)
	2022년 10월 25일	'브라질 데이 하마마쓰', 9월 2일간 첫 개최 '대성공' / 시즈오카현(「ブラジルデー浜松」、来年も開催へ9月の2日間、初開催「大成功」/ 静岡県)
	2022년 5월 16일	22세 피고, 기소 내용 인정 교토·우토로 지구 방화 사건, 첫 공판【오사카】(22歳被告、起訴内容認める京都·ウトロ地区放火事件、初公判【大阪】)
	2022년 5월 16일	22세 피고, 기소내용 인정 재일코리안이 많은 교토 우토로지구 방화 (22歳被告、起訴内容を認める在日コリアン多い京都·ウトロ地区放火)
	2022년 11월 5일	재일교포, 공생 기원 가무 지쿠호 합창단 공동연출, 가쓰라가와에서 23일 콘서트 / 후쿠오카현(在日コリアン、共生願う歌舞筑豊の合唱団共演、桂川で23日コンサート / 福岡県)

2020년대의 주요 키워드로는 헤이트스피치, 혐오, 지역, 네트워크 등이 있다. 2020년대 두드러지는 변화는 헤이트스피치법 제정 이후 혐오의 공간이 온라인으로 옮겨간 점이다. 일례로 2023년 10월 13일 자 기사 「'헤이트 단죄' 변호인단 평가 인터넷 투고자에 배상 명령 지방법원 가와사키 지부(「ヘイト断罪」弁護団評価ネット投稿者に賠償命令地裁川崎支部)」에서는 온라인으로 약 4년간 재일코리안에게 "조국(한반도)으로 돌아가라" 등의 발언을 한 당사자가 재일코리안의 고소에 의해 194만 엔의 손해배상 명령을 받은 사실을 보도한다. 또한 2020년 12월 28일 자 기사 「재일코리안, 조사신청 DHC 차별적 문장【오사카】(在日コリアン、調査申し立てDHC差別的文章【大阪】)」에서는 일본기업 DHC의 온라인 스토어에는 재일코리안에게 요시다 요시아키(吉田嘉明) 회장 명의로 '사이비 유사 일본인', '모국으로 돌아가라'와 같은 차별적 문구를 수록해 재일코리안이 시에 문제를 제기한 사실을 보도한다.[67] 반면 일부 기사에서는 헤이트스피치 대책법이 오히려 일본인에게 차별적인 법안이라 말하며 상충되는 의견을 수록했다. 2020년 2월 7일, 가와사

---

[67] 「在日コリアン、調査申し立てDHC差別的文章」, 『朝日新聞』, 朝日新聞社, 2020.12.28.

키시의 다문화교류시설 '시 만남관(市ふれあい館)'에 시설을 폭파하겠다는 협박 엽서를 보낸 오기하라 세이치(荻原誠一)가 체포된다. 법원은 오기하라에게 징역 1년을 선고했으며 신문에는 이와 관련된 기사가 지속적으로 보도된다. 이러한 사례에서 헤이트스피치 대책법 제정 이후에도 재일코리안이 여전히 혐오의 대상인 상황에서 이에 적극 대응하는 행보를 확인할 수 있다.

재일외국인과 일본인과의 공생 관련 기사도 여전히 확인할 수 있다. 2022년 11월 5일 자 기사「재일교포, 공생 기원 가무 지쿠호 합창단 공동연출, 가쓰라가와에서 23일 콘서트 / 후쿠오카현(在日コリアン、共生願う歌舞筑豊の合唱団共演、桂川で23日コンサート / 福岡県)」에서는 제11회 '지쿠호 안녕하세요! 콘서트' 개최 소식을 알린다. 콘서트에서는 재일코리안과 일본인으로 구성된 코러스 그룹이 민족악기를 연주하고 한반도의 뱃노래와 홋카이도(北海道)의 민요 소란부시(ソーラン節)를 합친 '뱃노래・소란부시(ペンノレ・ソーラン節)'의 공연소식을 알린다. 또한 재일코리안 행사 참가자의 "과거가 있어 지금이 있고 미래가 있다. 조일우호를 느낄 수 있도록 마음을 하나로 표현하고 싶다"[68]는 발언을 수록하는 등 문화를 통한 재일코리안과 일본인의 공생 현장을 소개한다. 이러한 사실에서 재일코리안이 여전히 헤이트스피치의 대상으로 위치하지만, 일본인과의 공생을 위한 주체로서의 활동과 위치를 종합적으로 확인할 수 있다.

2020년대 주목할 특징은 재일외국인의 증가에 의한 새로운 사회현상의 제기이다. 군마현에는 48개국 출신 외국인 8천여 명이 거주하고 있으며, 이에 따른 다국어 대응 필요성이 제기된다. 2024년 4월 21일

---

[68] 「在日コリアン、共生願う歌舞筑豊の合唱団共演、桂川で23日コンサート」,『朝日新聞』, 朝日新聞社, 2022.11.5.

자 기사「재해 시, 외국인에게 어떻게 전할까 시마네에서 말거는 연수회 / 돗토리현(災害時、外国人にどう伝える島根で声かけ研修会 / 鳥取県)」에서는 재난 발생 시 베트남, 인도네시아 등 비한자권 출신 외국인에게 정보전달을 위해 히라가나로만 언어를 표기하는 '쉬운 일본어(やさしい 日本語)'의 도입을 주장한다.[69] 해당 사실에서 재일코리안이 재일외국인을 대표했던 시기에는 언어가 주요 문제가 아니었지만, 뉴커머가 증가함에 따라 언어, 교육, 제도 분야에서 기존에 볼 수 없었던 새로운 형태의 문제제기를 확인할 수 있다. 기사에서는 재일외국인 정책의 의미를 다음과 같이 말한다.

> 외국 국적의 주민과 일본인 주민 간의 공생은 실현된 것인가? 노동인구가 줄어드는 미래를 보면 인권과 다양성을 소중히 여기는 것이 살고 싶은 이유가 된다. 결국 일본인을 포함한 마을 주민 전체에 도움이 될 겁니다.[70]

인용문에서는 재일외국인 대상 정책이 재일외국인은 물론 일본인, 지자체에 긍정적인 영향을 미칠 것이라 주장한다. 즉, 재일외국인 정책이 다문화공생의 실현 나아가 일본 전체에 긍정적인 방향으로 작용할 것이라 말하는 것이다. 이와 같은 양상에서 2020년대에 기존 재일외국인=재일코리안의 구도에서 벗어나 재일외국인의 의미와 수용범위가 넓어진 상황을 확인할 수 있다. 반면 변화된 상황 속에서도 재일코리안이 일본의 정책과 법안 설립에 주도적 역할을 수행하며 재일외

---

69)「災害時、外国人にどう伝える島根で声かけ研修会」,『朝日新聞』, 朝日新聞社, 2024. 4. 21.
70)「(インタビュー)多文化共生、ヒントは群馬県大泉町長・村山俊明さん」,『朝日新聞』, 朝日新聞社, 2023. 9. 12.

국인 사회 전반을 주도했던 사실을 확인할 수 있다.

이와 같은 1990년대부터 2020년대까지『아사히신문』의 흐름을 확인함으로써 재일외국인 담론의 변천과 구체적 내용을 총체적으로 확인할 수 있다.

5. 다문화공생의 전개와 재일코리안 담론의 변화

본 연구는『아사히신문』의 데이터베이스에서 1990년부터 2024년 9월 30일까지의 기사 44,171건을 추출하고, 그중에서 '다문화공생' 관련 기사 1,437건을 선정해 분석하였다. 재일 관련 기사는 국내외 정세 변화의 직접적인 영향을 받으며 전반적인 기사 수와 주제 변화가 두드러졌다. '다문화공생' 관련 기사 역시 예외는 아니었다. '다문화공생' 관련 기사는 1990년대 초반에 등장하기 시작해 1999년에 정점에 도달했다. 이후 꾸준한 하락세를 보였으며 2011년을 기점으로 급락했다. 2020년대에 하락세가 멈췄는데 이는 일본 내 정주외국인의 증가의 직접적인 영향을 받은 것으로 판단된다. 주제를 살펴보면, '다문화공생' 관련 기사 대부분은 후속 세대의 교육 관련 내용이 주를 이루었다. 이밖에도 역사 문제와 참정권, 헤이트스피치와 차별 관련 내용의 지속적 논의를 확인할 수 있다.

질적분석에서도 유의미한 결과를 확인할 수 있다. 1990년대부터 2020년대까지 일본에서는 재일외국인에 대한 인식 변화가 꾸준히 이루어졌다. 1980년대까지 재일외국인이라는 단어가 실질적으로 재일코리안을 의미하는 단어였다면, 1990년대 뉴커머 재일외국인이 증가하며 인식변화와 새로운 문제제기가 나타났다. 또한 재일외국인 전체에서 재일코리안이 차지하는 비율이 감소한 상황에서도 재일외국인 관련 정책과 담론을 주도했으며, 일본 언론이 재일코리안에게 기대했던 주도적 역할론을 함께 확인할 수 있다.

이와 같이 1990년부터 2024년까지 『아사히신문』의 정량분석을 통해 재일외국인 담론의 내용과 수치변화를 확인할 수 있었으며, 정성분석을 통해 재일외국인 사회에서 재일코리안의 위치변화와 역할론 등을 총체적으로 확인할 수 있었다.

이 글은 고려대학교 글로벌일본연구원의 『일본연구』 제43호에 실린 논문 「디지털 인문학적 방법론을 통해 고찰한 '다문화공생'과 재일코리안: 1990년 이후 『아사히신문』의 데이터베이스를 중심으로」를 수정·보완한 것이다.

일본 3대 신문은
한국의 계엄령과 탄핵 사태를 어떻게 봤는가

이해미

1. 같은 사건, 다른 시선

1) 왜 일본 언론인가

2024년 12월 3일, 한국에서 발생한 계엄령 선포와 이어진 대통령 탄핵 사태는 한국 정치사에서 유례없는 사건으로 기록되었다. 이 사태는 한국의 국내 정치 영역을 넘어 동북아시아 지역의 지정학적 균형에 중대한 영향을 미칠 수 있는 사안으로 주목받았으며, 특히 한일 관계의 향방과 한미일 안보 협력 구도에 미칠 파장에 대해 국제사회의 관심이 집중됐다.[1]

이러한 맥락에서 일본 주요 언론의 보도 양상을 학술적으로 분석하는 작업은 단순한 미디어 연구 이상의 함의를 갖는다. 언론은 사실의 중립적 전달자가 아닌, 특정 사건에 의미를 부여하고 해석의 틀을 제

---

[1] 한겨레21. "국제사회, 한국 '민주주의 복원력'에 탄복하다." https://h21.hani.co.kr/arti/world/world_general/56492.html (검색일: 2025.1.24.)

공하는 담론 형성의 주체이기 때문이다. 아사히신문(朝日新聞), 마이니치신문(每日新聞), 요미우리신문(読売新聞) 등 일본의 3대 일간지는 각각 상이한 정치적 스펙트럼과 편집 방향성을 견지하고 있어, 한국의 급변하는 정치적 위기 상황을 보도하는 과정에서 차별화된 담론 구성 방식을 보일 것으로 예상된다.

2024년 12월 3일 계엄령 선포부터 같은 달 14일 대통령 탄핵소추안 가결까지, 일본 언론은 한국의 정치 위기를 어떻게 바라봤을까? 이 글에서는 약 2주간의 일본 언론 보도를 통해 일본의 시선을 들여다본다. 이 기간은 사태의 발생 초기부터 전개 과정, 그리고 탄핵이라는 결정적 전환점 이후의 즉각적 반응까지를 포함하기 때문에 일본 언론의 한국 정치 위기에 대한 인식 변화와 담론 형성 과정을 추적할 수 있을 것이다.

기사의 표현과 논조를 분석하는 방법에 컴퓨터를 활용한 텍스트 분석 기법을 더해, 보다 객관적이고 체계적으로 일본 언론의 시각을 들여다본다. 시계열 분석, 공기어 분석, 인용문 분석 등 다각적인 분석 방법을 통해 각 신문사의 보도 양상을 실증적으로 검증함으로써, 미디어 담론이 한일 양국 간 상호 인식의 간극을 형성하는 메커니즘을 실증적으로 규명하고, 정치적 위기 상황에서 드러나는 한국에 대한 일본의 다층적 인식과 지정학적 시각을 체계적으로 파악하고자 한다.

2) 세 신문, 세 가지 색깔

이 글에서는 일본의 3대 일간지인 아사히신문(이하 '아사히'), 마이니치신문(이하 '마이니치'), 요미우리신문(이하 '요미우리')이 각각 상이한 정치적 스펙트럼 상에 위치하는 점에 주목한다. 일본의 3대 일간지는 각각 뚜렷한 정치적 색깔을 지니고 있다. 아사히는 진보 성향의 대표 주자로, 평화헌법 수호를 강조하고 우익 민족주의에 비판적이다.[2] 마이니치는 중도 좌파 성향으로 사실 보도의 신뢰도가 높고 사회 문제에 적극적인 목소리를 낸다.[3] 요미우리는 일본 최대 발행 부수를 자랑하는 보수 언론으로, 친미 성향이 강하고 자민당을 지지하는 경향이 있다.[4]

이러한 각 매체의 상이한 정치적 성향은 한국의 계엄령 논란 및 탄핵 과정이라는 중대한 정치적 위기 상황을 해석하고 보도하는 방식에 현저한 영향을 미칠 것으로 예상된다. Yamaguchi의 주장처럼, 언론 매체들은 종종 자신들의 정치적 입장을 강화하기 위해 특정 방식으로 여론을 '구성'하려는 경향이 있기 때문이다.

한일 관계에 대한 미디어 담론 연구에서 특히 주목해야 할 점은 역사적 맥락과 현재적 의미의 상호작용이다. 한일 관계에서 미디어의 역할은 단순한 사실 전달을 넘어 양국 관계의 방향성에 영향을 미치는 주요 변수로 작용하기 때문이다.[5]

이러한 맥락에서 온고고 외[6]는 화이트리스트와 지소미아 갈등에

---

2) Yamaguchi, H., "Public Opinion That Cannot be 'Constructed'." Asian Journal of Journalism and Media Studies 2, 2019.
3) Media Bias/Fact Check. "Mainichi Shimbun – Bias and Credibility," 2023.
4) Sakai, M. "A Diachronic Analysis of The Content And Geospatial Distribution of News Reports of Reputational Damage Related to The Great East Japan Earthquake and Fukushima Daiichi Nuclear Power Plant Disaster." Journal of Human Security Studies, 2022; Kobayashi, T., and T. Yokoyama. "Missing Effect of Party Cues in Japan: Evidence from a Survey Experiment." Cambridge University Press, 2018, pp.61~79.
5) 木村幹, 『日韓歴史認識問題とは何か: 歴史教科書・「慰安婦」・ポピュリズム』, ミネルヴァ書房, 2014.
6) 온고고 온야보 온여가치, 임석준, "Media Presentation of Japan-Korea Whitelist and GSOMIA Dispute: A Content Analysis." 『국제정치연구』 23(2), 2020, pp.31~49.

대한 한일 양국 주요 일간지의 보도를 분석했으며, Kim et al.[7]는 한일 갈등 상황에서의 미디어 담론을 '반일'과 '혐한' 감정의 측면에서 분석했다. 이러한 선행 연구들이 제시한 한일 관계의 미디어 재현에 관한 분석을 바탕으로, 일본의 주요 일간지들이 한국의 정치적 위기 상황을 보도하는 과정에서 각자의 정치적 스펙트럼상의 위치에 따라 어떠한 담론적 차이를 보이는지 살펴보겠다.

3) 263개 기사 해부하기

일본 주요 일간지의 한국 관련 보도를 분석하기 위해 비판적 담화분석(Critical Discourse Analysis, CDA)의 틀을 기반으로 하되, 컴퓨터 기반 텍스트 분석을 결합한 혼합적 분석 방법을 채택했다. 이러한 비판적 담화분석은 텍스트에 내재된 이데올로기와 권력관계를 분석하는 데 유용하다. 특히 van Dijk[8]의 지적과 같이 뉴스 담화분석을 통해 미디어 텍스트가 어떻게 사회적 현실을 구성하고 재현하는지를 이해할 수 있다.

이 글은 초유의 사태가 발생한 시점부터 사태 해결의 시발점인 탄핵안 가결까지의 기간에 초점을 맞추었다. 구체적으로 계엄령이 선포된 2024년 12월 3일 22시 30분부터 탄핵안이 가결된 직후인 12월 15일 23시 59분까지를 분석 기간으로 설정했다. 이 기간은 한국의 정치적 위기가 극적으로 전개되는 초기 국면으로, 외교적·정치적 입장이 완

---

7) Kim, Y., K. Sugimura, and S. W. Chung. "Anti-Japan and Hate-Korea Emotions in Media Discourse: Semantic Network and Framing Analyses." Journal of Global and Area Studies 6(1), 2022, pp.107~127.
8) van Dijk, T. A., News as Discourse. Hillsdale, NJ: Lawrence Erlbaum Associates, 1988.

전히 정립되기 이전의 언론 반응을 포착할 수 있는 중요한 시기이다. 위기 상황의 초기 보도 양상을 분석하면, 각 언론사의 정치적 성향이 필터링되지 않은 상태로 더욱 선명하게 드러날 것으로 판단했다. 이를 통해 일본 주요 일간지가 갖는 한국 정치 위기에 대한 원초적 인식 프레임을 더 명확히 파악할 수 있을 것으로 기대했다. 구체적인 분석 대상으로는 일본의 3대 일간지인 아사히(70건, 98,358자), 요미우리(89건, 22,885자), 마이니치(104건, 35,991자)에서 보도된 한국 계엄령 선포와 대통령 탄핵 사태 관련 기사 총 263건을 포괄적으로 수집하여 검토했다. 분석 대상 간의 전체 텍스트 양에 차이가 존재하지만, 보도량의 차이는 그 자체로 각 매체의 뉴스로서의 가치 판단을 반영하며, 신문 기사는 표제, 리드, 본문의 규격화된 구조로 인해 전체 길이와 관계없이 핵심 내용과 주요 관점이 일관되게 드러날 뿐만 아니라 각 매체의 어휘 선택과 강조점은 텍스트 길이와 독립적으로 나타나기 때문에 비교 분석하는데 문제가 없을 것이다.

분석 대상은 각 신문사의 웹사이트에서 '韓国', '戒厳', '弾劾', '政局', '混乱', '憲政' 등의 주요 키워드로 관련 기사를 웹스크래핑하여 수집했다. 데이터의 정확성을 위해 다음과 같은 전처리 과정을 거쳤다. 먼저 Python을 활용해 HTML 태그[9]와 특수문자를 제거하고, 각 기사의 메타데이터[10](제목, 게재면, 기사 유형, 작성자 등)를 표준화된 형식으로 정리했다.

분석은 세 가지 방법을 단계적으로 적용했다. 첫째, 시계열 분석을 통해 각 신문사의 보도량 변화와 주요 사건 발생 시점과의 연관성을 추적했다. 둘째, MeCab과 KH Coder[11]를 병행하여 형태소 분석 및 공

---

9) 웹페이지 구조와 형식을 정의하는 마크업 언어 요소로, 데이터 분석 시 제거되어야 하는 비텍스트 요소.
10) 데이터에 관한 구조화된 정보.

기어 분석을 실시했다. 공기어 분석에서는 문장 길이에 따라 window size[12]를 3-7로 가변적으로 적용했으며, 조사와 조동사는 불용어로 처리했다. 셋째, 기사 내「」로 표시된 직접 인용문을 분석했다. 발화자는 대통령/정부·여당, 야당, 군/사법 관계자, 시민단체/집회, 개별 시민, 학자/전문가, 해외 관계자(미국, 일본, 기타) 등 9개 범주로 분류했다. 이러한 다단계 분석을 통해 각 신문사의 보도 특성과 프레임의 차이를 체계적으로 파악하고자 했다.

2. 세 신문이 본 한국의 2주

1) 언제, 어떻게 가장 많이 보도됐나

이 장에서는 윤석열 정부의 계엄령 및 탄핵 사태에 대한 일본의 3대 일간지[13]인 아사히, 요미우리, 마이니치의 시계열적 보도 양상을 분석했다〈그림 1〉.

분석 기간 동안 한국 관련 보도는 마이니치(104건), 요미우리(89건), 아사히(70건) 순으로 보도량이 집계됐다. 특히 마이니치는 다른 두 신문사 대비 약 25% 이상 많은 보도량을 기록하며 사태에 대한 높은 관심도를 보였다.

---

11) 텍스트 마이닝을 위한 소프트웨어로, 다양한 통계적 텍스트 분석 기능 제공.
12) 공기어 분석에서 기준 단어 주변의 분석 범위를 설정하는 매개변수.
13) 일본의 3대 일간지 선정은 언론사 성향 및 일본 ABC협회의 2022년 발행부수 기준임.
(https://www.bunkanews.jp/wp-content/uploads/2022/09/a3da7b4446fd290fea90591f28e7e09a.pdf) (검색일: 2024.12.10.)

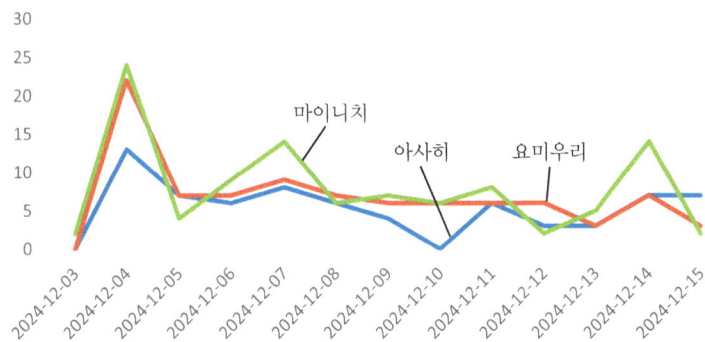

<그림 1> 일본 주요 일간지 일자별 보도량 비교

보도량의 시계열적 변화를 살펴보면, 3사 모두 특정 시점에서 뚜렷한 보도량 증가를 보였는데, 이는 주요 정치적 사건의 발생과 밀접한 연관성을 가진다.

가장 두드러진 보도량 증가는 계엄령 선포 직후인 12월 4일에 관찰됐다. 12월 3일 10시 28분 계엄령 선포와 12월 4일 01시경 국회의 표결로 해제되는 일련의 사건에 대한 각 신문사의 초기 대응은 주목할 만하다. 각 신문사의 웹페이지를 통한 보도 시간을 보면 마이니치가 3일 23시 16분에 가장 먼저 보도를 시작했고, 요미우리가 4일 00시 29분, 아사히가 4일 03시 00분에 후속 보도를 시작했다. 이러한 보도 시점의 차이는 각 신문사의 사안에 대한 민감도를 반영한다. 또한, 주목할 만한 것은 보도 형식의 차별화로, 아사히와 요미우리가 각각 "韓国「非常戒厳」"과 "韓国「戒厳令」"이라는 특집 섹션을 별도로 마련하여 이 사태를 주목할 만한 위기 상황으로 인식하고, 한국이라는 지역적 맥락을 강조하는 프레이밍 전략을 취했다. 반면, 마이니치는 가장 많은 보도량을 기록하면서도 "国際−アジア・オセアニア(국제−아시아・오세아니아)" 항목에서 다루었다는 점이 특징이다.

두 번째 주요 보도 증가는 12월 7일 1차 탄핵소추안 표결을 전후로

나타났다. 비상계엄 해제 이후 진행된 1차 탄핵소추안 표결에서는 여당인 국민의힘이 탄핵 반대를 당론으로 정하고 집단 퇴장하여 의결 정족수 미달로 표결이 무산됐다. 마이니치는 "韓国大統領の弾劾案採決、ぎりぎりの攻防 … 与党議員への説得続く"(한국 대통령 탄핵안 표결, 아슬아슬한 공방 … 여당 의원 설득 계속), "韓国国会、尹大統領の弾劾訴追が不成立、廃案 … 不安定な政局続く"(한국 국회, 윤 대통령 탄핵소추 불성립·폐기 … 불안정한 정국 지속) 등의 제목으로 가장 많은 기사를 쏟아냈다. 여야 대표의 발언을 다룬 기사도 빠짐없이 실었다.

세 번째는 12월 10일과 11일 사이에 나타났으며, 주요 사건은 김용현 전 국방부장관의 체포 및 자살 시도와 곽종근 특전사령관의 "문 부수고 들어가 의원들 끄집어내라"는 국회 증언이었다. 이때 보도량의 증가는 아사히와 마이니치에서만 관찰되었으며, 두 사건에 대한 신문사별 보도 강조점과 프레이밍에서 뚜렷한 차이를 보였다.

먼저 헤드라인을 중심으로 김용현 전 국방부장관의 체포 및 자살 시도에 관한 보도를 보면, 아사히는 "韓国·尹大統領立件へ捜査本格化 前国防相逮捕·警察トップ拘束(한국 윤 대통령 입건 향해 수사 본격화, 전 국방부 장관 체포·경찰청장 구속)"이라는 헤드라인으로 수사의 본격화와 체포/구속이라는 사법처리 프레임을 강조하며, 윤석열 대통령을 수사 대상으로 명시하여 사태의 정치적 책임을 부각시켰다. 마이니치는 "韓国の前国防相、拘置所で自殺図る大事には至らず(한국 전 국방부 장관, 구치소에서 자살 시도 … 큰 사고는 면해)"라는 헤드라인으로 자살 시도라는 사건 자체에 초점을 맞추고 "큰 사고는 면해"라는 표현으로 결과 중심적 보도를 했다. 요미우리는 "韓国の前国防相がトイレで自殺未遂、その後に内乱容疑で逮捕 … 尹大統領は捜査秒読みで弁護士探す(한국 전 국방부 장관, 화장실에서 자살 시도 후 내란 혐의로 체포 … 윤 대통령은 수사 초읽기에 변호사 물색)"이라는 가장 상세한 헤드라인으로 구

체적 상황 묘사와 윤석열 대통령의 개인적 대응까지 언급하며 사태의 인간적 측면을 부각시켰다.

보도 내용에서도 각 신문사의 차별화된 접근이 확인된다. 곽종근 특전사령관의 국회 증언에 대해서 아사히(5회 언급)는 그의 증언을 "戒厳の夜、尹大統領が「扉を壊して人を引っ張り出せ」(계엄의 밤, 윤 대통령「문 부수고 인원을 끌어내라」)"의 독립 기사로도 상세히 보도하며 대통령의 직접 지시 내용을 구체적으로 인용했다. 이뿐만 아니라 같은 날짜에 김용현 전 국방부장관의 체포 사실을 "韓国の前国防相、内乱容疑で逮捕(한국 전 국방부 장관, 내란 혐의로 체포)"로 별도 보도하면서도 언급하였으며, 다음날 윤석열 대통령의 절대 항전 의지를 전달하는 "「弾劾・捜査に立ち向かう」韓国・尹大統領が徹底抗戦、その理由は(「탄핵・수사에 맞선다」한국 윤 대통령 결사 항전, 그 이유는)" 기사에서도 곽종근 특전사령관의 국회 발언을 인용・강조했다. 마이니치(1회 언급) 역시 12월 10일 곽종근 증언이 나오자, "韓国大統領「本会議場から議員引っ張り出せ」(한국 대통령「본회의장에서 의원 끌어내라」)"로 발언을 직접 인용하며 바로 보도했다. 반면 요미우리는 하루가 지난 11일에 김용현 전 장관의 체포와 자살 시도에 대해서만 보도하고, 곽종근 특전사령관의 증언은 언급조차 하지 않았다.

네 번째 주요 보도 증가는 12월 14일 2차 탄핵소추안 가결 전후로 발생했다. 오후 4시에 시작된 2차 표결에서는 1차와 달리 재적 의원 전원이 투표에 참여하여 탄핵소추안이 가결되었고, 이는 한국 헌정사상 세 번째 현직 대통령 탄핵소추안 통과라는 역사적 의미를 지닌 사건이었다. 이를 둘러싼 3사의 보도 태도를 보면, 아사히는 가장 심층적이고 다면적인 보도를 제공했는데, 특히 탄핵 정국을 민주주의 위기와 회복이라는 거시적 맥락에서 조명[14]하면서, K-POP과 펜라이트를 활용한 새로운 시위 문화와 같은 미시적 현상[15]까지 포괄적으로

다루었다. 마이니치는 상대적으로 객관적이고 중립적인 사실 전달에 초점을 맞추었다. 헌정 질서와 법치주의의 관점에서 사태를 조명[16]하면서, 한미동맹 관계에 미치는 영향[17]과 시민사회의 반응[18]을 중점적으로 다루었다. 반면 요미우리는 "日本は外交戦略の練り直しを迫られそうだ(일본, 외교 전략 재수립 불가피할 듯)"[19]과 같은 표현을 사용하며 한일관계 개선의 후퇴 가능성에 대한 우려를 전면에 내세웠다. 요미우리의 우려는 한일 양자 관계의 악화 가능성, 미국 트럼프 차기 정부 시기의 한미일 삼각협력 약화, 한중일 협력 구도에서 중국과의 대화 채널 약화 가능성 등으로 구체화되었다.

이처럼 시계열 분석을 통해 한국의 계엄령과 대통령 탄핵 관련 보도에 대한 3사의 뚜렷한 차이를 알 수 있었다. 진보 성향의 아사히는 민주주의와 시민사회의 관점에서 사태를 조명했을 뿐 아니라, 계엄령 관련 주요 인물들의 증언과 수사 과정을 적극적으로 보도하며 사태의 정치적 책임을 부각했다. 중도 성향의 마이니치는 가장 많은 보도량과 가장 빠른 보도 시점을 보이며, 특히 제도적 절차와 공적 대응을 중심으로 사태를 다루었다. 보수 성향의 요미우리신문은 일본의 국익과 외교적 실익이라는 관점에서 사태를 다루었으며, 개별 사안에 대한 선택적 보도를 보였다.

---

14) "ひとごとではない韓国の混乱 弾劾案可決、ソウル支局長の視点"(아사히, 2024.12.15.)
15) "流れるK-POP、揺れるペンライト 若者を突き動かした「戒厳」"(아사히, 2024.12.14.)
16) "韓国大統領の弾劾訴追案可決「内乱容疑」で捜査の行方は?"(마이니치, 2024.12.14.)
17) "韓国大統領代行とバイデン米大統領が電話協議 同盟強化で一致"(마이니치, 2024.12.15.)
18) "韓国国会周辺では歓声「民意は生きている」女性のデモ参加目立つ"(마이니치, 2024.12.14.), "K-POPに合わせペンライト 韓国"デモ文化" 専門家に聞く変遷"(마이니치, 2024.12.15.)
19) "弾劾可決で日本の外交戦略練り直し…韓国の対日政策「揺り戻し」に警戒、北が挑発強化の恐れも"(요미우리, 2024.12.15.)

2) 단어 속에 숨은 관점들

세 신문은 '계엄'과 '탄핵'이라는 같은 주제를 다루면서도 서로 다른 단어를 선택했다. 어떤 단어를 어떻게 조합하느냐에 따라 독자가 받는 인상도 달라진다. 세 신문의 단어 선택을 들여다보자.

(1) '계엄'과 함께 쓰인 단어들

다음으로 키워드 '戒嚴'을 중심 노드로 설정하고 키워드 간의 공동 출현 빈도(공기어)를 분석했다. 상위 40위 내에 3사 공통으로 등장하는 어휘는 〈그림 2〉와 같다. 이를 통해 신문사별 보도 경향과 강조점을 파악할 수 있다.

〈그림 2〉 '계엄' 관련 3사의 공통 키워드 출현 빈도 비교

아사히는 가장 높은 보도 빈도(戒嚴, 462회)를 보이며, 특히 '国会'(70회), '野党'(31회), '国民'(29회), '国防'(29회), '内乱'(21회) 등 정치 제도 및 주체와 관련된 키워드를 다른 신문사들보다 빈번히 사용했다. 반면 요미우리는 가장 낮은 보도 빈도(戒嚴, 80회)를 보였으며, 정치 관련

키워드의 사용도 상대적으로 적었다('国会' 7회, '野党' 6회). 마이니치는 중간 수준의 보도 빈도(戒厳, 151회)를 보이며, '宣布'(79회)와 '大統領'(68회) 키워드를 중심으로 사태를 다루었다. 세 신문사 모두 '戒厳', '大統領', '韓国', '宣布' 등 기본적 사실 관계를 전달하는 키워드를 가장 빈번히 사용했으나, 그 빈도에서 아사히가 다른 두 신문사에 비해 정치 관련 키워드를 현저히 많이 사용한 점이 특징이다.

다음으로 각 신문사의 고유 키워드 분석을 통해 한국의 계엄령 사태에 대한 각 신문사의 보도 프레임 차이를 검토하겠다. 신문사별 특징적 키워드를 군집화한 결과를 네트워크 다이어그램으로 표현하면 〈그림 3〉과 같다.

〈그림 3〉 신문사별 특징적 키워드 네트워크 비교

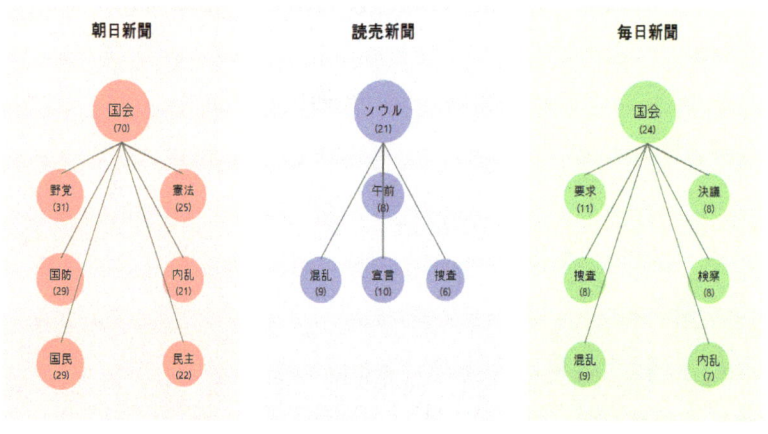

(원의 크기는 출현 빈도에 비례)

일본 3대 일간지의 한국 계엄령 관련 보도를 특징적 키워드 중심으로 분석하면 각 신문사의 프레임 차이는 더 뚜렷해진다. 아사히는 国会(70회)를 핵심 노드로 하여 세 가지 층위의 보도 프레임을 구축했다. 첫째, 野党(31회)과 憲法(25회)으로 이어지는 정치제도적 층위, 둘째,

国防(29회)과 内乱(21회)으로 표현되는 상황 인식의 층위, 셋째, 国民(29회)과 民主(22회)로 구성되는 정치적 가치의 층위다. 이는 계엄령 사태를 정치제도와 민주주의적 가치의 관점에서 해석하는 프레임을 보여준다.

요미우리는 ソウル(서울, 21회)이라는 장소성을 중심으로 午前(8회)과 같은 시점 표현을 결합하고, 混乱(9회), 宣言(10회), 捜査(6회) 등 상황 전개를 설명하는 키워드를 배치하여 현장 중심의 보도 프레임을 구축했다. 이는 사태의 정치적 해석보다는 현장의 상황 전개에 초점을 맞추는 보도 태도를 반영하는 것으로 해석된다.

마이니치는 国会(24회)를 중심으로 세 가지 차원의 접근을 보였다. 要求(11회)와 決議(8회)로 이어지는 의사결정 과정, 捜査(8회)와 検察(8회)이 나타내는 조사 과정, 그리고 混乱(9회)과 内乱(7회)으로 드러나는 상황 설명이다. 이는 제도적 절차와 공적 대응을 중심으로 사태를 조명하는 프레임을 다시 한번 보여준다.

(2) '탄핵'을 표현하는 방식

두 번째 키워드인 '弾劾'과의 공기 분석과 관련 기사 텍스트 분석을 통해 살펴본 결과, 매체별로 뚜렷한 프레임 차이와 보도 경향이 발견됐다.

세 매체의 보도량과 어휘 사용에서 유의미한 차이가 나타났다. 전체 보도량 대비 '弾劾' 관련 언급 비율을 보면, 아사히가 0.31%(309회), 마이니치가 0.28%(101회)로 비교적 높은 관심도를 보인 반면, 요미우리는 0.15%(34회)로 상대적으로 낮은 비율을 보였다. 보수 성향의 요미우리가 다른 두 매체에 비해 절반 정도의 언급 비율을 보이며, 해당 사안에 대한 소극적 보도 태도를 나타냈다. 이러한 양적 차이는 기사 내용에서도 확인되는데, 아사히가 "思い通りにならない野党を非難し、

〈그림 4〉 '탄핵' 관련 3사의 공기어 분석

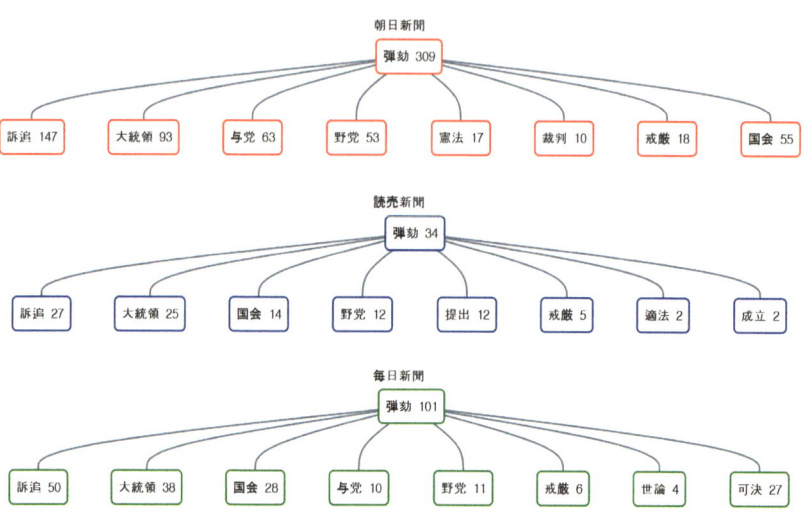

軍や警察を動員して市民の権利を奪おうとしたことの重大さを考えれば、この流れは当然だろう(뜻대로 되지 않는 야당을 비난하고, 군과 경찰을 동원해 시민의 권리를 빼앗으려 했던 일의 심각성을 생각하면, 이런 흐름은 당연하다)"라며 탄핵에 대해 적극적 보도 태도를 보인 반면, 요미우리는 "法に基づいて平和的に手続きが行われた(법에 따라 평화적으로 절차가 진행되었다)"라는 블링컨 미국 국무부 장관의 평가를 인용하는 방식으로 간접적이고 제한적인 보도를 했다.

정치적 주체와 관련된 어휘 사용에서도 매체별 특징이 두드러졌다. 아사히는 '与党'(63회)과 '野党'(53회)을 비교적 균형 있게 다루면서도 여당의 자세와 대처에 관한 보도가 더 많았고, '議員'(37회)이나 '代表'(12회) 등 정치 행위자를 구체적으로 지칭하는 경향을 보였다. 마이니치 역시 '野党'(11회), '与党'(10회)으로 균형 있게 다루었으며 '国会'(28회)를 가장 자주 언급하며 제도적 측면에 주목했다. 이는 실제 텍스트에서 "今後は国会と、元検事総長である尹氏とその弁護団との法

的な争いが展開される(앞으로는 국회와 전 검찰총장 출신인 윤 씨, 그리고 그의 변호인단 사이에 법적 공방이 펼쳐질 것이다)"와 같은 제도적·절차적 접근으로 구현됐다. 반면, 요미우리는 탄핵 관련 언급에서 '与党'(2회)에 비해 '野党'(12회)과 '提出'(12회) 공기어의 출현이 압도적으로 높았다. "韓国国会(定数300)は14日の本会議で, 政権運営の行き詰まりから12月3日夜に戒厳令を宣布した尹錫悦大統領に対して野党6党が提出した2回目の弾劾訴追案を可決した(한국 국회(총 300석)는 14일 본회의에서, 정권 운영의 막다른 길에서 12월 3일 밤 계엄령을 선포한 윤석열 대통령에 대해 야당 6당이 제출한 2차 탄핵소추안을 가결했다)"와 같이 "막다른 길에 선"이라는 윤석열 대통령의 계엄 선포 구실을 언급하며 탄핵이 야당 주도로 이루어졌음을 강조했다.

탄핵의 법적·제도적 측면에서도 매체별 차이가 뚜렷했다. 아사히는 '憲法'(17회), '裁判'(10회), '判断'(7회) 등 헌법적 절차와 사법적 판단을 강조하는 어휘를 자주 사용했으며, 이는 "憲法裁は弾劾訴追から180日以内に判断を示す(헌법재판소는 탄핵소추로부터 180일 이내에 판단을 내린다)"와 같이 구체적인 제도적 절차 설명으로 이어졌다. 마이니치는 "違憲であり弾劾訴追の要件は満たしている(위헌이며 탄핵소추 요건을 충족하고 있다)"이라는 헌법학자들의 견해를 인용하며 전문가적 시각을 강조했다. 요미우리는 '適法'이라는 단어를 신문사 중에서 유일하게 사용했으나, 이어지는 내용에서 주로 "市場の不安を払拭できるかは定かではない(시장의 불안을 해소할 수 있을지는 확실하지 않다)"와 같이 탄핵으로 인한 영향에 초점을 맞추는 경향을 보였다.

시민사회의 반응과 여론 동향에 대한 접근도 매체별로 달랐다. 아사히는 'デモ'(7회), '集会'(6회), '世論'(6회) 등 시민사회의 반응을 적극적으로 다뤘다. 마이니치 역시 "国会前では尹氏の弾劾を求める大規模デモが開かれ, 多くの市民が集まった(국회 앞에서는 윤 씨의 탄핵을 요구하는 대규모 시위가 열렸고, 많은 시민이 모였다)"며 시민들의 참여를 강조했고 "広く世論の支持を得て与党に賛成を促すため(폭넓은 여론의 지지를 얻어 여당에 찬성을 촉구하기 위해)"라며 여론의 역할을 중요하게 다뤘다. 요미우리는 "약 20만 명이 모였다"며 구체적 수치를 제시하면서도, 이어서 이로 인한 "외국인 관광객 감소"를 언급하며 사태에 대한 실질적 영향에 더 주목했다.

이러한 분석 결과는 일본 주요 언론이 한국의 정치적 위기를 각자의 이념적 지향과 편집 방침에 따라 차별적으로 해석하고 있음을 보여준다. 진보 성향의 아사히는 가장 적극적이고 다각적인 보도를 통해 탄핵의 당위성을 옹호하고 제도적·역사적 맥락을 강조했다. 마이니치는 법적 절차와 여론의 역동성을 중심으로 비교적 중립적인 보도 태도를 보였다. 반면 보수 성향의 요미우리는 탄핵으로 인해 발생할 사회적 영향에 주목하며 탄핵 자체에 대해서는 상대적으로 절제된 보도를 했다.

3) 누구의 말을 전하는가

본 절에서는 3사가 한국의 계엄령 사태를 다루면서 구사한 인용 전략을 살펴보겠다. 언론의 인용문 활용과 발언자 선택은 특정 사건에 대한 매체의 해석 프레임과 보도 전략을 파악할 수 있는 중요한 분석 대상이다. 특히 각 신문사가 누구의 말을 인용하고, 누구의 목소리를 부각시키는지 살펴보면 각 언론사만의 보도 방식을 파악할 수 있다.

〈표 1〉 일본 3사 일간지의 인용문·발언자 유형별 분포

발언자 유형	아사히 (총 인용문 수 476/ 발언자 수 40)	요미우리 (총 인용문 수 31/ 발언자 수 14)	마이니치 (총 인용문 수 152/ 발언자 수 31)
대통령/정부·여당	152 (31.9%)	12 (38.7%)	53 (34.9%)
야당	86 (18.1%)	2 (6.5%)	21 (13.8%)

군/사법 관계자	42 (8.8%)	4 (12.9%)	18 (11.8%)
시민단체/집회	48 (10.1%)	2 (6.5%)	15 (9.9%)
개별 시민	45 (9.5%)	1 (3.2%)	12 (7.9%)
학자/전문가	35 (7.4%)	1 (3.2%)	11 (7.2%)
미국 관계자	24 (5.0%)	6 (19.4%)	12 (7.9%)
일본 관계자	26 (5.5%)	2 (6.5%)	6 (3.9%)
기타 해외 관계자	18 (3.8%)	1 (3.2%)	4 (2.6%)

표에서 드러나듯, 세 신문의 인용 방식은 확연히 달랐다.

첫째, 발언 인용의 양적 규모와 주요 발언자 유형의 분포에서 뚜렷한 차이가 확인됐다. 아사히는 476개의 인용문을 40명의 발언자로부터 인용하며 가장 포괄적인 보도를 시도했고 특히 야당(18.1%)과 시민사회 영역(시민단체 10.1%, 개별 시민 9.5%)의 발언을 상당한 비중으로 다루었다. 마이니치는 152개의 인용문을 31명의 발언자로부터 인용하며 정부·여당(34.9%), 야당(13.8%), 군/사법 관계자(11.8%), 시민사회(17.8%) 등의 발언을 다루었다. 반면 요미우리는 31개의 인용문을 14명의 발언자로부터 인용하며 가장 선택적이고 제한적인 보도를 했고, 특히 정부·여당(38.7%)과 미국 관계자(19.4%)의 발언에 집중했다.

둘째, 동일 발언의 인용 방식에서도 매체별 프레임의 차이가 선명하게 드러난다. 12월 7일에 발표한 제3차 대국민 담화 발언 보도에서 아사히는 "尹氏は非常戒厳について「国政の最終責任者である大統領としての切迫感から始まった」とする一方で、「とても驚いた国民のみなさんに心よりおわび申し上げる」と述べた。(윤 씨는 비상계엄에 대해 국정의 최종 책임자인 대통령으로서의 절박함에서 시작됐다고 하는 한편, 매우 놀란 국민 여러분께 진심으로 사과드린다고 말했다)"와 같이 절박감에서 비롯됐다는 정당화와 사과를 '一方で(한편)'으로 대비시키며 발언의 모순성을 부각했다. 절박함이라는 자기 정당화와 사과를 대비시켜 사과의 진정성에 의문을 제기하는 인용 프레임을 구성했다. 마이니치는 "韓国の尹

錫悦大統領が7日午前10時から談話を発表し、「国民に不安と不便をかけた。国民に心よりおわび申し上げる」と述べた(한국의 윤석열 대통령이 7일 오전 10시부터 담화를 발표하며, 국민에게 불안과 불편을 끼쳤다, 국민께 진심으로 사과드린다고 말했다)"와 같이 국민 불안과 불편 초래에 대한 언급과 사과를 직접 인용하며 구체적 상황 인정과 사과를 함께 다루어 "저는 이번 계엄선포와 관련하여 법적, 정치적 책임 문제를 회피하지 않겠습니다"라는 담화 내용[20]과 같이 발언자의 책임 수용 프레임을 있는 그대로 전달했다. 반면, 요미우리는 "国民向けの談話で、3日夜に戒厳令を宣布したことについて「大変申し訳なく思う」と述べ、謝罪した(국민 대상 담화에서, 3일 밤 계엄령을 선포한 것에 대해 대단히 죄송하게 생각한다고 밝히며 사과했다)"와 같이 가장 간단하게 사과 표현만을 단편적으로 전달하며 사건을 단순화했다.

셋째, 각 매체는 발언자 유형에 따라 선택적 강조와 배제의 전략을 구사했다. 특히 야당과 시민 발언의 취급에서 이러한 차이가 두드러진다. 아사히는 야당 대표 이재명의 "韓国の最大のリスクは大統領そのものだ(한국의 최대 리스크는 대통령 그 자체다)", "国の経済も壊れ、外国からの信頼も落ち、未来が毀損されている(나라 경제도 무너지고, 외국으로부터의 신뢰도 떨어지고, 미래가 훼손되고 있다)"와 같은 정권 비판적 발언과 함께 일반 시민들의 다양한 목소리를 구체적으로 전달했다. 대학생의 "民主主義社会で戒厳なんて話にならない(민주주의 사회에서 계엄이라니 말도 안 된다)", 고등학생의 "歴史を学んだ者として恥ずかしい。大統領が自ら社会主義国家を作ろうとしている(역사를 배운 사람으로서 부끄럽다. 대통령이 스스로 사회주의 국가를 만들려 하고 있다)", 일반 시민의

---

[20] SBS News. "윤석열 대통령 대국민담화 전문." https://news.sbs.co.kr/news/endPage.do?news_id=N1007902666 (검색일: 2024.1.10.)

"軍事政權時代、戒厳について学校で話もできなかったが、今の世代は過去の歴史を學んでいる(군사정권 시대에는 계엄에 대해 학교에서 언급도 할 수 없었지만, 지금 세대는 과거의 역사를 배우고 있다)"와 같이 다양한 계층의 구체적인 발언을 실명과 함께 상세히 인용했다. 마이니치는 한강 작가의 "『少年が来る』を書くために79年から続いた戒厳状況について学んだが、2024年にまた戒厳状況が起きたことに大きな衝撃を受けた(『소년이 온다』를 쓰기 위해 79년부터 이어진 계엄 상황을 공부했지만, 2024년에 계엄이 다시 일어난 사실에 큰 충격을 받았다)"와 같은 지식인의 발언을 중심으로 다루었다. 반면 요미우리는 포고령 내 보도·출판 통제에 대한 일본펜클럽 언론표현위원회의 "言論・表現の自由を侵害する動きを看過できるものではない(언론·표현의 자유를 침해하는 움직임을 간과할 수 없다)"라는 반응과 어느 외국인 여행객의 "現地でも情報を集めたい(이곳 상황을 알고 싶다)"와 같은 직접 피해자가 아닌 제3자의 단순 반응만을 제한적으로 전달했다.

넷째, 군/사법 관계자와 해외 관계자 발언의 취급에서도 매체별 특성이 확인된다. 김현태 707특임단장의 발언에 대해 아사히는 "金龍顯前国防相に利用された被害者だ(김용현 전 국방부 장관에게 이용당한 피해자다)"와 같은 내부 고발적 성격을, 마이니치는 "戒厳の発表で非常戒厳を知った(계엄 발표로 비상계엄을 알았다)"와 같은 지휘체계 혼선의 측면을 부각했다. 반면, 요미우리는 해외 관계자인 블링컨 장관의 "韓国は民主主義の強靭さを示した(한국은 민주주의의 강인함을 보여줬다)"와 같은 발언을 전면에 내세우며 위기 상황의 안정적 수습과 지역 질서의 안정성을 강조하는 보도 프레임을 구축했다.

이처럼 일본 3대 일간지의 발언자 인용 양상을 보면, 아사히는 포괄적이고 비판적인 인용 프레임을 보여주며 민주주의의 위기를 감시하는 자유주의 언론의 초국적 연대 의식을 반영하는 반면, 요미우리는 선택적이고 제한적인 인용으로, 국익 중심의 보수 언론이 갖는 민족주의적 경계성을 드러냈다. 마이니치는 얼핏 보면 균형적으로 접근하여 객관성이라는 저널리즘의 보편적 가치를 추구하는 것처럼 보이지만, 가장 많은 보도량에도 불구하고 인용문의 수와 다양성이 제한적이었으며, 요미우리와 같이 정부·여당 발언에 비교적 편중된 인용 패턴을 보였다는 점에서 표면적 균형성의 한계를 드러냈다고 할 수 있다.

3. 사실 너머의 선택

이 글은 2024년 12월 3일 한국에서 발생한 계엄령 선포와 탄핵 사태에 대한 일본 3대 신문사의 보도 양상을 분석하며, 각 언론의 상이한 이념적 지향점이 동일한 사건을 어떻게 다르게 재구성하는지 탐구했다. 요미우리, 아사히, 마이니치는 모두 '사실'을 전달했지만, 그 사실에 의미를 부여하는 프레임은 확연히 달랐다.

요미우리는 보수 성향의 시각을 반영하여 한국의 정치적 위기를 일본의 국익과 동북아 안보의 틀 안에서 해석했다. 이들은 한국의 내부 혼란이 한미일 공조 체제에 미칠 잠재적 위협에 초점을 맞추며, 사건 자체보다는 일본의 외교적·안보적 실익을 우선시하는 '제3자적 관점'을 취했다. 이는 한국의 국내 정세가 일본에게 외부 변수로 작용하는 '타자'의 문제로 인식되었음을 보여준다.

반면 아사히는 진보적 성향에 걸맞게 한국 시민사회의 역동성과 민주주의의 회복력에 주목했다. 이들은 거리로 쏟아져 나온 시민들의 목소리와 국회의 탄핵 절차를 상세히 보도하며, 한국 민주주의가 위기 속에서도 스스로를 지켜낼 힘이 있음을 강조했다. 아사히는 한국을 민주주의를 함께 지키는 동반자로 본 것이다.

마지막으로 마이니치는 세 신문사 중 가장 많은 보도량을 기록하며 사건의 경과를 제도적 절차와 공적 대응을 중심으로 다루는 데 집중했다. 이는 특정 이념적 입장을 드러내기보다는 사건의 진행 과정을 중립적이고 건조하게 전달하려는 시도였으나, 결과적으로는 사건의 본질적인 원인이나 사회적 맥락보다는 공식 발표와 정치적 행위에 집중하는 한계를 드러내기도 했다.

 이처럼 세 신문사의 보도는 단순한 사실 전달을 넘어, 각자의 이념적 지향성에 따라 사건을 재구성하는 '담론 생산'의 과정이었다. 독자는 언론이 제공하는 프레임을 통해 사건을 이해하게 되므로, 이는 곧 한국 사회에 대한 일본 대중의 인식을 형성하는 데 결정적인 영향을 미쳤을 것이다.

 일본 언론은 한국의 정치적 격변을 구성하는 언어를 분석하여 '객관적 보도'라는 명제 뒤에 숨겨진 선택과 생략의 정치학을 드러냈다. 우리는 언론이 전하는 '사실' 너머에 숨겨진 '선택'을 읽어내는 힘이 필요할 것이다.

이 글은 한국일본어문학회의 『日本語文學』 제104집에 실린 논문 「일본 3대 일간지의 한국 계엄령·탄핵 보도 담론 분석: 아사히·마이니치·요미우리를 중심으로」를 수정·보완한 것이다.

제4부

디지털 인문학의 방법과 미래를 모색하다

디지털 인문학에서의 기반 데이터 역할

세키노 다쓰키

1. 디지털 인문학의 역할

1) 디지털 인문학의 전체상

　정보기술을 활용하여 인문학의 여러 과제를 해결하고자 하는 디지털 인문학은 다양한 학문 영역, 그리고 여러 나라와 지역에서 모색되고 있다. 디지털 인문학이 인문학에 가져오는 기능과 역할은 매우 광범위하지만, 〈그림 1〉과 같이 네 가지 분야로 정리하여 살펴볼 수 있다.
　첫째는 '작업의 자동화·고속화'이다. 이는 많은 인문학 연구자들이 디지털 인문학의 혜택을 직접적으로 체감하는 기능이라 할 수 있다. 예를 들어, 지금까지는 전문적인 지식을 필요로 했던 흘림글자(くずし字) 판독이나 외국어 번역이 정보기술의 발달로 점차 자동화되고 있다. 비록 아직 전문가의 수준에는 미치지 못하지만, 이제 누구나 손쉽게 이러한 작업을 시도할 수 있게 되었다. 전문성이 요구되지 않는 단순한 작업이라 하더라도 고속 처리 능력을 지닌 컴퓨터는 큰 힘을 발휘한다. 방대한 자료에서의 정보 검색이나 대규모 데이터의 통계 처리처럼 과거에는 막대한 시간과 노력이 소요되던 작업도 이제는 짧

〈그림 1〉 디지털 인문학이 인문학에 가져오는 기능과 역할

은 시간 안에 결과를 얻을 수 있게 되었다.

둘째는 '가시화(可視化)'이다. 연구 대상의 내용, 구조, 대상 간의 관계 등은 그대로는 보이지 않거나 파악하기 어려운 경우가 많다. 그러나 컴퓨터의 계산 능력을 활용하여 이를 도표나 데이터로 재현함으로써 연구 과정에서 새로운 인식과 발견을 이끌어낼 수 있다. 예를 들어, 지리정보시스템(GIS: Geographic Information System)은 다양한 지도와 데이터를 중첩하여 표시하거나, 거리나 방향, 포함 및 인접 관계 등 공간적 속성에 기반한 분석 결과를 지도 위에 시각적으로 제시할 수 있다. 텍스트 데이터의 경우, LDA(Latent Dirichlet Allocation)와 같은 토픽 분석을 통해 방대한 자료의 내용을 소수의 단어(토픽)로 표현하여 자료의 특징과 전체적 윤곽, 나아가 자료 간 차이를 파악할 단서를 얻을 수 있다. 조각이나 건축과 같은 입체 구조물에서는 3D 스캐너나 LiDAR(Light Detection and Ranging)로 취득한 점군 데이터와 설계 도면의 CAD(Computer Aided Design) 데이터를 활용하여, 일반적으로는 볼 수 없는 각도에서 대상을 관찰하거나 분해·투시를 통해 내부 구조를 가시화할 수 있다. 이 밖에도 이미지 분석, 모션 캡처, 애니메이션, 지식 그래프 등 다양한 가시화 관련 기술을 디지털 인문학에 응용하기 위한 연구개발도 활발히 이루어지고 있다.

셋째는 '데이터의 축적과 공유'이다. 이는 앞서 언급한 '작업의 자동화·고속화'와 '가시화'를 가능하게 하는 데 필요한 연구 데이터를 제공하는 역할을 담당한다. 인터넷 기술의 발달로 디지털화된 자료는 그 소장 장소와 관계없이 열람·활용할 수 있게 되었다. 희귀본과 같이 실물 열람이 제한된 자료라 하더라도 디지털 데이터로 변환된 경우 언제든지 접근할 수 있다. 이를 실현하기 위해 도서관, 박물관, 미술관을 비롯한 여러 기관과 조직에서 다양한 자료를 디지털화하여 축적하는 디지털 아카이브 사업이 활발히 추진되고 있다. 최근에는 디지털 인문학에서 활용되는 연구 방법이 다변화함에 따라 단순히 디지털 자료를 열람하는 수준을 넘어, 가시화와 분석에 직접 활용할 수 있도록 데이터 자체를 다운로드 제공하는 사이트도 점차 늘어나고 있다.

앞서 언급한 세 가지 기능을 뒷받침하는 것이 네 번째 기능인 '디지털 인문학 자체의 추진'이다. 이는 인문학 연구에 직접적으로 기여하는 연구 성과를 내는 것은 아니지만 나머지 세 가지 기능에 기술적 혁신을 제공하고, 데이터 구축과 소프트웨어 개발의 기반이 됨으로써 디지털 인문학을 전반적으로 뒷받침한다. 이 분야가 담당하는 주요 역할 가운데 하나는 데이터 교환을 위한 연구개발이다. 구체적으로는 연구 대상을 데이터로 기술하기 위한 표준 규격의 제정, 데이터를 제공하기 위한 표준 규격의 마련, 그리고 이러한 규격에 따라 작동하는 소프트웨어의 개발 등이 포함된다.

이 기능의 또 다른 핵심 역할은 디지털 인문학 전반에서 활용되는 기반 데이터의 구축이다. 다음 절에서 이 기반 데이터에 초점을 맞추어, 그 기능과 필요성을 논하고자 한다.

2) 기반 데이터의 역할

기반 데이터에는 명확한 정의나 기준이 존재하지 않지만, 다음과 같은 특징을 지닌다. 우선, 기반 데이터는 개별 연구를 목적으로 하기보다 타인의 활용을 전제로 구축된다. 따라서 특정한 연구 대상에만 초점을 맞추기보다, 주제와 목적에 부합하는 포괄적이고 망라적인 데이터로 구성되는 경우가 많다. 또한 데이터 구축 과정에서 객관성이 중시되며, 원 자료의 서술에 가급적 손을 대지 않거나, 가공을 하더라도 원래 상태로 복원할 수 있도록 수록된다. 개별 연구에 필요한 가공은 데이터 활용자의 몫으로 남겨진다. 이 때문에 기반 데이터 자체가 직접적으로 새로운 연구 성과를 산출하지는 않더라도, 다른 연구 데이터의 참조 자료로 활용되거나 시스템에 내장되는 방식으로 간접적인 기여를 수행한다.

특히 기반 데이터 가운데에는 디지털 인문학에서 사전적 기능을 담당하는 것이 많다. 대표적인 사례로는 컴퓨터가 직접 다룰 수 없는 자료 속 사물의 명칭을 컴퓨터가 처리 가능한 형식으로 변환하는 기능을 들 수 있다. 예를 들어, 지명은 그대로는 GIS에서 활용하기 어렵지만, 지명과 위도·경도를 연계한 기반 데이터가 존재한다면, 자료 속 지명을 좌표로 변환해 지도에 표시하는 것이 가능하다.

자료 속 사물을 식별자(ID)와 연계하는 것 역시 기반 데이터의 핵심 기능이다. 예를 들어 인명의 경우, 한 인물에게 어린 시절 이름, 아호, 통칭 등 다양한 명칭이 사용될 뿐만 아니라, 동일한 이름을 가진 여러 인물이 존재할 수도 있다. 이런 상황에서 기반 데이터에 기록된 공통의 식별자를 활용하여 자료에 등장하는 인명을 해당 인물과 정확히 연결하면, 검색이나 시각화 과정에서 인물 정보를 보다 적절하게 처리할 수 있다.

이 글에서는 필자가 주관하는 HuTime 프로젝트에서 진행해 온 일본식 연호(和曆)에 관한 기반 데이터의 구축과 활용 방법을 사례로 들어, 기반 데이터의 성격을 살펴보고자 한다. HuTime 프로젝트는 명칭 속 "Hu"가 Humanities(인문학)를 의미하듯, 인문학 자료에서 다루어지는 시간 정보를 컴퓨터가 처리할 수 있도록 만드는 연구개발을 목표로 하고 있다. 이를 위해 인문학 자료에 빈번히 등장하는 '~경(頃)'과 같은 모호한 시간 표현을 다루기 위한 이론 정립[1], 시스템 개발[2], 그리고 시간 정보를 시각화하는 애플리케이션 개발[3] 등 다양한 연구가 진행 중이다. 그중에서도 일본식 연호 날짜에 관한 기반 데이터와 이를 활용한 서비스는 현재 일본 디지털 인문학을 뒷받침하는 중요한 기반 중 하나로 평가받고 있다.

2. 일본식 연호에 관한 기반 데이터 구축

1) 기반 데이터의 필요성

컴퓨터에서 날짜와 시간을 다루기 위해서는 일반적으로 이른바 서

---

[1] T. Sekino, Data description and retrieval using periods represented by uncertain time intervals, *Journal of Information Processing* 28, 2020a, pp.91~99.

[2] T. Sekino, Deriving temporal position of a period based on positional relationships between periods using linked data, *Proceedings of the 2024 Pacific Neighborhood Consortium Annual Conference and Joint Meetings (PNC)*, 2024.

[3] T. Sekino, Time Information System, HuTime - A Visualization and Analysis Tool for Chronological Information of Humanities, *Proceedings of Digital Humanities Conference 2020 (DH2020)*, 2020b.

력(西曆)[4]에 따른 날짜가 사용된다. 서력의 날짜는 연·월·일을 나열한 숫자(예: 20250214)가 시간의 진행에 따라 단조롭게 증가하여, 전후 비교나 정렬에 용이하다. 각 월(2월 제외)의 일수도 매년 동일하며, 윤년의 배치 방식(2월의 일수 결정 방식)도 단순하여 날짜 계산도 그리 어렵지 않다. 이러한 이유로 대부분의 컴퓨터 시스템은 서력 날짜를 전제로 하고 있으며, 디지털 인문학에서도 날짜를 다룰 때 서력 날짜가 필요하게 된다.

한편, 일본 연구에서 사용되는 자료에는 일본식 연호 표기가 빈번하게 등장한다. 일본식 연호의 역년(曆年)은 연호(年号)와 연차(年)의 조합으로 표현되므로, 연호가 바뀔 때마다 연차가 다시 1로 돌아가 서력과 달리 연·월·일을 나타내는 숫자가 단조롭게 증가하지 않는다. 또한 메이지(明治) 5년(1872) 이전에는 달의 주기에 기초한 태음태양력이 사용되었는데, 각 월의 일수는 30일(대월) 또는 29일(소월)로, 동일한 달이라 하더라도 해에 따라 대월·소월 여부가 달라 일정하지 않았다 (예: 메이지 2[1869]년 1월은 대월, 메이지 3[1870]년 1월은 소월). 더 나아가 약 3년에 한 번 꼴로 윤달이 삽입되는데, 서력의 윤년처럼 단순한 규칙성을 따르지 않는다(예: 마지막 윤달은 메이지 3[1870]년 윤10월, 그 이전은 게이오[慶応] 4[1868]년 윤4월).

일본식 연호에 따른 날짜는 자료의 내용을 이해하는 데에 필수적이다. 그러나 디지털 인문학의 분석이나 가시화 방법을 적용하기 위해서는 이들 일본식 연호 날짜를 서력으로 변환할 필요가 있다. 이를 가능하게 하기 위하여 일본식 연호 날짜와 서력 날짜를 상호 변환할 수 있는 기반 데이터가 구축되었다.

---

4) 율리우스력, 그레고리력 등의 총칭으로서의 서력(西曆).

2) 데이터 구축

일본식 연호 날짜를 서력 날짜로 변환하기 위해서는 두 가지 종류의 데이터가 필요하다. 하나는 연호에 관한 데이터로, 각 연호의 사용 기간을 기록한 자료이다. 연호가 시작된 해를 서력과 대응시키는 데이터가 있으면, 그 해를 원년(1년)으로 삼고 이후 매년 1씩 더해 연호의 역년을 서력과 대응시킬 수 있다. 다른 하나는 월(月) 데이터이다. 앞서 언급했듯이, 메이지 5년(1872) 이전에는 태음태양력이 적용되어 각 달의 일수(대월·소월)가 일정하지 않았다. 각 달이 언제 시작되었는지를 서력과 연결한 데이터가 있다면, 그 날을 1일로 삼아 다음 달이 시작될 때까지 매일 1씩 더함으로써 달과 일로 표현된 날짜를 서력과 대응시킬 수 있다.

기존에는 인문학 연구자들이 연호와 서력의 대조표를 활용하여 날짜를 상호 변환해 왔다. 연구의 연속성을 보장하기 위해 컴퓨터를 이용한 처리에서도 기존 수작업의 과정을 그대로 재현할 수 있어야 한다. 따라서 기반 데이터 구축 시에는 인문학 연구자들이 기존에 사용해 온 자료를 활용하였다. 연호 데이터에는 일본사 연구에서 기본 자료로 평가받는 『국사대사전(国史大辞典)』[5]이 사용되었다. 『국사대사전』에는 각 연호가 사용된 기간뿐만 아니라 해당 정보가 어떤 사료를 근거로 하는지도 기록되어 있어 근거를 추적할 수 있다. 월 데이터에는 『일본 역일 원전(日本暦日原典)』[6]과 『일본서기 역일 원전(日本書紀暦

---

5) 国史大辞典編集委員会編, 『国史大辞典』, 吉川弘文館, 全15卷, 1979~1997.
6) 内田正男, 『日本暦日原典 第四版』, 雄山閣, 1994, pp.1~560.
   [번역자 주] 『일본 역일 원전』(内田正男, 1975)은 일본의 역사가인 우치다 마사오가 편찬한 장기 역법(長暦) 자료집이다. 이 책은 기존 역법 자료의 오류를 보완하고자 전자계산기를 이용해 역법을 복원하였으며, 율리우스일을 기준으로 기원후 445년부터 1872년까지의 날짜를 수록하고 있다. 이는 일본 역법 연구의 정확도를 획기적으로 향상시킨 자료로 평가된다.

日原典)』[7]이 활용되었다. 이 두 자료는 실제로 배포된 역서와 기타 사료를 바탕으로 과거의 달력을 재현한 것으로, 일본사 연구에서도 일본식 연호와 서력의 대조표로 널리 활용되어 온 자료이다.

〈표 1〉과 〈표 2〉는 각각 구축된 연호 데이터와 월 데이터의 일부를 나타낸 것이다. 연호 데이터에는 남조(南朝)와 북조(北朝)의 연호, 그리고 생략된 연호(예: '진무천황(神武天皇)'을 '진무'로 생략)도 포함하여 총 334건이 수록되었다. 각 연호 데이터는 ID, 연번호, 연호명, 연호 시작일과 종료일, 그리고 앞뒤 연호의 ID로 구성된다. 연호 시작일과 종료일은 서력 날짜가 아니라 율리우스일(Julian Day Number)이 적용되었다. 율리우스일은 율리우스력 기원전 4713년 1월 1일 정오부터의 누적 일수이며[8], 실수 값으로 표현되어 개정력으로 인한 불연속이 없으므로[9], 날짜 관련 다양한 계산이 용이하다. 또한 천문 분야에서도 일식이나 월식의 일시 계산에 활용된다. 율리우스일과 서력 날짜를 상호 대응시키는 방법은 기존 계산식[10]을 통해 적용할 수 있다. 연번호는 일본식 연호가 시작된 진무천황 원년을 1로 한 통산 연수로, 월 데이터에서 필요한 정보를 신속하게 추출할 때 유용하다.

월 데이터에는 진무천황 원년 1월부터 레이와(令和) 99년(2117) 12월

---

7) 内田正男, 『日本書紀暦日原典 新装版』, 雄山閣, 1993, pp.1~393.
   [번역자 주] 『일본서기 역일 원전』(内田正男, 1978)은 『일본 역일 원전』 출간 3년 후 같은 저자가 간행하였다. 이 책은 일본의 역사서 『일본서기(日本書紀)』에 기록된 진무천황 원년(기원전 660년)부터 697년까지의 역법을 다루고 있다. 이 또한 전자계산기를 활용하여 정확한 역법 계산을 수행하였으며, 서력은 모두 그레고리력으로 환산되었다.
8) N. Dershowitz & E. Reingold, *Calendrical Calculations*, Cambridge: Cambridge University Press, 2007, pp.16~17.
9) 서력도 율리우스력에서 그레고리력으로 개정될 때 불연속이 존재한다.
10) J. Meeus, *Astronomical Algorithms 2nd ed.*, Richmond: Willmann-Bell, Inc. 1998, pp.59~66.

까지, 총 2,777년분, 34,256건의 월 데이터가 수록되었다. 각 월 데이터는 ID, 연번호, 월번호, 월명, 월 시작일과 종료일로 구성된다. 연번호는 연호 데이터와 공통이다. 〈표 2〉의 연번호 2522는 연호 데이터(표 1)에서 분큐(文久) 2년(1862)의 월 데이터에 해당함을 확인할 수 있다. 월 번호는 해당 연도의 첫 달을 1로 하여 세며, 〈표 2〉에서처럼 윤달이 있는 해는 최대 13까지 표기된다. 월은 1월, 2월, …을 1, 2, …와 같이 숫자로 표시하며, 윤8월은 '윤8'로 나타낸다. 월 시작일과 종료일은 연호 데이터와 마찬가지로 율리우스일로 표현되며, 〈표 2〉를 보면 1월은 대월(30일), 2월은 소월(29일)임을 쉽게 확인할 수 있다.

〈표 1〉 연호 데이터 예시(발췌)

ID	Era Name	Year Number	JD From	JD To	Previous Era	Next Era
271	안세이(安政)	2514	2398598.5	2400508.5	270	272
272	만엔(万延)	2520	2400508.5	2400863.5	271	273
273	분큐(文久)	2521	2400863.5	2401957.5	272	274
274	겐지(元治)	2524	2401957.5	2402357.5	273	275
275	게이오(慶応)	2525	2402357.5	2403628.5	274	276
276	메이지(明治)	2528	2403628.5	2419613.5	275	277
277	다이쇼(大正)	2572	2419613.5	2424874.5	276	278
278	쇼와(昭和)	2586	2424874.5	2447534.5	277	279

〈표 2〉 월 데이터 예시 (발췌)

ID	Year Number	Month Number	Month Name	JD From	JD To
31181	2522	1	1	2401170.5	2401200.5
31182	2522	2	2	2401200.5	2401229.5
31183	2522	3	3	2401229.5	2401259.5
31184	2522	4	4	2401259.5	2401289.5
31185	2522	5	5	2401289.5	2401318.5

ID	Year Number	Month Number	Month Name	JD From	JD To
31186	2522	6	6	2401318.5	2401348.5
31187	2522	7	7	2401348.5	2401377.5
31188	2522	8	8	2401377.5	2401407.5
31189	2522	9	윤8	2401407.5	2401436.5
31190	2522	10	9	2401436.5	2401466.5
31191	2522	11	10	2401466.5	2401495.5
31192	2522	12	11	2401495.5	2401525.5
31193	2522	13	12	2401525.5	2401554.5

3. 달력 관련 기반 데이터의 제공 및 활용

HuTime 프로젝트는 구축된 기반 데이터를 그대로 제공하는 대신, 기반 데이터에서 필요한 정보를 추출하여 변환된 날짜를 계산하고, 날짜 표현을 자동으로 해석하는 기능을 함께 제공한다. 이러한 기능들은 다양한 활용을 위해 웹 API(Web Application Programming Interface)와 연결 공개 데이터(Linked Open Data) 형태로 공개되어 누구나 자유롭게 이용할 수 있다(그림 2).

〈그림 2〉 일본식 연호 관련 기반 데이터와 기능 제공

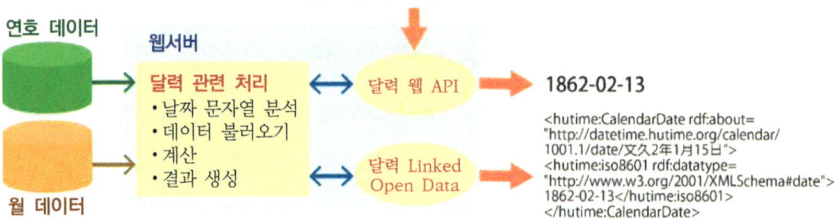

1) 일본식 연호 관련 웹 API

(1) 웹 API의 개요

API는 전문 기능을 외부 소프트웨어에서 활용하도록 하는 구조이며, 그중 HTTP(Hyper Text Transfer Protocol)를 이용해 기능 요청과 결과를 주고받는 것을 웹 API라고 한다.

일본식 연호 관련 웹 API를 사용해 '분큐(文久) 2년(1862) 정월 15일'이라는 일본식 연호 날짜를 서력(컴퓨터 입출력에 표준적으로 쓰이는 ISO 8601 형식)으로 변환하려면 다음과 같이 접속하면 된다.

> https://ap.hutime.org/cal/?method=conv&ical=1001.1&itype=date&ival=文久二年正月十五日&ocal=2.1&oform=yyyy MM dd

URL의 "?" 이후가 웹 API에 대한 요구 내용이다. method=conv는 달력의 변환 조작을 지시하며, ical=1001.1&itype=date&ival=文久二年正月十五日는 일본 역법 날짜 데이터인 '분큐 2년 정월 15일'을 입력함을 나타낸다. ocal=2.1&oform=yyyy MM dd는 변환할 달력이 ISO 8601 기반의 선행 그레고리력[11]이며, 출력 형식이 4자리 연도, 2자리 월과 일을 하이픈으로 이은 ISO 8601 형식임을 지시한다. 이 URL에 접속하면 결과로 '1862-02-13'을 얻을 수 있다. 웹 API는 웹페이지와 같은 HTTP를 사용하므로, 웹 브라우저에 위의 URL을 입력하는 것으로도 동일한 결과를 확인할 수 있다. 이 웹 API는 달력 변환 외에도 날짜 문자열 해석 및 정규화, 날짜 연산 등의 기능을 제공한다. 이러한 기능과 사용법에 대한 자세한 내용은 이용 매뉴얼 형태로 웹상에 공개되어 있다.

---

11) 그레고리력이 제정된 1582년 이전의 날짜에도 그레고리력의 규칙을 적용하여 계산한 달력.

(2) 달력 변환 폼에서의 활용

일본식 연호 웹 API의 대표적인 활용 사례는 HuTime 프로젝트가 직접 제공하는 달력 변환 서비스[12]이다(그림 3). 이 서비스는 왼쪽 텍스트 상자에 일본식 연호 날짜를 입력하고 변환 버튼을 누르면 웹 API를 호출하여 오른쪽 텍스트 상자에 결과를 나타낸다. 변환할 달력과 변환될 달력을 선택하면 서력에서 일본식 연호로 변환하는 것도 가능하다. 또한, 출력 형식을 지정할 수 있으며 〈그림 3〉에서는 ISO 8601 형식이 지정되어 있다. 입력 날짜는 날짜 표현을 자동으로 해석하는 기능 덕분에 한자 숫자, 아라비아 숫자, 십간십이지(干支) 등 다양한 표현으로 입력할 수 있다. 따라서 출력 형식 지정 기능을 활용하여 입력 날짜와 출력 날짜의 달력을 동일하게 설정하면, 한자 숫자나 아라비아 숫자 등 제각각으로 표현된 날짜 형식을 통일하는 데 응용할 수 있다. 이 달력 변환 서비스가 웹 API를 호출할 때는, 달력 선택이나 출력 형식 지정 같은 정보들이 웹 API의 각 매개변수(파라미터)에 자동으로 설정된다.

〈그림 3〉 일본식 연호에 관한 웹 API를 활용한 HuTime 달력 변환 서비스

일본식 연호	달력	그레고리력(선행 그레고리력)
서식 지정 전에 형식 선택　자동	서식 지정과 형식	yyyy-MM-dd
레이와(令和)7年2月14日 레이와(令和)七年二月十四日 분큐(文久)二年正月十五日 덴포(天保) 분큐(文久)2年 덴포(天保)8年2月 게이초(慶長)5年9月15日 간코(寬弘)二年正月一日 덴표쇼호(天平勝宝)4年4月9日	변환 날짜(시작 날짜)	2025-02-14 2025-02-14 1862-02-13 1831-01-23 1862-01-30 1837-03-07 1600-10-21 1005-02-18 0752-05-30

---

12) 関野樹・山田太造,「日付を表す文字列の解釈と暦の変換: 暦に関する統合基盤の構築に向けて」,『情報処理学会シンポジウムシリーズ』, 2013(4), pp.161~166.

(3) 데이터베이스 및 시각화 소프트웨어에서의 활용

일본식 연호 웹 API를 사용하면 달력 변환과 같은 기능을 다양한 소프트웨어에 통합할 수 있다. 예를 들어, 많은 데이터베이스 시스템은 서력을 기준으로 데이터를 저장하기 때문에 시간 범위를 지정하여 검색할 때 서력 연월일을 입력해야 한다. 이때 일본식 연호 웹 API를 활용하여, 사용자가 연호로 입력한 시간 범위를 서력으로 변환한 후 데이터베이스 시스템에 전달할 수 있다.

이는 사용자가 덴포(天保) 연간(서기로 1831-01-23~1845-01-08)이나 분큐(文久) 2년(서기로 1862-01-30~1863-02-17)과 같은 연호로 시간 범위를 검색할 수 있게 해준다. 참고로, '분큐 2년'의 데이터를 검색할 때 서력으로 1862년을 검색하는 경우가 많았지만, 엄밀히 말하면 '분큐 2년'과 '1862년'은 같은 기간을 의미하지 않는다. 따라서 검색의 정확성 측면에서 볼 때, 연호 웹 API를 활용한 일본식 연호 입력 방식

〈그림 4〉 연표 작성 소프트웨어에서 일본식 연호 관련 웹 API를 이용한 예

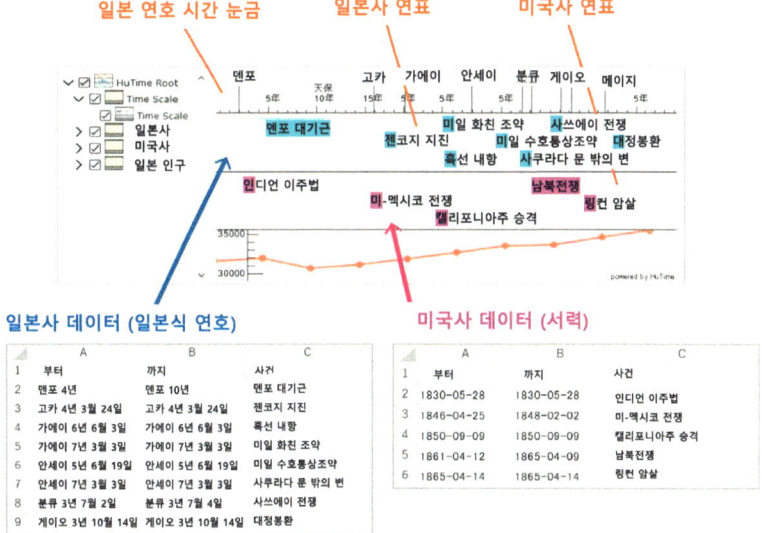

은 매우 유효한 해결책이 된다.

　일본식 연호 웹 API는 시각화에도 활용된다. 〈그림 4〉는 연표나 시계열 그래프 소프트웨어에 해당 웹 API를 통합한 사례이다. 여기에는 일본사와 미국사의 연표가 표시되어 있는데, 일본사 데이터의 날짜는 일본식 연호로, 미국사 데이터의 날짜는 서력으로 기재되어 있다. 이 소프트웨어는 웹 API를 이용하여 데이터에 기재된 날짜를 변환함으로써, 일본식 연호로 된 일본사 데이터와 서력의 미국사 데이터를 그대로 불러와 동일한 시간축에 나란히 표시할 수 있다. 또한, 최상단의 시간 축 눈금이 일본식 연호로 표시되어 있어 일본사 연표를 볼 때 편리하다. 이 눈금 표기는 웹 API를 직접 이용한 것은 아니지만, 일본식 연호 기반 데이터를 활용하여 생성된 것이다.

2) 일본식 연호의 링크드 데이터(Linked Data)

(1) 링크드 데이터의 개요

　링크드 데이터는 월드 와이드 웹(WWW)을 고안한 팀 버너스 리가 제안한 개념이다.[13] 웹페이지들이 링크로 연결되는 것처럼, 데이터들이 링크로 연결되어 데이터 웹을 구축하는 것을 목표로 한다. 어떤 형태로든 데이터들이 링크된 상태로 공개된 데이터는 링크드 데이터의 범주에 속하지만, 일반적으로는 RDF(Resource Description Framework)로 기술된 데이터를 의미한다. RDF는 W3C(World Wide Web Consortium)가 제정한 데이터 기술 규격[14]으로, 시맨틱 웹[15]을 실현하기

---

[13] C. Bizer, T. Heath & T. Berners-Lee, Linked Data - The story so far, *International Journal on Semantic Web and Information Systems*, 5(3), 2009, pp.1~22.

[14] W3C - World Wide Web Consortium, *RDF-Semantic Web Standards*, 2014, https://www.w3.org/RDF/

위한 핵심 기술 중 하나이다. 각 데이터는 주어, 술어, 목적어의 세 가지 요소(RDF 트리플)로 구성되는데, 주어는 링크의 출발점, 목적어는 도착점, 그리고 술어는 링크의 의미를 나타낸다. 링크의 출발점이나 도착점이 되는 사물은 리소스라고 불리며, 웹페이지 주소와 동일한 형식의 URI(Uniform Resource Identifier) 또는 그 확장인 IRI(Internationalized Resource Identifier)로 식별된다. 숫자나 문자열과 같은 값(리터럴)도 링크의 도착점이 될 수는 있지만 출발점이 될 수는 없다. 술어가 되는 링크의 의미 또한 리소스와 마찬가지로 URI로 식별되며, 어떤 유형(클래스)의 주어와 목적어를 연결할 수 있는지는 스키마(RDF 스키마)[16])에 의해 정의된다.

HuTime 프로젝트는 구축된 기반 데이터를 바탕으로 연호, 연도, 월, 일을 나타내는 리소스를 누구나 자유롭게 이용 가능한 링크드 오픈 데이터(Linked Open Data)로 공개하고 있다.[17]) 〈그림 5〉는 일본식 연호인 분큐(文久) 2년 1월 15일을 나타내는 날짜 리소스와 거기에서 링크된 데이터(리소스 및 리터럴)를 보여준다. 이들은 날짜 리소스를 나타내는 URI[18])인 http://datetime.hutime.org/calendar/1001.1/date/文久2年1月15日에 접속함으로써 RDF 데이터로 얻을 수 있다.

---

15) T. Berners-Lee, J. Hendler & O. Lassila, The Semantic Web: A new form of Web content that is meaningful to computers will unleash a revolution of new possibilities, *Scientific American*, 284(5), 2001, pp.34~43.
16) 스키마(schema)는 데이터의 구조를 정의한 것으로, 어떤 항목에 어떤 종류(숫자, 문자 등)의 데이터를 담을 수 있는지, 어떤 항목이 필수적인지 등을 기술한 것. RDF 스키마도 역시 RDF에 의해 기술되어 있다.
17) T. Sekino, Basic linked data resource for temporal information, *Proceedings of the 2017 Pacific Neighborhood Consortium Annual Conference and Joint Meetings(PNC)*, 2017, pp.76~82.
18) 일본어 문자가 포함되어 있어 엄밀히는 IRI지만, 이후 IRI도 포함하여 URI로 총칭한다.

그림 속 화살표는 각각의 RDF 트리플을 나타내며, 화살표의 시작점이 주어, 화살표의 끝이 목적어, 화살표에 붙은 내용이 서술어를 나타낸다. 또한, 그림에서는 각 URI가 프리픽스를 사용하여 표현되어 있다(CURIE: Compact URI Expression).[19] 날짜 리소스의 URI의 경우, http://datetime.hutime.org/calendar 부분을 hcal:로 나타내어 URI를 짧게 표기하고 있다. 각각의 날짜 리소스에는 이전 및 이후의 날짜 리소스, 날짜가 포함된 월, 연도, 연호 리소스 등이 링크되어 있다. 마찬가지로, ISO 8601 형식의 날짜 표현(1862-02-13) 및 이 날짜의 표준적인 표현(분큐2년1월15일) 등의 리터럴에도 링크되어 있다.

이러한 날짜 리소스는 hutime:CalendarDate 타입(클래스)을 따르며, 이는 다시 hutime:CalendarDate는 hutime:Uncertain TimeInterval 타입 중 하나로 분류된다. 이 hutime:UncertainTimeInterval은 HuTime 프로젝트에서 연구 개발 중인 모호한 시간 기술을 위해 HuTime 온톨로지[20]에 의해 정의된 타입이다(그림 6). HuTime 온톨로지는 W3C의 시간 표현 표준인 OWL-Time[21]을 확장한 것이며, hutime:UncertainTimeInterval은 OWL-Time에서 기간을 나타내는 타입인 time:Interval에서 파생된 것으로 정의되어 있다. 즉, 날짜 리

---

[19] W3C - World Wide Web Consortium, *CURIE Syntax 1.0*, 2010, https://www.w3.org/TR/2010/NOTE-curie-20101216/

[20] 온톨로지란 데이터를 만들 때 참조하는 개념의 표준을 정한 것으로, 대상이 되는 사물이 어떤 요소로 구성되는지, 개념적으로 상위에 해당하는 것과 하위에 해당하는 것은 무엇인지 등을 정의한다. T. Sekino, HuTime Ontology to Represent Uncertain Time Intervals, *Proceedings of Workshop "Ontologies for Linked Data in the Humanities"*, Digital Humanities Conference 2019.

[21] 웹과 관련된 기술의 표준 규격을 관리하는 단체인 W3C(World Wide Web Consortium)가 날짜 등의 시간 관련 정보를 다루기 위해 정한 온톨로지이다. OWL은 Web Ontology Language의 약자로, 시맨틱 웹 기술을 위한 온톨로지 전체를 가리키며, OWL-Time은 그중 시간과 관련된 온톨로지로 자리매김하고 있다. W3C - World Wide Web Consortium, *OWL-Time*, 2022, https://www.w3.org/TR/owl-time/

소스는 거슬러 올라가면 국제 표준인 OWL-Time에 연결되도록 설계되었으며, 이를 통해 OWL-Time을 따라 기술된 다른 데이터와의 상호운용성이 확보된다.

〈그림 5〉 날짜 리소스의 예

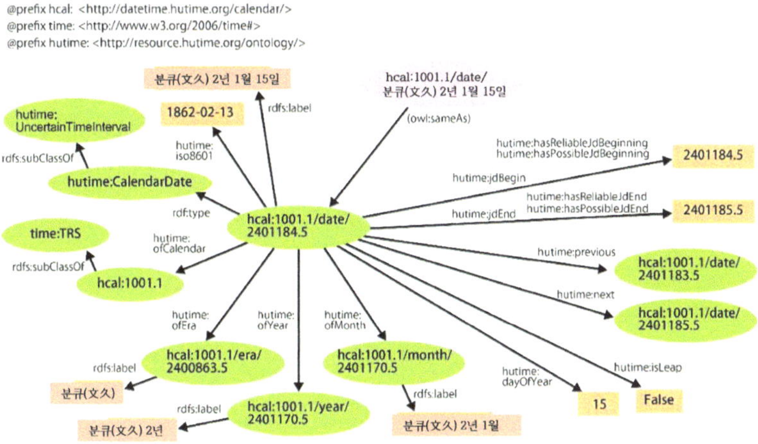

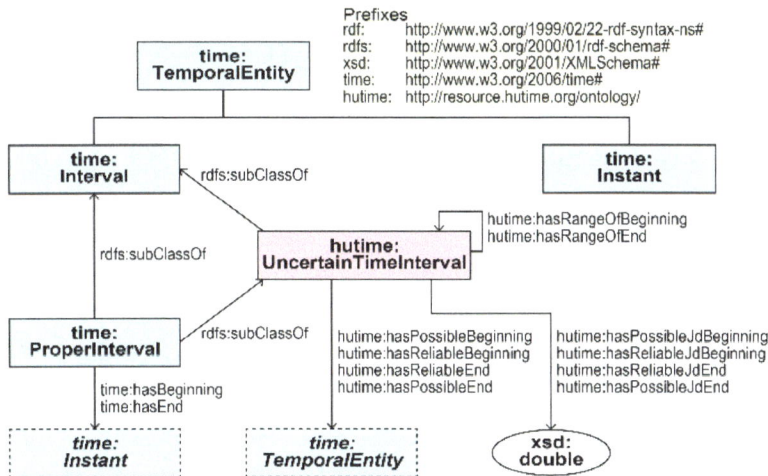

〈그림 6〉 HuTime 온톨로지

(파란색 클래스는 OWL-Time의 클래스이며, 빨간색 클래스는 HuTime 온톨로지에서 확장된 클래스)

(2) TEI에서 일본식 연호의 링크드 데이터 활용

일본식 연호 리소스는 텍스트 자료를 구조화된 데이터로 기술하기 위한 표준 규격인 TEI(Text Encoding Initiative)에서 활용이 시도되고 있다.[22] TEI 데이터에 날짜 정보를 마크업할 경우, 〈date〉 요소의 when 속성에 ISO 8601 형식의 날짜를 값으로 사용하도록 규정되어 있다.

〈date when="1005-02-12"〉 간코 2년 정월 초하루, 경술. 밤 구름, 걷히고, 하늘, 밝아짐. / 후지와라 사네스케 『소우기』(국제일본문화연구센터·섭관기 고기록 데이터베이스)에서

〈date when="1005-02-12"〉寛弘二年正月一日〈/date〉、庚戌。夜雲、収まり、天顔、明かし。/ 藤原実資『小右記』(国際日本文化研究センター·摂関期古記録データベース)より

하지만 서력 날짜로 변환하면 원래 날짜가 '정월 초하루', 즉 새해 첫날이라는 의미가 사라진다. 반면, 일본식 연호 날짜 그대로 두면 같은 자료나 다른 자료의 날짜들과 시간적 비교가 어렵다. 따라서 날짜 리소스를 사용하여 다음과 같이 표기한다.

〈date ref="http://datetime.hutime.org/calendar/1001.1/date/寛弘2年1月1日"〉 간코 2년 정월 초하루, 경술. 밤 구름, 걷히고, 하늘, 밝아짐.

날짜 리소스를 활용하면 해당 날짜가 새해 첫날이라는 의미를 보존

---

22) 小風綾乃·中村覚·山田太造,「TEIによる編纂史料の構造化:『大日本史料』を例に」, じんもんこん2024論文集, 2024, pp.275~282.

할 수 있을 뿐만 아니라, 링크드 데이터의 구조를 통해 이 날짜에 해당하는 ISO 8601 형식의 날짜 표기인 '1005-02-18(선행 그레고리력)'을 얻는 것도 가능해진다. 이와 같은 문제는 TEI에 한정되지 않고 다양한 메타데이터에서 일본식 연호 날짜를 표기할 때도 발생하며, 날짜 리소스를 사용한 표기법이 하나의 해결책이 될 수 있다. 나아가 '덴포 연간(天保年間)', '겐로쿠(元祿) 5년'처럼 날짜가 불명확한 시간 표기를 기록할 때에도, 연호 리소스나 날짜 리소스를 활용하면 컴퓨터가 처리 가능한 서력 날짜 표기와의 양립이 가능해진다.

4. 기반 데이터와 인문학

1) 일본식 연호 관련 기반 데이터가 인문학에 가져다주는 것

HuTime 프로젝트는 일본식 연호 기반 데이터(연호 및 날짜 데이터)를 구축하고, 이를 활용하는 웹 API와 링크드 데이터를 공개했다. 여기서는 서두에서 언급된 디지털 인문학의 기능 및 역할 관점에서 이 기반 데이터의 역할을 재검토한다.

작업의 자동화·고속화 측면에서는, 달력 변환 시스템이 제공됨에 따라 대조표를 이용해 수작업으로 진행되던 일본식 연호와 서력 날짜의 상호 변환이 자동화되고 고속화되었다. 시각화 측면에서는, 연표를 만드는 소프트웨어에 일본식 연호를 사용한 데이터를 직접 불러올 수 있게 되어 기반 데이터를 활용해 일본식 연호의 시간 눈금을 표시하는 것도 가능해졌다. 데이터 축적과 공유의 관점에서는, 링크드 데이터의 날짜 리소스 등을 활용함으로써 메타데이터나 TEI에서 날짜를 기술할 때 일본식 연호의 날짜를 보존하면서도 컴퓨터가 처리 가능한 서력 날짜를 얻을 수 있는 방법이 실현되었다.

그 결과, 일본식 연호 관련 기반 데이터가 구축됨으로써 일본 연구에 관한 수많은 자료를 디지털 인문학의 영역으로 끌어올릴 수 있었다. 이는 연호, 연, 월, 일을 공통의 기반 데이터에 근거하여 다룸으로써, 연호로 표현된 시간 축상의 위치를 통일적으로 특정할 수 있게 되었음을 의미한다. 물론 구축된 기반 데이터와는 다른 자료에 의존하는 처리 방식이나 사고방식도 존재하겠지만, 이들 역시 구축된 기반 데이터와 대조함으로써 그 차이를 명확하게 논할 수 있게 된다. 일본식 연호 관련 기반 데이터는 시간 정보에 대한 자료의 서술과 컴퓨터가 요구하는 요건 사이의 간극을 메워, 데이터 검색, 시각화 및 분석, 데이터 축적과 연계 등 디지털 인문학의 다양한 곳에서 일본 연구 자료를 활용 가능하게 만드는 역할을 수행하고 있다.

일본식 연호 관련 기반 데이터와 마찬가지로 다른 역법들 역시 각국의 디지털 인문학에서 활용될 가능성이 있다. 예를 들어, 중국력 날짜는 일본의 사료에도 사용되는 경우가 있어, 중국력에 관한 기반 데이터가 있다면 중국력 날짜도 일본식 연호 날짜와 동일하게 다룰 수 있을 가능성이 있다. 그러나 중국력은 여러 왕조가 상이한 역법을 사용했고 같은 연호가 반복적으로 사용되는 등 일본식 연호에 비해 기반 데이터 구축이 기술적으로 더 어렵다. 이 때문에 HuTime 프로젝트에서도 시험적인 단계에 머물러 있다.[23] 헤지라력(이슬람력) 역시 다양한 국가 및 지역에서 사용되어 디지털 인문학 기반 데이터가 필요하다. 그러나 역월을 정하는 방식에 인위적인 요소(성직자가 초승달을 육안으로 확인한 날이 달의 시작)가 개입하고, 그 적용이 나라나 지역에 따라 다르다는

---

23) T. Sekino, Construction of a Calendar Conversion System with a Function to Interpret Chinese Calendar Date Expressions, *Proceedings of the 2023 Pacific Neighborhood Consortium Annual Conference and Joint Meetings (PNC)*, 2023.

점[24]이 문제가 된다. 계산상의 날짜로 구성된 기반 데이터를 구축하는 것은 가능하지만, 인문학 연구에 활용 가능한 기반 데이터가 되려면 실제로 사용된 날짜로 구성되어야 하며, 이를 기록한 출처를 지역별로 신중하게 선택할 필요가 있다. 한편, 현재 대만에서 사용되는 민국력(民國曆)이나 태국에서 사용되는 불력(仏曆)은 연도 표현(연도를 세는 원점인 기원)만 다를 뿐 월, 일은 서력에 따른 것이다. 이들은 연도 표현만 대체함으로써 기반 데이터를 쉽게 구축할 수 있다.

2) 인문학 연구에서의 기반 데이터 활용

일본식 연호 기반 데이터를 예로 들어 그 구축과 활용을 소개했지만, 이외에도 다양한 기반 데이터가 디지털 인문학에서 요구된다. 지명, 인명, 사건, 문학·예술 작품, 용어, 문자 등 여러 기반 데이터가 구축되거나 계획되고 있으며, 각 분야의 초석이 될 것으로 기대된다.

예를 들어 지명의 경우, 인간문화연구기구 및 H-GIS 연구회가 구축한 메이지(明治) 시대부터 쇼와(昭和) 시대 초기의 지명 데이터나 인문학 오픈데이터 공동센터가 헤이본샤(平凡社)에서 간행한 『일본역사지명대계(日本歷史地名大系)』의 지명을 데이터화한 〈일본역사지명대계〉 지명 항목 데이터셋 등이 공개되어 있다. 문자의 경우, CHISE 프로젝트가 구축한 문자 정보 서비스 환경 CHISE가 공개되어 있고, 국립국어연구소가 공개하는 다양한 코퍼스 데이터도 언어 연구의 기반 데이터로서 널리 활용되고 있다.

문학 연구에서는 아오조라 문고(青空文庫)에 수록된 각 작품의 텍스트 데이터가 작품 자체의 연구에도 널리 활용되고 있다. 그러나 문학

---

24) 시차의 영향으로, 초승달이 보이는 날이 지역에 따라 달라지는 것도 영향을 미친다.

연구를 위한 기반 데이터라는 점에서는 새로운 전개의 여지가 있다. 예를 들어, 문학 작품이나 예술 작품에서는 다른 작품에 동일한 제목이 붙어 있거나 같은 작품에 다른 제목이 붙어 있는 경우(특히 외국어로 번역되었을 때 등), 심지어는 여러 수정본이 있는 경우 등 제목만으로는 작품을 적절하게 식별하기 어려운 경우가 종종 있다. 만약 작가나 주제 등에 초점을 맞춘 포괄적인 작품 목록이 정비되어 있다면, 제목만으로 식별할 수 없더라도 어떤 작품을 언급하는지 명확하게 식별할 수 있다. 가장 전형적인 예로 모차르트의 모든 작품(악곡의 단편이나 미완성 곡 포함)을 목록화하고 식별 번호를 부여한 '쾨헬 번호'를 들 수 있다(예: 『마술피리』 K. 620). 이는 연주회 프로그램이나 CD 목록 등으로 사용되어 클래식 음악 애호가들에게 친숙하다. 당연히 이 쾨헬 번호는 모차르트 연구나 각 악곡에 관한 연구에서도 작품을 식별하는 데 사용되고 있으며, 그 학술적 진전에 큰 공헌을 하고 있다는 점은 쉽게 상상할 수 있다. 동일한 기반 데이터를 사용함으로써 전문가와 비전문가 모두 연구 주제나 배경에 관계없이 연구 대상을 통일적으로 식별할 수 있다. 또한, 작품과 작가의 관계처럼 기반 정보끼리 상호 연계되어 학술 분야의 기반으로서 더욱 확장될 수 있다.

사전적인 데이터뿐만 아니라 텍스트나 이미지 같은 데이터도 타인이 사용할 것을 전제로 객관성과 포괄성을 겸비하고 있다면 기반 데이터가 될 수 있다. 문학 작품의 TEI 데이터를 예로 들면, 개별 연구에 사용되는 부분적인 데이터만으로는 기반 데이터가 되기 어렵지만, 한 작가의 모든 작품을 망라한 TEI 데이터가 존재한다면 그 작가에 관한 문학 연구의 기반으로서 기능할 것이다. 기반 데이터는 개별 연구 데이터와는 달리 그 자체로 새로운 발견을 가져오는 경우는 적고 연구 업적으로 인정받기 어렵지만, 학문 분야의 발전에는 필수불가결한 존재이다.

3) 기반 데이터에 요구되는 요건

(1) 인문학 연구에서 이용 가능할 것

일본식 연호 기반 데이터 사례에서 보았듯이, 기반 데이터는 전문적인 인문학 연구에서 실제로 활용될 수 있어야 의미가 있다. 데이터의 출처 및 구축 절차가 명확해야 하며, 논문 등에서 인용될 수 있도록 충분한 학술적 품질이 보장되어야 한다. 이러한 요건은 논문 작성과 다르지 않다. 한편, 기반 데이터는 타인이 사용할 것을 전제로 하므로 개별 연구에 비해 객관성과 중립성이 더 중요하게 여겨진다. 일본식 연호 기반 데이터도 가장 널리 이용되는 자료를 활용하고, 의존한 출처로의 추적 가능성을 보장함으로써 기존 인문학 연구 자료와 동일하게 연구에 활용될 수 있도록 한다.

(2) 폭넓은 활용이 가능할 것

기반 데이터처럼 타인의 이용을 전제로 공개되는 데이터가 충족해야 할 요건으로 FAIR 원칙이 자주 사용된다. FAIR는 Findable(발견 가능할 것), Accessible(접근 가능할 것), Interoperable(상호 운용 가능할 것), Reusable(재사용 가능할 것)의 머리글자를 딴 것이다. Findable은 적절한 식별자(ID, URL 등)를 통해 데이터가 (다른 유사 데이터와 혼동 없이) 식별 가능함을 의미하며, Accessible은 웹 브라우저 등 일반적인 소프트웨어를 통해 데이터를 얻을 수 있음을 의미한다. Reusable은 데이터 이용 방법이 명확해야 함을 의미하며, 일반적으로 크리에이티브 커먼즈 라이선스와 같은 이용 라이선스가 명시되면 요건을 충족한다. 일본식 연호 링크드 데이터 역시 CC-BY 라이선스로 공개되어 자유로운 이용이 명시적으로 보장된다.

FAIR 원칙 중 기술과 지식이 가장 많이 요구되는 요소는 Interoperable이다. 이는 해당 데이터를 다른 데이터와 조합하거나 다양한 소프트웨어에서 활용할 수 있어야 함을 의미한다. 이를 충족하기 위해 데이터의 구조, 항목명, 사용 어휘를 표준 규격에 맞게 구축한다. 일본식 연호 링크드 데이터 역시 Interoperable 실현을 위해 국제 표준 규격인 OWL-Time을 따르도록 설계되었다.

디지털 인문학에서 자주 사용되는 표준 규격으로는 메타데이터 기술을 위한 범용 규격인 더블린 코어(Dublin Core), 박물관·미술관 등에서 사용되는 개념 모델인 CIDOC-CRM, 공문서 등의 기록을 데이터화하기 위한 EAD 등이 있다. 데이터 본체를 기술하기 위한 규격으로는 텍스트 데이터를 마크업하기 위한 TEI, 지리 정보를 기술하기 위한 KML이나 GeoJson 등이 있다. 이외에도 다양한 표준 규격에 대해 디지털 인문학에서 활용하기 위한 시도와 실천이 계속되고 있다.

4) 기반 데이터 구축에서의 인문학의 기여

기반 데이터는 컴퓨터에서 사용되지만, 정보학 연구자나 기술자만으로는 구축할 수 없으며, 인문학의 기여가 필수적이다. 기반 데이터가 의존하는 자료를 선택하려면, 실제 연구 활용 자료, 자료의 장단점, 수록 대상의 범위 등에 대한 지식이 필요하다. 이는 자료나 연구 대상에 정통한 인문학 연구자가 아니면 판단하기 어렵다. 데이터를 구축할 때도 항목 설정, 데이터의 정확도 결정 등 실제 사용자인 인문학 연구자의 의견이 필수적이다. 한편, 상호 운용성이 뛰어난 기반 데이터를 구축하고 이를 인터넷에 공개하기 위해서는 정보학 연구자나 기술자의 지식과 경험이 필요하다. 결론적으로, 인문학 연구에 다양한 혜택을 가져다줄 양질의 기반 데이터 구축에는 인문학과 정보학의 협업이 절대적으로 필요하다.

5. 기반 데이터로 열어가는 디지털 인문학 연구의 미래

이 글에서는 일본식 연호 기반 데이터를 사례로, 디지털 인문학에서 기반 데이터의 필요성과 요구 요건을 살펴보았다. 최근 디지털 인문학은 국가, 지역, 분야를 막론하고 크게 확장하고 있다. 이러한 흐름이 일시적인 유행에 그치지 않고 인문학 연구에 뿌리내리려면, 폭넓은 데이터 연계와 자유로운 활용이 가능한 기반 데이터의 구축 및 공개가 필수적이다.

무엇보다 이러한 기반 데이터가 인문학 연구에 기여하는 것이 중요하며, 구축부터 활용에 이르는 전 단계에서 인문학의 적극적인 참여가 요구된다. 이러한 기반 데이터가 앞으로 인문학의 여러 분야에서 초석이 될 것으로 기대한다.

번역: 이가현

이 글은 한국일본학회의 『일본학보』 제143호에 실린 논문 「デジタル・ヒューマニティーズにおける基盤データの役割」를 수정·보완하여 한국어로 옮긴 것이다.

컬처마이닝과 디지털 인문학

데이터 시대의 문화 읽기

이준서

1. 디지털 인문학의 개념과 의의

최근 인공지능(AI), 빅데이터, 클라우드 컴퓨팅 등 정보통신기술(ICT)의 비약적인 발전은 사회 전반의 구조와 일상을 근본적으로 변화시키고 있다. 이러한 변화는 학문 연구와 교육 영역에도 지대한 영향을 미치고 있으며, 특히 연구 방법론과 지식 생산 방식에서 새로운 가능성을 열어주고 있다. 연구, 창작, 교육 등 다양한 학술 활동에서 ICT의 접목은 이미 활발히 진행되고 있으며, 그중에서도 인문학은 디지털 기술을 수용하면서 디지털 인문학(Digital Humanities)이라는 새로운 연구 영역을 개척하게 되었다.

김현[1]은 디지털 인문학을 "정보기술(Information Technology)과 인문학이 조력하여 새로운 방식으로 수행되는 인문학 연구와 교육, 그리고 창조적 저작 활동"으로 정의한 바 있다. 디지털 인문학은 전통적인

---

1) 김현, 「디지털 인문학: 인문학과 문화콘텐츠의 상생 구도에 관한 구상」, 『인문콘텐츠』 29, 인문콘텐츠학회, 2013, p.12.

인문학의 해석적 깊이를 유지하면서도 데이터 과학적 방법론을 도입하여, 텍스트, 이미지, 영상, 음악 등 다양한 문화 자료를 체계적으로 분석할 수 있고, 단순한 도구적 차원을 넘어, 인문학의 세부 학문영역으로까지 정착하면서 인문학의 연구 지평을 확장하고 있다. 나아가 디지털 인문학은 인문학의 학제적 성격을 강화하고, 사회적·산업적 영역과의 연계를 통해 실용성을 확장하는 중요한 매개체로 기능한다.

구전 커뮤니케이션 연구 역시 학문적 발전을 이어왔다. 1950년대 사회적 커뮤니케이션 패턴 연구에서 출발한 구전 연구는 사회언어학을 중심으로 전개되다가, 1980년대 이후 마케팅, 소비자행동학 등 다양한 분야로 그 적용 범위를 확대하였다. 특히 디지털 환경이 일상화된 오늘날, 구전 커뮤니케이션은 온라인 구전(eWOM, electronic Word of Mouth)의 형태로 주목받고 있다. 신상희·황복주[2]는 eWOM을 "디지털 네트워크를 통해 전달되는 소비자 간의 구전"으로 정의하였으며, 이는 소비자 행동, 사회적 담론, 정치·경제적 현상 등 광범위한 영역에서 중요한 영향을 미치고 있다.

COVID-19 팬데믹은 이러한 변화를 더욱 가속화시켰다. 비대면 환경의 확산과 디지털 전환(Digital Transformation, DX)의 심화로 인해 SNS와 온라인 커뮤니케이션이 일상생활에 완전히 정착하면서, 방대한 규모의 빅데이터가 생성·축적되었다. 그 결과, 온라인 구전은 사회적 의사소통의 핵심 채널로 자리 잡았으며, 이를 둘러싼 연구는 문화 비교, 여론 분석, 사회적 감정 변화 추적 등 다양한 학문적 주제로 확장되고 있다.

이러한 빅데이터 환경 속에서 기존의 담론분석(discourse analysis)

---

2) 신상희·황복주, 「소비자의 블로그 활용이 구매의사결정과정과 구매 후 행동에 미치는 영향에 관한 연구: 화장품 소비자를 중심으로」, 『경영교육연구』 30(4), 한국경영교육학회, 2015, p.436.

은 뚜렷한 한계를 드러낸다. 담론분석은 기능문법, 심리언어학, 사회언어학, 화용론 등 여러 연구 전통을 포괄하며 1980년대 독일의 텍스트언어학과 미국의 담화 인지언어학을 기반으로 활발히 전개되어 왔다. 최근에도 담론분석은 정치, 언론, 교육, 문화 전반에 걸쳐 적용되며 연구의 다양성을 보여주고 있다. 그러나 기존 담론분석은 특정한 담론 집단을 심층적으로 이해하는 데에는 강점을 지니지만, 데이터의 규모가 방대해지고 다언어·다문화 환경이 일반화된 오늘날의 연구 조건에는 충분히 대응하기 어렵다. 정성적 분석의 강점을 유지하면서도 대규모 데이터를 포괄할 수 있는 새로운 분석 방법론이 요구되고 있는 것이다.

이러한 맥락에서 컬처마이닝(Culture Mining)은 주목할 만한 대안적 방법론으로 부상한다. 컬처마이닝은 방대한 다언어 데이터 속에서 반복적이고 차별적인 문화 요소(cultural element)[3]를 추출하고, 이를 사회적·역사적 맥락 속에서 분석함으로써 문화적 패턴을 규명하는 기법이다.

문화요소는 특정 사회와 집단의 정체성을 드러내는 핵심 단위로서, 언어, 담론, 상징, 가치 체계 등 다양한 형태로 나타난다. 컬처마이닝은 단순한 데이터 분석을 넘어, 다문화·다언어 환경 속에서 문화의 특성과 차이를 정량적으로 포착하고, 이를 종합적으로 이해할 수 있도록 돕는 방법론으로, 특히 온라인 구전 데이터를 분석함으로써 사회적 담론의 흐름과 정서적 변화를 추적할 수 있으며, 이를 통해 문화 비교

---

[3] '문화요소'는 연구자에 따라서 다양한 개념으로 사용되고 있다. Hyatt, J. & Simons, H.(1999)는 '구성원들이 적절하다고 여기는 상징과 의미체계', Baker(2005)는 '문화상 특수한 것', 이근희(2015)는 '문화관련어휘(cultural-bound), 즉 기점언어를 사용하는 사회공동체의 역사, 사회, 경제, 정치, 언어습관 등을 포함하는 특정 문화에서 파생된 어휘'라고 정의하고 있다.

연구, 사회 문제 탐구, 산업적 적용 등 다양한 가능성을 제시한다.
 이에 본 연구는 디지털 인문학적 접근법의 하나로서 컬처마이닝 기법을 다국어 온라인 구전 커뮤니케이션 분석에 적용하는 방안을 모색하고 기존의 인문학적 담론분석을 보완하여, 데이터 시대에 걸맞은 새로운 문화 연구 패러다임을 제안하는 데 목적이 있다.

2. 디지털 인문학과 컬처마이닝

 디지털 인문학(Digital Humanities)과 컬처마이닝(Culture Mining)은 인문학 연구에 빅데이터와 인공지능 기술을 접목하는 과정에서 밀접한 관계를 맺고 있다. 디지털 인문학은 전통적인 인문학 연구 방법론에 데이터 분석, 머신러닝, 자연어 처리(NLP) 등의 디지털 기술을 적용하여 텍스트, 이미지, 영상, 음악 등의 문화 콘텐츠를 체계적으로 연구하는 학문 분야라고 할 수 있다.
 한편, 서로 다른 문화권과의 대조와 비교를 통하여 차별화된 문화요소를 찾아내는 컬처마이닝은 다양한 빅데이터 분석 기술을 활용하여 다중언어로 이루어진 대규모 문화 데이터에서 의미 있는 패턴을 발견하고, 사회적·역사적 맥락에서 문화적 변화와 흐름을 분석하는 기법이다.

> Culture Mining is the process of finding useful or interesting 'cultural elements' -life styles, patterns, fashions, trends, models, beliefs, rules, frames etc.- of a specific region or a generation from unstructured text, various image sets by comparing different languages and cultures.

> 컬처마이닝이란 인간의 문화를 표현하고 있는 다양한 미디어(텍스트, 이미지, 동영상 등)를 분석하여 언어/지역/성별/세대별 문화를 구성하는 문화요소와 그들 간의 관계를 발견해가는 과정이다.
>
> 이준서(2021)

컬처마이닝은 디지털 인문학의 핵심 방법론 중 하나로 활용될 수 있다. 예를 들어, 컬처마이닝 기술을 활용하여 역사적 문헌, 신문 기사, 문학 작품, 영화, SNS 데이터 등을 분석하여 특정 시대의 문화적 트렌드, 감성 표현, 가치관의 변화를 연구할 수 있다. 특히, 감성 분석(sentiment analysis), 키워드 추출, 네트워크 분석 등을 통해 특정 시기의 사회적 이슈나 담론이 어떻게 형성되고 변화했는지를 파악할 수 있는데, 컬처마이닝은 인공지능을 활용한 자동화된 데이터 수집 및 분석 기법을 통해 디지털 인문학 연구의 효율성을 높이는데 공헌할 수 있는 것이다.

기존 인문학이 주로 소규모 문헌이나 제한된 텍스트를 중심으로 정

〈그림 1〉 컬처마이닝의 부가가치 창출 개요

성적 연구를 수행해 왔다면, 컬처마이닝은 방대한 규모의 빅데이터를 기반으로 보다 객관적이고 광범위한 문화적 패턴을 도출할 수 있다는 점에서 차별성을 지닌다. 즉, 전통적 인문학이 깊이 있는 해석을 통해 미시적 차원의 의미를 밝혀왔다면, 컬처마이닝은 데이터 과학적 기법을 활용하여 거시적 수준에서 문화적 흐름과 패턴을 파악하는 데 강점을 보인다. 이러한 점에서 디지털 인문학과 컬처마이닝은 상호보완적인 관계를 이루며, 빅데이터 시대의 인문학 연구가 나아가야 할 새로운 패러다임을 제시하고 있다.

컬처마이닝은 단순히 문화적 패턴을 식별하는 것을 넘어, 재화나 서비스가 지닌 경제적 가치뿐 아니라 소비자의 정서를 자극하여 공감과 감동을 이끌어내는 감성가치까지 포착할 수 있다. 오늘날 문화 소비는 단순한 상품 구매 행위가 아니라, 개인의 감정과 정체성, 사회적 연대감이 결합된 총체적 경험으로 이해되고 있다. 따라서 컬처마이닝은 언어·문화 데이터 속에서 드러나는 정서적 코드와 상징적 표현을 분석함으로써, 기존의 경제학적 가치 평가로는 설명하기 어려운 감성적·문화적 가치를 규명할 수 있다. 컬처마이닝을 통해 소비자 담론 속에서 반복적으로 나타나는 감성적 키워드와 문화적 코드를 파악하여, 제품·서비스에 새로운 부가가치를 부여할 수 있다. 다시 말해, 컬처마이닝은 데이터 기반의 문화 분석을 통해 상품의 가치를 고도화하고, 소비자와의 정서적 연결을 강화하는 전략적 도구로 기능할 수 있다. 이러한 과정은 단순히 시장에서의 경쟁력을 높이는 것을 뛰어넘어, 사회적·문화적 차원에서 소비자 경험을 확장하는 데 기여할 수 있는 것이다.

3. 다국어 컬처마이닝 분석

아래 〈그림 2〉는 본 연구에서 제안하는 컬처마이닝(Culture Mining) 분석 절차를 도식적으로 나타낸 것이다. 전체 과정은 데이터 확보 → 전처리 및 언어 분석 → 통계적·계량적 분석 → 비교분석 및 시각화 → 문화요소 추출 및 지식화라는 일련의 단계를 통해 체계적으로 전개된다.

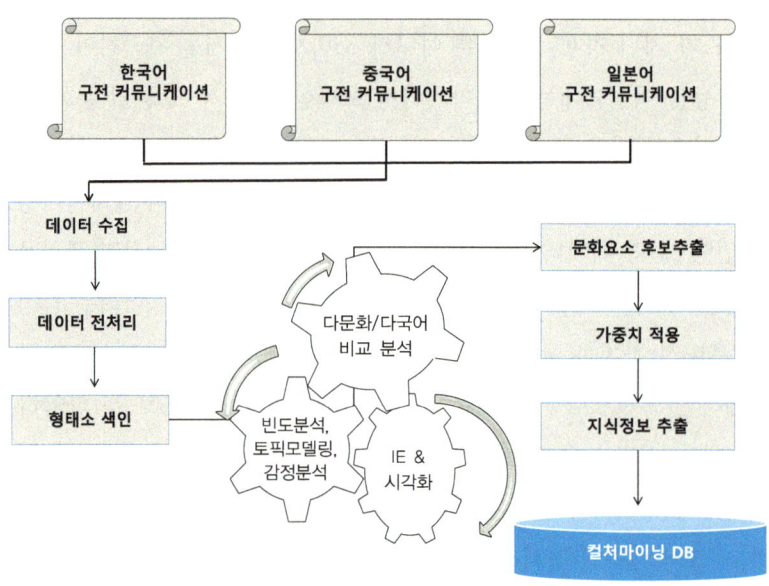

〈그림 2〉 다국어 컬처마이닝 프로세스 개요

우선 출발점은 한국어, 중국어, 일본어 등 다국어 구전 커뮤니케이션 데이터의 확보이다. 온라인 커뮤니케이션 데이터는 특정 국가나 언어권의 사회적 감정, 생활양식, 소비 태도, 가치관 등을 압축적으로 반영하기 때문에 문화 비교 연구의 출발점이 된다. 데이터는 SNS, 블로그, 온라인 커뮤니티, 디지털 기사 등에서 수집되며, 크롤링 도구나 API를 통해 확보된다.

수집된 원시 데이터는 그대로 활용될 수 없기 때문에 전처리 과정이 필수적이다. 전처리 단계에서는 HTML 태그, URL, 이모티콘, 광고 문구와 같은 불필요한 요소를 제거하고, 중복 데이터 및 스팸성 자료를 걸러낸다. 또한 한국어·중국어·일본어라는 언어적 특성을 고려해 각각의 형태소 분석기를 활용하여 단어를 표제어 형태로 정규화하고, 불용어(stopwords)를 제거함으로써 분석 가능한 코퍼스를 구축한다.

이후 빈도 분석, 토픽모델링, 감성 분석 등의 빅데이터 분석 기법이 활용된다. 빈도 분석은 특정 단어가 얼마나 자주 등장하는지를 통해 핵심 키워드를 파악하고, 토픽모델링은 LDA와 같은 통계적 기법을 통해 담론 속에서 잠재적으로 형성된 주제들을 군집화한다. 감성 분석은 긍정·부정·중립의 감정을 수치화하여 시계열적 변화를 추적할 수 있게 한다. 이러한 분석 결과는 단순히 언어 데이터의 구조를 보여주는 것을 넘어, 사회적 이슈와 문화적 맥락이 데이터 속에서 어떻게 반영되는지를 보여준다.

분석 결과는 다문화·다언어 비교 분석 단계에서 종합적으로 활용된다. 동일한 주제에 대해 한국어, 중국어, 일본어 담론이 어떻게 다른 의미망을 형성하는지 비교함으로써, 각 문화권의 특성과 차이점을 정량적으로 드러낼 수 있다.

다음 단계는 문화요소 후보 추출이다. 빈도·토픽·감성 결과를 바탕으로 반복적으로 나타나는 핵심 개념과 상징적 어휘가 문화요소 후보로 제시된다. 그러나 모든 요소가 동일한 중요도를 가지는 것은 아니므로, 가중치 적용 단계를 거쳐 요소별 상대적 중요도가 평가된다. 가중치는 출현 빈도, 담론 내 연결 중심성, 감성 편향 정도 등을 종합적으로 고려하여 부여된다.

최종적으로, 가중치가 적용된 문화요소는 지식정보 추출 단계를 통해 구조화된다. 이 단계에서 정보추출(Information Extraction, IE) 기법과 데이터 시각화가 활용된다. 워드클라우드, 토픽맵, 네트워크 다이어그램, 시계열 그래프 등을 통해 분석 결과가 시각적으로 표현되며, 이는 연구자가 담론 구조와 감정 흐름을 직관적으로 이해하고, 해석의 타당성을 검증하는 데 기여한다.

이상의 모든 결과는 컬처마이닝 데이터베이스(DB)에 저장되어 축적된다. 데이터베이스는 단일 연구의 결과물로 끝나지 않고, 후속 연구에서 재활용되고, 다양한 비교분석에 활용될 수 있는 지식 자산으로 기능한다. 나아가 해당 DB는 국가별, 언어별, 시기별 문화 차이를 종합적으로 기록하고, 학문적·실용적 차원에서 중요한 참고자료로 활용될 수 있다.

1) 기초 빈도 분석

텍스트 마이닝 분석 기법 중에서 가장 직관적이고 널리 활용되는 방법 중의 하나가 빈도 분석이다. 빈도 분석은 문서에서 특정 단어가 얼마나 자주 등장하는지를 분석하고, 이를 다양한 방식으로 시각화하여 해당 데이터의 의미를 도출하는 기법이다.

〈그림3〉의 워드클라우드는 단어 빈도(Term Frequency, TF)에 근거해서 특정 단어가 문서 내에서 얼마나 자주 등장하는지를 나타내는 것이다. TF 값이 높을수록 중앙에 위치하여 해당 단어가 문서에서 많이 사용되었음을 시각적으로 확인할 수 있다.

단순히 단어 빈도만으로는 특정 문서에서 중요한 단어를 식별하기 어려운 한계가 있다. 예를 들어 접속사, 조사, 인칭사 등과 같은 단어들은 여러 문서에 자주 등장할 수 있지만, 문서의 핵심 주제를 나타내지는 않는다. 이러한 한계를 보완하기 위하여 IDF(Inverse Document

〈그림 3〉 주요 빈도 분석 비교 워드클라우드 예시[4]

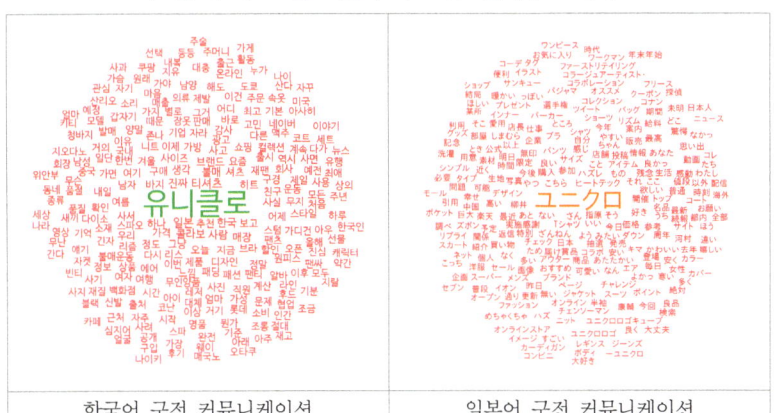

| 한국어 구전 커뮤니케이션 | 일본어 구전 커뮤니케이션 |

Frequency, IDF)가 도입되었는데, IDF는 특정 단어가 전체 문서에서 얼마나 희귀한지를 측정하는 지표라고 할 수 있다. 문서 전체에서 자주 등장하는 단어는 낮은 IDF 값을 가지며, 특정 문서에서만 등장하는 단어는 높은 IDF 값을 가진다. 이를 통해 일반적인 단어보다는 문서의 주요 내용을 나타내는 단어에 더 높은 가중치(weight)를 부여할 수 있다.

〈표 1〉 주요 한·일 구전 커뮤니케이션 TF-IDF

No	한국어	TF-IDF	일본어	TF-IDF
1	티셔츠	4.376889057	キャンペーン	4.933579806
2	불매	4.106571681	応募	4.71627095
3	히트	4.059413739	Tシャツ	3.648862989
4	바지	3.972512644	コラボ	3.271917905
5	일본	3.946705267	サイズ	3.038166501
6	한국	3.939209139	ヒートテック	3.030120459

---

4) 이준서, 「AI 기반 일·중 온라인 담론에 나타난 혐한 정서 비교 분석」, 『일본어교육연구』 71, 2025, p.41.

No	한국어	TF-IDF	일본어	TF-IDF
7	셔츠	3.909981901	日本	3.028256809
8	콜라보	3.907816686	店舗	2.924873511
9	가격	3.806933299	コラボ	2.850767766
10	가방	3.621877537	パンツ	2.636949572

TF와 IDF를 결합한 값이 〈표 1〉의 TF-IDF이다. 특정 문서에서 자주 등장하면서도 전체 문서에서는 비교적 드물게 등장하는 단어일수록 TF-IDF 값이 높아진다. TF-IDF 가중치의 적용은 문서 내에서 중요한 단어를 찾아내는 데 매우 유용해, 문서에서 핵심적인 내용을 추출하는 데 효과적인 기법으로 자리 잡고 있다.

2) 토픽모델링

토픽모델링(topic modeling)은 텍스트 마이닝 기법 중 하나로, 구조화되지 않은 대규모 문서 집합에서 잠재된 주제를 식별하는 확률적 알고리즘이다. 이 방법을 활용하면 방대한 텍스트 데이터 속에서 핵심 주제를 자동으로 도출하고, 주제별로 문서를 분류할 수 있다.

토픽모델링 기법 가운데 가장 널리 사용되는 것이 잠재 디리클레 할당(Latent Dirichlet Allocation, LDA)이다. LDA는 문서 내 단어의 출현 확률과 분포를 분석하여 주제를 추론하는 통계적 텍스트 처리 기법으로, 특정 단어들이 함께 나타나는 패턴을 기반으로 잠재적인 주제 집합을 형성한다.

〈그림 4〉는 이준서(2005)에서 F사 SPA 브랜드에 관한 한·일 구전 커뮤니케이션에 대하여 최적화된 토픽의 수를 결정하기 위해 LDA 토픽모델링 결과에 LDAvis[5] 알고리즘을 적용해 시각화한 것이다. 이를 통해 문서 집합에 내재된 주제를 효과적으로 군집화하고, 해당 주제와

관련된 주요 담론의 흐름을 파악할 수 있다.

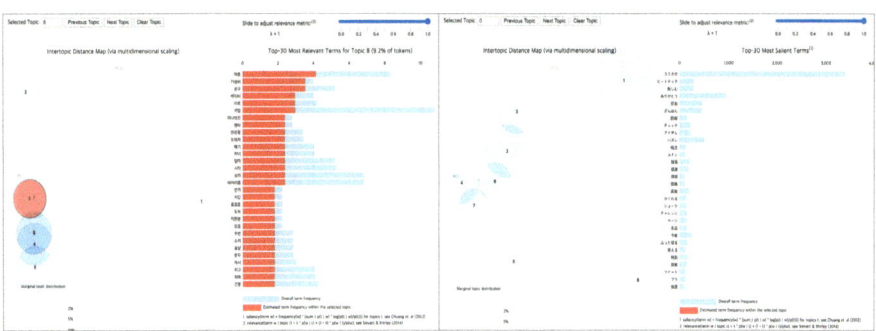

〈그림 4〉 한·일 구전 커뮤니케이션 LDAvis 분석 결과 예시

다만 LDA 방식은 단어의 동시 출현 확률에 기반하기 때문에 문맥적 의미나 단어 간의 미묘한 관계를 충분히 반영하기 어렵다는 한계를 지닌다. 예를 들어, 동일한 단어가 상황에 따라 다른 의미를 가질 수 있는데, LDA는 이를 구분하지 못하는 경우가 많다.

이러한 한계를 보완하기 위해 최근에는 BERT(Bidirectional Encoder Representations from Transformers) 기반의 토픽모델링이 주목받고 있다. BERT는 사전학습 언어모델을 활용해 단어가 사용된 문맥을 인식할 수 있으므로, 동일한 단어라도 문맥에 따라 달라지는 의미를 보다 정밀하게 포착할 수 있다. 따라서 BERT 기반 토픽모델링은 LDA의 통계적 접근에 문맥적 이해를 결합함으로써, 자연어의 복잡성을 반영하는 더욱 정교한 주제 추출이 가능하다.

---

5) LDAvis는 토픽 모델링 결과를 웹 기반으로 시각화하여 제공하는 도구로 'Intertopic Distance Map'은 학습된 토픽 모델을 2차원 공간에 배치하여 각 토픽 간의 관계와 출현 확률(prevalence)을 분석할 수 있도록 한다. 각 토픽은 원으로 표시되며, 출현 확률이 높을수록 원의 크기가 커진다. 또한, 토픽 간 거리가 가까울수록 연관성이 높은 반면, 거리가 멀어질수록 연관성이 낮음을 의미한다.

아래 〈그림 5〉는 이준서(2025)에서 BERT 기반 임베딩을 활용하여 일본어 트위터 데이터를 2차원 공간에 시각화한 결과이다. 각 점은 개별 텍스트 단위를 의미하며, 동일한 색상의 점들은 의미적으로 유사한 텍스트들이 군집화된 하나의 토픽 클러스터를 나타낸다. 이러한 클러스터는 텍스트가 공유하는 의미 구조를 반영하므로, 특정 집단의 담론이 어떠한 주제를 중심으로 형성되는지를 직관적으로 확인할 수 있다. 나아가 각 클러스터를 중심으로 핵심 토픽과 주요 키워드를 분석하면, 데이터 집합에 내재된 주제적 경향성과 담론 구조의 특징을 보다 심층적으로 탐구할 수 있다.

〈그림 5〉 일본어 BERT 기반 클러스터링 결과 예시[6]

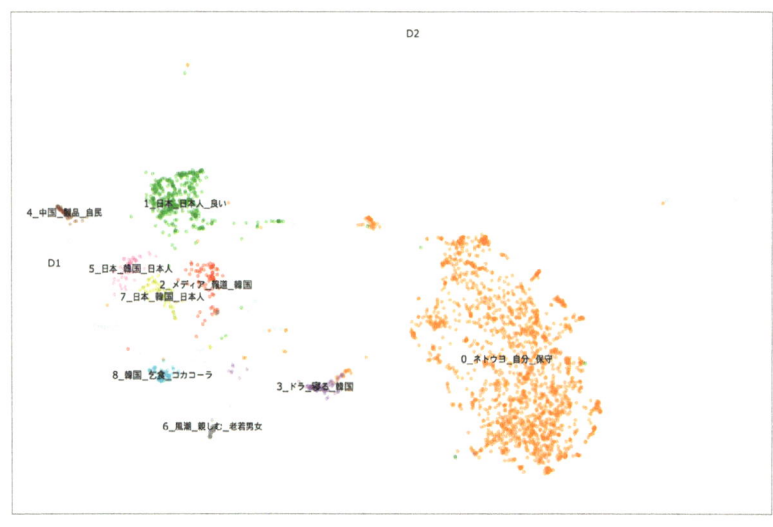

---

6) 이준서(2025), 앞의 논문, p.72에서 BERT 기반 토픽모델링 결과를 UMAP(Uniform Manifold Approximation and Projection) 차원 축소 기법을 활용하여 2차원 평면에 시각화한 것이다. 이를 통해 온라인 담론 내에서 주요 주제들이 어떻게 분포하고 군집화되는지를 시각적으로 확인할 수 있다.

<그림 6> 중국어 BERT 기반 클러스터링 결과

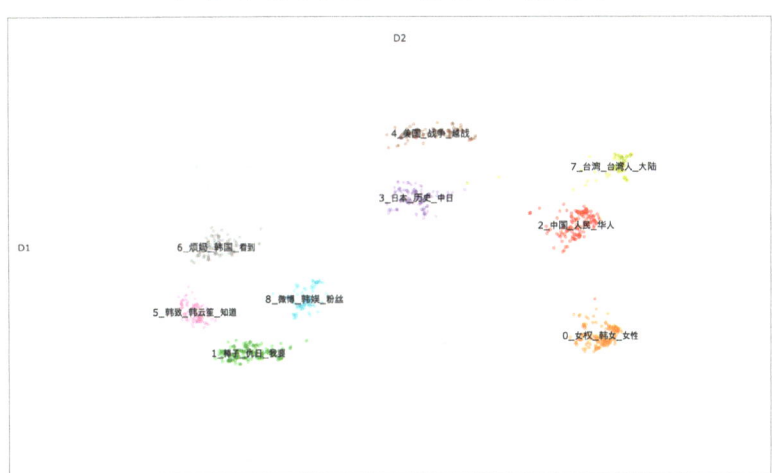

<그림 6>은 중국어 SNS 데이터를 대상으로 일본어 데이터와 동일한 분석 절차(BERT 임베딩, UMAP 차원 축소, HDBSCAN 클러스터링)를 적용한 결과이다. 각 문서는 2차원 임베딩 공간에서 의미적으로 유사한 문서들과 함께 하나의 클러스터를 형성하며, 이를 통해 데이터 집합 내 잠재적 주제 구조가 시각적으로 드러난다.

<그림 7> 중국어 토픽별 주요 키워드[7]

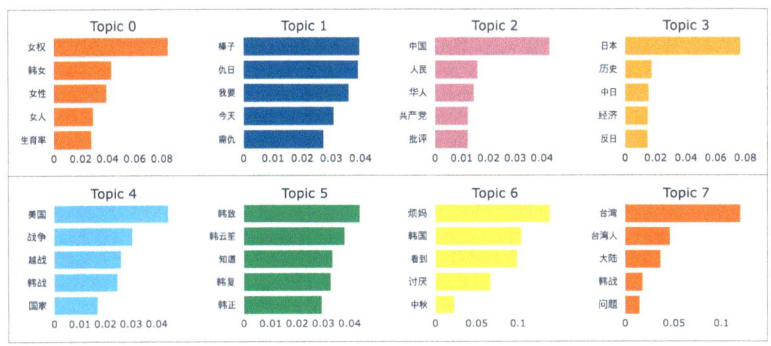

---

[7] 이준서(2025), 앞의 논문, p.73.

또한 일본어 데이터 분석과 동일한 방식으로 주요 토픽을 도출한 〈그림 7〉은 클러스터별로 추출된 상위 키워드를 제시한 것이다. 이를 통해 각 군집이 반영하는 주제적 특징과 담론의 구조적 차이를 보다 명확히 파악할 수 있다.

3) 감성 분석

감성 분석(Sentiment Analysis)은 텍스트 마이닝 기법 중 하나로, 특정 문서에 포함된 긍정 또는 부정의 감정 표현을 추출하고 이를 바탕으로 문서 전체의 감성 경향을 분류·분석하는 방법이다. 일반적으로 문서를 구성하는 최소 단위인 형태소에 감성 극성(Sentiment Polarity)을 부여한 감성 어휘 사전을 기반으로 분석이 이루어진다. 예를 들어, 한국어의 경우 KNU 한국어 감성사전을 활용하는데, 이는 표준국어대사전의 어휘를 긍정·부정·중립으로 분류하고 다수 평가자의 합의를 통해 구축된 것이다. 일본어의 경우에는 도쿄공업대학(東京工業大学)의 '단어감정극성대응표'가 널리 사용되며, 어휘 네트워크를 기반으로 자동 극성값을 부여하는 방식으로 구성되어 있다.

중국어의 경우에도 다양한 감성사전이 구축되어 있으며, 대표적으로 NTUSD(National Taiwan University Sentiment Dictionary)가 활용된다. NTUSD는 대규모 중국어 어휘를 긍정·부정으로 분류하여 감성 극성을 부여한 사전으로, 소비자 리뷰 분석, 소셜 미디어 텍스트 분석 등 다양한 분야에서 널리 응용되고 있다. 이러한 사전 기반 감성 분석은 언어별 특성을 반영하면서도 공통적으로 문서 내 표현의 감정적 성격을 정량화하여 분석할 수 있게 한다.

나아가 시간의 흐름에 따라 기록된 시계열 데이터를 함께 분석하면, 특정 주제에 대한 여론의 추세(trend), 계절성(seasonality), 주기성

(cycle) 등의 패턴을 발견할 수 있다. 이를 통해 단순한 정태적 감정 분류를 넘어, 사회적 담론이나 소비자 여론이 시간에 따라 어떻게 변화하는지를 동태적으로 파악할 수 있다.

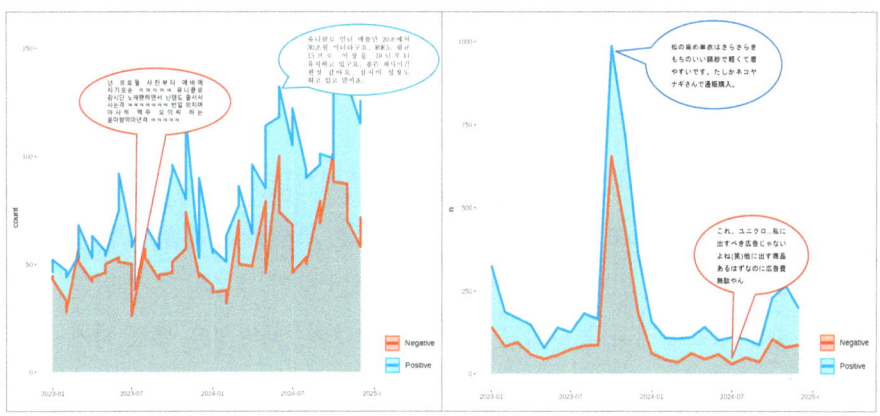

〈그림 8〉 한·일 시계열 감정분석 예시[8]

〈그림 8〉은 최근 수년간의 온라인 담론을 시계열로 분석한 결과를 보여준다. 긍정적(파란색)·부정적(빨간색) 감성 언급량을 월별로 집계하여 추세를 비교한 것으로, 특정 주제를 둘러싼 정서적 양상이 시간의 흐름에 따라 어떻게 변화하는지를 시각적으로 확인할 수 있다.

〈그림 8〉에서 한국어 데이터의 시계열 감정분석을 살펴보면, 전체적으로 긍정·부정 언급 모두 완만하게 증가하는 장기적 추세가 나타난다. 긍정적 담론은 주로 기업의 성과, 사회적 신뢰, 성장 가능성과 같은 거시적 요인과 연관되었으며, 부정적 담론은 광고, 서비스 경험, 브랜드 이미지 등 일상적·문화적 요인에 의해 형성되는 경우가 많다. 이러한 결과는 한국어 담론에서 정서적 평가가 단순한 제품 차원을

---

8) 이준서(2025), 앞의 논문, pp.48~50.

넘어 사회적·경제적 맥락을 포함한다는 점을 보여준다.

반면 일본어 데이터의 시계열 감정분석에서는 특정 시점에 긍정·부정 언급이 동시에 급격히 증가하는 뚜렷한 피크가 나타난다. 이는 신제품 출시, 유명인 협업, 대규모 이벤트 등 단기적 마케팅 활동에 의해 여론이 집중적으로 반응한 결과로 볼 수 있다. 긍정적 담론은 제품 품질, 기능, 디자인과 같은 실용적 측면을 강조하는 반면, 부정적 담론은 홍보 전략이나 커뮤니케이션 방식에 대한 비판으로 나타나는 경우가 많다.

시계열 감정분석은 단순한 긍·부정의 변화뿐만 아니라, 추세(trend), 계절성(seasonality), 주기성(cycle)과 같은 패턴을 함께 탐구할 수 있다는 점에서 의의가 크다. 예컨대 장기적인 증가 추세는 특정 담론이 사회적으로 점차 확산되고 있음을 보여주며, 계절성은 특정 시기(예: 연말·명절·신학기)에 반복적으로 감정 표현이 집중되는 현상을 드러낸다. 또한 주기성은 일정 기간마다 반복적으로 나타나는 여론의 상승·하락 패턴을 포착할 수 있게 한다.

이러한 시계열 분석은 컬처마이닝의 핵심 구성 요소로서, 문화적 담론이 어떻게 형성되어 변화해 가는지를 데이터 기반으로 추적하고 비교할 수 있다. 감성 분석과 시계열 분석을 결합한 컬처마이닝 접근은 문화 현상의 동태성을 포착하고, 각 언어문화권이 공유하는 가치와 정서를 장기적·단기적으로 동시에 이해할 수 있는 토대를 제공하는 것이다.

4. 컬처마이닝의 전망과 과제

본 연구는 디지털 인문학(Digital Humanities)적 차원에서 컬처마이닝(Culture Mining)의 개념과 방법론을 논의하고, 그 유용성을 학문적·실용적 차원에서 고찰하였다. 디지털 인문학은 전통적 인문학의 해석적 깊이를 유지하면서도, 데이터 기반의 정량적 분석을 통해 연구의 객관성과 확장성을 확보할 수 있는 것이다. 이러한 맥락에서 컬처마이닝은 방대한 언어 데이터 속에서 문화적 패턴을 발견하고 비교할 수 있어, 다음 세 가지 측면에서 유용하다.

첫째, 컬처마이닝은 문화 연구의 정량화를 가능하게 한다는 점에서 의의가 있다. 전통적인 담론분석은 한정된 텍스트를 대상으로 심층적 의미를 탐구하는 데 강점을 지니지만, 데이터 규모가 방대해지고 다언어 환경이 일상이 된 오늘날의 연구 조건을 충족시키기에는 한계가 크다. 반면 컬처마이닝은 텍스트 마이닝, 토픽모델링, 감성 분석과 같은 기법을 도입하여 대규모 데이터를 분석함으로써 문화 현상에 대해 수치와 시각 자료로 객관적 근거를 제시할 수 있다.

둘째, 컬처마이닝은 문화 비교 연구에 새로운 가능성을 제시한다. 다언어·다문화 데이터를 동시에 분석하고 비교함으로써, 문화 간의 차이와 공통점을 정량적으로 도출할 수 있다. 이는 단순히 언어적 차이를 넘어 사회적 가치관, 정서적 흐름, 담론의 구조적 특징까지 포착할 수 있어, 국제적 맥락에서 문화 현상을 이해하는 데 강력한 도구가 된다. 결국 컬처마이닝은 문화 연구를 특정 지역이나 집단에 한정하지 않고, 글로벌 차원의 비교연구로 확장하는 데 기여한다.

셋째, 컬처마이닝은 학제 간 융합 연구를 촉진한다. 디지털 인문학 자체가 학문 간 경계를 넘나드는 융합적 성격을 띠고 있지만, 컬처마이닝은 특히 언어학, 사회학, 심리학, 경영학, 정보과학, 인공지능 연구 등 다양한 분야와의 협력을 가능하게 한다. 예컨대, 언어학적 연구는 어휘와 의미망의 구조적 차이에 주목할 수 있고, 사회학적 연구는 집단 정체성과 사회적 행동의 패턴에 초점을 맞출 수 있으며, 데이터

과학적 접근은 알고리즘과 모델링을 통해 이러한 해석을 보완한다. 이처럼 컬처마이닝은 학문 간 상호보완적 연구를 통해 새로운 지식을 창출하는 촉매제로 기능할 수 있는 것이다.

이 글은 한국일본학회의 『일본학보』 제143호에 실린 논문 「디지털인문학적 관점에서 본 컬처마이닝 연구: F사 SPA 브랜드의 한·일 구전 커뮤니케이션을 중심으로」를 수정·보완한 것이다.

일본 고전학과 디지털 인문학

이야기의 전승·표현사(表現史) 연구의 시좌에서

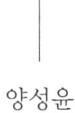

양성윤

1. 왜 지금, 디지털 인문학일까?
　: 고전학, 디지털과 만나다

　연구자들은 자신과 학문공동체의 연구 수준을 함께 끌어올려 '교류지(交流知)'를 형성하고, 나아가 학술환경 전반을 개선하기 위해서 어디서부터 어떤 실천을 해야 할까? 그 첫걸음은 각자가 속한 학회의 학술 활동(발표·토론·심사·기획)에 참여하면서 최신 연구 성과를 적극적으로 공표·반영하고, 연구 방법과 활동 전반을 어떻게 갱신할지 성찰하는 데서 시작될 것이다. 특히 연구자가 최전선의 현장에 설 때, 여러 분야의 전위적 연구 방법과 학술의 흐름·제도에 민감하게 반응하게 되며, 그 과정에서 새로운 적응을 요구받는다. 동시에 자신의 연구 입각지(立脚地)에 대한 자성과 더불어 현재의 학문 제도와 미래 인문학의 위치를 재고할 기회를 얻게 된다.

　이 글에서 '전위적' 학문 제도의 대표적 사례로 거론하는 것은, '디지털 인문학'(Digital Humanities, 이하 'DH'로 표기)이다. DH라는 개념의 규정에 대한 문제 제기, 국내외 DH 연구의 내실에 대한 의문[1], 그리고

DH가 미래 인문학을 견인할 수 있는가에 대한 비평적 논의[2]는 이미 제기된 바 있다. 이러한 논의 자체가 문제의식 공유라는 점에서 DH 연구의 일환이며, 이는 DH가 도전적이고 계발적인 성격을 지닌 학문 영역이라고 할 수 있다. 더불어 디지털 전산학적 기술과 기존 인문학의 결합이 생성하는 정보와 환경 변화는, 연구 방법과 교육 제도 전반에 걸쳐 폭넓은 영향을 미치고 있으며, 그 양상 또한 단선적이지 않다.[3]

애초에 DH 연구는 개인의 아날로그 분석역량을 넘어선 규모에서 데이터를 탐색하고 통계를 산출하며, 패턴을 추출·분석·시각화하는 과정을 통해 성과를 도출한다. 연구자의 학문적 입장·배경·특성에 따라 방법은 다채롭겠지만, 디지털 기술을 매개하지 않고서는 다루기 힘든 차원의 작업과 성과야말로, DH가 학제적 자율성을 주장하고 유지하는 근거이기에, 한국의 DH 연구 흐름은 향후 더욱 주목받을

---

1) 박치완 외, 『〈디지털 시대 인문학에 대한 진단과 전망〉 디지털 인문학이란 무엇인가』, 꿈꿀권리, 2015, pp.94~118에 수록된 김기홍의 「디지털인문학에서 시각화의 의미와 가치에 대한 고찰」 및 같은 책 pp.302~327에 수록된 박치완·김기홍의 「디지털인문학의 정체성과 미래비전」은 DH연구가 자신의 정당성을 주장하고 자율성을 담보하는 근거에 대해 국내외 참고문헌을 망라하며 학문적 정체성에 대한 인식의 근원적 재고를 촉구하고 있다.
2) 정서현, 「문학 연구의 고유성과 디지털인문학의 가능성: 연구 동향 및 겸허한 제안」, 『근대영미소설』 30(2), 한국근대영미소설학회, 2023.8, pp.129~157은 문학연구 분야의 국내외 동향을 경향 분석과 사례 소개를 통해 정리하고, DH 연구에 대한 학계의 인식과 방법론을 종합적으로 평가하며 총체적 제언을 제시한다.
3) 김현은 일찍부터 기초자료의 전자 텍스트화, 데이터베이스 구축, 인문학 교육에 필요한 멀티미디어 콘텐츠의 개발, 인문학과 전산기술을 융합한 신규 교과 및 학제 개발의 필요성을 제시했다. 조선왕조실록/한국문집총간의 원문 이미지/번역/메타데이터를 통합 제공하는 한국고전종합DB의 구축 등은, 한국 고전학에서 공동 작업의 성과가 폭넓게 향유되고 있음을 보여준다. 김현은 DH를 '정보기술의 도움을 받아 새로운 방식으로 수행하는 인문학 연구와 교육, 이와 관계된 창조적 저작 활동'이라고 언명하며 문화산업과 인문콘텐츠의 인재 양성 발전방안을 제시하면서, 교육과 연구, 문화산업 전반의 제도적 차원에서 논의의 지평을 확장해왔다. 관련 논의는 김현, 「디지털인문학: 인문학과 문화콘텐츠의 상생 구도에 관한 구상」, 『인문콘텐츠』 29, 인문콘텐츠학회, 2013.6, pp.9~26을 참조.

것이다.

연구 성과의 확산과 함께 교육 영역에서도 제도적 기반도 확충되고 있다. 예컨대 한국연구재단의 '인문사회 융합인재양성사업(HUSS)' 중 필자가 소속된 인문사회 디지털 융합인재 양성사업단(D-HUSS)에서는 2023년부터 5개 대학 컨소시엄의 형태로, 디지털 기술과 인문학을 융합한 교육 과정을 구성하고, 대학별로 신설된 전공을 통해 개별 학과/개별 대학/컨소시엄을 넘나드는 교과·비교과 프로그램을 적극적으로 운영하고 있다. 이를 통해 AI 시대와 디지털 환경 속에서 학생들의 DH 역량과 경력의 성장을 지원하고, 국내외 학술교류를 촉진하는 학문공동체로서 '보금자리'가 적극적으로 마련되고 있다.

이러한 흐름에서 일본의 고전학을 연구하고 교육하고 있는 필자는, DH 연구를 수행할 때 여러 난관을 마주하기도 한다. 기존의 언어학·어학·문헌정보학에서 이미 인문학과 전산학의 융합적 분석 방법이 축적됐으나, 서지학/문헌편집학/문예 양식·문체 분석/소재·전거 연구/담론 분석 등, 이른바 '가까이 읽기' 혹은 '천천히 읽기'의 관점에서 볼 때, '멀리서 읽기'로 대변되기도 하는 DH적 분석법이 위화감을 불러일으키는 때도 있다. 야마다 쇼지(山田奬治)의 지적처럼, DH에는 근본적 아포리아(aporia)가 내재한다. 즉 DH 연구 방법으로 도출된 지견은 기존의 인문지식(人文知)을 뒤집지 못하는데, 이유는 문제 설정과 지견의 타당성의 평가가 애초에 기존 인문학적 지식에 의해 수행되기 때문이다.[4] 그렇다면 기존의 인문지식에 없던 지견을 기존 인문학과 다른 방법론으로 제시함으로써 DH는 이 아포리아를 어느 정도까지

---

4) 고려대 D-HUSS 사업단·국제일본문화연구센터 편, 야마다 쇼지「제2장 디지털 인문학의 아포리아: 인문지(人文知)와 정보지(情報知)의 경계에서」, 『고려대 디지털인문융합연구원 디지털인문학총서01 디지털 휴머니티즈가 개척하는 인문학: 한일 연구자의 대화』, 보고사, 2025, p.52.

극복할 수 있을까? 앞으로 DH가 학문 분야로서 자율성을 확보하려면, 연구 공론장과 학계 현장에서 (옥상옥의 견해가 아닌) 실험적·협력적·혁신적 성과를 통해 기존의 인문학 연구의 인식 지평을 얼마나 확장하는지가 관건이 될 것이다.

이 물음은 일본 고전학 연구에서도 예외가 아니다. 따라서 DH와 고전학의 교차가 연구 현장(field)에 가져올 변화와 혁신을 체계적으로 검토하고, 그 학문적 의의를 엄밀히 평가할 필요가 있다.

이 글에서는 일본 고전학의 연구 방법과 디지털 기술의 접목 가능성을 검토하고, 아울러 일본 고전학의 전위적 연구 성과가 DH 방법의 가능성과 한계를 가늠할 단서가 될 수 있는지를 고민해본다. 특히 표현사(表現史) 연구의 관점에서 몇 가지 사례 제시하고 그 함의를 구체적으로 논의할 것이다.

2. 근세 문예 연구, 디지털 무대 위에 서다

최근 일본근세문학회의 학술지『近世文藝』119호에 실린 한 논고는, 와카(和歌)와 삽화가 함께 실린 문헌 자료와 그림책을 대상으로 TEI 마크업을 시도하고 TEI에 준거한 XML 데이터 작성의 효용성을 제시했다. 이러한 작업과 동시에 일본식 초서체인 '구즈시지(くずし字)'의 탈초와 번각(翻刻, 판독 결과를 편집 규범에 따라 정리·출간)을 거친 텍스트를 디지털 형태로 공개할 필요성도 주장했다. 이는 고전문학 텍스트 데이터의 구축과 조직화 방법에 관한 논의가 대표적인 일본 고전학계에서 진지하게 조명받은 셈이다.[5] 원문을 XML 기반의 기계 가독형

---

5) 幾浦裕之, 「百首歌・題詠・画中歌・絵入本のTEIマークアップの試み：天和三年刊・菱

데이터로 재구성해 보완·편집할 수 있고, 후속 분석이 용이한 데이터 구축이 향후 연구 환경의 필수 조건이라는 점은 분명 인지된 셈이나, 문예 텍스트의 '분석'을 위한 DH 연구의 방법론이 주류 학계의 주요 관심사라고 말할 수는 없다. 일전에 필자가 조사한 일본 고전학 분야에 관한 아카이브 및 데이터베이스의 제반 환경 및 관련 국책 사업의 추진 현황에 비추어 보면, DH 연구에 필요한 일본 고전문학 텍스트 데이터베이스의 구축과 공유는 아직 요원하다.[6] 세계 속의 일본문화/일본 문학에 지적 흥미를 지닌 이들이 교류할 수 있는 첫 번째의 장소가 '복합형 텍스트'로서 디지털 아카이브/텍스트 데이터베이스가 되길 기대했으나, 그 가능성을 검토하던 당시 이후로도 뚜렷한 진전은 보이지 않는다.

물론 이는 일본 학계의 역량 부족의 문제가 아니라, 고전문학 연구의 방향 설정에 관한 문제다. 대표적 국책 사업인 '역사적 전적 NW' 사업이 화본(和本)의 디지털 화상 자료의 생산·구축을 위한 수집 단계에서부터 체계적 정리와 다양한 메타 정보의 추출·분류에 주안점을 두어 왔으며, 이는 DH 연구의 범주에 속한 탁월한 성과다.[7] 현재,

---

川師宣画『絵入藤川百首』を例として」,『近世文藝』119, 日本近世文学会, 2024.1, pp.15~28.

6) 양성윤, 「일본 고전 서적의 디지털 아카이브 구축현황에 관해: "역사적 전적 NW 사업"의 현황 및 주요 학술 데이터베이스 소개」,『고전문학과 교육』49, 한국고전문학교육학회, 2022.2, pp.7~44.

7) 일본 고전문학 연구 분야에서, 아카이브 구축이 아니라 문학 텍스트의 '작품분석'을 계량적·계산적(computational) 기법이나 데이터 큐레이션 방법으로 수행하여 학계의 본보기로 자리 잡은 획기적 성과는 아직 충분하지 않다. 화본의 디지털 화상 아카이브화가 목표를 달성 하고 문자 인식 기능이 정교해지면서 변체가나(くずし字)의 자동 판독에 관한 실험이 지속해서 진행되고 있다. 그러나 이러한 자산을 바탕으로 텍스트 데이터베이스의 정비·구축으로 이어지기보다, 곧바로 '활용' 단계(예컨대 고전 서적으로부터 에도시대 요리법 등 실용적 정보의 추출, 고전 서적에 혼입된 인간 DNA 분석으로 지역사/문화사 연구 등)로 계획이 추진되는 경향은 애초에 일본의 '역사적 전적 NW 사업'의 초기 기획 취지와는 어긋난 측면이 있다. 출판사별로 간행

2024년부터 2033년까지 '데이터 구동에 의한 과제 해결형 인문학의 창성-데이터 기반의 구축·활용에 의한 차세대형 인문학 연구의 개척 -(국문연 DDH 프로젝트)'[8] 프로젝트는 데이터 인프라 구축과 인문학 데이터 분석 기술의 개발에도 역점을 두도록 설계되었으므로 향후 실질적 성과를 기대하고자 한다.

한국의 DH 연구에서도 다양한 시도가 확인된다. 이승은의 정리와 진단에 따르면, 『조선조문헌설화집요』를 보완하여 내용 정보항을 체계적으로 분류하고 관계형 데이터베이스를 구축함으로써 컴퓨터로 검색이 가능한 인덱스를 구현하려는 노력이 진행되고 있다. 또 시맨틱 기반 야담 데이터 아카이브 구축을 목표로, 데이터 모델링(작품에서 추출 가능한 인물·사건·시공간·역사적 사실·제도 등의 객관적 정보항과 그 상호 관계의 도식화)을 통해 작품 내·외적 정보와 서사 맥락을 재현·구성하려는 시도도 이뤄지고 있다. 디지털 도구를 활용한 문체 분석(단어·문장 길이, 어휘 다양도, 형태소·단어 빈도)에 기초해 저자 고유의 문체가 식별 가능하다는 전제 아래 동일 저작자 여부를 판별하려는 연구, 감정/감성 분석(감정 어휘의 통계적 분석), 네트워크 분석(등장인물 간 상호작용을 시각화하여 기존 갈등 외에 잠재된 갈등 관계를 도출), 공간

된 전집류의 데이터는 충분함에도, 학계의 총의를 모아 텍스트 데이터베이스화로 구축하도록 추진하는 것은 여전히 요원하다. 이 점에 대해서는 필자의 논고에서 이미 상세히 지적한 바가 있다. 다만 텍스트 분석의 획기적 성과가 드물다는 평가는, 일본 주류 학술지와 학술대회 범위에서 확인된 관찰일 뿐이며, 학계의 '자율성'과 '보수성'이 강하게 작동한 탓에 아직 수용되지 못한 실험적 DH 연구가 존재할 수도 있다. 또 일본 고전학계를 '보수적'이라고 일반화하는 진단은 국내 연구자들의 편견을 강화할 수 있기에 신중해야 한다. 이에 관한 학계의 일반적 경향과 제도, 정부-학계 관계, 일선 연구자들의 성향과 그 배경에 관해서는 양성윤(2023), 위의 논문, pp.7~44를 참조하기 바란다.

[8] 국문학연구자료관의 소개 참조(https://lab.nijl.ac.jp/humanitiesthroughddps/about/).

분석(지명 비교·검증을 통한 문학 지리학적 고증과 지도 시각화[Google Maps]) 등, 텍스트 마이닝 기법의 적용도 확대되고 있다. 이러한 기술적·방법론적 진전은, 한국 고전학 연구에서 유의미한 성과로 이어질 전망이다.[9]

이 같은 한국의 DH 사례를 참조하면, 일본 고전학과 DH의 접점에 관한 몇 가지 물음을 제기할 수 있다. 이 논의의 바탕에는 필자의 '욕망'과 '반항'이 공존한다. 전자는 전통적 문헌 실증만으로는 입증이 어렵거나 직관에 머물던 난해한 가설을 DH 방법으로 검증하여 새로운 견지를 제시하고, 이를 통해 연구의 공론장을 확장·갱신하려는 열망이다. 반면, 정량·시각화 이전에 전제되는 데이터의 선정·정제·전처리가 연구 대상을 재구성하면서 연구 시좌를 차단할 수 있다는 우려, 그리고 방법이 목적을 대체하는 방법론 중심주의가 '인문학'이라는 이름으로 포장될 수 있다는 의심도 있다. 애초에 지식 생성 과정에서 DH가 기존과 다른 방식으로 지식을 조직한다면, 일본 고전학 최전선의 연구자가 제기할 의문을 데이터 전처리 단계에서 얼마나 반영할 수 있는지가 핵심이다. 예컨대 한국의 고전연구 사례에서 보았듯이, 작가의 '고유 문체'라는 가정(비록 해당 작가의 특성이나 부분적인 식별 가능성을 인정하더라도)은 일본 고전 문학 연구에 적용하기 매우 어렵다. 에도시대 문예에서는 갈래와 양식에 따라 동일 작가가 선행문예를 의식해 해당 양식의 문체를 취하는 일이 대단히 흔하므로, 독자적 문체라는 전제는 매우 신중하게 접근해야 한다. 더구나 일본 문예 양식의 다양성을 고려하면, 접근이 쉬운 현대 활자 번각본(翻刻本) 중심의 텍스트 데이터에 기댄 비평은—DH 여부와 무관하게—연구로서 박한

---

9) 이승은, 「고전문학 관련 디지털 인문학 연구의 현황과 미래」, 『고전과 해석』 39, 고전문학한문학연구학회, 2023.4, pp.89~126.

평가를 받을 위험이 크다. 또 데이터 정제 과정에서 불가피한 해석과 가중치 부여는, 전통적 연구의 용례 선정·인용·논증 구성에 준하거나 그 이상으로 엄격한 검증을 요구한다(관련 논의는 이 글의 4장에서 사례로 제시한다).

결국, 전통적 방법과 DH가 상호 보완적으로 기능하는 접점, 반대로 현재 DH로 작동하고 구조화할 수 없는 '잔여'와 분석할 원자료를 데이터로 치환할 수 있는 한계를 분별하는 것, '말(문학 언어, 혹은 표현의 역사)–인간–세계(담론)'의 상호작용을 DH가 어느 수준까지 추적할 수 있는지 가늠하는 것, 이들은 일본 고전학의 방법론적 자산을 훼손하지 않으면서 디지털 분석이 열어 줄 새로운 시야를 모색하려는 문제의식이다. 또 디지털 인문학과 일본 고전학의 접점/경계에 선 필자가 자신의 인식 변화를 자각하기 위해 던지는 전제적 질문이기도 하다. 'DH 연구에 무엇을 바라는가'라는 원론적 질문이 연목구어(緣木求魚)가 되지 않도록, 이 글은 일본 고전학에서 표현사 연구의 관점을 토대로 논의를 구체화해서 진전시키고자 한다.

필자는 시기적으로 조선 시대 후기에 상응하는 에도시대의 문예를 연구해왔다. 특히 일본의 겐로쿠(元祿, 1688~1704) 시대의 3대 문호이자 일본 문학의 역사상 서민소설의 창시자라 일컫는 이하라 사이카쿠(井原西鶴, 1642~1693)의 풍속 세태 소설을 비롯해 다양한 갈래의 텍스트 속에서 '이야기'(서사, narrative)가 생성될 때, 동시대의 세태를 비평하고 오락화한 서사의 형성 과정에 '설화'(전설/민화/항설)의 발상/상상력이 활용되는 메커니즘에 주목해, 이를 '전승의 상상력'이라 명명했다. 특히 이야기 텍스트의 생성 과정에는 동시대의 담론환경, 당대인의 삶의 방식, 그리고 '표현사(表現史)'를 토대로 새로운 표현의 가능성을 모색했던 당대인의 지적·문화적 활동이 서려 있고, 이를 탐구하는 일은 시대·지역·개별 공동체를 초월해서 문학의 보편성과 옛 문학의 현재성을 탐사하는 작업이라 할 수 있다. 여기서 '표현사'를 연구한 다는 것은, 특정 문학 작품이나 표현 방식이 어떻게 독자의 공감을 불러일으키는지를 탐구할 때 그 실마리를 '표현의 역사와 유형(型)'이 라는 관점에 두고, 오랜 세월 일본 문학의 역사 속에서 형성·전승되어 온 특정한 표현 방식이 시대의 흐름 속에서 어떤 결실을 거두는지, 그 동적인 변용 과정에 주목하여 분석하는 실천을 뜻한다. 일본 문학 의 오랜 역사 속에서 표현 유형과 매력적인 표현들에 주목하는 일은, 선행문예와 표현에 대한 옛사람들의 반응과 대응(재해석과 재인식의 행 위), 곧 당대 사람들이 담론환경 속에서 과거와 현재를 새로이 연결해 간 치열한 '글쓰기' 활동을 탐구한다는 의미를 지닌다.[10]

근대 이전의 일본에서 이야기 만들기 혹은 창작에 대한 평가는 선행 텍스트의 활용 방법의 묘(妙)에 드러나는 창의성과 독자성에 크게 좌 우되어 이뤄졌다. '전승의 상상력'은 특정 사건/사고에 대한 실감을 효과적으로 재현하고 동시대 독자/수용자에게 공유 가능한 형태로 전 하려는 의지에서 작동한다. 따라서 그 표현법을 분석하면 당대 특유의 제도화된 감성과 제도적 사고를 엿볼 수 있고, 이때 서술 방식은 표현 하는 이의 사회적 귀속, 입장, 이해관계와 긴밀히 연관하므로, 전승 행위의 결과물인 이야기는 하나의 담론적 실천으로 간주 된다. 설화

---

10) 필자는 근대 이전의 옛 일본 열도에서 만들어진 이야기(텍스트)가 전승(구승/서승)되 면서 동시대의 다양한 담론과 어떻게 공명(共鳴)하고 상관(相關)하여 당대의 도발적 인 이야기로 재탄생했는지, 그 양상을 추적했다. 특히 근세 초기의 계몽문예부터 풍속소설과 극문학, 에도시대 말기 필사본으로 유통되었던 민중 문예인 '실록체 소설' 에 이르기까지 언어표현의 층위(표현의 가능성, 의미의 재현체계)를 어떻게 획득했 는지를 탐구해왔다. 구체적으로 말하면, 동시대의 사건/사고와 세태풍속을 서사화하 고 전승하는 과정에 '전승의 상상력'이 개입하여 빚어지는 문학적 효과, 그 상상력이 사회적 담론들과 맞물려 발현되는 방식과 생성 메커니즘을 분석했다. 양성윤, 「第一 章 伝承の想像力」·「第二章 様式に関する試論」, 『西鶴奇談研究』, 文学通信, 2023, pp.21~273.

및 선행문예를 인지·해석하는 과정에서 어떤 담론들이 어떻게 도입되고 결합하는지, 서술의 층위를 분석 대상으로 삼을 때, 이야기는 동시대 담론을 추수·강화하거나, 이에 맞서거나 전환을 촉구하거나 가시화되고 형성화되지 않았던 삶과 목소리를 새롭게 표현하는 가능성(층위)을 획득하는 실천으로서 기능한다. 그리고 이러한 이야기 만들기의 영위는 동시대의 '문제적 자화상'을 다각도에서 드러낸다.[11]

'전승의 상상력'과 동시대 사회·문화 담론의 상관 속에서 생성되는 이야기의 특성과 도발력, 그리고 문예가 오락성과 비평성을 획득하는 메커니즘을 규명해 온 필자는, 이하의 몇 가지 사례를 통해 DH의 가능성을 시험하고자 한다.

3. 옛사람들의 '연상 플레이'를 보이는 데이터로
: 『하이카이 루이센슈(俳諧類船集)』에 숨은 의미연상망

우선 주목하고 싶은 견해는, DH 연구와 한국 고전학에 관한 류인태의 관점이다. 그는 "아날로그 환경에서의 읽기-쓰기가 디지털 환경에서의 읽기-쓰기로 연장·진화하는 흐름은 이제 시작 단계"이며, 기계와 데이터를 단순한 도구로 보기보다 "읽기-쓰기의 새로운 생태(ecosystem)로서 디지털 환경을 응시"하려는 노력이 확대되고 있다고 지적한다. 이 견해는 "고전 텍스트에서 고전 데이터로"의 전환이 전통적 읽기-쓰기 경험을 단절하는 것이 아니라 디지털 환경에서 그 경험을 확장·공유하는 채널이자, 텍스트와 텍스트 사이에 내재한 지식 지형

---

11) 이러한 관점에서 텍스트를 분석한 실례는 양성윤, 「일본 근세 '이야기'의 전승과 지식: 설화문학 연구방법론 및 전승의 상상력에 관한 시론」, 『日本語文學』 99, 한국일본어문학회, 2023, pp.156~175를 참조.

을 가시화하는 "고고학적 성격의 접근"[12]이라는 점을 분명히 한다.

앞서 필자가 명토 박아 두었듯이, 전근대 이야기 생성 메커니즘은 선행문예·설화의 화형을 전유하는 '전승의 상상력'—곧 읽기와 쓰기의 복합적 창조 행위—로 이해할 수 있다. 사건·사고를 서술할 때 특정한 선행 서사를 채택(발견)하는 행위 자체가 당대의 표현문화와 상호작용하는 해석행위라면, DH 연구는 그 과정에서 형성되는 표현의 층위, 텍스트 및 담론 간 관계망, 그리고 연구자가 자료 선별과 탐사를 통해 남긴 사유의 궤적을 가시화·도식화함으로써 전통적 '읽기-쓰기'를 계승하면서도 확장하는 분석의 장을 제공할 수 있다. 다시 말해, 옛 문학 텍스트를 고찰하는 과정에서 포착되는 연구자의 직관(촉)이 자료의 선별과 새로운 탐사로 이어지는 궤적을 밝힐 수 있다면, 그러한 도시(圖示)는 매력적인 통찰의 순간과 관점을 전경화(前景化)하는 작업이 된다. 이런 의미에서 '텍스트 및 텍스트 사이의 관계에 내포된 지식 지형을 가시화하는 고고학적 접근'은, 연구자가 실제 연구 과정에서 수행하는 다양한 탐사와 유비 관계에 있다. 여기서 필자는 DH의 방법으로 연구 실천이 가능한 하나의 서적을 사례로 들어, '전승의 상상력'을 어디까지 가시화할 수 있을지 살펴보고자 한다.

대상은 에도시대를 통틀어 널리 읽힌 연상어 사전이자 속 문예의 운문 갈래인 '하이카이(俳諧)'의 구작(句作) 참고서, 다카세 바이세이(高瀨梅盛, 1619~1702) 편저 『하이카이 루이센슈(俳諧類船集)』(1677, 이하 '루이센슈')이다. 이 책은 렌가(連歌)·하이카이를 비롯한 근세 문예를 주석할 때 참조 자료로서, 연구자들은 주로 하이카이의 '쓰케아이(付合)' 근거를 검토할 때 자주 활용한다. 필자는 '루이센슈'가 텍스트 및 텍스

---

12) 류인태, 「데이터로 고전을 읽는다는 것」, 『고전문학과 교육』 51, 한국고전문학교육학회, 2022, p.50.

트 사이의 관계에 내포된 지식 지형을 가시화하는 고고학적 성격을 드러내기에 적합한 자료로 판단한다.

논의의 편의상 '쓰케아이(付合)'에 관한 배경 지식을 약술한다. 근대 이후 홋쿠(発句)가 독립해 오늘날 주로 '하이쿠(俳句)'로서 불리고 있으나, 본디 '하이카이(俳諧)'는 '하이카이노렌가(俳諧之連歌)'의 약칭으로, 일본 문학사에서 대표적인 '공동체 문학(座の文芸)'이다. 뜻을 같이한 이들이 모여 정해진 규칙 속에서 자유로운 발상과 연상을 극대화하며 구를 이어 만든다. 첫 번째 구(前句)가 읊어지면, 다음 구(付句)는 그 시정(詩情)이나 어휘를 실마리로 삼아 관련 속에서 하나의 '이야기 세계'를 구축한다. 그러나 세 번째 구(打越)는 앞선 두 개의 구가 이룩한 세계와 분위기에서 과감히 이탈(해체)해야 하며, 동시에 직전 구와의 새로운 관계 속에서 또 다른 세계를 형성해야 한다. 이렇게 구축과 해체가 반복되며 36구든 100구든 전체가 하나의 조화로운 세계로 완성된다. 이는 에도시대의 전위적·창발적 문학 활동이라 할 수 있다. 전통 시가인 와카(和歌)가 '본의/본정(本意/本情)'이라는 시가의 전통 속에서 도태되거나 세련되어 전승하는 과정에 남겨진, 이른바 특정 사물과 풍물의 가장 이상적이고 아름다운 국면을 포착해 온 '공동적(共同的) 감성'에 의해 극화된 시정을 자랑하는 것과 달리, 애초부터 하이카이는 와카를 패러디하고 해학을 품은 갈래로서 아속(雅俗)의 낙차를 적극적으로 활용한다. 와카의 고아한 세계를 전제·공유하되, 그 세계에서 읊을 수 없는 한자어·속어 등 일상 비근한 언어인 '하이곤(俳言)'을 빈번히 구사함으로써, 하이카이는 소재적 제약에서 비교적 자유롭다.

여기서 '쓰케아이(付合)'는 앞의 구에 다음 구를 이어 붙여 두 구 사이의 시정을 생성하고 단어의 맥락을 연계하는 동시에, 이미 형성된 앞 두 구의 맥락에서 과감히 벗어나 다음 구와 새롭게 접맥하는 창작

영위이다. 따라서 구작의 참여자에게는 단어들 사이의 연상 관계에 대한 지식이 필수이며, 바로 이 지식을 제공하는 연상어 사전이 『루이센슈』다.

이 사전은 연상 관계에 있는 단어를 채집·공유하여, 하나의 '문화 코드'로 자리 잡은 단어·어휘·개념들을 열거한다. 그런데 표제어와 관련된 핵심 단어들이 나열되어 있으나, 표제어와 나열어 사이의 관계, 나열어 상호 간의 연계와 그에 내포된 '공유 지식'에 대한 해설은 전무하다. 현대인에게 매우 불친절한 사전이지만, 『루이센슈』의 입항된 단어들 사이에 배태된 지식과 감성을 '공유지'이자 '암묵지'의 형태로 담지하고 있는, 이른바 당대의 '연상어 아카이브/데이터베이스'의 결정체라 할 수 있다. 따라서 단어 관계망과 문맥에 내포된 지식 지형, 그리고 동시대인의 상상력의 존재 방식이 어떻게 구축되어 있었는지를 알려 주는 매우 귀중한 자료적 가치를 지닌다. 그럼에도 본서에 대한 체계적·본격적 연구는 시도되지 못했다.

가와무라 에이코(河村瑛子)가 지적하듯이 본서에 기재된 연상의 내실을 파악하는 것은 문학 작품의 정밀한 이해를 도모할 때 필수적임에도, 단어들의 관계가 의거하고 있는 출전들(선행문예)에 관해서도 제대로 규명되지 못한 채로 있다. 가와무라가 본서에 대해 몇 가지 특징적 사례로 드는 것이 출처나 작가를 확정할 수 없는 전승된 와카나 고우타(小唄/伝承歌)에 속하는 존재들인데 이들은 현재 『신편국가대관(新編国歌大観)』에는 검색되지 않는 희귀 자료로서 에도시대의 와카 세계를 추찰할 수 있는 실마리를 제공한다.[13] 더구나 근세 전기 '연상' 및 '쓰케아이' 운용 실태를 보여 주는 자료가 풍부하지 않은 현실을 감안하면, 민속학·역사학·문화인류학 등 인접 학문의 성과를 참조해 관련 지견

---

13) 河村瑛子,「『俳諧類船集』研究の諸問題」,『古俳諧研究』, 和泉書院, 2023, pp.97~125.

을 총동원하고, 새로운 주석 방법을 확립할 필요가 있다.

그렇다면 새로운 주석 방법은 어떻게 시도할 수 있을까? 본서의 구조와 편집방법을 규명하려면, 주석 연구가 어떠한 방식으로 수행할지가 핵심과제다. 개별 단어의 어석(語釈)만으로는 충분히 드러나지 않기에, 필자는 '새로운 주석'이라는 표어보다 DH의 가능성에 입각한 조사 방법의 갱신이 필요하다고 본다. 에도시대의 제도적 감성과 사고, 연상의 문맥을 복원하는 작업은 쉽지 않다. 이에 본서에 대해 필자가 제안하는 바는 시멘틱 테크놀로지에 기반한 아카이브를 위한 데이터 모델링이다. 본 사전에서 단어들 사이의 의미연결망을 파악하고 구체적 맥락을 재현하여, 데이터 베이스로서 의미적 관계망을 구축해 보는 것인데, 여기서 유의할 점은 명료한 답을 상정할 수 있는 당대의 문화·사회적 맥락이 실제 존재한다는 사실이다. 현대 연구자가 해석자/감상자로서 텍스트의 표현을 추출·분절·분류해 의미를 추정하는 작업이 아니라, 당시 사람들이 향유하던 특정한 이미지 연결을 탐색(발견)하는 일이다. 이는 특정한 작품집의 내용·형식과 주석을 통해 확보한 정보를 검토·분석·분류하고, 그 결과를 온톨로지 설계로 구조화해 제시하는, 즉 가설·선행 연구의 편집과 해석, 중요도·가중치를 부여한 모델링과는 성격이 다르다. 앞서 말했듯 『루이센슈』는 이미 당대의 풍속과 문예 세계 속에서 구축된 동시대의 연상 문맥 아카이브/데이터베이스에 가깝다. 따라서 최초의 고고학적 접근은 정해진 답을 수수께끼 풀 듯 복원하는 데 있다.

구체적 절차는 다음과 같다. 첫째, 표제어와 그에 연쇄된 하위 연상어 가운데 상당수가 본문 다른 곳에서는 다시 표제어로 항목화(立項)되어 있다. 동일 어휘가 서로 다른 위상으로 교차 등장하므로, 이를 전수·수집해 계통적으로 분류하는 작업이 선행되어야 한다. 둘째, 사전에는 표제어·연상어에 관해 간략한 문장 설명이 부기되어 있는데, 특정

서적의 지칭, 표제어와 관련된 와카 인용, 동시대 풍속에 대한 짤막한 기술이 포함된다. 이러한 흩어져 있는 정보를 정리하는 기초 작업이 필요하다. 현재 표제어와 연상어가 어떤 기준·분류법에 따라 열거되었는지에 대한 경향 분석은 부재하다. 따라서 의미 맥락을 탐사하는 일은 내부 정보의 재분류에서 출발하되, 고전 문예 전반을 횡단하는 데이터베이스 구상을 염두에 두고 정보를 축적해 나갈 필요가 있다. 이러한 시도가 어떤 의의를 지니는지 가늠하기 위해서, 먼저 본서의 자료적 가치를 단적으로 드러내는 예를 몇 가지 검토하겠다. 아래는 권1의「走」(ハシル, 달리다)라는 항목이다. 표제어에 관련된 여러 연상어가 나열되어 있다.

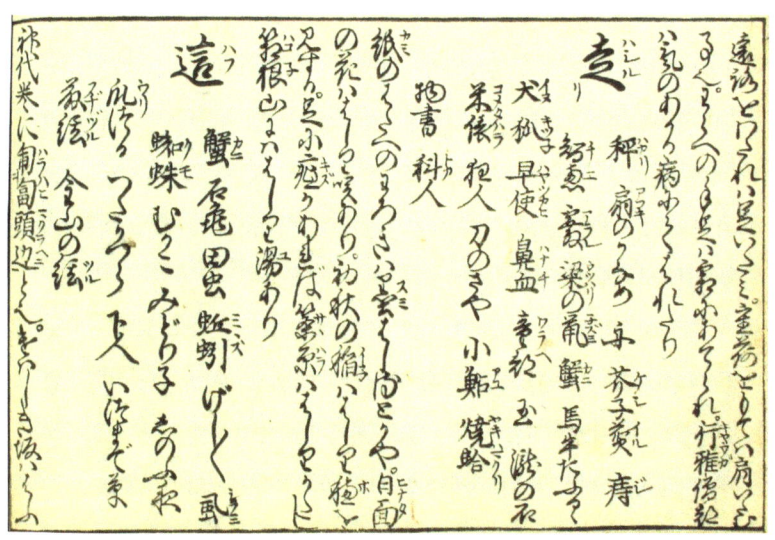

와세다대학 도서관(早稲田大学図書館) 소장본(中村俊定文庫)[14]

---

14) 청구기호(文庫18 00081). 인용은 와세다 대학 고전적 총합데이터베이스(古典籍総合 データベース).

시오무라 고(塩村耕)는 에도시대의 정신구조를 파악하기 어려운 사례로서 「走」(달리다)에 연결된 연상어 항목을 든다. 열거된 단어들(秤·扇のかなめ·舟·芥子煮·痔·知恵·霰·梁の鼠·蟹·馬牛たふるゝ·犬·狐·早使·鼻血·童部·玉·滝の石·米俵·狂人·刀のさや·小鮎·焼蛤·物書·科人) 중 사람에 속하는 것은 '早使·童部·狂人·科人'뿐이다. 시오무라에 따르면 아동과 광인은 인간세계와 신불적 세계의 경계적인 존재로서 당시 인식에서 '人'으로 보지 않았고, 따라서 기본적으로 사람은 달리지 않는다는 점을 환기한다. 즉 '달리다'라는 어휘가 『일본국어대사전(日本国語大辞典)』의 '사람이나 동물이 재빨리 이동한다'라는 정의는 에도시대의 의미 사용과 맞지 않고, 오히려 '인간 이외의 것이 예기치 않게 자주적(自走的)인 움직임을 보이는 것'으로 이해하는 편이 합당하다는 것이 그의 지적이다.[15]

필자는 시오무라의 견해에 동의하면서, 같은 항목에서 특히 표제어 '走'와 연상어 '狐' 사이의 연관에 주목한다. 두 항목은 어떤 문화적·의미적 고리로 맺어져 있을까? 더 나아가 연상어들 사이에도 관계망이 펼쳐져 있는데, '狐'와 '早使'(빠르게 소식을 전하는 자)는 어떤 맥락으로 연결되어 배치되어 있었을까?

'달리다–여우', '여우–빠르게 소식을 전하는 자'의 연관은, 필자가 별도 연구에서 확인한 문화사적 배경과 문맥을 통해 실마리를 잡을 수 있다. 논의 전개상 공표한 연구 성과를 약술하면 다음과 같다. 필자는 미해독으로 남아 있던 이하라 사이카쿠(井原西鶴)의 유고 소설집 『사이카쿠 나고리노토모(西鶴名殘の友)』(1699년 간행) 권3의 제7화 「다른 사람보다 뛰어나 빠른 길로(人にすぐれての早道)」라는 기담을 해독하

---

15) 塩村耕, 「あとがき: こんな仕事がしたい」, 『近世前期文学研究: 伝記·書誌·出版』, 若草書房, 2004, p.394.

는 과정에서, 이 이야기가 '시이치 이나리 전설(志一稻荷傳說)'·'요지로 이나리 전설(與次郎稻荷傳說)'을 비롯한 각 지방의 '여우 비각 전승(狐飛脚傳承)'을 배경으로 하고 있음을 규명했다. 이 전승의 핵심 모티프는, 여우가 주인을 위해 빠른 발로 소식을 전하는 '비각'으로 활약하다가 끝내 비업(非業)의 죽음을 맞이한다는 점이다('비각'은, 빠른 발로 편지나 정보를 전하는 역할/정보전달자). 기존의 야나기타 구니오(柳田國男)의 학설 이후 불명료했던 전승의 화형(話型)과 이야기의 논리/사고(思考)를, 열도의 여우비각전승(狐飛脚傳承)을 재발굴·재조명함으로써 정리했다. 전승 내용에 따른 화형을 체계화하고, 전설에서 민담에 이르기까지 이야기 변천의 양상을 해명한 것이다. 요컨대 통례의 여우 전승은 여우가 주군으로부터 그 충의(忠義)를 인정받아 사후에도 현창(顯彰)되는 여우 충의담(狐忠義譚)/여우 포상담(狐褒賞譚)으로 전국적으로 유포되어 있었다.[16]

여기서 알 수 있듯이, 『루이센슈』의 '달리다-여우'의 관계, '여우와 빠르게 소식을 전하는 자'의 연상 관계에는 여우와 관련된 특정 전승이 배경에 있으며, 배태된 문화적 전승 문맥을 조명하면 현대 연구자들의 난관(친숙하지 않은 당대의 사유/제도적 사고와 제도적 감성을 발굴하는 것)이 드러나는 동시에, 이질적 의미 재현체계와 접속하는 표현문화사 연구의 가능성도 함께 드러난다.

---

16) 이 이야기는 해독되지 못한 채 기담으로도 주목받지 못했으나, 필자의 연구를 통해 에도시대의 당대 무가 사회에서 '충의'에 대한 당대의 인식을 비평하는 창작 영위가 규명되었다. 전승의 상상력은 당대의 작자와 독자 사이의 암묵적 규약과 이해를 형성하고, 그 과정에서 무가의 세태와 사무라이의 심성이 역설과 위화의 서사 효과 속에 극적으로 부각된다. 이 이야기는 전승의 핵심 화형(충의담·포상담)을 비틀어 무가 세태를 비평하고 있다. 이에 대해서는 양성윤, 「第一章 傳承の想像力 第一節『『西鶴名殘の友』卷三之七「人にすぐれての早道」と狐飛脚傳承」, 『西鶴奇談研究』, 文学通信, 2023, pp.21~45 참조(초출은 양성윤, 『國語と國文學』 95~66, 東京大學國語國文學會, 明治書院, 2018, pp.21~36).

또 하나 주목할 점은『루이센슈』가 문예 텍스트의 내용만을 근거로 하지 않고, 역사적 사건·전승 문예·풍속·세태·사건/사고 등 다양한 소재에서 연상 관계를 추출해 수록한다는 사실이다. 예컨대 '月待' 항목의 연상어로 '孕女' '行人' '旅の留守'가 입항되어 있다. 지금껏 조사된 바가 없으나 그 연상 문맥을 살펴보겠다.

'旅の留守'의 연상 근거는 에도시대 간행본『만요슈(万葉集)』(1643)를 참조하면, 권12의 '羇旅発思'에 '月易へて君をば見むと思へかも日もかへずして恋の繁けむ'(다음 달이 되면 당신을 만나고자 생각하기 때문일까, 하루도 지나가지 않는데도 이토록 사랑의 마음에 사무치는 까닭은)을 찾을 수 있다. 현재 곁에 없는 상대를 그리워하는 노래인데, 연인을 떠나보낸 이의 노래로 새길 수 있다. 혹은『고센와카슈(後撰和歌集)』사랑(恋) 3권에 수록된 기노 쓰라유키(紀貫之)의 노래로, 'やむごとなき事によりて遠き所にまかりて、立たむ月許になんまかり帰るべきと言ひてまかり下りて、道よりつかはしける'라는 설명과 함께 쓰라유키의 'つらゆき 月かへて君をば見むと言ひしかど日だに隔てず恋しきものを'라고 있듯, '다음 달이 되면 당신을 만난다고 말했건만 하루도 지나지 않은데도 이토록 그대 생각에 사무치는 것은'이란 맥락도 가능한데, 여기서는 반대로 길을 떠난 자의 마음을 읊고 있다. 두 와카가 탐색되었을 때,『루이센슈』가 어느 쪽을 근거로 삼았는지 단정할 수 없으나, '달-이별-그리움'과 연관되어 떠난 이를 그리는 여인의 심사와 연상 맥락이 유력한 향유 방식으로 추정할 수 있다. '孕女'는 임신한 여인이 산달을 기다리는 상황과 연결되며, 이러한 연상 문맥의 용례는 하이카이에서 어렵지 않게 확인된다.[17]

---

17) 예컨대『時勢すがた』(1672년 간행) 제4의 하의 용례로서「宗甫 月待ば千々に無事こそ祈けれ/孕たりしかなやみ冷じ」를 찾을 수 있다.

그렇다면 '行人'은 어떠한가? 앞서 언급했듯이 '月'-'行人'의 관계뿐 아니라, '行人'이 표제어로도 입항되어 있다는 점에 유의하자. 표제어의 위상에서 하위 연상어를 보면 '高野'와 '月日待'를 확인할 수 있다. 즉, 중첩되는 관계망을 통합하면 연상 의미망을 탐사할 실마리가 열린다. 필자의 조사에 따르면 '行人'·'高野'·'月日待'는 홍법대사(弘法大師) 출생 설화와 고행(苦行) 풍습과 관련된다. 에도시대에 '교닌(行人)'은 돈이나 쌀을 구걸하며 높은 다카아시다(高足駄)를 신고, 머리에 물이 담긴 바구니를 인 채 조심스레 걷는 특이한 기예를 보였고, 보시한 이에게는 얇은 목판에 계명(戒名)을 써주거나 기도를 올렸다. 그 기원을 추적하면 『셋쿄 가루카야(説経かるかや)』의 '고야의 권(高野の巻)'에 보이는 홍법대사의 모친이 아이 갖기를 간절히 바라는 전승담(申し子譚)에 닿는다. 고행의 동작은 앞서 보시를 바라는 '行人'의 동작과 유사하다.[18] 전설과 에도시대까지 계승된 민간 풍속이 어우러진 전승 문맥이 연상 관계의 기반을 이루고 있다.

이러한 방식으로 분류를 시도하면, 예컨대 '사무라이(侍)'와 '무사(武士)'의 경우도 다시 묶어 상호 간 표제어와 설명을 참고할 경우 종래의 풍속 사료에서 전면에 등장하지 않았던 당시의 세태를 엿볼 수 있게 된다. '侍' 항목에는 여행 중 상인이 사무라이의 복장을 하고서 관

---

18) 교닌에 관한 기초적 설명은 『人倫訓蒙図彙』(1690년 간행)에 소개되어 있는데 여기서 상세한 인용은 생략한다. 기원을 엿볼 수 있는 자료로서 『료리사이지키(闇里歳時記)』(1780[安永九]년 序, 写·二巻)의 「九月二十三日」 항목에 기재된 달맞이 풍습에 주목하고 싶다. 사람들이 달맞이하면서 그릇에 물을 담고 머리에 올린 후 지붕 위에서 서 있다는 기술이 보이고, 이러한 민간신앙의 의식과 '行人'의 기예에 친연성을 확인할 수 있는데(인용은 『続日本隨筆大成別巻: 民間風俗年中行事·上』, 吉川弘文館, 1983.), 1668년(寛文8年) 간행된 『셋쿄 가루카야(せつきゃうかるかや)』의 「高野の巻」에 나오는 홍법대사·구카이(空海)의 탄생설화에도 23일 밤 달맞이를 하는 모친 '아코야 고젠'이 이날 밤 같은 복장과 형식으로 회임을 바라는 일화가 있다는 것을 지적해 둔다.

문을 통과하거나 이동하는 사례가 소개된다. '武士'의 항목에도 에도로 가는 길에 상인이 무사의 복장으로 하지 않는 경우가 없다고 설명한다.[19] 오늘날 시각에서는 기묘해 보이는 이 세태를 하이카이·센류(川柳)의 용례를 탐색하면, 여행 중 강도를 경계해 상인이 무사로 변장했다는 정황, 그리고 신분에 따라 뱃삯 산정이 달랐다는 사실―무사는 뱃삯이 면제되어 상인이 무사로 변장할 경우 뱃사공이 그 위장을 가려냈다는 세태―을 읽을 수 있다.[20] 더 흥미로운 점은 '武士'가 등장하는 항목을 추적하면, 표제어 '問屋'의 '道中の問屋はまがひの武士をよく見しるとかや'라는 표현이 말해 주듯, 당시 숙박·여인숙을 겸업하던 도매업자들이 무사로 위장한 이를 식별할 수 있었다는 이해까지 섭렵하게 된다.

이처럼 사전의 분류 방식과 특정 단어의 선정방법을 파악하며 공동연구로 연상 관계를 탐색한다면, 유의미한 성과를 기대할 수 있다. '武士'·'侍' 표제어에 동시에 출현하는 관계를 링크로 설정해 의미연결망을 만들고, 의미 범주를 구획한 뒤 '사무라이―상인'이라는 문맥을 추가로 연결하면, 문화사·풍속사적 인식을 포착할 수 있다. 여기서 시맨틱 네트워크 분석을 적용하면, 관련도가 높은 항목을 결속한

---

19) 『루이센슈』의 인용은 청구기호(文庫18 00081), 와세다 대학 고전적 총합데이터베이스(古典籍総合データベース)에 의한다. '侍' 항목에 '道中は商人も職人も侍のふりをにせてとをるなり。侍かとおもへばにしきのひたたれをきたりとも', '武士' 항목에 '道中、江戸くだりの商人の武士にならぬはなし'.

20) 무사 복장을 하는 것에 대한 용례로서 '武士に成たる旅のふるまひ 仙可'(其角編 『花つみ』) 혹은 '似せ侍神はうけずや旅心 洞雨'(才麿編 『誹諧坂東太郎題』) 등이 보인다. 또 센류(川柳)의 용례를 들면 1695년(元禄8) 8월 12일 切·不角評 『昼礫』에 수록된 '渡し守り武士に銭出す法やある'의 구는 앞의 구(마에구[前句], '股立取て足早に行く')로부터 이어진 문맥을 고려하여 해석하면, 뱃사공이 (상인의 변장을 간파하여 돈을 요구하자) '무사에게 그렇게 돈 내는 법이 어디 있냐'라며 빨리 달아나려는 이를 뒤쫓는 서사가 형성되어 있다(용례의 출전은 棚橋正博·宇多敏彦·鈴木勝忠, 『新編日本古典文学全集79 黄表紙 川柳 狂歌』, 小学館, 2003, p.284).

네트워크를 구성해 시각화하고, 관련 용례의 자료를 정량분석으로 내재 정보를 도출할 수 있다. 데이터 관계도를 시각화해 의미망을 구성한다면 새로운 발견으로 이어질 가능성이 크므로, 그 가치를 적극적으로 평가하고 활용해야 한다. 문학 텍스트의 주요 테마·상징·모티프를 탐색할 때, 이러한 공유지 플랫폼은 의미연결망 분석을 통해 다양한 개념의 결합을 도시함으로써, 해당 문예 텍스트의 문화·사회적 맥락을 이해하는 데 중요한 역할을 할 것이며, 향후 활용범위도 넓을 것이다.

또 『루이센슈』가 후속 문예물들의 생성 기반이 되었던바, 역사적 사실/풍속 세태와 제도, 고전에서 이어진 문예의 내용 및 전승 문예(전설/민담)의 정보, 갈래를 횡단하며 형성된 독특한 상상력까지 반영되어 있다. 이를 고려해 하이퍼 텍스트 기능을 갖춘 지식편찬 플랫폼을 공동으로 구축한다면, 효용은 크게 증대될 것이다. 이와 같이, 단어들 사이의 맥락과 의미적 관계망을 밝혀 입체적으로 도시할 수 있다면, 에도시대 문예와 글쓰기 영위의 다양한 비밀, 작품분석의 핵심적인 요소를 참조하게 될 뿐만 아니라 풍속사/문화사의 귀중한 유관자료도 제공될 것이다.

끝으로 필자가 DH 연구로서 기술적 설계를 제안하기에 앞서 다시금 강조하고 싶은 점은 다음과 같다. 당대의 상상력과 생활양식/사고방식에 관한 풍요로운 정보가 다층의 의미 관계망으로 엮여 수록된 이 사전은, 근대 이전 일본의 표현사·문화사를 해명하고 문예 작품의 분석에 즉각 활용할 수 있는 핵심자료들의 요체다.[21] 이러한 '보고(寶

---

21) 이에 관한 구체적 사례는, 양성윤, 「일본 근세기 쌀시장의 원풍경과 쌀 상인의 영위: 반사경으로서 풍속 세태 소설의 비평적 시좌」, 『일어일문학연구』 134, 한국일어일문학회, 2025, pp.246~250('4. 하이카이(俳諧)의 연상·정조가 구성하는 반사경의 시학') 부분을 참조.

庫)'에 대해 온톨로지 디자인·데이터 모델링을 적용하고, 풍부하게 축적된 시가 문학/전승 문예/세태풍속자료/고전 산문의 편찬 용례를 아카이브 프로젝트로 공유한다면, 분명 『루이센슈』는 획기적인 디지털 데이터베이스이자 문화사·정신사의 자산으로 진취적으로 활용될 것이다.

4. 디지털로는 끝까지 안 보이는 것들
  : 문체·감정 분석에서 서사·담론까지

이어서 DH로 필자의 연구 과제를 수행한다면 무엇이 가능하고 무엇이 불가능한지, 한 가지 사례를 통해 문제의식을 공유하고자 한다. 이는 '멀리서 읽기'로 수행되는 DH 연구의 방법에 대해 애써 꼬투리 잡고 포폄하고자 함이 아니다. 다만 일본 고전문학의 연구에서 문체와 감정, 주제, 서법(敍法: 화자·청자의 관계와 위상 차를 활용한 서사 전략) 같은 영역으로 들어가면, 현재 DH를 표방한 논문들이 제시하는 분석법으로는 필자가 기대하는 수준의 텍스트 분석에 적용하기 어려운 '곤경'이 있다는 점을 말하고자 한다.

특히 옛이야기의 독특한 감각과 분위기가 어떤 과정을 거쳐 형성되는지—특정 시대·사회의 문예 관습과 문학 언어의 운용(문체·어조 선택, 소재에 대한 감정적 태도, 구두점과 리듬, 양식의 차용, 다양한 화자의 성격과 운용법)과 동시대 담론 환경이 복합적으로 얽혀 만들어 낸 서사의 층위, 그리고 당대 독자와 텍스트의 관계·소통 방식—를 밝히는 일은, 기존 사료 분석만으로는 포착하기 어려운 당대인의 삶과 정념을 이해하는 데 직결된다. 이러한 관점에서, 일본의 문화연구·고전학·고문헌 연구에서 이야기를 분석하는 연구자들은 대체로 화본(和本)에

대한 문헌서지학·편집학 지식과 변체가나(崩し字) 해독 능력을 갖추고 있다. 이는 근현대 양장본으로 간행된 활자 텍스트, 즉 번각·교정 본문을 구성하는 과정에 개입한 연구자 해석의 적절성과 정확성을 검증하는 역량과 관련된다. 또 특정 텍스트의 구체적 표현을 동시대 사회·문화·역사적 맥락에 재배치해 분석할 수 있도록 방대한 원본 자료를 직접 해독하는 능력이 필수 소양으로 요청된다.

하나의 사례로서 특정 작품에서 '감정/문체/담론'을 분석하는 작업과 교정 본문의 문제를 함께 생각하며, DH 연구의 가능성과 현 단계의 한계치에 대해 생각해보고자 한다. 일본 고전학 관련 지식 형성 과정을 간략히 도식화하면, 다음과 같이 이해할 수 있다.

  G 교양서/신문 칼럼 연재/대중강연 ← F 학술연구서/사전 ← E 학술논문(학술 공론장)【⇋】D 각종 문헌 자료집(集成)/전집류(校訂本文) ← C 연구영역에서 조명받는 1차 자료들 ← B 개별 연구자들에 의한 자료 및 취사 선택 ← A 조명받지 못한 묻혀있는 자료들[비자각적 문제 설정의 영역]

같은 작품의 텍스트(원문자료)가 번각되어 구두점/단락 구별/주석/상용한자 및 히라가나-한자 변환/등장인물의 대사 구분 기호/현대어역까지 갖추고 있는 '교정 본문'(D)이, 출판사 별 전집류에서 여러 버전으로 편찬되어 있다. 이야기를 분석할 때, 각 교정 본문은 원문에 대한 학계 정설과 교주자의 해석을 반영하고 있으며, 연구의 진전과 학문수준의 향상에 대한 평가는 연구 공동체의 자율적 기능에 맡겨지고, 그 지표는 대개 학술 논문(E) 단계에서 이뤄진다. 이 과정에서 텍스트에 대한 주류 해석이 전복되고 갱신되는 사례도 적지 않고, 해당 견지가 새로운 전집/단행본 편집으로 이어져 고전의 본문이 재교정되는, 바람직한 선순환적 피드백 기능이 구현되기도 한다.

그러나 필자의 연구 경험상, 새롭게 나온 교정 본문과 연구자의 해석이 오히려 작품 이해를 오도하거나 '망치는' 경우도 있다. 따라서 양장본 중심의 번각 텍스트/교정 본문을 어디까지 신뢰하며 연구를 진행할 것인가는, 일본 고전문학연구에서―연구자와 학파의 평판 문제까지 아우르는―매우 민감한 쟁점이다.

예컨대 필자는 사이카쿠의 풍속소설 『제염대감(諸艶大鑑)』(1684년 간행) 권5의 제3화 「죽으면 함께 목검(死ば諸共の木刀)」을 해독하면서, 현대 연구자들이 맞닥뜨리는 애로를 확인했다. 즉 인물들의 모호한 감정 표현, 작가의 문체, 교정 본문과 원문의 차이, 해석사, 그리고 이야기가 초점화하는 동시대 풍속/문화사적 문제의식의 파악을 철저히 규명하지 않으면, 유곽문화를 다룬 풍속소설의 명작으로 운위되던 본 이야기의 분석은 진전되기 어렵다. 또 텍스트 분석은 단일한 문제 의식과 방법만으로는 이야기의 매력과 표현의 도발력을 포착하기 어렵다는 점도 확인했다. 필자는 이 이야기에 대해 '감정·문체·담론'을 분석하는 작업과 교정 본문의 문제점을 함께 염두에 두면서, DH 연구의 가능성과 현 단계의 한계를 가늠해볼 수 있는 계기로 삼고자 한다. 줄거리는 다음과 같다.

> 한루(半留)로 불리는 다이진(大尽)은 요시와라(吉原) 미우라야(三浦屋)의 다유(太夫) 와카야마(若山)의 단골로, 그녀를 낙적(落籍)해 아내로 삼겠다고 약속했으나, 유녀의 진정을 의심해 돌연 발길을 끊는다. 와카야마는 편지를 거듭 보냈으나 묵묵부답. 어느 날 한루는 자신은 파산했고 나를 잊어 달라는 거짓 편지를 보낸다. 이에 와카야마는 옷과 돈을 동봉하여 편지를 보내어 남몰래 만났으나 한루는 비루한 모습으로 몰락한 신세를 비관해 동반 자살을 권한다. 와카야마는 즉시 여기서 죽고자 답했으나 한루는 때를 달리 정한다. 약속의 날, 아게야(요정)에서 서로 단도를 겨누는 찰나, 와카야마는 "아, 슬퍼(かなしや)"라고 탄식

한다. 기방 관계자들이 들어와 즉석에서 한루를 추궁하자, 한루는 진검이 아니라 은박을 입힌 목검이며, 낙적에 필요한 금액도 지참했고, 모든 행위가 와카야마의 진정을 시험하기 위한 것이라고 해명한다. 듣고 있던 와카야마는 곧장 "목숨이 아까울쏘냐"라고 다시 면도칼로 자살을 시도하나 제지당한다. 잠시 숙고한 한루는 와카야마를 낙적하되 바로 고향으로 보낸다. 이후 한루는 아카시(明石)라는 유녀에게 접근하나 아카시는 와카야마와의 관계를 이유로 유녀에게도 체면이 있다며 거절하고, 한루는 이미 와카야마는 유곽을 떠났고 마지막 말 한마디가 마음에 들지 않아 더 만날 일이 없다고 하며 "이런 내가 무섭지 않으면 함께 놀자"라고 재차 권하니, 아카시는 이에 괘씸하다며 기꺼이 응대하며 교제를 시작한다. 둘은 이후 유곽 놀이의 모범을 보였다고 회자된다.

지금까지 주류 해석은 유녀와 유객의 관계는 애초에 유곽이라는 공간에서 돈에 의해 규정될 수밖에 없는 것이기에, 한루의 의심은 해소되지 않고 와카야마의 진심이 수용되지 않았다는 평론, 요컨대 '화려한 유곽 속 불모의 사랑'이라는 비극으로 읽혔다. 이에 필자는 「죽으면 함께 목검」을 분석하기 위해, 이 이야기와 관련된 당대 항설, 그리고 이를 모방·표절한 후속 작품들을 발굴하였다. 비슷한 이야기들의 표현 내용을 비교하는 것, 혹은 이야기 사이의 영향 관계를 밝히는 필자의 첫 시도는, 이른바 일본 고전문학의 전통적인 전거 연구/소재론의 방법이다. 본 이야기를 상호 텍스트성(intertextuality)의 견지에서 접근하고자 한 것인데, 그 이유는 진정 여부를 의심하기 위해 구사하는 유객의 술수, 유곽에서 유녀와 유객의 관계에 대한 당대의 인식 등, 이 이야기를 해석하기 위한 최소한의 좌표축이 마련되지 않은 상태였고, 등장인물들의 언행 요소에 대한 동시대의 정념/인식에 대한 조사가 전무했기 때문이다. 유녀와 유객의 관계에 대한 당대 실용서들, 예컨대 다종다양한 유녀평판기(遊女評判記)의 정보가 텍스트 데이터로서 마련되어 있었다면, 유녀-유객의 관계 양상(속고 속이는 관계상)을 방대한 자료를 바탕으로 DH적 접근을 시도했을 것이나, 그러한 자료 성격별 분류 및 교정 본문의 데이터는 새롭게 탐색하고 필자가 입력하고 정리해야 하는 상태였다.

당대 대표적인 백과사전에 채집된 항설, 사이카쿠의 여타 작품을 모방한 사례가 보고된 후발 작가들의 세태소설을 탐독하는 과정을 거쳐, 유화(類話) 관계를 상정할 수 있고 모방/표절 등 직접적 영향 관계를 추정할 수 있는 작품군을 구성해 비교할 수 있었는데, 이들 자료로부터 공통으로 확인되는 이야기의 구조는 다음과 같다. 유녀가 유객을 간절히 접대하지만, 유객은 이를 '상술'로 의심하여 진심을 판별하고자 무리한 요구(시험)를 하며, 이야기는 유객의 시험 즉 작위적 술수에 대한 유녀의 반응을 묘파하며 끝내 유녀의 말로(신세 파탄·몰락·낙적)까지 분명히 귀착시키려는 '공통 서사'가 당시 문예 공간에 형성되어 있었음을 확인할 수 있었다. 이는 17세기 말 유곽을 배경으로 한 '대중 서사'라 말할 수 있다.

그런데 특기할 점으로, 이 대중 서사의 결말에는 유녀의 속내가 투명하게 드러나 진심을 인정받아 낙적되어 아내로 삼거나, 유녀의 허위가 드러나서 파멸로 이어지는 비참한 말로로 되는데, 「죽으면 함께 목검」의 언술은 주인공 한루가 유녀에 대한 위악적이고 기만적인 장난과 연기를 펼치고 와카야마 역시 이에 대해 전략적 응대(진심이라는 '간절한 연기')를 하면서 마지막까지 응수가 길항하도록 이야기가 구성되어 있다는 점이다.

보다 상세히 말하자면, 필자는 이 이야기를 분석하고자 동시대의 유곽 안내서/해설서 등과 같은 실용서에서 대개 유녀가 허위의 대응을 진심인 듯 연기하면서 유객을 속이는 경우는 허다하게 보이지만, 한루와 같이 유객이 유녀를 기만하려는 전략은 기묘한 것이었고, 이에 당대의 유녀와 유객의 유흥 전략을 전방위적으로 탐사한 결과, 희대의 유곽문화 백과사전『색도대경(色道大鏡)』(사본, 1678년) 권 제5에 서술된 유녀 놀이「28품」을 주목했다. 색도(色道)론에 관한 담론이 적시되어 있는데, 유녀-유객 사이의 유흥 전략을 법화경 28품을 본떠서 놀이의 레벨을 28개의 단계로 빗대어 설명한 것인데, 그중「제18 대위품(大僞品)」의「현위상(顯僞相)」의 단계에 오른 유객이 유녀에 대해 구사한 기만책은, ①실제로 자신의 신세 형편은 건재하면서 유녀의 뜻을 보고자, ②부랑자의 모습으로 나타나거나, ③잘 만나다가도 잠시 시간을 갖자며 떠나려 하고, ④함께 죽자고 칼날을 들이대고, 혹은 부유한 유객과 교제하는 유녀가 낙적을 도모하려는 때에 끼어들어 계획을 망치게 하는 전략이 있다는 점을 확인했다. 이를 현위상(顯僞相), 즉 유객이 거짓으로써 유녀의 거짓을 드러내는 경지라고 정의하고 있었다.

즉「죽으면 함께 목검」은 유흥의 달인과 고객관리의 달인으로 칭할 수 있는 다유와 다이진을 등장시켜 독특한 사건구성을 시도하고 있으며, 다름 아닌 '현위상(顯僞相)'의 경지에서 술책을 구사하는 한루에 와카야마가 어찌 응대할지, 그 구체적 언동에 시점을 초점화시켜 서사를 전개하고 있었다. 여기서 당대의 독자는, 유녀평판기 등 당대의 실용서에 드러나는 담론(지식정보)이 환기하는 유흥 술수/전략 및 유녀와 유객 응수(應酬)의 이미지 망 속에서 와카야마의 마음을 투시하려는 (유녀의 속내가 끝내 드러나는 여타 이야기들처럼 서사자[語り手]의 시점과 언술을 기대하는) 공모(共謀)적인 읽기의 재미를 추구하지만, 「죽으면 함께 목검」의 서사자와 독자 사이에는 심리적으로 동조되지 않는 거리가 유지된 채, 와카야마의 연기는 실패하지 않고 진정 유무는 판별되지 않은 채 모호하게 남아 있다.[22] 즉 한루는 와카야마의 진정을 확신

---

22) 양성윤, 「근세 유녀 문예와 지식 권력론 서설:『제염대감(諸艷大鑑)』「죽으면 함께

하지 못했지만(단말마 '아 슬퍼'가 내키지 않았지만) 낙적한 까닭은, 자신이 펼친 허위의 언행, 마지막에도 자살까지 시도하는 연기를 펼친 와카야마의 행위에 대해 명분상 흠결을 잡지 못했고, 무엇보다도 그녀의 진정을 인정했다기보다 마지막까지 '간절한 연기'로 대응했기 때문이었을 것이다. 또 진정 없는 유녀라고 세평이 선다면 유곽에서 살아갈 수 없다는 점도 고려되었다고 해석할 수 있다.

유사한 이야기들, 사이카쿠의 「죽으면 함께 목검」을 모방하고 일부 표절한 이야기 속에서는 남성 독자들의 〈투시 욕망〉이 성취되도록 유녀의 실패와 내심이 명료하게 드러나도록 구성돼 있는데, 와카야마는 진심이 끝까지 드러나지 않도록 언술이 조정되어 있었다. 문제는 이 이야기의 여러 본문 텍스트를 취합하여 비교했을 때, 현대의 교정자들이 이점을 포착하지 못해 일부 전집류에 본문교정 단계에서 해석상 혼란이 발생한 점이다. 이 이야기의 글쓰기 영위는, 남성 독자에게 제공된 지식정보/담론('타자적 글쓰기')을 포석으로 두되 그러한 글쓰기(담론)와 인식이 반복되지 않는 임계점의 사건으로 다유(太夫) 와카야마와 다이진(大盡) 한루의 상황극을 구성하고 있었다. 즉 이 이야기에서는 유곽에서 삶을 영위해간 유녀들의 정념과 내밀한 이해득실이 어우러진 유곽 놀이에 대한 비평의 시좌가 오락적 흥미와 함께 형성되고 있었다.

문제가 되는 장면은, 죽음을 함께 하기로 약속한 당일, 아게야에서 서로 단도를 겨누는 찰나에 와카야마가 "아, 슬퍼(かなしや)"라고 말하는 부분이며, 와카야마의 진정 여부를 시험한 한루에 대해 와카야마의 내심이 어떤지에 대한 텍스트의 서술 부분이다. 여기서 화상 원문과

목검(死ば諸共の木刀)」의 영위」, 『일본연구』 41, 고려대학교 글로벌일본연구원, 2024, pp.139~183.

원문 그대로 번각한 본문과 두 개의 교정 분문을 게시한다. 번역문으로는 원문 느낌을 완벽히 반영할 수 없으나, 아래 원본의 화상 자료에 대해 강조한 부분을 중심으로 와카야마의 '대사'가 어디까지인지에 주목하여 살펴보자.

〈原表記〉 다유도 조금도 목숨 버리는 것을 고비의 순간에 아쉬워하지 않았는데, 사랑하는 남자를 죽인다고 생각하니 자연히 소리가 나왔다. 목숨이 아까울쏘냐. 라고 면도칼 집는 것을 모두가 저지한다. 한루도 이를 보고 지극히 납득하여 이제 와카야마는 나에게 주시오 라며 낙적한 뒤 생각하는 바 있다고 하며, 우선 고향의 부모에게 가시오, 라고 그날 바로 말을 준비해 고향으로 보냈다.

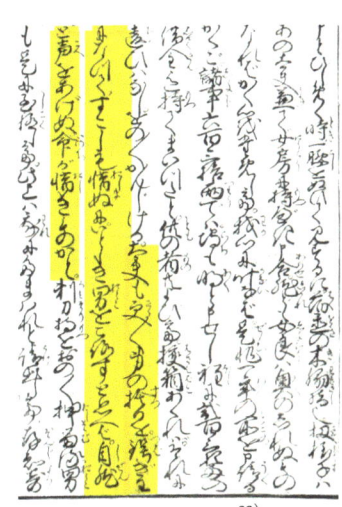

원문 디지털 화상[23]

太夫も更〳〵身の捨るを。鍔ぎわになつて。すこしも惜ぬに。いとしき男をころすと思へば。自然と声をあげぬ。命が惜きものかと。剃刀持をの〳〵押留む。男も是に至極して。此上は我にたまはれと請出して。存知寄子細有。先親の許へと。其日すぐに。本国に。馬乗物を拵ておくりて。

〈校訂本文①〉 다유도, "조금도 목숨 버리는 것을 고비의 순간에 아쉬워하지 않았는데, 사랑하는 남자를 죽인다고 생각하니 자연히 소리가 나왔다. 목숨이 아까울쏘냐."라고 면도칼 집는 것을 모두가 저지한다.
太夫も, 「更〳〵身の捨るを、鍔ぎわになつてすこしも惜ぬに、いとしき

---

23) 早稲田大学図書館所蔵本(請求記号·[ヘ13 04145])

男をころすと思へば、自然と声をあげぬ。命が惜きものか」と、剃刀持を おのノ\押留る。

〈校訂本文②〉 다유도 조금도 목숨 버리는 것을 고비의 순간에 아쉬워 하지 않았는데, 사랑하는 남자를 죽인다고 생각하니 자연히 소리가 나 왔다. "목숨이 아까울쏘냐."라고 면도칼 집는 것을 모두가 저지한다.
太夫も、更ノ\身の捨るを、鍔ぎわになつて、すこしも惜ぬに、いとし き男をころすと思へば、自然と声をあげぬ。「命が惜きものか」と、剃刀持 を、おのノ\押留る。

원표기에서 강조한 부분에 대해 〈校訂本文①〉의 구성을 보면, 밑줄 부분과 같이 와카야마가 "조금도 목숨 버리는 것을 고비의 순간에 아 쉬워하지 않았는데, 사랑하는 남자를 죽인다고 생각하니 자연히 소리 가 나왔다. 목숨이 아까울쏘냐."까지 자신의 내심을 적극적으로 주장 한 것으로 교정했다. 이는 자기언급적인 성격으로서 항변이자 변명에 불과하다. 이에 반해 〈校訂本文②〉의 와카야마는 "목숨이 아까울쏘 냐."만을 발화하고 있고, '다유도 조금도 목숨 버리는 것을 고비의 순 간에 아쉬워하지 않았는데, 사랑하는 남자를 죽인다고 생각하니 자연 히 소리가 나왔다.'라는 표현은 다름 아닌 서사자(語り手, 나레이터)의 전지적 시점으로 처리하고 있다.

앞서 간략히 언급했듯이, 본 이야기의 서사자는 전략적으로 와카야 마의 심사를 명료하게 드러내지 않도록 하고 있었다. 대중서사로서 유사한 이야기들이 공통으로 지닌, 유녀를 대상화하여 속내를 끝내 드러내게 만든 여타 이야기들처럼 (서사자[語り手]의 시점과 언술을 독자 가 함께 기대하는 읽어가는) 공모(共謀)적 읽기를 하지 않는다. 오히려 서사자는 유녀의 진정을 대변하고 있는데, 그러나 당대의 유곽 문화와 유녀의 행태에 대한 정보를 인식하고 있는 독자들은, 또 "아 슬퍼"라고 외친 와카야마의 발언과 심정을 서사자의 서술에 따라 곧이곧대로 믿을 수 없게 된다. 신뢰할 수 없는 서사자인 셈인데, 바로 이 지점에서 사이카쿠 문체의 특성인 '곡류문(曲流文)'의 효력이 발휘되고 있다. 사이카쿠 특유의 문체로서 '곡류문'은, 한 문장 내에 다음 문장의 구성요소가 혼재하는 성격을 지니는 경우가 많고, 하나의 문맥 내에서 주어의 전환이 이뤄지거나(捩れ文) 앞의 어구의 끝을 이어서 어구를 진행하는(尻取り文) 경우도 있어 해석에 신중할 필요가 있다.

와카야마의 감정은, 만약 여기서 자신의 진심이 탄로가 나면 퇴곽까지 1년 남은 상황에서 '진정 없는 유녀'로 찍혀 평판의 하락과 몰락이 예정되어 있기에 필사적으로 끝까지 간절한 연기를 지속할 수밖에 없으며, '슬퍼'라는 말도 정말로 사랑하는 남자를 자기 손으로 죽이는 것이 슬픈지, 자신이 죽어야 하는 것이 슬픈 것인지, 아니면 한루가 주도하는 일련의 행위들에 대해 지금껏 깊은 정분을 나누고 낙적 약속까지 해준 한루의 위악적인 기만책/장난임을 인지한 상황에서, '내가 이렇게까지 장난에 맞춰주어야 하는가'에 대한 비애인지 '단말마'의 해석도 모호한 채로 제시되고 있다.[24]

즉, 이 작품의 핵심 장면에 대해 우리들의 난관은, 대사와 나레이션의 구분, 인물의 감정분석 및 문체의 특성, 유곽 관련 놀이의 담론과 진심 증명행위인 신주(心中)에 관한 인식, 색도론에 관한 정보, 동시대

---

24) 필자가 발굴한 본 이야기의 모방작들 혹은 유사한 이야기들은, 유객과 유녀(두 주인공)가 연락 두절, 동반자살 권유 등에 대해 서로 장난/실험임을 인지한 상황에서, 유객이 정말로 칼을 들이대자 놀란 유녀가 끝내 "어 장난 아니라 진심인가 보군요, 잠시만요 그럼 죽을 채비 좀 하고"라며 시간을 번 뒤, 유녀가 도망감으로써 진심은 탄로난다. 와카야마의 상황과 결정적으로 다른 것은, "슬퍼"라는 감정표현을 했으나 와카야마는 마지막까지 '목숨이 아까울쏘냐'라고 면도날로 자해하려는 행위로 간절한 연기를 치열하게 수행하고 있었다. 물론 와카야마의 진심은 독자들로서 알 수 없다.

향유되던 대중적 서사 등, 여러 요소가 중층적으로 어울려져 구성되어 있다는 점에 대한 자각이다. DH 연구에서 작가의 문체 유사도나 감정어 분석만으로 인물들의 내심을 단정하는 것은 위험한 도전이다. 당대의 정보지/백과사전/항설, 세태 소설 등, 방대한 자료를 주제별로 분류하고 논점이 되는 요소들로 그룹화하는 텍스트 클러스터링(Text clustering)과, 텍스터 마이닝 분석을 병행해 여러 특징을 관찰하는 시도는 가능하나, 설령 권위 있는 교정 본문의 텍스트 구성과 해설을 바탕으로 텍스트 데이터를 구축하더라도 유곽 문화와 유녀의 생활양식을 둘러싼 동시대 담론 상황을 재구성하고 복원하여 해석을 위한 최소한의 좌표축을 마련하지 못하면, 애초에 원전에 대한 접근과 재검토로 이어지는 문제의식은 결락될 것이다. 디지털 도구를 이용한 정량적 분석, 감정 어휘의 분류 등에 기반한 탐사만으로 본 이야기의 해석은 난감할 것이다.

애초에 필자의 「죽으면 함께 목검」 연구가 한 이야기의 해석에 수렴하는 것이 아닌, 앞서 제시한 바와 같이 문학 언어/텍스트에 얼마나 민감하게 반응할 수 있는지, 즉 옛이야기의 독특한 감각과 분위기가 어떠한 과정을 통해 형성되는지 파악하는 일, 특정 시대와 사회의 문예 관습과 문학 언어의 운용방식(문체와 어조의 선택, 소재에 대한 감정적 태도, 구두점의 운용, 정보/지식의 동시대적 인식, 화자[語り手]의 특성과 그 활용법)과 동시대의 담론환경이 얽혀 만들어내는 이야기의 층위, 당대 독자와 텍스트가 관계 맺는 방식/커뮤니케이션 방식의 갱신, 표현의 새로운 가능성(층위)을 획득하려 과정에 도달하지(밝히지) 못하면, 적어도 「죽으면 함께 목검」에 관한 중요한 이론적 문제, 표현 문화사적 문제를 제기조차 할 수 없었다는 것이다.

디지털 기술로 어디까지 밝혀낼 수 있는가와는 별개로, 이 지점에서 이야기 분석을 위한 DH의 방법론은 여전히 필자에게는 모색 단계에 있다. 다만 적용 과정에서 드러나는 난관과 한계를 자각적으로 인식할 때, 오히려 그 난해함이 텍스트의 고유한 성격과 독특한 글쓰기 방식에서 비롯함을 역으로 확인할 수 있다는 점에서, DH는 중요한 촉매로 기능하고 있었다.

5. 전통과 디지털, 함께 길을 만들며

이 글에서는 일본 고전학과 디지털 인문학(DH)이 만나는 지점을 중심으로, 구체적인 사례를 통해 그 가능성과 한계, 그리고 연구 방법론 자체에 대한 성찰과 전망을 살펴보았다. 단순한 시평이나 제언을 넘어, 두 학문 영역이 마주하는 실제 문제와 접점을 탐색하려는 시도였다. 이를 통해 DH 연구와 전통적인 고전학 연구의 방법론과 특징이 반드시 충돌만 하는 것은 아니라는 점, 오히려 서로를 비추며 갱신할 수 있는 지점이 존재함을 확인할 수 있었다.

연구자가 학문 대상을 설계하고 접근하는 방식, 기존 연구의 입각지와 방법을 성찰하는 일은 물론, 연구의 수준과 가치를 가늠하는 기준—즉 학계의 자율성과 제도성—을 되돌아보는 계기이기도 했다. 이러한 논의는 일본 고전학이 디지털 인문학의 방법론적 지형 속에서 어떤 위치를 차지할 수 있는지를 점검하는 데 그치지 않는다. 더 나아가 다양한 분과 학문과 교류 가능한 데이터베이스 구축 방식의 혁신, 그리고 연구 자료를 보다 폭넓고 정교하게 읽어내는 새로운 방법론의 모색이라는 인문학의 근본 과제와도 맞닿아 있다. 결국, 전통과 디지털의 만남은 상호 검토와 조정을 통해 새로운 길을 열어가는 과정이라 할 수 있다. 앞으로의 연구에서도 DH라는 반사경을 통해 각 연구자가 자신만의 방법을 새롭게 발견하고, 이를 바탕으로 학문공동체의 성장을 함께 견인해 나가길 기대한다.

───────────

이 글은 한국일어일문학회의 『일어일문학연구』 제130호에 실린 논문 「일본 고전문학연구와 디지털 인문학의 과제: 근세 문예와 표현문화사 연구의 시좌를 중심으로」를 수정·보완한 것이다.

디지털 인문학적 시각에 기반한 인간 중심 AI 교육과 크리에이티브 러닝

겐코 히로아키

1. 디지털 인문학 시대, 교육이 나아가야 할 방향

　인공지능(AI: Artificial Intelligence)의 발전은 인간 사회 전반에 걸쳐 지대한 영향을 미치고 있다. AI의 진보에 따라 우리 역시 디지털 인문학(digital humanities)의 방향으로 나아가게 될 것이다. 그렇다면, 디지털 인문학의 시각에 입각한 우리가 지녀야 할 기본자세는 무엇일까? 본 연구는 AI와 공존하는 사회에서 AI를 둘러싼 방향성에 대한 근본적 문제의식을 제기하고, 이에 대한 필자의 견해를 밝히는 것을 목적으로 한다.

　필자는 2020년부터 2021년까지 AI 시대의 도래를 예측하고, 외국어 교육 및 일본어 교육에 있어 이에 대한 연구와 실천의 필요성을 미리 인식하였다. 그리고 ChatGPT(GPT-3.5)의 공개(2022년 11월) 이전, 즉 생성AI가 오늘날과 같이 사회적 붐을 일으키기 전인 2021년 9월에 「AI와 크리에이티브 러닝 연구회(AI-CL)」를 창립하였다. 본 연구회는 AI와 HI(Human Intelligence)의 공존·공생을 모색하고 논의하는 장이었으며, 그 과정에서 필자가 일관되게 강조해 온 것은 AI와 HI의 공생을 추구하되, 그 중심축을 인문학과 교육학에 두고 「인간 중심 AI 교육」을 추진해야 한다는 점이었다.

또한 코로나 팬데믹은 이전까지 지지부진했던 교육의 온라인화와 IT화를 단번에 가속화시켰다. 이는 소위 '팬데믹 페다고지(pandemic pedagogy)'[1]의 일환이라 할 수 있다. 이러한 상황 속에서 제6세대 IT라 불리는 AI가 사회 각 분야에 깊숙이 침투하였고, 특히 생성AI가 사회적으로 주목을 받으면서 본격적인 AI 시대가 열렸다. 교육 분야 역시 예외가 될 수 없으며, 외국어 교육과 일본어 교육에서도 동일한 변화와 혁신이 필요하다.

「AI와 크리에이티브 러닝 연구회(AI-CL)」 창립 당시, 필자는 2021년 개최된 「도쿄 올림픽 2020」 개막식에서 AI와 창의성(creativity)과 관련해 인상적인 사례 두 가지를 소개한 바 있다. 첫 번째는 AI를 탑재한 1,824대의 드론 편대가 올림픽 경기장 상공에서 입체적인 지구 형상을 창조해낸 장면이다. 전체적인 통제와 더불어 각 드론이 자율적으로 자신의 물리적 공간을 실시간 파악하며 비행했기 때문에, 1,824대의 드론이 근접한 거리에서 이동하면서도 충돌 없이 훌륭한 입체 편대를 연출할 수 있었다.

두 번째는 화제를 모은 픽토그램(pictogram) 50개의 연속 퍼포먼스이다. 이는 1964년 도쿄 올림픽에서 국제적 행사로 처음 도입된 바 있으나, 이번에는 의도적으로 인간에 의한 퍼포먼스로 표현되었다.

---

1) '팬데믹(pandemic)'은 감염병이 세계적으로 대유행하는 현상을 의미하고, '페다고지(pedagogy)'는 교육 혹은 교육학을 지칭하는 용어이다. 코로나19 위기를 거치며 교육은 과거와 크게 달라졌고, 소위 '팬데믹 페다고지(pandemic pedagogy)'-팬데믹이 교육 제도, 교육학적 접근, 교육 불평등 등에 미친 영향-에 관한 분석이 진행되어 왔다.

언어를 초월해 전 세계가 공유할 수 있는 기호적 표현을, 세 명의 팬터마임 퍼포머가 신체적 연기로 보여줌으로써 1964년 도쿄 올림픽에 대한 오마주(homage)를 바친 것이다.

이와 같이 AI와 HI를 함께 고려하며 새로운 디자인을 만들어가는 흐름은 앞으로 시대의 주류가 될 것으로 예상된다.

2. 소사이어티 5.0(Society 5.0)

「Society 5.0」은 일본이 제안한 미래 사회 개념으로, 과학기술기본법에 근거하여 일본 내각부가 5년마다 수립·공표하는 「과학기술 기본 계획」의 제5기(2016~2020)에 처음 등장한 슬로건이다. 이 「제5기 과학기술 기본 계획」에서는 Society 5.0을 "사이버 공간(가상 공간)과 피지컬 공간(현실 공간)을 고도로 융합한 시스템을 통해 경제 발전과 사회적 과제 해결을 양립 시키는 인간 중심 사회"로 정의한다.

인류의 사회 발전 단계는 「수렵사회(Society 1.0)」, 「농경사회(Society 2.0)」, 「공업사회(Society 3.0)」, 「정보사회(Society 4.0)」를 거쳐, 21세기 전반부터는 「Society 5.0(초 스마트사회)」을 새로운 사회 모델로 내세웠다. 「공업사회」에서는 제1차 산업혁명(경공업·방적기·증기기관에 의한 공업화)과 제2차 산업혁명(석유·전력·모터·중화학공업에 기반한 대량생산)이 있었으며, 「정보사회」에서는 컴퓨터와 인터넷을 통한 자동화·정보화의 제3차 산업혁명이 있었다. 이에 비해 「Society 5.0」은 AI, IoT, 블록체인 등 빅데이터를 기반으로 한 디지털 혁명, 즉 제4차 산업혁명의 중심에 위치한다.

현재 Society 4.0은 여러 과제를 안고 있다. 지식과 정보의 공유가 불충분하고, 타 분야와의 연계가 부족하여 연결성이 약하다는 점이 대표적이다. AI 활용 이전에는 인간의 능력에 의존할 수밖에 없었기 때문에, 방대한 정보 속에서 필요한 정보를 추출·분석·처리하는 과정에서 과부하가 발생하기 쉬웠다. 특히 최근에는 저출산·고령화로 인한 인재 부족이 심각해져 노동력 확보에 어려움을 겪는 기업이 많다. 이러한 과제를 극복하기 위해 제시된 것이 바로 Society 5.0이다.

Society 5.0을 실현하기 위한 디지털 전환(DX: Digital Transformation)의 핵심은 첨단 기술의 활용이다. 5G(5세대 이동통신), IoT, AI, 빅데이터, VR(가상현실), AR(증강현실), MR(복합현실), 로봇, 블록체인(분산원장기술), 자율주행, 드론, 실시간 통번역 등 다양한 기술이 필수적이다. 이러한 기술은 고정밀 분석과 예측을 통해 인간이 담당해 온 작업을 보완하고, 나아가 효율성과 생산성을 향상시킨다. 이를 응용하면 에너지, 의료, 헬스케어, 모빌리티, 관광, 도시 설계, 제조업, 스마트 농업, 식품, 물류, 소비, 보안, 방재 등 다양한 분야에서 활용될 수 있다.

Society 5.0은 일본이 최초로 제안한 개념이지만, 필자는 세계적으로 통용될 수 있는 개념이라고 본다. 유엔이 2030년까지 달성을 목표로 제시한 「지속가능발전목표(SDGs)」 역시 Society 5.0과 밀접한 관련성을 가지고 있다. SDGs는 빈곤, 에너지, 교육 격차 등 인류가 도달해야 할 17개 목표와 이를 달성하기 위한 169개 세부 목표로 구성되어 있다. 일본 경제단체연합회(經濟団体連合会: 경단련)는 혁신 기술의 활용을 통해 '경제 발전'과 '사회적 과제 해결'을 동시에 추구하는 개념으로서 Society 5.0을 제안하였으며, 이는 SDGs의 목표와도 긴밀히 연결된다. 즉, 두 개념 모두 현재 일본을 포함한 전 세계가 직면한 문제를 극복하고 더 나은 환경을 실현하려는 공통된 목표를 지니고 있다.[2]

---

2) 檢校裕朗, 「アクティブ·ラーニングを目指す AIと日本語教育: 外国語クリエイティブ·

경단련이 발표한 『Society 5.0: 함께 창조하는 미래』[3])에서는 Society 5.0 시대를 살아가기 위해 "세상을 바꾸는 상상력과 그것을 실현하는 창조력이 필요하다"고 강조한다. 또한 Society 5.0을 실현하기 위해 요구되는 인재상으로 "스스로 주체적으로 과제를 발견하고, AI를 활용하여 해결할 수 있는 인재"를 제시한다. 특히 AI를 능숙하게 다루며 팀 내에서 리더십을 발휘할 수 있는 리더는 필수적이다. 다양한 프로젝트 수행 과정에서 리더에게는 책임감, 협조성, 통찰력과 함께 새로운 가치를 창출 할 수 있는 능력이 요구된다. 이러한 역량을 갖춘다면 보다 우수한 제품과 서비스를 창출할 수 있을 것이다.

이러한 관점에서 미래 사회를 대비하기 위해 교육 내용 또한 변화하고 발전해야 한다. 교육학의 한 분야인 외국어 교육학과 일본어 교육학 역시 Society 5.0 시대에 부응하는 방향으로 발전해 나갈 필요가 있다.

3. 한국 일본어학·일본어교육학에 나타난 AI의 활용

민간 싱크탱크 K정책플랫폼이 경제협력개발기구(OECD) 자료를 분석한 결과에 따르면, 한국은 2020년 국가별 AI 기술 보급률 순위에서

ラーニングの視座から」, 『2022年 第5回AIと日本語教育国際シンポジウム』 村上春樹研究センター, 2022b, pp.100~107; 検校裕朗, 「AIとクリエイティブ・ラーニング研究会(AI-CL)の壮途とメタバース」, 『韓国日本語文学会第58回国際学術大会発表論文集』, 한국일본어문학회, 2022c, pp.89~93.

3) 경단련은 그동안 '초 스마트 사회'로 불려 온 Society 5.0을 '창조사회'로 호명할 것을 제안하였다. Society 5.0이 지향하는 인간 중심 사회는 단지 편의성과 효율성의 실현을 주목적으로 삼는 것이 아니라, 디지털 기술과 데이터를 활용하며 인간 고유의 다채로운 상상력과 창조력을 발휘하여 사회를 공동으로 창조해 가는 것을 중시한다. 이에 따라 경단련은 Society 5.0을 곧 창조사회, 즉 "디지털 혁신과 다양한 인간의 상상·창조력이 융합되어 사회적 과제를 해결하고 가치를 창출하는 사회"로 규정하였다.

3위를 기록하였다. 1위는 인도, 2위는 미국이었고, 그 밖에 싱가포르, 중국, 이스라엘, 캐나다, 독일, 핀란드, 스웨덴이 상위 10위권에 들었다.

〈그림 1〉 국가별 AI기술 보급 랭킹
(K정책 플랫폼)

해당 순위는 OECD가 2016~2020년의 글로벌 인적자원(HR) 서비스인 LinkedIn 데이터베이스를 활용하여 각국의 AI 기술 보급률을 추정하고, 표본 내 모든 국가·지역의 평균 보급률과의 비율을 산출한 것이다. 한국은 2016년에 4위였으나 2017년 6위, 2018년 7위로 하락했다가, 2019년 5위로 상승하였고 2020년에는 3위를 기록하여 역대 최고 순위를 보였다. 즉, 2년 사이에 7위에서 3위로 4단계 상승하였다. 한편, 디지털 선도 기업과 중소기업 간 생산성 격차가 오히려 확대되고 있다는 우려도 제기되었다(조선일보 일본어판, 2021.4.2).

이처럼 한국은 IT와 AI 기술 보급률이 세계적으로 높은 편이지만, 일본어학·일본어교육학 분야에서의 활용은 어떠한 상황일까. 한국연구재단의 학술지 인용색인(KCI: Korea Citation Index)에 등재된 AI 전체 논문 수는 2022년 기준 6,525편(2022년 2월 기준)으로, 그래프에서도 확인되듯 해마다 증가 추세를 보인다(2021년도 1,471편). 특히 2016년 이후 급격한 증가세가 나타난다. 한국에서 AI가 사회적 주목을 받기 시작한 배경으로는 여러 지적과 마찬가지로 2016년 알파고와 이세돌 9단의 바둑 대국이 큰 영향을 미쳤다고 필자 역시 생각한다. 더불어

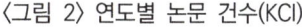

<그림 2> 연도별 논문 건수(KCI)

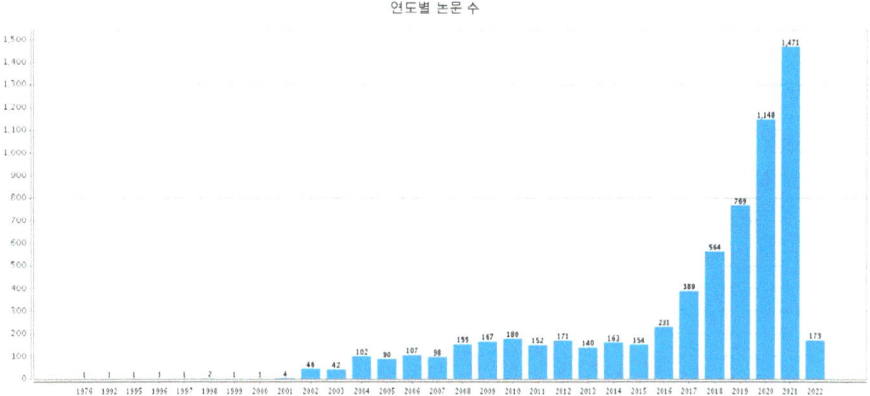

2016년 구글 번역이 빅데이터 기반 기계학습 결과를 도입하고, 네이버 번역 서비스 PAPAGO 또한 유사 기술을 도입한 점도 영향을 미쳤다. 신충균[4]의 지적처럼, 신문 데이터베이스 검색 결과에서도 2016년 이후 AI 관련 기사가 증가하였고, 학문 연구에서도 2016년 전후로 큰 변화가 나타나 양적 증가 경향이 확연하다.

<그림 4>의 KCI 데이터를 바탕으로 필자가 2022년 2월에 집계한 주제 분야별 논문 수를 보면, ① 사회과학 1,834편, ② 공학 1,156편, ③ 인문학 1,017편, ④ 복합학 760편, ⑤ 의약학 522편, ⑥ 자연과학 441편, ⑦ 농수해양 410편, ⑧ 예술·체육 378편 등으로 매우 다채롭다. 또한 <그림 3>은 2021년 8월 집계치로, 이를 기준으로 6개월간 증가 규모를 보면 다음과 같다. 사회과학(1,473→1,834, +361편, +24.51%), 공학(925→1,156, +231편, +24.97%), 복합학(618→760, +142편, +22.98%), 인문학(917→1,017, +100편, +10.91%), 예술·체육(325→378, +53편, +16.30%),

---

4) 申忠均, 「人工知能時代の日本語教育と研究: 諸言語教育·研究分野の成果から考える」, 『日本語文学』 1(86), 한국일본어문학회, 2020, pp.117~136.

〈그림 3〉 그래프 KCI주제 분야별 논문수 2021.8. (KCI)

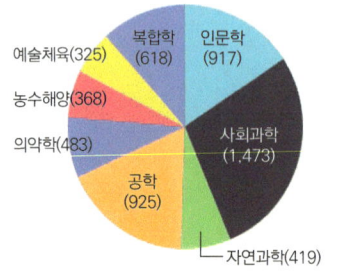

〈그림 4〉 그래프 KCI주제 분야별 논문수 2022.2. (KCI)

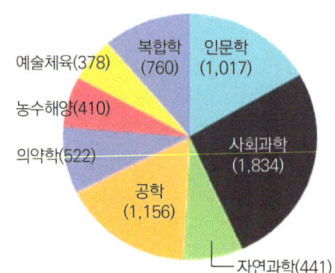

농수해양(368→410, +42편, +11.41%), 의약학(483→522, +39편, +8.07%), 자연과학(419→441, +22편, +5.25%). 요컨대 사회과학과 공학 분야의 증가 폭이 두드러지며, 인문학은 더 큰 증가가 기대된다.

한편 "AI, 일본어"에 해당하는 논문은 16편이었고, 이 가운데 일본어학·일본어교육 관련 논문은 5편이었다(2022년 2월 기준). 해당 연구로는 신충균(2020), 오치아이 유지(2020), 소우 슈케이(2021), 신민철(2021), 김소희(2021)가 있다.

신충균[5]에 따르면, 2016년 이후 인공지능 개발에 직접 관여하지 않는 인문학 분야에서도 인공지능을 둘러싼 다양한 논의와 연구 보고가 이루어졌고, 2018년에는 인문계 학술지『인공지능인문학연구』가 창간되기에 이르렀다. 인문학 내에서는 철학 분야의 논의가 활발하며, 언어연구·외국어교육에 관해서는 아직 인공지능을 활용한 외국어 교육이 태동기라 할 수 있다. 외국어교육 분야에서는 특히 영어교육에서의 연구 성과가 양적으로 압도적으로 많고, 그중에서도 챗봇, AI 스피커, 기계번역에 관한 논의가 두드러진다. 영어교육 이외의 분야에서는

---

5) 申忠均, 위의 논문, pp.117~136.

아직 주목도가 높지 않아, 각 언어 교육 분야에서 소수의 연구 발표가 이루어지는 수준이며, 분야에 따라 편중도 나타난다. 다수는 기계번역·통역 영역에 속하고, 고전 한문, 특히 국내 역사자료의 기계번역에 대한 관심이 높아 한중/중한 번역 관련 고찰이 눈에 띈다. 일본어교육 관련 학계에서는 인공지능 관련 연구가 미개척 분야에 가깝고, 기계번역 분야는 비교적 이른 시기부터 주목을 받아 일본어교육에 응용하려는 시도가 제안되어 왔으나, 향후 AI 음성 어시스턴트의 활용 등은 적극적으로 도입할 필요가 있다.

다른 선행 연구를 보면, 오치아이 유지[6]는 최근 기술 발전으로 텍스트 마이닝을 질적 분석에 연결할 수 있는 시각화 기술과, 제3세대 AI 기술의 중심인 기계학습에 기반한 자연어처리 기술이 등장하여 질적 분석과의 연계 가능성이 확대되었다고 논했다. 그는 특히 히구치 고이치[7]가 개발을 진전시켜 온 R 기반 텍스트 마이닝 프로그램을 시각적으로 처리할 수 있는「KH Coder」를 중심으로 소개하고, 이 도구로 얻은 결과를 언어 자료의 질적 분석과 결합하여 내용을 파악하는 시도를 제시한다. 이러한 도구 활용을 통해 향후 인문계 연구·교육이 일본어교육과 접점을 이루고, 교육 현장과 커리큘럼에서 AI 기술 응용의 단초가 될 가능성을 전망한다.

소우 슈케이[8]는 2020년 12월 한국일어교육학회의 기획 초청강연 성과를 논문화한 것으로, 대만에서의 ① 국제회의 개최, ②「AI와 외국

---

6) 落合由治,「AI技術からみた日本語学、日本語教育研究の展望と課題: 日本語教育の繋がりと協働の新領域をめざして」,『日本語教育研究』50, 한국일어교육학회, 2020, pp.23~34.
7) 樋口耕一,『社会調査のための計量テキスト分析: 内容分析の継承と発展を目指して』ナカニシヤ出版, 2014, pp.1~233.
8) 曾秋桂,「日本語教育のつながりとひろがり: AIとHIを兼ね備えた外国語(日本語)人材2.0の育成を目指して」,『日本語教育研究』54, 한국일어교육학회, 2021, pp.23~36.

어 학습」 강좌 개설, ③ AI 텍스트 마이닝 기술을 통한 일본문학 연구 등 세 가지 시도를 소개했다. 이는 AI와 HI를 겸비한 외국어 인재 2.0 육성이라는 목표 달성을 위해 수행된 것으로, 외국어 인재가 AI 시대에 생존하기 위한 유일한 길이라는 문제의식을 전달했다.

신민철[9]은 세 글자 한자어를 대상으로 네이버 PAPAGO 번역에 근거하여 상세한 고찰이 가능한지를 탐색하였다. 그 결과, 한국어 사전에서만 확인되던 다수의 세 글자 한자어가 일본어에서도 실현 가능한 한자어임을 확인하는 한편, 일본어 사전에서만 확인된 세 글자 한자어는 일부를 제외하고 대다수가 일본어 특유의 한자어임이 드러났다. 또한 한국어가 일본어보다 세 글자 한자어 형성이 용이하며, 한국어에는 한자어 부사가 많고, 일본어는 한국어보다 외래어 사용 비율이 높다는 점 등을 제시하였다. 아울러 PAPAGO 번역의 질적 향상을 확인하면서도 여전히 오류가 다수 존재함을 지적하였고, 이는 각 언어의 문화와 관련된 한자어가 큰 비중을 차지함을 시사한다. 나아가 AI 번역기를 활용하여 한어(漢語)의 특성을 정밀 분석할 수 있음을 실증적으로 밝혔다. 김소희[10]는 텍스트 마이닝을 활용하여「X{까지}」구문의 어휘 분석을 수행하였다.

번역 분야 중 일본어교육에 접목되는 연구로는, 이주리애·박혜경·박성주(2017)「순차통역 수업의 스마트러닝 활용안 구상: 일본어 순차통역 수업 사례를 중심으로」, 이주리애·박혜경·상우연(2018)「동시통역 수업의 보조 도구로서의 애플리케이션 설계: 과제 제출 및 피드백 기능을 중심으로」 등이 있다.

---

9) 신민철,「인공지능(AI) 번역기를 활용한 한일 한자어 비교의 가능성 모색」,『일본근대학연구』71, 한국일본근대학회, 2021, pp.97~112.
10) 金昭喜,「テキストマイニングを活用した「X{まで}」構文の語彙分析:「X{さえ}」「X{も}」との比較·対照を中心に」,『日本学報』126, 韓国日本学会, 2021, pp.121~143.

아직 논문으로 발표되지는 않았으나 교육 실천 측면에서는 대학 교육보다 중등교육(중·고등학교)에서 더 충실히 진행되는 경향이 있다. 2021년 1월 16일 약 2,000명 규모의 전국 중등 일본어 교사 조직인 한국일본어교육연구회 전국대회가 개최되었고, 필자가 기조강연을 맡았다. 이 자리에서 고등학교 현장의 학습 도구를 활용한 실천 발표 가운데 프로그램 내부에서 AI가 작동하는 애플리케이션의 활용과 실천을 다룬 사례로 김광빈(2021)「학습 도구를 활용한 온·오프라인의 신세계 활동 수업」등이 소개되었다. 김광빈은 2021년 한 해 동안 매월 현장 교사를 대상으로 실천 교육을 진행하며 중등교육에서의 실천 보급에 힘썼다.

또한 조사라(2020)는 중등 일본어교육에서 IT 일본어교육을 선도하고 있으며, 2020년의「코로나 시대 중학교 실제 수업 사례: 클래스카드를 중심으로」, 2021년의「중학교에서의 에듀테크 활용 사례: 클래스카드와 패들릿 및 다양한 퀴즈형 학습 도구에 대하여」등에서 AI 기반 애플리케이션의 활용과 실천을 발표하였다. 한국은 'IT 강국'이라는 명칭에 걸맞게, 중등 일본어교육에서도 2001년 활동을 시작한 온라인 일본어 교사 모임「JTA(Japanese Teacher Association)」이 있으며, 2020년 기준 회원 수는 2,774명에 달했다.

4. AI와 크리에이티브·러닝 연구회(AI-CL)

1) 연구회의 창립과 그 배경

필자가 지향하는 '크리에이티브 러닝'은 2019년에 일본에서 출간된 『크리에이티브 러닝: 창조 사회의 배움과 교육』(게이오기주쿠대학 출판회)의 편저자이자, 게이오기주쿠대학 종합정책학부 이바 타카시(井庭

崇) 교수의 새로운 교육 개념에서 큰 영향을 받았다. 이바는 크리에이티브 러닝 전반을 제창하고 있고, 이를 외국어 교육에 적용하는 구체적 언급은 없지만, 필자는 2020년 「일본어교육연구 국제심포지엄」(주제: 크리에이티브 러닝을 지향하는 일본어 교육)에 패널리스트로 참여한 것을 계기로 이바와 교류하였고, '외국어(일본어) 크리에이티브 러닝'을 지향하기로 하였다. 이어 2021년 「AI와 일본어교육 국제심포지엄」(주제: 크리에이티브 러닝을 지향하는 AI와 일본어 교육)에서 필자가 진행한 강연 「한국의 일본어 교육에 있어서의 AI와 크리에이티브 러닝」과 패널 토론을 통해, 이 분야 연구의 필요성과 중요성을 절감하였다.

다가올 AI 시대를 예측하고, 외국어·일본어 교육에서 AI와 크리에이티브·러닝에 관한 연구와 실천이 필수적임을 인식한 필자는, 이를 교육 실천에 도입함과 동시에 연구적으로도 심화할 필요가 있다고 보아 2021년 9월 한국일본어학회 국제학술대회 때 「AI와 크리에이티브 러닝 연구회(AI-CL)」를 창립하고, 동시에 한국일본어학회와 MOU를 체결하였다.

창립 이래 매 차례 강조해 온 바는, 왜 'AI 일본어교육 연구회'가 아니라 'AI와 크리에이티브 러닝 연구회'인가 하는 점이다. AI와 일본어(외국어) 교육의 실천과 연구가 진전될수록, 인간이 수행해야 할 교육은 AI가 대체할 수 없는 교육의 본질을 지향하게 될 것이라는 예견했기 때문이다. 더욱이 EI(Emotional Intelligence: 감성 지능)와 상상력을 포함한 종합적 HI(Human Intelligence)를 높일 필요가 있기 때문에, 교육학자 블룸(Benjamin Bloom)의 탁소노미(Taxonomy)에서도 최상위에 위치한 창조(Creating)을 대표로 삼아, AI와 HI를 병행하여 그 '화학 반응'을 통해 교육을 발전시키고자 하는 의도를 담았다. 즉, AI 시대의 도래를 예견할 뿐 아니라 한 걸음 더 앞서 미래까지 내다보며 「AI와 크리에이티브 러닝 연구회(AI-CL)」를 창립한 것이다. 교육 분야의 AI

연구는 반드시 크리에이티비티(Creativity)와 표리일체로 추진되어야 하며, 인문학자이자 교육 전문가인 우리는 언제나 인간에게 중심축을 두고「인간 중심 AI 교육」을 발전시켜야 한다.

2) 크리에이티브 러닝

이바에 따르면, 크리에이티브 러닝(창조적 학습)은 '만들기를 통해 학습한다'는 새로운 학습 양식이다. '학습자가 스스로 지식을 구성한다'는 관점은 액티브·러닝, 프로젝트 기반 학습, 탐구 학습처럼 학습자 주도의 활동을 전제로 하지만, 크리에이티브 러닝은 그중에서도 '무언가를 실제로 만들어 보는' 경험을 한층 더 중시한다. 앞으로의 학교는 창조적으로 배우기 위한 '만들기' 경험을 축적하는 장이 되어야 하며, 교사는 학습자의 '만들기'를 지원할 뿐 아니라 함께 문제에 도전하고 함께 만들어 가는 동료인 '제너레이터(generator)'가 될 필요가 있다고 그는 말한다.

동 저서의 서장「구성주의적 학습과 창조: 크리에이티브 러닝 입문」에서 이바는 듀이(John Dewey)의 '경험의 연속성'과 '경험의 재구성'을 논한다. 프래그머티즘 교육철학자 듀이는 "교육자는 다른 어떤 직업인 보다도 더 먼 미래를 내다보는 일에 관여한다"고 보았다. 필자의 학부 시절 은사인 유키야스 시게루(行安茂, 2018)『액티브 러닝의 이론과 실천』에서는 듀이가 "행함으로써 배우기"(Learning by Doing)의 주창자였음을 상기하며, 액티브 러닝의 선구자로 볼 수 있다고 하며, 듀이의 철학에서 현대의 액티브 러닝으로 이어지는 이론을 해석하고 있다.

이바는 가르침을 받는 시대에서 말하는 시대로, 그리고 만드는 시대로 변모했으며, 앞으로는 '만들기를 통해 배우는' 시대가 될 것이라 주장한다. 곧 'Learning by Creating'이자 'Learning through Creating'

이며, 만드는 것은 변화하는 것, 배우는 것이라고 주장하고 있다. 여기서 학생이 '무아(無我)의 창조'를 경험하는 것이 중요하며, 패턴 언어(pattern language)의 활용이 중요하고, 창조적 독서(크리에이티브 리딩)의 추진도 요구되며, 창조 사회에서 사람들의 창조 실천을 지원하는 것이 핵심이 된다고 한다.

나아가 이바는 비고츠키(Vygotsky)의 논의를 인용하여 창조사회를 다음과 같이 개념화한다. "상상은 시(詩)에 요구되는 것과 똑같이 기하학에도 요구된다. 현실의 창조적 개조를 요구하는 모든 것, 새로운 것을 발명하고 구축하는 모든 것에는 언제나 상상의 참여가 불가결하다." "인간의 삶은 끊임없는 창조이다." "식사와 수면, 사랑과 놀이, 노동과 정치, 모든 감정과 모든 사유가 창조의 대상이다. 오늘날 좁은 예술 분야에서 이루어지는 것이 장차 전 생활로 스며들어, 생활 자체가 창조적 노동이 될 것이다." 즉, 창조사회란 이처럼 모든 영역과 모든 활동에서 '창조'가 일어나는 사회이며, 이는 정보사회에서 모든 영역과 활동이 '정보화'된 양상과 상응한다.

3) 창조의 7가지 원리

창조의 제1의 원리는 창작자의 의도와 작위에 의한 통제를 내려놓는 데 있다. 그러한 창조에서는 지금 만들어지고 있는 것이 고유하게 지닌 내적 논리에 따라 형성되며, 창작자가 그 형태를 임의로 결정하는 것이 아니다. 창작자는 만들어지고 있는 것의 내적 논리에 따라야 한다.

이러한 감각에 대하여 실제로 다양한 분야의 작가와 예술가들이 언급하고 있다. 예를 들어, 무라카미 하루키(村上春樹)는 자신의 창작에 관하여 다음과 같이 말한다.

"책을 쓰기 시작할 때, 제 안에는 아무런 계획도 없습니다. 다만 이야기가 찾아오는 것을 가만히 기다리고 있을 뿐입니다. 그것이 어떤 이야기인지, 그 속에서 무엇이 일어나려 하는지에 대하여 제가 의도적으로 선택하는 일은 없습니다. 이야기가 무엇을 요구하고 있는지를 들려오는 대로 포착하는 것이 제 일입니다."

일상적인 감각으로는, '만든다'는 것은 창작자가 '이렇게 하고 싶다'는 생각이나 머릿속의 청사진이나 설계도에 근거하여 손을 움직이고, 그것을 외부에 표현하는 것으로 이해되는 경우가 많다. 그러나 여기서 말하는 창조는 창작자의 작위에 따른 것이 아니라, 오히려 작품에 이끌려 나아가는 창작자의 모습이다.

이와 같이 의식적인 의도와 작위에 의한 통제를 내려놓고, 무아(無我, egoless) 상태에서 '만드는' 것을, 이바는 "무아의 창조(egoless creation)"라고 명명한다. 이하 7가지 원리는 다음과 같다. 2. 생성과 분화(식물이 끊임없이 하나의 전체로서 자라나듯, 만들고 있는 것이 자라나도록 지원한다.) 3. 내면에서 느끼기(만들고 있는 대상이 되어 완전히 몰입하여 느낀다.) 4. 모험적 창조(앞이 보이지 않는 가운데 탐색적으로 나아간다.) 5. 있어야 할 형태(창조의 제약·규칙을 실마리로, 퍼즐 조각을 맞춰 나간다.) 6. 발굴한 것을 갈고 닦기(깊이 묻혀 있던 상태에서 발굴해낸 것의 장점이 드러나도록 철저히 손봐 아름다운 상태로 다듬는다.) 7. 창조하며 살기(창조하는 것이 살아가는 것 그 자체와 겹쳐져 삶의 본질이 되도록 자신의 인생을 살아간다.)이다.[11]

AI와 크리에이티브 러닝(Creative Learning)이라는 새로운 개념을 외국어 교육, 특히 일본어 교육에 도입하는 것은 매우 흥미로운 시도라 할 수 있다. 일본어 모국어 화자가 아닌, 다양한 문화적 배경을

---

11) 井庭崇, 『クリエイティブ・ラーニング: 創造社会の学びと教育』, 慶應義塾大学出版会, 2019, pp.1~672.

지닌 학생들이 일본어를 통해 새로운 것을 창조해 나갈 때, 기존과는 다른 새로운 가치를 창출할 수 있다. 필자는 외국어 크리에이티브 러닝과 일본어 크리에이티브 러닝을 제창하며, 그 실천과 보급을 위해 힘써왔다.[12]

'만들기를 통한 학습(Learning by Creating)', '만드는 과정 속에서의 학습(Learning through Creating)'을 축으로 하는 크리에이티브 러닝의 세계에서 학교는 창조를 체험할 기회를 제공하는 '창조의 장'이 되며, 교사는 창조 실천을 함께 수행하며 이를 지원하는 '제너레이터(generator, 생성자)'라는 새로운 교사상(像)이 요구된다. 창조의 대상은 사회의 모든 것이며, 자신의 미래 또한 스스로가 만들어 가는 것이다. 이러한 연장선상에 위치하는 것이 바로 '창조사회'이다. 앞으로는 다양한 문제와 미래를 비판적으로 해석하고, 각자가 창조적으로 사고하고 행동하며, 다양한 형태의 커뮤니케이션을 창출하는 실천을 통해 과제를 해결하고 미래를 창조해 가는 시대가 필요하다.

5. 생성AI를 활용한 회화 수업의 사례: 일본어 스피치 실천을 중심으로

필자의 수업에서는, 한국인 학습자들이 초안 작성에 생성AI를 활용하여 진행한 일본어 스피치 실천과, 그에 대한 성찰을 통해 학습자들이 얻은 깨달음에 대해 고찰하고, 어떠한 학습을 도출했는지를 사례로 소개한다. 본 실천은 2023년 2학기(9~12월) 「커뮤니케이션 일본어 1」

---

12) 検校裕朗, 「クリエイティブ・ラーニングを目指す日本語教育について」, 『2020年度台湾日本語教育研究国際シンポジウム: クリエイティブ・ラーニングを目指す日本語教育』, 台湾日本語教育学会, 2020, pp.65~66.

에서의 스피치 실천으로 수행되었다. 수강자는 선택과목이라는 특성상 7명의 소규모였으며, 이 7명은 병역 의무를 마치고 복학한 2020학번 남학생들과 전과한 남학생들이었다. 일본어 능력은 일본어능력시험(JLPT) N1·N2 수준의 상급 학습자 2명, N3의 중급 학습자 2명, 아직 JLPT에 합격하지 못한 초급 학습자 3명으로 구성되어 있었다. 본 교과목은 주 3시간 수업 중 2시간은 회화 수업으로, 매주 1시간씩 스피치 수업을 병행하였다.

　이번 스피치 수업은 다음의 네 가지 활동으로 구성되었다. 활동 1(3분 스피치), 활동 2(1분 스피치), 활동 3(생성AI를 이용해 작성한 원고로 하는 1분 스피치), 활동 4(2와 3을 융합한 최종 1분 스피치)의 4가지 활동을 진행했으며, 각 스피치 후 피드백 교류 활동을 실시했다.

　활동 1에서는 학생이 각자 독자적으로 3분 스피치 원고를 준비하여, 1회(60분) 수업마다 2~3명이 스피치를 진행했다. 간단한 시트에 코멘트를 작성하여 각각에게 피드백을 제공했다. 활동 2에서는 학생이 각자 독자적으로 1분 스피치 원고를 준비하여, 1회(60분) 수업마다 2~3명이 스피치를 진행했다. 간단한 시트에 코멘트를 작성하여 각각에게 피드백을 제공했다. 활동 3에서는 학생들은 각각 생성AI를 활용해 1분 스피치 원고를 준비하고, 1회(60분) 수업마다 2~3명이 스피치를 진행했다. 간단한 시트에 코멘트를 작성해 각각에게 피드백을 제공했다. 활동 4에서는 학생들은 활동 2와 활동 3의 원고를 종합해 1분 스피치 원고를 준비하고, 1회(60분) 수업마다 2~3명이 스피치를 진행했다. 간단한 시트에 코멘트를 작성하여 각각 피드백을 제공했다.

　교사는 각각의 퍼포먼스를 평가하고, 학생들 간의 상호 평가도 함께 반영하여 발표 점수 20%를 종합 성직에 가산했다. (과목별 중간고사, 기말고사는 별도로 실시했다.)

1) 수업 후 설문 결과 분석

먼저, 「이번 수업에서 생성AI를 활용하기 이전에 사용 경험이 있었습니까?」라는 질문에 대해서는 '예'라고 응답한 학생이 3명, '아니오' 3명, 무응답 1명이었다.

다음으로, 「이번 수업에서 AI를 활용해 보니 AI에 대한 이미지가 바뀌었습니까? 어떻게 바뀌었습니까?」라는 질문에 대해서는, '예'라고 응답한 학생이 4명, '아니오' 2명, 무응답 1명이었다. '이미지가 바뀌었다'고 응답한 학생들의 의견을 분석해 보면 다음과 같다.

"생성AI를 사용하니 몰랐던 정보를 쉽게 얻을 수 있다는 것을 알았고, 어려운 일이 있을 때 활용하고 싶습니다." "처음에는 AI가 발전해도 인간을 초월할 수 없고, 참고 수준이라고만 생각했는데, 이번 수업에서 AI를 활용한 스피치를 경험하면서 AI가 제공하는 효율성과 학습 능력이 점점 향상되는 것을 직접 느낄 수 있었고, 이제는 AI가 우리의 생활에도 큰 영향을 주며 앞으로는 공존하여 삶 속에 녹아들 것이라 생각하게 되었습니다." "AI를 사용하니 필요한 정보를 많이 제공받는 것 같아 좋았습니다. 잘 활용하면 모르는 지식도 많이 얻을 수 있다는 것을 알게 되었습니다." 이처럼 긍정적인 이미지로 변화한 학생이 많았다.

반면, "AI를 잘 활용하지 않고 스스로 문제 해결을 위해 노력해 왔는데, 직접 사용해 보니 아직 미흡한 점이 많아, 문장을 더 완벽하게 다룰 수 있게 된다면 사용할 것 같습니다."라는 부정적 이미지의 변화도 있었다. 또한, '별로 변하지 않았다'고 응답한 학생은, "AI가 가진 방대한 지식으로 우리가 원하는 진정한 답을 얻을 수는 없지만, 모르는 것은 질문을 통해 더 많은 지식을 얻을 수 있다."라는 이유를 들었다.

다음으로, 「앞으로도 AI를 활용하겠습니까? 그 이유는 무엇입니까?」라는 질문에 대해서는, '활용한다' 4명, '별로 활용하지 않는다' 2명, 무응답 1명이었다. '활용한다'고 응답한 학생의 이유는, "빠른 답변으로 정보를 제공하기 때문입니다." "AI는 과제뿐만 아니라 다른 영역에서도 업무 효율을 크게 향상시켜, 그로 인해 확보된 시간적 여유를 자기 시간으로 활용할 수 있기 때문입니다." "AI는 나의 부족한 부분을 쉽게 메워주는 유용한 수단이므로 좋은 결과를 위해 활용하는 것이 바람직하다고 생각합니다." 등이 있었으며, '별로 활용하지 않는다'고 한 학생의 이유는, "별로 사용하지 않을 것 같습니다. 감상문에서 언급했듯이, 제 주장이 부족하고 의견을 내기 어려워 공감을 얻기 힘들기 때문입니다." "많이 활용하지는 않을 것 같습니다. 방대한 지식으로 답을 주지만, 제가 원하는 답을 주지 않을 때가 많기 때문입니다."라고 이유를 밝혔다.

또한 「AI의 힘이 아니라, 스피치 후에 실시한 상호평가·질문·감상·코멘트 등의 피드백을 한 것에 대해서 어떻게 생각합니까?」라는 질문에 대해서는, "실력 향상에 큰 도움이 되었습니다." "부족한 부분을 보완해주어 역량을 키우는 데 중요한 역할을 했다고 생각합니다." "자신이 인식하지 못한 부분을 타인의 시선으로 피드백을 받을 수 있어 발전할 수 있었습니다." "솔직한 피드백을 통해 발표에서 무엇이 부족한지 알게 되어 수정할 수 있었고, 장점도 알게 되어 더욱 노력하는 능동적 태도를 기를 수 있었습니다." "피드백이 기분 나쁘거나 발표에 부담·스트레스가 될 수도 있지만, 잘 극복하면 즉시 문제점을 고칠 수 있기에 긍정적으로 평가합니다." "교재 내용을 AI와 결합해 활용하고, 교사 및 친구들의 피드백을 함께 적용함으로써 시간적 장점과 학습 효율이 크게 향상되었다고 생각합니다." "AI 활용법을 알면 미래에도 매우 유용한 지식입니다. 그러나 교육에서 AI에 의존하게 되면 자기 의견을 제대로 표현하지 못하고, AI에만 의존하는 문제가 생길 수 있습니다. 따라서 AI 활용 교육은 제한적으로 실행되어야 한다고 생각합니다." "모르는 정보를 찾는 데만 사용하고, 자기 의견은 직접 표현해야 한다고 생각합니다." 등의 의견이 있었다.

2) 고찰

본 실천에서, 군 복무 후 복학한 초급 수준의 학생이 일본어로 스피치를 해야 하는 상황에 놓였을 때, 약 2년간의 군 생활로 과거에 학습했던 내용을 잊고 처음부터 다시 시작해야 하는 상황이었다. 과거의 복학생이었다면 상당한 어려움이 있었을 것이나, 생성AI를 활용함으로써 자신의 부족한 역량을 보완할 수 있었고, 학습을 포기하려 했던 이러한 학생에게 다시 한 번 희망을 줄 수 있었다는 장점이 확인되었다.

한편, 상급 학습자 중 일부는 스피치가 자신의 생각을 전달하는 퍼포먼스를 요구하는 행위라는 점에서, 자신의 생각을 토대로 원고를 작성하고 자신만의 말로 이야기할 때 비로소 가장 진심이 담긴다는 것을 느꼈다고 했다. 오히려 AI가 제공하는 내용을 반영하려고 하면 방해가 되어, 자신이 전하고자 하는 바가 훼손되고 소외감을 느꼈다는 경험을 한 학생도 있었다.

마음속에 있는 것을 살아 있는 자신의 말로 진실하게 전할 때 상대에게 전달되고, 그 마음이 상대의 마음에 닿아 불을 지필 수 있다는 것을 경험한 적이 있을 것이다. AI가 빅데이터로부터 도출해 준 내용은 일정 부분 다수가 인정할 만한 객관성을 지닐 수 있다. 그러나 3분 스피치나 1분 스피치와 같은 발화에서는 오히려 개인이 지닌 살아 있는 주장이 무엇인지가 요구된다. 화자의 독창적이고 오리지널리티 있는 스피치가 많은 사람을 매료시키는 것이다. 바로 이 점에서 크리에이티비티가 요구되며, 크리에이티브 러닝이 필요하다. 타인이 작성한 원고를 읽는 것만으로는 진정한 의미에서 마음이 담기지 않고, 상대의 마음에 전달되지 않아 쉽게 마음을 사로잡지 못할 것이다.

또한 자신의 스피치를 경청해 준 동료 학습자들이 실제로 눈앞에서 발표를 보고, 듣고, 표정이나 동작 등 비언어적 요소를 포함하여 느낀 바를 전달해 주는 감성을 포함한 인간적 교류 피드백 활동에서 큰 학습 효과가 있다는 점이 드러났다.

본 실천을 통해 일본어 스피치 교육에서 얻을 수 있는 시사점을 정리하면 다음과 같다. 생성AI의 활용은 일상생활에도 점차 스며들고 있으며, 많은 장점을 지니고 있지만 동시에 과제를 안고 있다. 생성AI는 방대한 텍스트로부터 자동적으로 스피치를 생성할 수 있다. 이를 통해 시간과 노력을 절약하고 간단히 스피치 원고를 작성할 수 있다. 또한 AI를 활용하면 스피치 원고에 대한 피드백도 비교적 쉽게 얻을 수 있다. AI는 다양한 관점이나 스타일로 스피치를 작성할 수 있어, 학습자들은 자신에게 부족한 부분을 AI의 힘으로 보완할 수 있다고 느낀다.

그러나 동시에 AI에 의존할 경우 자기 의견을 표현하는 능력을 기르기 어렵다는 점, 진정한 독창성을 기르기 어렵다는 점 등의 단점도 지적된다. 더욱이 자주 언급되듯, AI는 데이터에 기반하여 스피치를 생성하기 때문에 편향(bias)이 발생하거나 내용이 왜곡될 수 있고, 오류를 포함할 수도 있으며(hallucination), 기존 텍스트의 저작권을 침해할 위험도 있다. 생성AI를 활용할 때에는 이러한 장점과 단점을 모두 고려하여 적절히 활용하는 것이 중요하다.

미국의 심리학자이자 펜실베이니아 대학교 교수인 앤젤라 리 더크워스(Angela Lee Duckworth)는 '끝까지 해내는 힘'을 의미하는 용어로 'GRIT(그릿)'을 제안하였다. 이는 Guts(역경에 맞서는 투지), Resilience

(실패해도 포기하지 않고 계속하는 끈기), Initiative(스스로 목표를 설정하고 나아가는 자발성), Tenacity(마지막까지 완수하는 집념)의 머리글자를 딴 것이다. 앤젤라 교수는 유수의 컨설팅 회사 맥킨지에서 근무한 후 뉴욕의 공립 중학교에서 수학 교사로 재직하던 시기에, 성적이 우수한 학생들의 공통된 특징은 두뇌의 우수성이나 생활환경이 아님을 깨달았다. 이후 대학으로 돌아가 연구를 계속한 결과, "성공하는 사람들의 공통된 특징은 '열정'과 '끈기', 즉 'GRIT(그릿)'이다"라는 결론에 도달하였다.

'GRIT'과 같은 역량은 선천적·후천적 요소가 있을 수 있으나, 생성 AI만을 활용한다고 해서 습득할 수 있는 것은 아니다. 후천적으로 이를 기르려면 인간 간의 교류와 교육을 통한, 인간 중심의 관계 속에서 길러질 수 있다.

AI는 신체를 가지지 않기에, 스스로의 몸으로 체험할 수 없다. 또한 감정을 가지지 않기에, 자신의 경험에 근거한 실감이 수반된 〈가타리(語り): 이야기〉를 할 수 없다. 대학생 시절 열차 사고로 죽음 직전의 체험을 한 필자는 인생관이 크게 전환되었다. 수혈이 불과 5분만 더 늦었더라면 이 세상으로 돌아오지 못했다는 의사의 말이 있었다. 신체와 생명이 있다는 사실의 가치와 감사가 마음 깊이 새겨졌다. 최소 1년은 입원해야 한다는 의사의 진단이 있었지만, 노력 끝에 6개월 나는 일상으로 돌아왔다. 이후 나의 삶은 덤으로 얻은 인생이 되었다. 두 번째 삶을 살고 있다는 생각이 들었고, 이로인해 굳건한 정신을 지니게 되었으며 이후의 역경을 헤쳐 오며 살아왔다. 필자는 '실존(実存)'을 의식하게 되었고, 학생들에게 '인간이 인간답게 살아가기 위한 사회·세계·지구', '내가 나이기 위해'라는 〈가타리(語り): 이야기〉를 자주 전한다. "인간은 자신의 〈가타리(語り): 이야기〉로서의 말을 엮어가는 삶을 살고 있다." "자신의 말로 말하는 데 의의가 있으며, 누구도 그것을 방해할 수 없다."

필자는, 사람과 사람을 연결하고 또 연결하기 위한 장소, 기능, 장치 등이 중요하다고 보고, '자타(自他)의 이해를 심화하면서 관계성을 구축하는 것을 목표로 하는 외국어 교육(일본어 교육)'을 '쓰나가리(つながり: 연계성)의 외국어 교육(일본어 교육)'이라 명명하고, 이를 촉진하는 활동을 'Tsunakatsu(繫活(つなかつ): 연결 활동)'이라 칭하여 다양한 기회에 실천하고 있다. 생성AI를 활용한 학습 활동에서도 이 "Tsunakatsu(繫活)'는 중요한 구성 요소가 된다.

그 중심에 위치하는 개념이 바로「인간 중심 AI 교육」이다. 교육 현장에서는 인간을 중심에 두고 AI를 도입하고 활용하는 것이 요구된다. 앞으로 AI는 더욱 발전하겠지만, 주객이 전도되어 인간이 AI에 의존한 나머지 AI에 종속되어, AI가 주인이 되는 사회가 되어서는 안 된다. 어디까지나 주체는 인간이며, 인간 주체·인간 중심의 AI 교육을 촉진해야 한다. 인문학이 생성AI를 통한 교육을 선도하는 확실한 의미가 있다고 생각하며, 이에 대해 계속해서 주장하고자 한다.

3) 디지털 인문학의 시각에서 본 인간 중심 AI 교육의 기본 입장

필자가 주장하는「인간 중심 AI 교육」이란, 곧「인간성 중심 AI 교육」을 의미하며, 이는 그간 축적되어 온 인문학적 지견의 토대 위에 세워지는 AI 교육이다. 여기에는 인간의 웰빙, 공동체적 가치, 다양성과 포용성을 존중하는 가치관이 자리하며, 나아가 세계의 항구적 평화와도 연결된다. 인간성을 경시한 채 지나치게 효율성과 생산성만을 중시하는 개념에 대해 경종을 울린다.「AI(디지털)와 HI(인문)의 공존공생」이라는 방향성 자체도 바로 디지털 인문학의 부합하는 것이며,「인간 중심 AI 교육」에는 필자가 인문학 전공자로서 자신의 실존을

걸고 내세우는 주장이 담겨 있다.

오늘날 인문학은 일면에서 침체되어 있다는 지적을 받기도 한다. 물론 자신의 전공 분야에 깊이 뿌리내린 미시적 연구 능력을 갖추는 것도 중요하다. 그러나 동시에 거시적 시각에서 인류 사회에 제언할 수 있는 학자와 학술 단체 역시 인문학으로부터 나와야 한다고 본다. 한 연구자의 힘은 미약할 수 있으나, 바통을 이어받고 연구자들의 목소리를 연결함으로써 영향력 있는 목소리를 만들어낼 수 있다. 필자가 「연계창조(繫創)」라 명명한 접근법(approach)도 바로 이러한 맥락에 속한다.

현재 AI 발전은 막대한 자본을 바탕으로, 미국의 빅테크를 비롯한 경영계와 공학계가 주도하는 경향이 강하다. 이에 따라 향후 우려되는 점은, 이들이 효율성과 생산성만을 추구한 나머지 인간적 배려를 간과한 정책 결정을 내릴 위험성이 있다는 점이다. 능력주의를 강조하면서도 구조적 불평등을 무시하고, 사회적 격차를 정당화하는 일이 발생할 수 있다. 또한 AI와 CEO형 거버넌스가 숙의와 다양성이 있는 의견 반영을 배제한 채 권력 집중이 초래될 우려가 있으며, 공공 인프라·교육·의료와 같은 공동체적 기능을 경시하고 사회적 포섭성(包摂性)이 훼손될 위험도 존재한다. 이에 대해 민주주의와 사회적 평등을 경시하고 일부 지지층의 이익을 우선 시 하는 결정으로 흐르지 않도록 경종을 울릴 필요가 있다.

따라서 AI 활용의 주도적 위치를 인문학자가 확보할 필요가 있다고 필자는 생각한다. 정책 결정 과정에 인문학자가 참여해야 하며, 인문학자들 또한 옹호 활동(advocacy)의 중요성을 인식하고 연대하여 지속적으로 우리사회를 향해 발신 할 필요가 있다. 디지털 사회 속에서도 사회적 포용(social inclusion)을 달성하고, 포용적 사회와 세계를 구현하기 위해 인문학적 시각을 잃어서는 안 된다.

6. 인간 중심 AI 교육의 방향을 모색하며

본 연구에서는 미시적으로는 한국인 학습자의 일본어 스피치 활동에 생성AI를 활용한 실천 사례를 통해, 설문조사 결과를 분석하고, 그에 따른 시사점을 제시하였다. 아울러 거시적으로는 필자가 주장하는 「인간 중심 AI 교육」의 필요성을 논하였다.

생성AI의 활용은 준비 단계나 개인 학습 단계에서 일정 부분 효과적이었으며, 학습자들의 반응에서도 긍정적인 평가가 확인되었다. 그러나 학습자의 수준별 차이에 따라 활용 양상은 상이하게 나타났다. 초·중급 학습자의 경우 생성AI를 활용함으로써 자신의 역량으로는 감당하기 어려운 과제를 효율적으로 수행할 수 있었고, 그 가능성을 체감하였다. 반면, 상급 학습자들은 시간제한이 있는 스피치 상황에서 AI가 제공하는 주제가 오히려 방해 요인으로 작용하였으며, 자신의 힘으로 원고를 완성하고 발표하는 과정에서 더 큰 몰입감과 성취감, 그리고 끝까지 해내고자 하는 의욕을 경험하였다. 이에 따라 일본어 스피치 실천에서는 생성AI를 적극적으로 활용하고 싶지 않다는 반응도 나타났다.

특히 최종 단계, 즉 사람과의 연결을 강조하는 스피치와 퍼포먼스를 향상시키기 위해서는 AI보다는 인간적 감성에 기반한 상호 피드백 활동이 교육적 효과가 더 높게 나타났다. 본 연구의 의의는 학습자의 수준에 따라 생성AI 활용에 대한 인식과 효과가 달라질 수 있음을 구체적으로 지적한 데 있다. 향후 과제로는 더 많은 학습자를 대상으로 한 조사와 분석이 필요하다.

AI를 활용한 외국어 교육과 일본어 교육은 아직 초기 단계에 있으며, 보다 심화된 실천과 연구가 요구된다. 특히 한국에서의 생성AI 기반 일본어 교육은 여전히 태동기에 머물러 있으며, 추가 연구가 절실하다. 일정 부분 유효성이 확인되었음에도 불구하고 다양한 한계를 지니고 있다는 사실 또한 분명하다. 향후 생성AI 연구가 외국어 교육과 일본어 교육의 응용 및 발전으로 이어지기를 기대하며, 지속적인 실천과 연구를 이어 나가고자 한다.

앞으로 생성AI의 영향력은 더욱 확대될 것으로 전망된다. 이에 필자는 계속해서「인간 중심 AI 교육」을 호소하며, 사회의 AI 구현 과정에서도 인문학자의 역할이 매우 중요함을 강조하고자 한다.

이 글은 한국일어교육학회의 『日本語教育研究』 제68호에 실린 논문 「人間中心のAI教育: AIとクリエイティブ・ラーニング研究会(AI-CL)の創立と実践を通して」를 수정·보완하여 한국어로 옮긴 것이다.

참고문헌

일본문화자원 디지털 아카이브의
DX버추얼 교토에 의한 공간 인문의 전개 _야노 게이지

河角直美・矢野桂司・山本峻平,「二つの京都市明細図の概要とそのGISデータベースの構築: 京都府立総合資料館所蔵本と長谷川家住宅所蔵本」,『地理学評論』90-4, 日本地理学会, 2017. DOI: https://doi.org/10.4157/grj.90.390

塚本章宏・磯田弦,「「寛永後萬治前洛中絵図」の局所的歪みに関する考察」,『GIS 理論と応用』15(2), 地理情報システム学会, 2007. DOI: https://doi.org/10.5638/thagis.15.111

村上晴澄・佐藤弘隆・矢野桂司・福島幸宏・土橋誠,「近藤豊写真資料のデジタルアーカイブ構築と過去の景観: 写真資料のGIS化を通して」,『立命館地理学』26, 立命館地理学会, 2014.

矢野桂司,「地理情報とデジタル・ヒューマニティーズ」, 川嶋將生・赤間亮・矢野桂司・八村広三郎・稲葉光行,『日本文化デジタル・ヒューマニティーズの現在』, ナカニシヤ出版, 2009.

矢野桂司・赤間亮,「文化資源のデジタル化・公開手法の開発: 立命館アート・リサーチセンターの運用と公開」, 野口淳・村野正景編,『博物館DXと次世代考古学』, 雄山閣, 2024.

矢野桂司・中谷友樹・磯田弦編,『バーチャル京都: 京の"時空散歩": 過去・現在・未来への旅』, ナカニシヤ出版, 2007.

矢野桂司・中谷友樹・河角龍典・田中覚編,『京都の歴史GIS』, ナカニシヤ出版, 2011.

Bodenhamer, D. J., Corrigan, J. and Harris, T. M., The Spatial Humanities: GIS and the Future of Humanities Scholarship, Indiana University Press, 2010.

Bol, P., What do humanists want? What do humanists need? What might humanists get?, Dear, M., Ketchum, J. Luria, S. and Richardson, D. (eds.) *GeoHumanities: Art, History, Text at the Edge of Place*, Routledge, 2011.

Schreibman, S., Siemens, R. and Unsworth, J., A New Companion to Digital

Humanities, Wiley Blackwell, 2016.
Yano K., Imamura S., Kawahara D., Shimomura Y., Furukawa O., Developing and Evaluating Virtual Heiankyō AR, Wakabayashi Y. and Morita T. (eds.) Ubiquitous Mapping: Perspectives from Japan, Springer, 2022.

데이터 모델링을 통해 본 18세기 일본 문인 네트워크
문인 교유록 『자이신키지(在津紀事)』를 중심으로 _정경진

김연희, 『데이터베이스 개론』, 한빛미디어, 2019.
김우주, 『네트워크 중심성 이론』, 카오스북, 2017.
김지선·류인태, 「여항문화 연구와 데이터 모델링」, 『한국한문학연구』 85, 한국한문학회, 2022.
김현·김바로·임영상, 『디지털 입문학 입문』, HUEBOOKs, 2016.
정경진·김바로, 「18세기 일본 문인 시사의 디지털 아카이브 설계 및 구축 시론」, 『일본학보』 130, 한국일본학회, 2022.
정경진, 「『師友志』로 보는 근세 일본 문인 라이 슌스이(頼春水)의 교유망」, 『일본연구』 39, 고려대학교 글로벌일본연구원, 2023.
이병욱, 『데이터베이스 총론』, 그린, 2000.
이승은, 「고전문학 관련 디지털 인문학 연구의 현황과 미래」, 『고전과 해석』 39, 고전문학한문학연구학회, 2023.
임종태, 『데이터 베이스의 개념과 설계』, 경문사, 2004.
오용철, 『오용철의 데이터베이스 모델링』, 프리렉, 2010.
揖斐高, 『江戸の文人サロン: 知識人と芸術家たち』, 吉川弘文館, 2009.
多治比郁夫, 中野三敏(校注), 『当代江戸百化物 在津紀事 仮名世説』(新日本古典文学大系 97), 岩波書店, 2000.
高橋恭寛, 「頼春水による儒教テキスト講読に関する「JBDB」を用いた実態把握」, 『経営・情報研究 多摩大学研究紀要』 26, 多摩大学経営情報学部, 2022.
鄭敬珍, 「18世紀、大坂における文人詩社の変遷 菅甘谷塾から兼葭堂会、そして混沌社へ」, 『日本研究』 27, 고려대학교 글로벌일본연구원, 2017.
ボルン礼於, 「上智大学「日本の人名データベース」の構築について」, 『第23回公開シンポジウム 「人文科学とデータベース」発表論文集』, 2017.

재일본 조선 유학생 정치운동 지도
1896년 대조선일본유학생친목회 발간 『친목회회보』를 중심으로 _전성규

「時事新聞」, 1895.5.2.
「私立光興學校를 新門外鍮洞前幾營執事廳으로 移設하는데 課程은」, 『황성신문』, 1898.11.3.
「법률교사」, 『황성신문』, 1900.2.14.
「경성의 인물백태」, 『개벽』 48, 1924.6.1.
「19세기의 동경유학」(편편야화 5), 『동아일보』, 1974.3.6.
국사편찬위원회, 『대한제국관원이력서』, 국사편찬위원회, 1972.
_____, 『要視察韓國人擧動』, 국사편찬위원회, 2001.
대조선인일본유학생친목회, 『친목회회보』 1~6, 1896.2.15.~1898.4.6.
한국사데이터베이스 대한제국 직원록 자료 https://db.history.go.kr/id/jw_1908_0006_0290
한국사데이터베이스 대한제국 관보 자료 ttps://db.history.go.kr/item/level.do?itemId=gbdh
김영민, 『1910년대 일본 유학생 잡지 연구』, 소명출판, 2019.
김인택, 「『친목회회보』(親睦會會報)」의 재독(1): 《친목회》의 존재조건을 중심으로」, 『사이間SAI』 5, 국제한국문학문화학회, 2008.
김효전, 『근대 한국의 국가사상』, 철학과현실사, 2000.
문일웅, 「재일본 망명자 세력의 정변 모의 연구, 1895~1900」, 성균관대학교사학과 석사학위논문, 2010.
박찬승, 「1890년대 후반 관비유학생의 도일유학」, 『한일공동연구총서』 2, 고려대학교 아세아문제연구원, 2000.
박학래, 「申海永 編述의 『倫理學教科書』에 대한 재검토: 도덕교육 학계의 관련 논의에 유의하여」, 『도덕윤리과교육』 72, 한국도덕윤리과교육학회, 2021.
서영희, 『대한제국 정치사 연구』, 서울대학교출판부, 2003.
오노 야스테루(小野容照), 「1910년대 전반 재일유학생의 민족운동: 재동경조선유학생친목회를 중심으로」, 『숭실사학』 27, 숭실사학회, 2011.
왕현종, 「갑오개혁 이후 조선 유학생의 일본 유학과 유학 분야」, 『역사와 실학』 69, 역사와실학, 2019.
우미영, 「同度의 욕망과 東京이라는 장소(Topos): 1905~1920년대 초반 동경 유학생의 기록을 중심으로」, 『정신문화연구』 30, 한국학중앙연구원, 2007.
유병용 외, 『박영효 연구』, 한국정신문화연구원, 2004.
유영익, 『갑오경장연구』, 일조각, 1990.

이경수, 「1910~20년대 재일본조선유학생 친목회지에 나타난 신여성 담론: 『학지광』과 『여자계』를 중심으로」, 『한국학연구』 31, 고려대 한국학연구소, 2009.
이기동, 『비극의 군인들: 근대한일관계사의 祕錄』, 일조각, 2020.
이은숙, 「문학작품 속의 도시경관」, 『사회과학연구』 5, 상명대사회과학연구소, 1993.
이태훈, 「인물조사를 통해 본 한국 초기 '사회과학' 수용주체의 구성과 성격」, 『한국문화연구』 22, 이화여자대학교 한국문화연구원, 2012.
전성규, 「근대 지식인 단체 네트워크(2): 『동인학보』, 『태극학보』, 『공수학보』, 『낙동친목회학보』, 『대한학회월보』, 『대한흥학보』, 『학계보』, 『학지광』 등 재일조선인유학생 단체 회보(1906~1919)를 중심으로」, 『한국근대문학연구』 23, 한국근대문학회, 2022.
정인숙, 「국문학 분야 도시 연구의 동향과 전망」, 『도시인문학연구』 3, 2011.
정종현, 미즈노 나오키(水野直樹), 「일본제국대학의 조선유학생 연구(1): 경도제국대학 조선유학생의 현황, 사회경제적 출신 배경, 졸업 후 경력을 중심으로」, 『대동문화연구』 80, 성균관대학교대동문화연구원, 2012.
정주아, 『서북문학과 로컬리티』, 소명, 2014.
조경달, 최덕수 역, 『근대 조선과 일본』, 열린책들, 2015.
차배근, 『개화기 일본 유학생들의 언론출판활동연구: 1884~1898』, 서울대학교출판부, 2000.
황호덕, 「경성지리지, 이중언어의 장소론: 채만식의 「종로의 주민과 식민도시의 (언어) 감각」, 『대동문화연구』 51, 성균관대학교 대동문화연구원, 2005.

디지털 시대의 문학관광 연구
일본의 작가 추적형 문학관광의 빅데이터 분석과 디지털 지도 시각화를 중심으로
_권민혁·이정화

권민혁, 「지역 관광자원으로의 문학관 조사 연구: 다자이 오사무 기념관 사양관(斜陽館)의 관광프로그램 소개와 아오모리현 지역관광과의 연계를 중심으로」, 『日本文化學報』 93, 한국일본문화학회, 2022.
＿＿＿, 「일본의 문학관과 관광자원화 연구: 기노사키문예관과 일본 기노사키 지역의 관광프로그램 연계 사례를 중심으로」, 『차세대융합기술학회논문지』 8(2), 국제차세대융합기술학회, 2024.
＿＿＿, 「한국과 일본의 문학을 테마로 한 관광산업화 현상 비교 연구: 부산과 마쓰야마를 중심으로」, 『일본연구』 15, 고려대학교 글로벌일본연구원, 2011.

김경란, 「독일의 문학공간조성에 따른 문학여행의 유형」, 『독일어문학』 25(1), 한국독일어문학회, 2017.
岡本健, 『コンテンツツーリズム研究: 情報社会の観光行動と地域振興』, 福村出版, 2015.
菊地達夫, 「文学者·作品ゆかりの地を巡る観光コースの開発: 函館市を事例として」, 『北翔大学北方圏学術情報センター年報』 8, 北翔大学北方圏学術情報センター, 2016.
山村高淑, フィリップ・シートン, 『コンテンツツーリズム メディアを横断するコンテンツと越境するファンダム』, 北海道大学出版会, 2021.
Inkyung Um, 「A Comparative Study on Mutual Contents Tourism between Korea and Japan: Using Text Mining Analysis」, 『Border Crossings: The Journal of Japanese-Language Literature Studies』 17(1), Global Institute for Japanese Studies, Korea University, 2023.
Yeonwoo LEE, Eunji HEO, SeongYoon YANG, 「A Study on the Transformation of Literary Museums Accompanying the "Bungo" Boom: Through the Construction of the "Bungo" Database and Digital Mapping」, 『Border Crossings』 19(1), Global Institute for Japanese Studies, Korea University, 2024.
이효석문화예술촌 메밀꽃 필 무렵, 평창문화관광, https://tour.pc.go.kr/Home/H20000/H20100/H20103/html (검색일: 2025.8.27.)
甲府市 「太宰治ゆかりの地をめぐる」 https://www.city.kofu.yamanashi.jp/welcome/course/11.html (검색일: 2025.9.11.)
「シリーズ累計750万部！ TVアニメも好評放送中の『文豪ストレイドッグス』の大型広告が都内3カ所で期間限定掲出！」 https://prtimes.jp/main/html/rd/p/000005824.000007006.html (검색일: 2025.9.13.)
甲府市 「太宰治ゆかりの地をめぐる」 https://www.city.kofu.yamanashi.jp/welcome/course/11.html (검색일: 2025.9.11.)
「夏目漱石没後100年 ゆかりの地で記念行事、解説本や講演録も 命日は12月9日」 https://www.sankei.com/article/20160822-B5T26OAM2RLEPNPQ35RKYHH5NQ/ (검색일: 2025.9.13.)
三鷹市スポーツと文化財団 「三鷹 太宰治マップ【英語版】」 https://mitaka-sportsandculture.or.jp/zaidan/store/docs/od001e/ (검색일: 2025.9.11.)
Gephi 0.10. https://gephi.org/ (검색일: 2025.9.5.)
Gephi Plugins. https://gephi.org/plugins/#/plugin/geolayout-plugin (검색일: 2025.9.5.)

텍스트 마이닝을 활용한 춘향 서사 수용과 변주 연구 _이승은

김대범·박경우, 「'AI-춘향 캐릭터' 프로토타입 구축을 위한 시론」, 『연민학지』 42, 연민학회, 2024.

김병준, 「근대 국한문혼용체 자료 서브워드 기반 형태소 분석기의 설계와 적용」, 『디지털인문학』 1(2), 한국디지털인문학협의회, 2024.

노지승, 「남북한 춘향전 영화를 통해 본 〈춘향전〉의 국민문학적 의미」, 『국문학연구』 34, 국문학회, 2016.

서재길, 「1930년대 후반 라디오 예술과 전통의 문제」, 『한중인문학연구』 23, 한중인문학회, 2008.

서재현 외, 「멀리서 읽는 "우리": Word2Vec, N-gram을 이용한 근대 소설 텍스트 분석」, 『대동문화연구』 115, 대동문화연구원, 2021.

성명현, 「'연출자 박승희(1901~64)'의 극단 토월회(土月會: 1923~31) 시절 중 합자회사 체제 시기(1925.4~26.3)」, 『순천향인문과학논총』 38(4), 순천향대 인문학연구소, 2019.

손태도, 「한국창극사를 통해서 본 해방공간 창극 연구」, 『국문학연구』 31, 국문학회, 2015.

유승환, 「이광수의 춘향과 조선 국민문학의 기획」, 『민족문학사연구』 56, 민족문학사학회·민족문학사연구소, 2014.

이민영, 「식민사회의 '춘향전'과 전유되는 전통」, 『현대소설연구』 81, 한국현대소설학회, 2021.

이상숙, 「〈춘향전〉을 중심으로 한 전통논의의 양상」, 『국어국문학』 120, 국어국문학회, 1997.

이지영, 「〈춘향전〉의 정전화 과정과 교과서 수록」, 『국문학연구』 34, 국문학회, 2016.

_____, 「이광수의 〈일설춘향전〉에 대한 재고」, 『한국현대문학연구』 49, 한국현대문학회, 2016.

천정환, 『근대의 책읽기』, 푸른역사, 2003.

최연수·김의진·정채연, 「신문 데이터로 보는 '심청'」, 2025 디지털 인문학 겨울학교 해커톤 결과 발표 요지, 2025.

최은정, 「1930년대 후반 근대극 〈춘향전〉의 인물 형상 연구」, 『어문논집』 94, 민족어문학회, 2022.

Mikolov, T., Chen, K., Corrado, G., & Dean, J, Efficient estimation of word representations in vector space, arXiv preprint, arXiv: 1301.3781, 2013.

Piotr Bojanowski, Edouard Grave, Armand Joulin, Tomas Mikolov, Enriching

Word Vectors with Subword Information, arXiv:1607.04606, 2017.
조선일보 뉴스라이브러리(https://newslibrary.chosun.com)
DB조선(https://archive.chosun.com)
동아 디지털 아카이브(https://www.donga.com/archive/newslibrary)
빅카인즈(https://www.bigkinds.or.kr)

『일포사전』에 담긴 16~17세기 예수회의 불교 인식
불교용어의 뜻풀이에 대한 텍스트 마이닝을 통해서 _신웅철

池上岑夫·金七紀男·高橋都彦·冨野幹雄, 『現代ポルトガル語辞典』(改訂版), 白水社, 2012.
今泉忠義, 『日葡辞書の研究』, 桜楓社, 1971.
金井清光, 「キリシタンと仏教語」, 『清泉女子大学紀要』 41, 1993.
小島幸枝, 「「コンテムツスムンヂ」の仏教語: ラテン語原典より見た翻訳語の実態」, 『ことばの論文集: 安達隆一先生古希記念論文集』(安達隆一先生古希記念論文集刊行委員会編), おうふう, 2007.
鈴木広光, 「キリシタン宗教書における仏教語の問題」, 『名古屋大学文学部研究論集 文学』 37, 1991.
土井忠生·森田武·長南実編, 『邦訳日葡辞書』, 岩波書店, 1980.
狭間芳樹, 「A·ヴァリニャーノによる仏教語使用の企図: 『日本史』(1601)を手がかりに」, 『アジア·キリスト教·多元性』 13, 現代キリスト教思想研究会, 2015.
日野振作, 「初期キリスト教宣教師の仏教語理解」, 『親鸞教学論叢: 村上速水先生喜寿記念』(村上速水先生喜寿記念論文集刊行会編), 永田文昌堂, 1997.
森田武, 『邦訳日葡辞書索引』, 岩波書店, 1989.
_____, 「仏法語」, 『日葡辞書提要』, 清文堂出版, 1993.
豊島正之, 『対訳ラテン語語彙集(Latin Glossaries with vernacular sources)』, https://joao-roiz.jp/LGR/ (검색일: 2023.11.15, 서버 OS 지원 종료로 인해 2024년 2월 이후로는 서비스 정지 중)

텍스트 마이닝을 활용한 한일 대조연구의 동향 분석 _장근수

성윤아, 「텍스트마이닝 기법을 활용한 일본어교육연구 동향 분석」, 『일본어교육연

구』 62, 한국일어교육학회, 2023.
안평호, 「文法研究の現況と展望」, 『日本語研究』 76, 한국일본어학회, 2023.
이경숙, 「텍스트마이닝 기법을 활용한 일본어 학습자의 음성에 관한 연구 동향 분석」, 『일본어학연구』 69, 한국일본어학회, 2021.
장근수, 「文法研究の現況と展望」, 『日本語研究』 67, 한국일본어학회, 2021.
_____, 「텍스트 마이닝을 활용한 『日本語教育研究』 주제 분석」, 『일본어교육연구』 63, 한국일어교육학회, 2023.
장근수, 「テキストマイニングを活用した日韓対照研究の動向」, 『일본학보』 140, 한국일본학회, 2024.
李在鎬, 「文章の計量的分析」, 『文章を科学する』, ひつじ書房, 2017.
生越直樹, 「日韓対照研究の成果と残された問題」, 『日本語学研究』 79, 한국일본어학회, 2024.
落合由治, 「AI技術からみた日本語学, 日本語教育研究の展望と課題」, 『日本語教育研究』 50, 한국일어교육학회, 2020.
樋口耕一, 『社会調査のための計量テキスト分析: 内容分析の継承と発展をめざして』, ナカニシヤ出版, 2014.
_____, 「文章の計量的分析ツール『KH Coder』: 言語学的な分析のための設定と操作」李在鎬編, 『文章を科学する』, ひつじ書房, 2017.
_____, 『動かして学ぶ!はじめてのテキストマイニング』, ナカニシヤ出版, 2022.

일본 웹소설과 라이트노벨

서적화가 드러낸 차이와 교차, 데이터로 본 이야기 _남유민

남유민, 「텍스트마이닝을 활용한 일본 웹소설 일고찰: 팬데믹과 그 전후 비교를 중심으로」, 『일본연구』 40, 고려대학교 글로벌일본연구원, 2023.
飯田一史, 『ウェブ小説の衝撃: ネット発ヒットコンテンツのしくみ』, 筑摩書房, 2016.
黄晨雯, 「ビッグデータとしてのウェブ小説: 言語特徴およびトレンド解析」, 大阪大学, 博士学位論文, 2022.
全国出版協会, 『出版月報2021年3月号』, 出版科学研究所, 2021.
大橋崇行・山中智省, 『小説の生存戦略ライトノベル・メディア・ジェンダー』, 青弓社, 2020.
「小説家になろう!」https://syosetu.com/ (검색일: 2025.9.12.)
「ラノベの杜 DB」https://ranobe-mori.net/db/ (검색일: 2025.9.12.)
「なろうデベロッパー」https://dev.syosetu.com/ (검색일: 2025.9.12.)

정당-유권자 네트워크 한일비교

EASS 데이터를 중심으로 _유민영

경제희, 「소·중·대 혼합선거구제의 비례성과 정당 규모별 공천 전략: 일본 도쿄도 의회의원선거를 중심으로」, 『국가전략』 27(1), 세종연구소, 2021. DOI: http://doi.org/10.35390/sejong.27.1.202102.001

김지범·강정한·김석호·김창환·박원호·이윤석·최슬기·김솔이, 『한국종합사회조사 2003~2023』, 성균관대학교 출판부, 2024. https://doi.org/10.22687/KOSSDA-A1-CUM-0062-V3

오현주·송진미·길정아·강원택, 「정당 호감도와 회고적 평가: 2014년 지방선거를 중심으로」, 『한국정당학회보』 13(3), 한국정당학회, 2014.

이주경, 「일본 참의원 선거와 정당의 집표전략: 자민당 사례를 중심으로」, 『현대정치연구』 8(1), 서강대학교 현대정치연구소, 2015.

한의석, 「일본 정치의 변화와 정당-유권자 연계: 2000년대의 정당정치를 중심으로」, 『한국정치학회보』 48(4), 한국정치학회, 2014. DOI: http://doi.org/10.18854/kpsr.2014.48.4.004

Kitschelt, H., Linkages between Citizens and Politicians in Democratic Politics, *Comparative Political Studies*, 33, 2000. DOI: https://doi.org/10.1177/001041400003300607

Kitschelt, H., & Wilkinson, S. I., Citizen-politician linkages: an introduction In *Patrons, clients and policies: Patterns of democratic accountability and political competition*, Cambridge University Press, 2007.

Lijphart, A., Pintor, R. L., & Sone, Y., The limited vote and the single nontransferable vote: lessons from the Japanese and Spanish examples, *Electoral laws and their political consequences*, 2, The University of Chicago Press, 1986.

Li, Lulu, Kim, Sang-Wook, Iwai, Noriko, and Fu, Yang-Chih, East Asian Social Survey(EASS), Cross-National Survey Data Sets: Network Social Capital in East Asia, Inter-university Consortium for Political and Social Research[distributor], 2021.10.7, 2012. https://doi.org/10.3886/ICPSR36277.v2

Reif, K., Schmitt, H., & Norris, P., Second-order elections, *European journal of political research*, 31(12), Wiley-Blackwell, 1997. DOI: https://doi.org/10.1111/j.1475-6765.1997.tb00768.x

Roberts, K. M., Party-Society Linkages and Democratic Representation in

Latin America(https://doi.org/10.1017/CBO9780511585869.012rica), *Canadian Journal of Latin American and Caribbean Studies / Revue Canadienne Des Études Latino-Américaines et Caraïbes*, 27(53), Taylor & Francis, 2002, pp.9~34. DOI: https://doi.org/10.1080/08263663.2002.10816813

Scheiner, Ethan, 12 Clientelism in Japan: the importance and limits of institutional explanations, *Patrons, clients, and policies*, Cambridge University Press, 2007. DOI: https://doi.org/10.1017/CBO9780511585869.012

日本版総合的社会調査共同研究拠点大阪商業大学JGSS研究センター, 『日本版 General Social Surveys 基礎集計票・コードブック JGSS-2012』, 2013.

藤村直史, 「小選挙区比例代表並立制下での役職配分: 民主党の党内対立と政党投票」, 『選挙研究』 28(1), 日本選挙学会, 2012. DOI: https://doi.org/10.14854/jaes.28.1_21

일본 국회회의록으로 본 해양문제 인식, 1953~2024
존재론적 안보의 관점과 빅데이터 분석의 결합 _허원영

곽진오, 「일본의 독도정책에 대한 고찰: 이른바 '다케시마의 날'과 일본 의회를 중심으로」, 『비교일본학』 47, 한양대학교 일본학국제비교연구소, 2019.

_____, 「'유엔해양법협약' 체결을 통해서 본 일본의 이도(離島)정책 변형과 독도」, 『비교일본학』 49, 한양대학교 일본학국제비교연구소, 2020.

_____, 「일본의 독도영유권주장과 모순: 시정권(施政權)을 중심으로」, 『일본학보』 123, 한국일본학회, 2020.

_____, 「일본중학교 교과서검정과 독도: 일본국회 의사록 분석을 중심으로」, 『한림일본학』 36, 한림대학교 일본학연구소, 2020.

고선규・임재형, 「일본 국회에서의 독도문제 논의와 정당별 영토정책」, 『일본공간』 33, 국민대학교 일본학연구소, 2023.

박홍영, 「일본 자원외교의 해석과 평가: 일본국회의사록에 나타난 쟁점과 과제, 1990~2010」, 『국가전략』 21(4), 세종연구소, 2015.

朴洪英, 「日本軍従軍慰安婦に関する日本国会会議録(1990~2016)の検討: 日本政府の本音と建前の読み取り」, 『일본연구』 70, 한국외국어대학교 일본연구소, 2016.

변은진, 「일본국회 회의록(1948~2002)을 통해 본 '위안부' 논의」, 『일본군 '위안부' 기록물 발굴·정리·해제 사업 심포지엄 자료집』, 한국여성정책연구원, 2017.
석주희, 「중·참의원 의사록(1948~2020)에서 나타나는 시마네현·돗토리현 지역구 의원의 독도 관련·발언 및 인식」, 『국제학논총』 34, 계명대학교 국제학연구소, 2021.
송민, 『텍스트 마이닝』, 청람, 2017.
신욱희, 「이승만의 역할인식과 1950년대 후반의 한미관계」, 『한국정치외교사논총』 26(1), 한국정치외교사학회, 2004.
안소영, 「일본 국회의사록을 통해서 본 한일국교정상화 교섭과정에 관한 연구 -교섭의제의 전환과 그 의미를 중심으로」, 『동북아역사논총』 22, 동북아역사재단, 2008.
은용수·김성철, 「존재론적 안보(ontological security)의 동학: 미국의 대중 강경책과 미중경쟁」, 『국제정치논총』 62(2), 한국국제정치학회, 2022.
이진원, 「일본 국회의 독도관련 발언 및 인식: 1947~2020년 주요상임위원회 별 독도관련 발언을 중심으로」, 『한림일본학』 40, 한림대학교 일본학연구소, 2022.
이형식, 「일본의 국회의사록을 통해서 본 독도에 대한 일본의 대응(1950~1956)」, 『일본공간』 6, 국민대학교 일본학연구소, 2009.
정미애, 「일본의 국회의사록을 통해서 본 독도에 대한 일본의 대응(1957~1965)」, 『일본공간』 7, 국민대학교 일본학연구소, 2010.
최은봉·이민주, 「존재론적 안보와 오키나와의 정적 지사 선거: 일본 정부 신뢰의 역설적 동학」, 『일본연구』 85, 한국외국어대학교 일본연구소, 2020.
최장근, 「일본정부의 대일평화조약 시기의 '죽도' 영유권 인식: 일본의 국회의사록을 중심으로」, 『일본문화학보』 48, 한국일본문화학회, 2011.
_____, 「일본정부의 '이승만라인 철폐'의 본질 규명: 일본의 한일협정 비준국회의 국회의사록 분석」, 『일어일문학연구』 76, 한국일어일문학회, 2011.
崔長根, 「1970年代 '北部 大陸棚協定'에 관한 日本國會의 論爭: 日本國會 議事錄을 통한 檢證」, 『한일민족문제연구』, 한일민족문제학회, 2013.
존 캘러허·브렌던 티어니, 권오성 역, 『데이터 과학』, 김영사, 2019.
허수진·전재성, 「프랑코 통치 하 스페인의 모로코 영토 협상: 존재론적 안보로서 스페인의 제국적 정체성」, 『국제정치논총』 59(3), 한국국제정치학회, 2019.
허원영, 「해양 거버넌스와 한일 협력의 모색: 아세안을 포괄한 동아시아 해양 협력 네트워크」, 『아시아연구』 26(1), 한국아시아학회, 2023.
허원영·정재은·최희식, 「일본학 분야 데이터베이스 발전 방향에 대한 탐색적 연구: 빅데이터 기반 문제 분석의 토대 제공을 위한 시론」, 『일본공간』 34, 국민대학교 일본학연구소, 2023.

外務省, 「日本は戻ってきました」安倍総理大臣演説, 2013年2月22日.
日本国際問題研究所, 『戦略年次報告2019』, 日本国際問題研究所, 2019.
山口昌也, 「全文検索システム『ひまわり』用『国会会議録』パッケージの構築」, 『国立国語研究所論集』22, 国立国語研究所, 2022.
Amara, Amina, Mohamed Ali Hadj Taieb and Mohamed Ben Aouicha, "Multilingual topic modeling for tracking COVID-19 trends based on Facebook data analysis," *Applied Intelligence*, 51, Springer, 2021.
Berger, Thomas U. Mike M. Mochizuki and Jitsuo Tsuchiyama eds, *Japan in International Politics: The Foreign Policies of an Adaptive State*, Lynne Rienner Publishers, 2007.
Blei, D. M., "Probabilistic topic models," *Communications of the ACM*, 55(4), ACM, 2012.
Browning, C.S., and Joenniemi, P., "Ontological Security, Self-Articulation and the Securitization of Identity," *Cooperation and Conflict*, 52(1), Sage Publication, 2017.
Calder, Kent E., "Japanese foreign economic policy formation: explaining the reactive state," *World Politics*, 40(4), Cambridge University Press, 1988.
Calder, Kent E., "Securing security through prosperity: the San Francisco System in comparative perspective," *The Pacific Review*, 17(1), Taylor & Francis, 2004.
Funabashi, Yoichi, and G. John Ikenberry, eds., *The Crisis of Liberal Internationalism: Japan and the World Order*, Brookings Institution Press, 2020.
Glosserman, Brad, *Peak Japan: The End of Great Ambitions*, Georgetown University Press, 2019.
Hakata, Kei, Teruaki Aizawa, and Brendon J. Cannon. "Japan's Strategic Messaging for a 'Free and Open International Order (FOIO): Can it Preserve Its Indo-Pacific Achievements?" *Focus Asia: Perspective & Analysis*, February 14, 2024, pp.1~12.
Han, Seungwoo, "Analyzing "Jayu" in South Korean presidential rhetoric: a comprehensive study from 1948~2023 with a focus on the Yoon Suk Yeol administration," *Humanities and Social Sciences Communications*, 11, Springer Nature, 2023.
Holsti, Kalevi Jaakko, "National Role Conceptions in the Study of Foreign Policy," *International Studies Quarterly*, 14(3), Oxford University

Press, 1970.
Hughes, Christopher, *Japan's Foreign and Security Policy Under the 'Abe Doctrine': New Dynamism or New Dead End?*, Springer, 2015.
Ikenberry, G. John, "The Liberal International Order and Its Discontents," *Millennium*, 38(3), Sage Publication, 2010.
Jacobs, T. and R. Tschotschel, 'Topic models meet discourse analysis: A quantitative tool for a qualitative approach', *International Journal of Social Research Methodology*, 22(5), Taylor and Francis, 2019.
Kinnvall, C., Mitzen, J., "Ontological Security and Conflict: the Dynamics of Crisis and the Constitution of Community," *Journal of International Relations and Development*, 21, Palgrave Macmillan, 2018.
Klose, Stephan, "Interactionist role theory meets ontological security studies: an exploration of synergies between socio-psychological approaches to the study of international relations," *European Journal of International Relations*, 26(3), Sage Publication, 2020.
Koga, Kei, "Japan's 'Indo-Pacific' question: countering China or shaping a new regional order?," *International Affairs*, 96(1), Oxford University Press, 2020.
Mitzen, Jennifer, "Ontological security in world politics: State identity and the security dilemma," *European Journal of International Relations*, 12(3), Sage Publication, 2006.
Rumelili, Bahar, *Conflict Resolution and Ontological Security*, London: Routledge, 2015.
_____, "Integrating anxiety into international relations theory: Hobbes, existentialism, and ontological security," *International Theory*, 12(2), Cambridge University Press, 2020.
Steele, Brent J., *Ontological security in international relations: Self-identity and the IR state*, London: Routledge, 2008.
Subotić, Jelena, "Narrative, Ontological Security, and Foreign Policy Change," *Foreign Policy Analysis*, 12(4), Oxford University Press, 2016.
Suzuki, Shogo, "Japanese revisionists and the 'Korea threat': insights from ontological security," *Cambridge Review of International Affairs*, 32(3), Cambridge University Press, 2019.
Yang, S. J., B. Y. Lee, G. W. Kim, "A topic modeling approach to the analysis of happiness and unhappiness," *Knowledge Management Research*, 17(2), Taylor and Francis, 2016.

Wilkins, Thomas, "Japan as a contributor to the rules-based order in the Indo-Pacific." *Internatnional Information Network Analysis*, Sasakawa Peace Foundation, September 22, 2021.

Wirth, Christian, "Ocean Governance, Maritime Security and the Consequences of Modernity in Northeast Asia," *The Pacific Review*, 25(2), Taylor and Francis, 2012.

_____, "Securing the seas, securing the state: Hope, danger and the politics of order in the Asia-Pacific," *Political Geography*, 53, Elsevier, 2016.

aws, 「애플리케이션 프로그래밍 인터페이스(API)란 무엇인가요?」, https://aws.amazon.com/ko/ what-is/api/ (검색일: 2024.10.7.)

日本国会図書館, 「国会会議録検索システム 検索用APIの仕様」, https://kokkai.ndl.go.jp/api.html (검색일: 2024.10.7.)

디지털 인문학적 방법론을 통해 고찰한 '다문화공생'과 재일코리안

1990년 이후 『아사히신문』의 데이터베이스를 중심으로 _신재민·이영호

김환기, 『월경문학과 글로컬리티』, 소명출판, 2024.

_____, 『재일 디아스포라 문학』, 새미, 2006.

다와라기 하루미, 「일본 신문에 나타난 「혐한」언설의 의미 고찰 1992년부터 2015년까지의 『아사히신문(朝日新聞)』과 산케이신문(産經新聞)을 중심으로」, 『일본근대학연구』 50, 한국일본근대학회, 2015.

박수옥, 「일본의 혐한류와 미디어내셔널리즘: 2ch와 일본 4대 일간지를 중심으로」, 『한국언론정보학보』 47, 한국언론정보학회, 2009.

석주희, 「일본의 축소사회 위기와 이민정책: 외국인 노동자와 다문화공생을 중심으로」, 『민족연구』 78, 한국민족연구원, 2001.

송용미·이로미, 「일본 가와사키 시 '다문화공생' 사례로 본 도시수준 '다문화평생학습'의 가능성」, 『다문화사회연구』 15(3), 숙명여자대학교 아시아여성연구원, 2022.

유혁수, 「일본의 외국인 정책과 법제: 다문화공생 정책을 중심으로」, 『일본비평』 29, 서울대학교 일본연구소, 2023.

이명희, 「일본 『아사히신문』 사설에 나타난 균형과 한계: 21세기 반일·혐한의 한일관계 뛰어넘기」, 『일본문화연구』 77, 동아시아일본학회, 2021.

이승진, 「전후 일본 신문 미디어에 나타난 재일코리안 표상 고찰: 1945~65년까지

의 시기에 주목하여」, 『일본학』 55, 동국대학교 일본학연구소, 2021.
이승진, 「문화다원화 시대 일본 신문 미디어와 재일사회: 1966년부터 1989년까지의 시기에 주목하여」, 『일본학』 59, 동국대학교 일본학연구소, 2023.
_____, 「1990년 이후 일본의 신문 미디어와 재일사회: 아사히·마이니치·요미우리 신문 기사를 중심으로」, 『일본학』 63, 동국대학교 일본학연구소, 2024.
임영언, 「재일코리안 조선학교 민족교육운동과 고교무상화제도 고찰」, 『로컬리티 인문학』 19, 부산대학교 한국민족문화연구소, 2018.
정미애, 「일본의 외국인정책과 다문화공생정책의 간극」, 『의정논총』 5(2), 한국의정연구회, 2010.
조수일, 「1970년대 초 일본의 대항공론장과 문학운동: 계간문예지 『인간으로서(人間として)』를 중심으로」, 『일본학』 64, 동국대학교 일본학연구소, 2024.
주효진, 「아시아 국가들의 다문화정책에 대한 탐색적 연구: 대만, 싱가포르, 일본, 홍콩의 사례로부터」, 『한국자치행정학보』 24(2), 한국자치행정학회, 2010.
藤本麻亜華, 「増加する外国人労働者と日本における移民政策の在り方」, 『経済政策研究』 16, 香川大学, 2020.
栗本英世, 「日本的多文化共生の限界と可能性」, 『未来共生学』 3, 大阪大学未来戦略機構第五部門未来共生イノベーター博士課程プログラム, 2016.
Sonia Ryang, *North Koreans in Japan: Language, Ideology, and Identity*, Westview Press, 1997.
John Lie, *Zainichi (Koreans in Japan): Diasporic Nationalism and Postcolonial Identity*, University of California Press, 2008.
「朝日新聞クロスサーチ」 https://xsearch.asahi.com/

일본 3대 신문은 한국의 계엄령과 탄핵 사태를 어떻게 봤는가 _이해미

온고고 온야보 온여가치, 임석준, "Media Presentation of Japan-Korea Whitelist and GSOMIA Dispute: A Content Analysis." 『국제정치연구』 23(2), 2020.
木村幹, 『日韓歴史認識問題とは何か: 歴史教科書·「慰安婦」·ポピュリズム』, ミネルヴァ書房, 2014.
Kim, Y., K. Sugimura, and S. W. Chung. "Anti-Japan and Hate-Korea Emotions in Media Discourse: Semantic Network and Framing Analyses." Journal of Global and Area Studies 6(1), 2022.
Kobayashi, T., and T. Yokoyama. "Missing Effect of Party Cues in Japan:

Evidence from a Survey Experiment." Cambridge University Press, 2018.
Sakai, M. "A Diachronic Analysis of The Content And Geospatial Distribution of News Reports of Reputational Damage Related to The Great East Japan Earthquake and Fukushima Daiichi Nuclear Power Plant Disaster." Journal of Human Security Studies, 2022.
van Dijk, T. A., News as Discourse. Hillsdale, NJ: Lawrence Erlbaum Associates, 1988.
Yamaguchi, H., "Public Opinion That Cannot be 'Constructed'." Asian Journal of Journalism and Media Studies 2, 2019.
한겨레21, "국제사회, 한국 '민주주의 복원력'에 탄복하다." https://h21.hani.co.kr/arti/world/world_general/56492.html (검색일: 2025.1.24.)
SBS News, "윤석열 대통령 대국민담화 전문." https://news.sbs.co.kr/news/endPage.do?news_id=N1007902666 (검색일: 2024.1.10.)
아사히신문 디지털(朝日新聞デジタル), "아사히신문 디지털." https://www.asahi.com/topics/AP-9aa8c79c-8fe3-4f0c-8b00-3bff509f3d73/?iref=kijishita_title (검색일: 2024.12.17.)
마이니치신문(毎日新聞), "마이니치신문." https://mainichi.jp/asia-oceania/ (검색일: 2024.12.17.)
요미우리신문(読売新聞), "요미우리신문." https://www.yomiuri.co.jp/feature/titlelist/southkorea-martial-law/ (검색일: 2024.12.17.)
Media Bias/Fact Check, "Mainichi Shimbun - Bias and Credibility," 2023.

디지털 인문학에서의 기반 데이터 역할 _세키노 다쓰키

内田正男, 『日本書紀暦日原典 新装版』, 雄山閣, 1993.
_____, 『日本暦日原典 第四版』, 雄山閣, 1994.
小風綾乃・中村覚・山田太造, 「TEIによる編纂史料の構造化:『大日本史料』を例に」, じんもんこん2024論文集, 2024.
国史大辞典編集委員会編, 『国史大辞典』, 吉川弘文館 全15巻, 1979~1997.
関野樹・山田太造, 「日付を表す文字列の解釈と暦の変換: 暦に関する統合基盤の構築に向けて」, 『情報処理学会シンポジウムシリーズ』, 2013(4).
T. Berners-Lee, J. Hendler & O. Lassila, The Semantic Web: A new form of Web content that is meaningful to computers will unleash a revolution

of new possibilities, *Scientific American*, 284(5), 2001. DOI:http://doi.org/10.1145/3591366.3591376

C. Bizer, T. Heath & T. Berners-Lee, Linked Data - The story so far, *International Journal on Semantic Web and Information Systems*, 5(3), 2009. DOI:https://doi.org/10.4018/978-1-60960-593-3.ch008

N. Dershowitz & E. Reingold, *Calendrical Calculations*, Cambridge: Cambridge University Press, 2007.

Internet Engineering Task Force, *The GeoJSON Format*, 2016. https://datatracker.ietf.org/doc/html/rfc7946

ISO - International Organization for Standardization, *ISO 8601-1, Date and time - Representations for information interchange - Part 1: Basic rules*, 2019.

J. Meeus, *Astronomical Algorithms 2nd ed.*, Richmond: Willmann-Bell, Inc. 1998.

T. Sekino, Basic linked data resource for temporal information, *Proceedings of the 2017 Pacific Neighborhood Consortium Annual Conference and Joint Meetings(PNC)*, 2017. DOI:https://doi.org/10.23919/PNC.2017.8203525

_____, HuTime Ontology to Represent Uncertain Time Intervals, *Proceedings of Workshop "Ontologies for Linked Data in the Humanities"*, Digital Humanities Conference 2019, https://cwrc.ca/islandora/object/islandora%3A9b07447e-a12b-49ff-bc85-b8a5187d0929.

_____, Data description and retrieval using periods represented by uncertain time intervals, *Journal of Information Processing* 28, 2020a. DOI:https://doi.org/10.2197/ipsjjip.28.91

_____, Time Information System, HuTime - A Visualization and Analysis Tool for Chronological Information of Humanities, *Proceedings of Digital Humanities Conference 2020 (DH2020)*, 2020b. https://dh2020.adho.org/wp-content/uploads/2020/07/278_TimeInformationSystemHuTimeAVisualizationandAnalysisToolforChronologicalInformationofHumanities.html.

_____, Construction of a Calendar Conversion System with a Function to Interpret Chinese Calendar Date Expressions, *Proceedings of the 2023 Pacific Neighborhood Consortium Annual Conference and Joint Meetings(PNC)*, 2023. DOI:https://doi.org/10.23919/PNC58718.2023.10314976

T. Sekino, Deriving temporal position of a period based on positional relationships between periods using linked data, *Proceedings of the 2024 Pacific Neighborhood Consortium Annual Conference and Joint Meetings(PNC)*, 2024. DOI:https://doi.org/10.23919/PNC63053.2024.10697376

W3C – World Wide Web Consortium, *CURIE Syntax 1.0*, 2010, https://www.w3.org/TR/2010/NOTE-curie-20101216/

W3C – World Wide Web Consortium, *RDF-Semantic Web Standards*, 2014, https://www.w3.org/RDF/

W3C – World Wide Web Consortium, *OWL-Time*, 2022, https://www.w3.org/TR/owl-time/

HuTimeプロジェクト,「HuTime Web API – Calendar Calculation」, https://ap.hutime.org/cal/ (검색일: 2025.5.3.)

HuTimeプロジェクト,「暦変換サービス」, https://www.hutime.jp/basicdata/calendar/form.html (검색일: 2025.5.3.)

国際日本文化研究センター,「摂関期古記録データベース」, https://rakusai.nichibun.ac.jp/kokiroku/ (검색일: 2025.5.3.)

人間文化研究機構・H-GIS研究会,「歴史地名辞書データ」, https://www.nihu.jp/ja/database/source_map.html (검색일: 2025.5.3.)

人文学オープンデータ共同センター,「『日本歴史地名大系』地名項目データセット」, https://geoshape.ex.nii.ac.jp/nrct/ (검색일: 2025.5.3.)

CHISE project,「文字情報サービス環境 CHISE」, https://www.chise.org/ids/index.ja.html (검색일: 2025.5.3.)

国立国語研究所,「国語研コーパスポータル」, https://clrd.ninjal.ac.jp/ (검색일: 2025.5.3.)

青空文庫,「青空文庫」, https://www.aozora.gr.jp/ (검색일: 2025.5.3.)

International Mozarteum Foundation,「Köchel Catalogue Online」, https://kv.mozarteum.at/en (검색일: 2025.5.3.)

GO FAIR,「FAIR Principles」, https://www.go-fair.org/fair-principles/ (검색일: 2025.5.3.)

Creative Commons,「Licenses List」, https://creativecommons.org/licenses/ (검색일: 2025.5.3.)

Dublin Core Metadata Initiative,「DCMI: Home」, https://www.dublincore.org/ (검색일: 2025.5.3.)

ICOM/CIDOC Documentation Standards Group,「CIDOC CRM」, https://cidoc-crm.org/ (검색일: 2025.5.3.)

The Library of Congress,「EAD: Encoded Archival Description」, https://www.loc.gov/ead/ (검색일: 2025.5.3.)

Text Encoding Initiative Consortium, 「Text Encoding Initiative」, https://tei-c.org/ (검색일: 2025.5.3.)
Open Geospatial Consortium, 「Keyhole Markup Language」, https://www.ogc.org/publications/standard/kml/ (검색일: 2025.5.3.)

컬처마이닝과 디지털 인문학
데이터 시대의 문화 읽기 _이준서

김현, 「디지털 인문학: 인문학과 문화콘텐츠의 상생 구도에 관한 구상」, 『인문콘텐츠』 29, 인문콘텐츠학회, 2013.
신상희·황복주, 「소비자의 블로그 활용이 구매의사결정과정과 구매 후 행동에 미치는 영향에 관한 연구: 화장품 소비자를 중심으로」, 『경영교육연구』 30(4), 한국경영교육학회, 2015.
양윤·조문주, 「구전 커뮤니케이션이 소비자의 태도변화에 미치는 영향」, 『광고학연구』 11(3), 한국광고학회, 2000.
윤선미, 「월평균 소득에 따른 관광 활동 참여패턴 조사: 장바구니 분석을 적용하여」, 『호텔관광연구』 25(7), 한국호텔관광학회, 2023.
이근희, 『번역의 이론과 실체』, 학국문화사, 2015.
이준서, 「디지털인문학적 관점에서 본 컬처마이닝 연구: F사 SPA 브랜드의 한·일 구전 커뮤니케이션을 중심으로」, 『일본학보』 143, 2025.
_____, 「AI 기반 일·중 온라인 담론에 나타난 혐한 정서 비교 분석」, 『일본어교육연구』 71, 한국일어교육학회, 2025.
_____, 『R컬처마이닝』, 박문사, 2021.
이준원, 「SNS 상의 구전 커뮤니케이션 특성이 구전 커뮤니케이션 효과에 미치는 영향: 스포츠용품을 중심으로」, 『한국체육과학회지』 26(3), 한국체육과학회, 2017.
C Sievert, K Shirley, "LDAvis: A method for visualizing and interpreting topics", *Proceedings of the workshop on interactive language learning, visualization, and interfaces*, Association for Computational Linguistics, 2014.
David M. Blei, Andrew Y. Ng, Michael I. Jordan, "Latent Dirichlet Allocation", *Journal of Machine Learning Research*, (3), JMLR.org, 2003.
Hyatt, J., & Simons, H., Cultural Codes – Who Holds the Key?: The Concept and Conduct of Evaluation in Central and Eastern Europe. *Evaluation*,

5(1), Sage Publications, 1999.
Liu, X., Ren, P., Lv, X., & Li, S., Service Experience and Customers' eWOM Behavior on Social Media Platforms: The Role of Platform Symmetry. *International Journal of Hospitality Management*, 119, Elsevier Publications, 2024. DOI:https://doi.org/10.1016/j.ijhm.2024.103735.
Mona Baker, 『말 바꾸기』, 곽은주 역, 한국문화사, 2005.

일본 고전학과 디지털 인문학

이야기의 전승·표현사(表現史) 연구의 시좌에서 _양성윤

김현, 「디지털 인문학: 인문학과 문화콘텐츠의 상생 구도에 관한 구상」, 『인문콘텐츠』 29, 인문콘텐츠학회, 2013.
고려대 D-HUSS 사업단/국제일본문화연구센터 편, 야마다 쇼지「제2장 디지털 인문학의 아포리아: 인문지(人文知)와 정보지(情報知)의 경계에서」, 『고려대 디지털인문융합연구원 디지털인문학총서01 디지털 휴머니티즈가 개척하는 인문학: 한일 연구자의 대화』, 보고사, 2025.
류인태, 「데이터로 고전을 읽는다는 것」, 『고전문학과 교육』 51, 한국고전문학교육학회, 2022.
박치완 외, 『〈디지털 시대 인문학에 대한 진단과 전망〉 디지털 인문학이란 무엇인가』, 꿈꿀권리, 2015.
정서현, 「문학 연구의 고유성과 디지털인문학의 가능성: 연구 동향 및 겸허한 제안」, 『근대영미소설』 30(2), 한국근대영미소설학회, 2023.
양성윤, 「『西鶴名殘の友』卷三之七「人にすぐれての早道」と狐飛脚傳承」, 『國語と國文學』 95(6), 明治書院, 2018.
_____, 「일본 고전 서적의 디지털 아카이브 구축현황에 관해: "역사적 전적 NW 사업"의 현황 및 주요 학술 데이터베이스 소개」, 『고전문학과 교육』 49, 한국고전문학교육학회, 2022.
_____, 「일본 근세 '이야기'의 전승과 지식: 설화문학 연구방법론 및 전승의 상상력에 관한 시론」, 『日本語文學』 99, 한국일본어문학회, 2023.
_____, 「근세 유녀 문예와 지식 권력론 서설: 『제염대감(諸艶大鑑)』 「죽으면 함께 목검(死ば諸共の木刀)」의 영위」, 『일본연구』 41, 고려대학교 글로벌일본연구원, 2024.
_____, 「일본 근세기 쌀시장의 원풍경과 쌀 상인의 영위: 반사경으로서 풍속 세태 소설의 비평적 시좌」, 『일어일문학연구』 134, 한국일어일문학회, 2025.

이승은, 「고전문학 관련 디지털 인문학 연구의 현황과 미래」, 『고전과 해석』 39, 고전문학한문학연구학회, 2023.
幾浦裕之, 「百首歌·題詠·画中歌·絵入本のTEIマークアップの試み: 天和三年刊·菱川師宣画『絵入藤川百首』を例として」, 『近世文藝』 119, 日本近世文学会, 2024.
河村瑛子, 「『俳諧類船集』研究の諸問題」, 『古俳諧研究』, 和泉書院, 2023.
塩村耕, 「あとがき: こんな仕事がしたい」, 『近世前期文学研究: 伝記·書誌·出版』, 若草書房, 2004.
棚橋正博ほか, 『新編日本古典文学全集79 黃表紙 川柳 狂歌』, 小学館, 2003.
梁誠允, 「第一章 傳承の想像力 第一節 『西鶴名殘の友』卷三之七 「人にすぐれての早道」と狐飛脚傳承」, 『西鶴奇談研究』, 文学通信, 2023.
원문 화상 자료의 소장정보는 각주에 표시했다. 화상 데이터는 아래의 사이트를 참조.
국문학연구자료관의 〈国書データベース〉 https://kokusho.nijl.ac.jp
와세다대학 〈古典籍総合データベース〉 https://www.wul.waseda.ac.jp/kotenseki/index.html.
국문학연구자료관의 국책사업에 관한 소개 부분 https://lab.nijl.ac.jp/humanitiesthroughddps/about.
[용례출전] 하이카이의 출전은 CD-ROM版編集委員会編, 『古典俳文学大系 CD-ROM版』, 集英社, 2004.

디지털 인문학적 시각에 기반한 인간 중심 AI 교육과 크리에이티브 러닝 _겐코 히로아키

신민철, 「인공지능(AI) 번역기를 활용한 한일 한자어 비교의 가능성 모색」, 『일본근대학연구』 71, 한국일본근대학회, 2021.
井庭崇, 『クリエイティブ·ラーニング: 創造社会の学びと教育』, 慶應義塾大学出版会, 2019.
_____, 「クリエイティブ·ラーニング: 創造社会の学びと教育」, 『淡江大学設立70周年記念行事シリーズ活動2020年度台湾日本語教育研究国際シンポジウム-クリエイティブ·ラーニングを目指す日本語教育-国際会議予稿集』, 台湾日本語教育学会, 2020.
_____, 「クリエイティブ·ラーニング:創造社会の学びと教育」, 『韓国日本語学会 第43·44回 国際学術発表大会論文集』, 한국일본어학회, 2021.

落合由治, 「AI技術からみた日本語学、日本語教育研究の展望と課題: 日本語教育の繋がりと協働の新領域をめざして」, 『日本語教育研究』50, 한국일어교육학회, 2020.

＿＿＿＿, 「AIと日本語教育について」, 『韓国日本語学会 第43・44回国際学術発表大会論文集』, 한국일본어학회, 2021.

金恍嬪, 「学習ツールを活用したオン・オフラインの新世界活動授業」(학습툴을 활용한 온・오프라인의 신세계 활동수업), 『韓国日本語教育研究会 全国日本語教師授業研究発表大会』, 韓国日本語教育研究会, 2021.

金昭喜, 「テキストマイニングを活用した「X{まで}」構文の語彙分析:「X{さえ}」「X{も}」との比較・対照を中心に」, 『日本学報』126, 한국일본학회, 2021.

檢校裕朗, 「クリエイティブ・ラーニングを目指す日本語教育について」, 『2020年度台湾日本語教育研究国際シンポジウム: クリエイティブ・ラーニングを目指す日本語教育』, 台湾日本語教育学会, 2020.

＿＿＿＿, 「つながりの日本語教育と日本語クリエイティブ・ラーニング」, 『韓国日本語教育研究会 全国日本語教師授業研究発表大会』, 基調講演, 韓国日本語教育研究会, 2021a.

＿＿＿＿, 「韓国における日本語教育の成果と今後の展望: 韓国日語教育学会(KAJE)(20周年期:2019~20年)における会長経験者のナラティブ分析をもとに」, 『日本語教育研究』54, 한국일어교육학회, 2021b.

＿＿＿＿, 「韓国の日本語教育におけるAIとクリエイティブ・ラーニング」, 『2021年 第3回AIと日本語教育 国際シンポジウム』, 台湾 淡江大 村上春樹研究センター, 2021c.

＿＿＿＿, 「韓国における「AIとクリエイティブ・ラーニング研究会」の創立とその意義」, 『韓国日本語学会 第43・44回国際学術発表大会論文集』, 한국일본어학회, 2021d.

＿＿＿＿, 「日本語教育の新潮流: 繋活(つなかつ)の勧め」, 『カチの声』170, 国際交流基金ソウル日本文化センター, 2022a.

＿＿＿＿, 「アクティブ・ラーニングを目指す AIと日本語教育: 外国語クリエイティブ・ラーニングの視座から」, 『2022年 第5回AIと日本語教育国際シンポジウム』村上春樹研究センター, 2022b.

＿＿＿＿, 「AIとクリエイティブ・ラーニング研究会(AI-CL)の壮途とメタバース」, 『韓国日本語文学会第58回国際学術大会発表論文集』, 한국일본어문학회, 2022c.

＿＿＿＿, 「日本語教育とメタバース －韓国における動向－」, 『2023年 第6回AIと日本語教育 国際シンポジウム』村上春樹研究センター, 2023a.

＿＿＿＿, 「ソーシャルネットワーキングアプローチ(SNA)による研究会の創立と実践

　　　　　研究」,『日本語教育研究』62, 한국일어교육학회, 2023b.
検校裕朗,「人間中心のAI教育: AIとクリエイティブ·ラーニング研究会(AI-CL)の創立と実践を通して」,『日本語教育研究』68, 한국일어교육학회, 2024.
＿＿＿＿,「韓国における日本語教育のAI活用: クリエイティブ·ラーニングの視座による人間中心のAI教育」,『AIで言語教育は終わるのか? 深まる外国語の教え方と学び方』(共著), くろしお出版, 2025.
曾秋桂,「日本語教育のつながりとひろがり: AIとHIを兼ね備えた外国語(日本語)人材2.0の育成を目指して」,『日本語教育研究』54, 한국일어교육학회, 2021.
申忠均,「人工知能時代の日本語教育と研究: 諸言語教育·研究分野の成果から考える」,『日本語文学』1(86), 한국일본어문학회, 2020.
趙滉羅,「コロナ時代中学校実際授業事例: クラスカードを中心に」(코로나 시대 중학교 실제 수업 사례: 클래스카드를 중심으로),『韓国日語日文学会2020年秋季国際学術大会 発表論文集』, 韓国日語日文学会, 2020.
＿＿＿＿,「中学校でのエデュテックの活用事例: クラスカードとパドレット及び様々なクイズ形式の学習ツールについて」,『韓国日本語学会 第43·44回国際学術発表大会論文集』, 한국일본어학회, 2021.
日本経済団体連合会,『Society5.0: ともに創造する未来』, 日本経済団体連合会, 2018.
樋口耕一,『社会調査のための計量テキスト分析: 内容分析の継承と発展を目指して』ナカニシヤ出版, 2014.
行安茂,『アクティブ·ラーニングの理論と実践』, 北樹出版, 2018.
李朱利愛·朴惠環·朴星姝,「逐次通訳授業のスマートラーニング活用案構想: 日本語逐次通訳授業の例を中心に」,『日本言語文化』41, 韓国日本言語文化学会, 2017.
李朱利愛·朴惠環·尙禹延,「同時通訳授業の補助道具としてのアプリケーション設計: 課題提出及びフィードバック機能を中心に」(동시통역 수업의 보조도구로서의 애플리케이션 설계: 과제 제출 및 피드백 기능을 중심으로),『日本語教育研究』42, 한국일어교육학회, 2018.
AIとクリエイティブ·ラーニング研究会(AI-CL): https://sites.google.com/view/ai-cl2021/

집필진 소개 (원고 수록 순)

야노 게이지(矢野桂司)	리쓰메이칸대학 문학부 인문학과 지리학전공 교수
정경진(鄭敬珍)	이바라키그리스도교대학 문학부 문화교류학과 전임강사
전성규(全誠奎)	가천대학교 한국어문학과 조교수
권민혁(權民赫)	고려대학교 일어일문학과 강사
이정화(李貞和)	고려대학교 글로벌일본연구원 연구교수
이승은(李承垠)	고려대학교 국어국문학과 부교수
신웅철(申雄哲)	국립한밭대학교 인문사회대학 일본어과 조교수
장근수(張根壽)	상명대학교 한일문화콘텐츠전공 교수
남유민(南有珉)	고려대학교 학부대학 강사
유민영(劉敏榮)	고려대학교 아세아문제연구원 아세아센터 연구위원
허원영(許元寧)	국립목포대학교 아시아문화연구소 학술연구교수
신재민(申宰旼)	고려대학교 디지털인문융합연구원 연구교수
이영호(李榮鎬)	동국대학교 유라시아실크로드연구소 전문연구원
이해미(李海渼)	경희대학교 일본어학과 강사
세키노 다쓰키(関野樹)	일본 국제일본문화연구센터 교수
이준서(李埈瑞)	성결대학교 글로벌물류학과 교수
양성윤(梁誠允)	고려대학교 인문사회디지털융합인재양성사업단 연구교수
겐코 히로아키(檢校裕朗)	극동대학교 글로벌문화콘텐츠학과 교수

번역

이승준(李承俊)	세종대학교 국제학부 일어일문학전공 조교수
이가현(李佳呟)	고려대학교 글로벌일본연구원 연구교수

한국일본학회 기획총서 6
한일 디지털 인문학의 최전선

2025년 12월 5일 초판 1쇄 펴냄

엮은이 한국일본학회
발행인 김흥국
발행처 보고사

책임편집 황효은
표지디자인 김규범

등록 1990년 12월 13일 제6-0429호
주소 경기도 파주시 회동길 337-15 보고사
전화 031-955-9797(대표)
메일 bogosabooks@naver.com
http://www.bogosabooks.co.kr

ISBN 979-11-6587-951-8 93300
ⓒ 한국일본학회, 2025

정가 33,000원
사전 동의 없는 무단 전재 및 복제를 금합니다.
잘못 만들어진 책은 바꾸어 드립니다.

이 책은 공익법인 도시바국제교류재단의 2024년도 조성금에 의한 출판물이다.
本書は公益法人東芝国際交流財団の2024年度助成金による出版物である。